AF821812

Früchte und Nutzungen

Schriften zur Entwicklung des Privatrechtssystems

Herausgegeben von Christian Baldus und Christian Pohl

Band 9

PETER LANG

Frankfurt am Main · Berlin · Bern · Bruxelles · New York · Oxford · Wien

Sérgio Fernandes Fortunato

Früchte und Nutzungen

Eine dogmenhistorische Untersuchung zur privatrechtlichen Erfassung von Vermögenserträgen

PETER LANG
Internationaler Verlag der Wissenschaften

Bibliografische Information der Deutschen Nationalbibliothek
Die Deutsche Nationalbibliothek verzeichnet diese Publikation in der Deutschen Nationalbibliografie; detaillierte bibliografische Daten sind im Internet über http://dnb.d-nb.de abrufbar.

Zugl.: Trier, Univ., Diss., 2011

Umschlaggestaltung:
© Olaf Glöckler, Atelier Platen, Friedberg

Gedruckt auf alterungsbeständigem,
säurefreiem Papier.

D 385
ISSN 1613-771X
ISBN 978-3-631-63086-0

© Peter Lang GmbH
Internationaler Verlag der Wissenschaften
Frankfurt am Main 2012
Alle Rechte vorbehalten.

Das Werk einschließlich aller seiner Teile ist urheberrechtlich geschützt. Jede Verwertung außerhalb der engen Grenzen des Urheberrechtsgesetzes ist ohne Zustimmung des Verlages unzulässig und strafbar. Das gilt insbesondere für Vervielfältigungen, Übersetzungen, Mikroverfilmungen und die Einspeicherung und Verarbeitung in elektronischen Systemen.

www.peterlang.de

Vorwort

Die vorliegende Arbeit wurde im Sommersemester 2011 vom Fachbereich Rechtswissenschaft der Universität Trier als Dissertation angenommen. Rechtsprechung und Literatur fanden über dieses Datum hinaus bis Oktober 2011 Berücksichtigung.

Mein herzlicher Dank gilt zunächst meinem Betreuer, Herrn Prof. Dr. Thomas Rüfner. Erst durch die vielen anregenden Gespräche sowie seinen kritischen, aber stets aufbauenden Ratschlag konnte diese Arbeit entstehen.

Danken möchte ich ganz besonders auch Herrn Prof. Dr. Franz Dorn, der mir nicht nur während meines Studiums mit Rat und Tat zur Seite stand, sondern auch mit großem Engagement und sehr zügig das Zweitgutachten für diese Arbeit herstellte. Frau Prof. Dr. Brigitte Kelker und Herrn Prof. Dr. Oliver Fehrenbacher gilt mein Dank dafür, dass sie sich für die Prüfung im Rahmen meines Rigorosums zur Verfügung gestellt haben. Herrn Prof. Dr. Christian Baldus und Herrn Dr. Christian Pohl bedanke ich mich für die freundliche Aufnahme in ihrer Schriftenreihe.

Zuletzt aber sicherlich nicht am wenigsten möchte ich meiner Familie und meinen Freunden danken, die mir durch ihre Freundschaft und Unterstützung sehr geholfen haben, diese Arbeit fertig zu stellen. Für ihre Mühen diese Arbeit in den verschiedenen Stadien Korrektur zu lesen und mir mit Rat und Tat zur Seite zu stehen, danke ich besonders Frau Regula Püschel und den Herren Joachim Suffrian, Dr. Constantin Willems und Dr. Christian Wagner. Ohne sie wäre diese Arbeit nicht in dieser Form zustande gekommen. Für die großartige Unterstützung bei der Übersetzung meiner Zusammenfassung danke ich darüber hinaus Frau Eunice Schenitzki, Frau Katharina Vogtmeier und Herrn Torben Steinhauer.

Dedicado aos meus pais

Inhaltsübersicht

Inhaltsverzeichnis

Abkürzungsverzeichnis

A.A., a.A.	anderer Ansicht
a.a.O.	an angegebenen Ort
ABGB	Allgemeines Bürgerliches Gesetzbuch vom 1. Juni 1811
abgedr.	abgedruckt
ABR	Archiv für Bürgerliches Recht
AcP	Archiv für civilistische Praxis
ADB	Allgemeine Deutsche Biographie
ADHGB	Allgemeines Deutsches Handelsgesetzbuch vom 31. Mai 1861
a.E.	am Ende
a.F.	alte Fassung
ArchBürgR	Archiv für Bürgerliches Recht
BB	Betriebsberater, Zeitschrift für Recht, Steuern und Wirtschaft
BeitrPrR	Beiträge zum Privatrecht
BFH	Bundesfinanzhof
b.f.p.	bonae fidei possessio/bonae fidei possessor
BGB	Bürgerliches Gesetzbuch vom 18. August 1896
BGBl.	Bundesgesetzblatt
BGH	Bundesgerichtshof
BGHZ	Sammlung der Entscheidungen des Bundesgerichtshofes in Zivilsachen
BT-Drucks.	Bundestags-Drucksache
C.	Codex Iustinianus
Cc.	Code civil vom 21. März 1804
CPO	Civilprozeßordnung vom 30. Januar 1877
D.	Digesten
DB	Der Betrieb, Wochenschrift für Betriebswirtschaft, Steuerrecht, Wirtschaftsrecht, Arbeitsrecht
Denkschr.	Denkschrift zum Entwurfe eines Bürgerlichen Gesetzbuches (1896)
d.i.	das ist
DJT	Deutscher Juristentag
DresdE	Dresdner Entwurf eines allgemeinen deutschen Gesetzes über die Schuldverhältnisse von 1866
E I	Entwurf eines bürgerlichen Gesetzbuches für das deutsche Reich, Erste Lesung
E II	Entwurf eines Bürgerlichen Gesetzbuches für das Deutsche Reich, Zweite Lesung
Entsch.	Entscheidung

FG	Festgabe
Fn.	Fußnote
ForstC	Forstwissenschaftliches Centralblatt
FS	Festschrift
G	Gesetz
GleichberG	Gesetz über die Gleichberechtigung von Mann und Frau auf dem Gebiet des bürgerlichen Rechts vom 18. Juli 1957
GruchBeitr.	Gruchots Beiträge zur Erläuterung des deutschen Rechts
GrünhutsZ	Grünhuts Zeitschrift für das Privat- und Öffentliche Recht der Gegenwart
Hb.	Halbband
HGB	Handelsgesetzbuch vom 10. Mai 1897
HKK	Historisch-kritischer Kommentar
HRG	Handwörterbuch zur Deutschen Rechtsgeschichte
I.	Institutionen
JbfNS	Jahrbuch für Nationalökonomie und Statistik
JherJb	Jherings Jahrbücher für Dogmatik des heutigen Römischen Rechts und Deutschen Privatrechts
JuS	Juristische Schulung
JZ	Juristen-Zeitung
KE	Kommissionsentwurf; Entwurf eines Bürgerlichen Gesetzbuchs nach den Beratungen der 1. Kommission
KG	Kammergericht
KomBer	Bericht der XII. Kommission des Reichstages vom 12. Juni 1896
KonkursO	Konkursordnung 10. Februar 1877
KritJbDR	Kritische Jahrbücher für deutsche Rechtswissenschaft
KritVJ	Kritische Vierteljahresschrift für Gesetzgebung und Rechtswissenschaft
L	JuS-Lernbogen
LPachtG	‚Gesetz zur Neuordnung des landwirtschaftlichen Pachtrechts' vom 8. November 1985
LRepDALit	Leipziger Repertorium der Deutschen und ausländischen Literatur
Mot.	Motive
MünchKom	Münchener Kommentar
m.w.N.	mit weiteren Nachweisen
Neudr.	Neudruck
n.F.	neue Fassung
NJW	Neue Juristische Wochenschrift
NJW-RR	NJW Rechtsprechungsreport Zivilrecht

OAG	Oberappellationsgericht
OLG	Oberlandesgericht
OLG-Rspr.	Rechtsprechung der Oberlandesgerichte auf dem Gebiete des Zivilrechts
Prot.-E I	Protokolle der 1. Kommission zur Ausarbeitung eines Bürgerlichen Gesetzbuches
Rdnr.	Randnummer
revE II	Revidierter Entwurf eines bürgerlichen Gesetzbuches für das Deutsche Reich in der zweiten Lesung
RG	Reichsgericht
RGBl.	Reichsgesetzblatt
RGSt	Sammlung der Entscheidungen des Reichsgerichts in Strafsachen
RGZ	Sammlung der Entscheidungen des Reichsgerichts in Zivilsachen
RH	Revue Historique
Sächs.	Sächsisch/e
SächsArch	Sächsisches Archiv für Bürgerliches Recht und Prozeß
sächs. BGB	Sächsisches Bürgerliches Gesetzbuch vom 1. März 1865
SeuffA	J. A. Seufferts Archiv für Entscheidungen der obersten Gerichte in den deutschen Staaten
SeuffBl.	J. A. Seufferts Blätter für Rechtsanwendung
StrietA	Theodor Striethorsts Archiv für Rechtsfälle aus der Praxis der Rechts-Anwälte des Königlichen Obertribunals
TE-AT	Teilentwurf zum Allgemeinen Teil von *Albert Gebhard* (1881)
TE-ErbR	Teilentwurf zum Erbrecht von *Gottlieb Planck* (1879)
TE-FamR	Teilentwurf zum Familienrecht von *Gottfried von Schmitt* (1880)
TE-SachR	Teilentwurf zum Sachenrecht von *Reinhold Johow* (1880)
TE-SchuldR	Teilentwurf zum Obligationenrecht von *Franz von Kübel* und *Gustav von Mandry* (ca. 1884)
Tit.	Titel
Urt.	Urteil
VersR	Zeitschrift für Versicherungsrecht, Haftungs- und Schadensrecht
ZCP	Zeitschrift für Civilrecht und Prozeß
ZdR	Zeitschrift für deutsches Recht und deutsche Rechtswissenschaft
ZfB	Zeitschrift für Bergrecht
ZGR	Zeitschrift für geschichtliche Rechtswissenschaft
ZNR	Zeitschrift für Neuere Rechtsgeschichte
ZRG.RA	Zeitschrift der Savigny-Stiftung für Rechtsgeschichte/ Romanistische Abteilung
zust.	zustimmend

1. Kapitel: Einleitung

„Fructuum perceptio finis est dominii et possessionis.“

(*Franciscus Connanus*, 1535)[1]

„Die allgemeine Lehre des BGB von der Frucht ist hier zu behandeln.
Sie hat viel Eigenartiges, viel Künstliches.
Nur aus der Geschichte der Fruchtlehre ist sie zu begreifen.“

(*Heinrich Dernburg*, 1904)[2]

I. Thematische Einführung

Anhand des eingangs zitierten Satzes von *Franciscus Connanus* kann schnell die Bedeutung des Fruchtbegriffs für das Privatrecht deutlich gemacht werden. Der französische Jurist aus dem 16. Jahrhundert[3] beschreibt an dieser Stelle, welcher Zweck seiner Ansicht nach mit dem Eigentum verbunden ist. Eine am Wortlaut orientierte Übersetzung des lateinischen Satzes müsste in etwa so lauten: Zweck allen Eigentums und Besitzes ist die Ziehung von Früchten. Ohne auf alle Einzelheiten eingehen zu wollen, kann eine allgemeinere Fassung dieses Satzes in etwa so lauten: Zweck allen Eigentums ist die Gewinnung von ökonomischen Vorteilen.

Bestimmt man mit *Connanus* den Zweck des Eigentums in der Ziehung von Wirtschafts- und Rechtserträgen, erklärt sich auch das rechtswissenschaftliche Interesse an einer Auseinandersetzung mit dem Fruchtrecht. Das Eigentumsrecht wird am besten durch das Schlagwort der ‚Absolutheit des Eigentums' beschrieben.[4] Wie § 903 S. 1 BGB deutlich macht, ordnet die geltende Rechtsordnung dem Eigentümer die umfassende rechtliche und tatsächliche Herrschaft über eine bewegliche oder unbewegliche Sache gegenüber Jedermann zu, er hat mit anderen Worten also das ‚Vollrecht' an der Sache.[5] Hieraus ergeben sich umfassende Befugnisse an einem Vermögensgegenstand, die sich in eine negative und

---

1 *Franciscus Connanus*, Commentarii iuris civilis, Bd. 4,3, S. 335; zitiert nach *Reichel*, JherJb 42 (1901), S. 205.

2 *Dernburg*, Sachenrecht, S. 34.

3 Zur Person *Connanus* vgl. *Bergfeld*, S. 1 ff.; zu dessen Kommentar *ders.*, S. 41 ff.

4 Mot. III, S. 2 = *Mugdan*, Materialien Bd. 3, S. 1.

5 Staudinger[13]-*Seiler*, Vor § 903 Rdnr. 2, 6; Staudinger/Eckpfeiler-*Herrmann*, S. 905; am deutlichsten spricht dies *Wolff*, S. 144, aus, wenn er das Eigentum als *„das umfassendste Herrschaftsrecht, das die Rechtsordnung an einer Sache zuläßt“* bezeichnet; kritisch *Fritz Baur*, AcP 176 (1976), S. 116 ff.; zur Geschichte des Eigentumsbegriffs *Walter Wilhelm*, in Coing/Wilhelm, Wissenschaft und Kodifikation, Bd. 4. S. 19-39.

eine positive Komponente unterteilen.[6] Auf der einen Seite steht die negative Befugnis, die dem Eigentümer die Möglichkeit eröffnet, andere Rechtsteilnehmer vom Gegenstand seines Eigentums auszuschließen (Ausschließungsrecht, vgl. §§ 985, 1004, 823 BGB).[7] Für die vorliegende Untersuchung ist diese Seite der Eigentümerbefugnisse jedoch nur insoweit von Interesse, als durch die Einwirkung eines Dritten die Möglichkeit des Eigentümers eingeschränkt wird, selbst wirtschaftliche Erträge aus einer Sache zu ziehen (sog. entgangenen Nutzungen).[8]

Daneben beschreibt die positive Befugnis des Eigentümers ein umfassendes Verfügungs- und Nutzungsrecht an dem ihm zugeordneten Vermögensgegenstand.[9] Dies meint namentlich (1) die Freiheit Eigentum zu erlangen, (2) darüber frei zu verfügen[10], sowie (3) die Sache wirtschaftlich zu nutzen.[11] Gerade an diesem letzten Aspekt knüpft die Untersuchung an. Wie erfasst das geltende Recht die wirtschaftlichen Vorteile, die aus einem Gegenstand gezogen werden können? Dabei stellt sich diese Frage für die Untersuchung weniger für den Fall, dass der Eigentümer die Sache selbst nutzt, als im Hinblick auf die Nutzung eines Gegenstandes durch eine andere Person.[12] Solche Konstellationen sind nicht nur in einer arbeitsteiligen Gesellschaft, wie der heutigen sozialen Markwirtschaft in Deutschland, immanent, sondern sind allenthalben in der Geschichte zu beobachten.[13] Das meint etwa die freiwillige Überlassung zur Nutzung durch die Bestellung eines dinglichen Nießbrauchrechts oder durch den Abschluss eines

6 Staudinger/Eckpfeiler-*Herrmann*, S. 905; *Würthwein*, S. 75 ff.

7 Vgl. auch Soergel[13]-*Jürgen F. Baur*, § 903 Rdnr. 40; *Würthwein*, S. 79 ff.

8 Ähnlich *Würthwein*, S. 80 f.

9 Vgl. etwa Soergel[13]-*Jürgen F. Baur*, § 903 Rdnr. 33; MünchKom[5]-*Säcker*, § 903 Rdnr. 4. Zu einem vergleichbaren Standpunkt gelangt für das Römische Recht *Kubuschok*, S. 2.

10 Eine Verfügung kann rechtlich verschiedener Form geschehen. So etwa durch Veräußerung (§§ 872, 925, 929 ff. BGB), Belastung mit einem beschränkt dinglichen Recht (bspw. §§ 1018 ff., 1113 ff. BGB) oder durch Aufgabe des Eigentums (§§ 928, 959 BGB); vgl. Soergel[13]-*Jürgen F. Baur*, § 903 Rdnr. 33.

11 Für die hiesige Untersuchung müssen die teilweise sehr weitreichenden öffentlich-rechtlichen Nutzungsbeschränkungen außer Acht gelassen werden; vgl. hierzu Soergel[13]-*Jürgen F. Baur*, § 903 Rdnr. 34-39. Im Einzelnen zu den Problemen, die sich aufgrund der öffentlich-rechtlichen Beschränkung des Eigentums ergeben: *Sontis*, FS Larenz, S. 981 ff.; *Georgiades*, FG Sontis, S. 149 ff.; *Fritz Baur*, FG Sontis, S. 182 ff.; *Ders.*, AcP 176 (1976), S. 97, 116 ff.; umfassende Literaturnachweise bei *Würthwein*, S. 76 Anm. 13

12 Hierzu schon *Affolter*, Fruchtrecht, S. 1.

13 Hierauf weist zutreffend schon *Göppert*, Erzeugnisse, S. 18 zur Mitte des 19. Jahrhunderts hin.

Pachtvertrags, um nur die beiden praktisch wichtigsten Beispiele zu nennen. Daneben treten auch Fälle in denen die Herausgabe gezogener bzw. der Ersatz vereitelter Erträge Gegenstand eines schuldrechtlichen Anspruchs sind, etwa aufgrund eines fehlgeschlagenen Vertragsverhältnisses oder einer widerrechtlichen Gebrauchsanmaßung, vgl. §§ 346 ff., 812 ff., 818 Abs. 1, 987 ff. BGB.

Die funktionale Aufgabe des Fruchtrechts weist jedoch weit über die Erfassung körperlicher Erträge und damit über das bloße Sachenrecht hinaus. Schon indem die Legaldefinition des § 99 BGB neben die Sachfrüchte auch die Früchte eines Rechts sowie eines Rechtsverhältnisses erfasst, durchbricht sie die engen Grenzen des bürgerlich-rechtlichen Sachbegriffs in § 90 BGB[14] und öffnet auf diesem Wege die Möglichkeit zur Erfassung von nicht körperlichen Erträgen durch § 99 BGB. Die Modalitäten ihrer rechtlichen Behandlung sind aber letztlich in vergleichbarer Art und Weise ausgestaltet.[15] Das BGB erkennt dies etwa dadurch an, dass auch an Rechten mit dinglicher Wirkung ein Nutzungsrecht begründet werden kann, vgl. §§ 1068, 1085 BGB.

Verbindliche Regeln über die Zuordnung und Verteilung solcher Rechts- und Wirtschaftserträge zwischen Privaten aufzustellen, gehört entsprechend zu den zentralen Aufgaben einer jeden Privatrechtsordnung.[16] Dieser Aufgabe kommen im BGB insbesondere das Schuld- und Sachenrecht als obligatorische und dingliche Ausformung des Vermögensrechts nach. Die begriffliche Grundlage für die Erfassung von Vermögenserträgen aber liefern die Legaldefinitionen der Früchte und Nutzungen im Allgemeinen Teil des BGB, in §§ 99, 100 BGB.

II. Die Legaldefinitionen in den §§ 99, 100 BGB

Die Betrachtung des Fruchtrechts ist also Teil des praktisch höchst bedeutsamen Vermögensrechts und erfasst insbesondere verschiedenste Fragen der Verteilung von Vermögenserträgen. Sowohl dingliche, als auch schuldrechtliche Bereiche sind angesprochen und können begrifflich auf die beiden Vorschriften der §§ 99, 100 BGB zurückgeführt werden. Systematisch lassen sich dabei drei zentrale Fragestellungen unterscheiden:

---

14 Vgl. zur Entstehung des Sachbegriffs HKK-*Rüfner*, §§ 90-103 Rdnr. 2 ff.

15 Ähnlich mit Bezug auf Persönlichkeitsrechte *Bungart*, S. 108 ff.; vgl. auch *Würthwein*, S. 75 f., 210 ff.

16 Vgl. auch HKK-*Rüfner*, §§ 90-103 Rdnr. 2; *Wieling*, Sachenrecht Bd. 1, S. 53 ff.

> „aa) Was ist unter Nutzungen – Früchten zu verstehen? [...] bb) Wer wird Eigentümer der Nutzungen und Früchte einer Sache? [...] cc) Darf der Eigentümer die Nutzungen und Früchte behalten oder muss er sie einem anderen herausgeben?“[17]

Der Ausgangspunkt für die hiesige Untersuchung wird in der ersten Frage gewählt, dessen gesetzgeberische Ausformung in den §§ 99, 100 BGB anzutreffen ist. Hieran knüpft die grundlegende Arbeitshypothese der Untersuchung an, dass diese Vorschriften als im Allgemeinen Teil des BGB verortete Legaldefinitionen die wesentlichen Grundentscheidungen für die beiden folgenden Fragestellungen ergeben. Die dingliche bzw. obligatorische Verteilung kann erst dann sinnvoll bestimmt werden, wenn geklärt ist, welche Erträge es zu verteilen gilt. Zu diesem Zweck unterscheiden diese beiden Vorschriften vier Ertragsformen. In § 99 Abs. 1 BGB sind die unmittelbaren Sachfrüchte (1) beschrieben, die sich aus den Erzeugnissen einer Sache sowie die sonstige bestimmungsgemäße Ausbeute der Sache zusammensetzen. In § 99 Abs. 2 BGB führt das bürgerliche Recht den Begriff der Rechtsfrüchte (2) ein. In Abs. 3 dieser Vorschrift zählt das Gesetz zudem mittelbare Erträge einer Sache sowie eines Rechts zu den Früchten, welche durch ein auf die Sache oder den Gegenstand bezogenes Rechtsverhältnis (3) vermittelt werden. Die letzte Ertragskategorie stellen die sonstigen Gebrauchsvorteile einer Sache oder eines Rechts (4) dar, die in § 100 BGB als Nutzungen neben die Früchte nach § 99 BGB gestellt werden.

Die Nutzungen sind damit der gemeinsame Oberbegriff der verschiedenen Ertragsformen.[18] Deutlich ist schon an dieser Stelle die Intention des Gesetzgebers zu sehen, eine möglichst erschöpfende und umfassende Legaldefinition zu schaffen. Und tatsächlich scheinen sich auf den ersten Blick keine besonderen Anwendungsschwierigkeiten für die §§ 99, 100 BGB zu ergeben.[19] Entgegen der Situation im Gemeinen Recht des 19. Jahrhunderts ist das wissenschaftliche Interesse an der Erörterung der Legaldefinition in §§ 99, 100 BGB und der hieraus

---

17 Soergel[13]-*Marly*, § 99 Rdnr. 2; ähnlich auch schon *Heilfron*, Lehrbuch, S. 353; aus der neueren Literatur *Jan Wilhelm*, S. 20 Anm. 71; Erman-*Michalski*, § 99 Rdnr. 2, 3.

18 Ob § 100 BGB deswegen systematisch besser vorangestellt worden wäre, wie es Bamberger/Roth-*Fritzsche*, § 100 Rdnr. 1 fordert, kann hier dahin stehen. Zumindest entspräche eine derartige Systematik nicht dem dogmenhistorischen Ursprung dieser beiden Vorschriften. Das auch die Gesetzgeber diese Gliederung nicht vollständig durchgehalten haben zeigt sich an § 2184 S. 2 BGB, wo von den *„Nutzungen, die nicht zu den Früchten gehören“* die Rede ist. Diese Formulierung impliziert, dass die Früchte den eigentlichen Oberbegriff ausmachten.

19 Die Kommentierung des allgemeinen Sachenrechts bei Jauernig[12]-*Jauernig*, §§ 90-103 etwa geht über eine unvollständige Wiederholung des Gesetzestextes kaum hinaus.

resultierenden Konsequenzen daher seit dem In-Kraft-Treten des Bürgerlichen Gesetzbuches nur sehr gering gewesen.[20]

Dennoch wäre es weit gefehlt, zu behaupten, mit der Kodifizierung und einer sich etablierenden Rechtsprechung hätten sich die Schwierigkeiten, denen sich das Gemeine Recht ausgesetzt sah, erledigt. Gerade die verschiedenen Verteilungsfragen ergeben immer wieder Zweifelsfälle, bei denen ein Rückgriff auf die §§ 99, 100 BGB notwendig wird. Wie das zweite Eingangszitat von *Heinrich Dernburg* aus dem Jahre 1908 aufzeigt, bestanden von Anfang an Zweifel daran, ob es dem BGB-Gesetzgeber tatsächlich gelungen ist, eine in jeder Hinsicht hinreichende Begriffsgrundlage zu schaffen. *Dernburg* spricht ein Unbehagen aus, das gerade unter der noch gemeinrechtlich geprägten Rechtswissenschaft nicht ungewöhnlich war.[21] Die dogmatische Erfassung der römischen Quellen zu den *'fructus'* gehörte zu einem der umstrittensten Gebiete im gemeinen Recht.[22] Streit bestand dabei sowohl terminologisch, insbesondere bei der Bestimmung des Umfangs bzw. der inhaltlichen Begrenzung dieses Rechtsbegriffs, als auch bei der hiermit aufs engste verknüpften Verteilung der Vermögenserträge. Vor diesem Hintergrund ist nicht nur die Schaffung der §§ 99, 100 BGB zu sehen, sondern auch die Kritik der Rechtswissenschaft dieser Zeit. Die Väter des BGB zumindest sind davon ausgegangen, mit diesen beiden Vorschriften eine „sichere und feste Grundlage“[23] für das gesamte BGB zu schaffen.

Jedoch zeigen schon zwei Beispiele aus der aktuellen Diskussion, dass die Kritik von *Dernburg* und anderen durchaus nicht einem veralteten Streitstand entsprechen, sondern dass noch immer Zweifelsfälle bei der angemessenen Erfassung von Vermögenserträgen existieren.

Wiederholt musste sich die Rechtsprechung[24] seit dem Inkrafttreten des BGB im Jahre 1900 mit der Frage beschäftigen, wie die Erträge eines Gewerbebetriebs oder Unternehmens von den §§ 99, 100 BGB erfasst werden können.[25] Das Gesetz geht nämlich von einer Dichotomie möglicher fruchttragender Ge-

---

20 Die letzte monographische Darstellung stammt aus dem Jahre 1911 von *Affolter*, Fruchtrecht. Vor ihm nur *Ribbentropp* im Jahre 1899. vgl. ansonsten auch *Reichel*, JherJb 42 (1901), S. 264 ff.; *Wieacker*, AcP 148 (1943), S. 100 f.; zuletzt erst wieder *Platschek*, JA 2009, S. 846 ff.

21 Vgl. u.A. *Endemann*, Lehrbuch Bd. 1, S. 240 Anm. 1; *Enneccerus/Nipperdey*, Allgemeiner Teil, S. 816-818; *Reichel*, JherJb 42 (1901), S. 306 ff.; *Wieacker*, AcP 148 (1943), S. 100 f.

22 Zu der Geschichte des Fruchtbegriffs s. auch HKK-*Rüfner*, §§ 90-103 Rdnr. 43-47.

23 Mot. III, S. 68 = *Mugdan*, Materialien Bd. 3, S. 37.

24 Zuletzt wieder in BGH, *Urt. v. 5.6.2006*, BGHZ, Bd. 168, S. 220 ff. = NJW 2006, S. 2847 ff. = JuS 2006, S. 1131.

25 Vgl. MünchKom^5-*Holch*, § 99 Rdnr. 11; HKK-*Rüfner*, §§ 90-103 Rdnr. 52 jew. m.w.N.

genstände aus, die sich in ‚Sachen' und ‚Rechten' erschöpft. Das Unternehmen aber wiederum wird von Rechtsprechung und Lehre als ein „Inbegriff von Vermögensgegenständen"[26] verstanden, ist also weder Sache, noch Recht, sondern ein komplexes Gebilde aus mehreren Rechtsgegenständen. Der Begriff der Früchte und Nutzungen scheint also nicht recht auf die Unternehmenserträge zu passen. Entsprechend divergieren die Lösungsansätze innerhalb der höchstrichterlichen Rechtsprechung und in der Literatur. Dies hat nicht zuletzt zur Folge, dass zumindest die Rechtsprechung eine klare Entscheidung über die Einordnung von Unternehmenserträgen unter die Tatbestände der §§ 99, 100 BGB zu vermeiden sucht.[27]

Ähnlich sieht letztlich auch die Situation bei der Subsumtion von Zinserträgen unter den Fruchtbegriff aus.[28] Diskutiert wird, ob es sich bei ihnen um eine unmittelbare Rechtsfrucht oder um einen mittelbaren Ertrag der Sache ‚Geld' handelt. Sicher ist nur, dass das Gesetz in § 101 Nr. 2 BGB davon ausgeht, dass Zinsen in jedem Fall zu den Früchten zu zählen sind.[29] Dennoch finden sich in der Literatur immer häufiger Stimmen, die die Frage nach der Einordnung in den Tatbestand des § 99 BGB dahingestellt lassen wollen oder sogar offen einen Verzicht auf die Einordnung fordern. Ausdrücklich wird dies insbesondere für die Rückgewährpflicht im Bereicherungsrecht nach § 818 Abs. 1 BGB gefordert.[30] In der Literatur wird dieses Beispiel daher zum Anlass genommen, einen Bedeutungsverlust der Legaldefinitionen in §§ 99, 100 BGB zu konstatieren.

> „Der Streit um die Erstreckung des Bereicherungsanspruchs wegen rechtsgrundlos erlangten Geldes auf Zinserträge kann als Symptom dafür gedeutet werden, dass es den Vätern des BGB nicht gelang, einen neuen, die Vorteile aus einem Kapital abstrakt erfassenden Fruchtbegriff zu kodifizieren [...]."[31]

Dieser Kritik stellt sich die vorliegende Arbeit bewusst entgegen und sucht gerade aus den Legaldefinitionen gesetzgeberische Wertungen zu entnehmen, die wiederum auf die Verteilungsmechanismen übertragen werden. Umgekehrt ist es aber auch wichtig sich dabei immer wieder vor Augen zu führen, dass auch der Anwendungsbereich gegebenenfalls zu einer kritischen Revision der allgemeinen Wertungen Anlass geben muss. Dass dieses Zusammenspiel von An-

---

26 BGH, *Urt. v. 11.10.1967*, NJW 1968, S. 392.

27 Mehr dazu später 5. Kapitel I 4, S. 207 ff.

28 Mehr dazu später 5. Kapitel, S. 97202 ff.

29 HKK-*Rüfner*, §§ 90-103 Rdnr. 50.

30 Vor allem *Flume*, GS Knobbe-Keuk (1997), S. 129, dessen Ansicht auch von der Rechtsprechung Zustimmung erfahren hat, vgl. BGH, *Urt. v. 6.3.1998*, BGHZ Bd. 138, S. 162. Noch weitgehender Bamberger/Roth-*Wendehorst*, § 818 Rdnr. 18; *dies.*, Anspruch und Ausgleich, S. 241.

31 HKK-*Rüfner*, §§ 90-103 Rdnr. 51.

wendungsbereich und Definition innerhalb des Frucht- und Nutzungsrechts von ganz wesentlicher Bedeutung ist, wird gerade auch die Entwicklung im Rahmen der Gesetzgebungsgeschichte zeigen.

Stimmt nun die Grundhypothese der Untersuchung, dass die entscheidenden Wertungen für die dingliche, ebenso wie obligatorische Ertragsverteilung in den Legaldefinitionen der §§ 99, 100 BGB zu suchen sind, ist eine kritische Betrachtung dieser Vorschriften unerlässlich und auch für die Zukunft wegweisend.

III. Methodische Erwägungen

Die beiden zu Anfang zitierten Sätze führen in den Gegenstand der Untersuchung ein, das Zitat von *Heinrich Dernburg*[32] freilich beschreibt zudem die Methode. Mehr noch als andere Rechtsmaterien ist das geltende Fruchtrecht durch seine Geschichte geprägt. Wesentliche Bedeutung erlangt dabei die Analyse des Gesetzgebungsprozesses von 1874 bis 1896, um die wesentlichen Erwägungen für die heutige Gesetzesfassung herauszuarbeiten. Dem vorangeschickt wird ein kurzer Überblick über die wesentlichen Strömungen in der Rechtswissenschaft, um so den Hintergrund verstehen zu können, vor denen die Gesetzgebungskommissionen ihre Entscheidungen getroffen haben.

Entscheidende Methode, um diesen Zusammenhang herauszuarbeiten, ist die historische Auslegung: einerseits durch eine historisch-vergleichende Annäherung an das Fruchtrecht[33], anderseits durch eine aufmerksame Analyse der Abwägungsprozesse während der Gesetzgebungsarbeiten. Sicherlich gilt es dabei für den ersten Schritt zu beachten, dass es sich stets um vergangenes und gerade nicht um das geltende Recht handelt. Und für den zweiten Schritt hat schon *Heinrich Dernburg* an anderer Stelle kritisch festgestellt, dass die Gesetzgebungsmaterialien, die uns Aufschluss über die Interessenabwägungen des Gesetzgebers geben können, „keine Gesetze [sind] und nicht als solche verkündet [wurden]".[34] Dennoch bietet gerade die historische Herangehensweise eine gemeinhin anerkannte Methode[35], um die sozialen, wirtschaftlichen und kulturel-

---

32 Oben Anm. 2.

33 In diesem Zusammenhang sei auch die letzte umfassende historische Betrachtung des Fruchtrechts von *Riccardo Cardilli* aus dem Jahre 2001 hingewiesen, die als Analyse des römischen Rechts auch eine wertvolle Grundlage für die hiesige Untersuchung bietet.

34 *Dernburg*, Allgemeine Lehren, S. 20.

35 Statt aller: *Larenz*, Methodenlehre, S. 316, 320 ff.; *Rüthers*, S. 445 ff.; *Fikentscher*, Bd. 3, S. 663, 670; *Vogenauer*, S. 31 f.; *Finkenauer*, S. 28; *Bydlinski*, S. 449 ff., 453; *Baden*, in Rödig, Theorie der Gesetzgebung, S. 392; *Hellebrand*, FG Gutzwiller,

len Hintergründe zu verstehen, vor denen die Schaffung einer bestimmten Rechtsregel erfolgt ist. Erst der Blick auf die bereits getroffenen Interessenabwägungen bei der Gesetzgebung ermöglicht eine fundierte Kritik an der bestehenden Rechtslage und gegebenenfalls die Entdeckung und Schließung vorhandener Gesetzeslücken mittels Analogieschlüsse oder Rechtsfortbildung.[36] Die rechtsgeschichtliche Herangehensweise hat insofern eine dienende Funktion für die Betrachtung des geltenden Rechts. Sie ist am besten im Stande, gesetzesimmanente Erwägungen nachvollziehbar zu machen. Zugleich liegt hierin aber auch ihre Grenze. Denn angesichts veränderter wirtschaftlicher und sozialer Bedingungen muss es möglich sein, unzeitgemäße Entscheidungen aufzuzeigen und zumindest *de lege ferenda* zu kritisieren.[37] Es sei daher an einen Satz von *Ernst Eck* erinnert, den er kurz nach Inkrafttreten des BGB über den Wert der historischen Methode aufgestellt hat.

> „Wer Gesetze lediglich nach Maßgabe der Materialien auslegt, lässt es freilich an der erforderlichen Selbständigkeit fehlen; aber wer sie ohne Berücksichtigung ihrer Entstehungsgeschichte auslegt, verfällt umgekehrt leicht der Willkür.“[38]

S. 135 ff.; *Willoweit*, JuS 1977, S. 292 ff.; Zur Verwendung der historischen Auslegung in der Rechtsprechung vgl. auch *Seiler*, S. 182 ff.

36 *Finkenauer*, S. 28 f.; Zu dem Streit über eine subjektive oder objektive Auslegung des Gesetzgeberwillens vgl. *Baden*, in Rödig, Theorie der Gesetzgebung, S. 373 ff., 392 ff.; *Seiler*, S. 33-43.

37 Hierauf stellt im Wesentlichen auch die Rechtsprechung ab, wenn sie der Entstehungsgeschichte nur eine Unterstützung- und Ergänzungsfunktion zuspricht. Dazu *Vogenauer*, S. 115 ff.

38 *Eck*, Vorträge, S. 30; ähnlich auch MünchKom[5]-*Säcker*, Einleitung Rdnr. 71.

2. Kapitel: Die Fruchtlehren der Pandektenwissenschaft

I. Begriff und Kritik zu Beginn des 19. Jahrhunderts

Der Einstieg in die Untersuchung wird zunächst anhand der Arbeiten von *Christian Friedrich Glück*, *Friedrich Justus Thibaut*, *Ignaz Rudhart* und *Friedrich Carl von Savigny* zu Beginn des 19. Jahrhunderts gewählt. Sie zeigen exemplarisch die Herangehensweise und zugleich auch die Schwierigkeiten auf, die sich bei der Bearbeitung der römischen Rechtsquellen zum Begriff der *fructus* ergeben.

1. *Die tradierte Begriffsbestimmung und Kategorienbildung am Beispiel von Christian Friedrich Glück*

Noch bis in das beginnende 19. Jahrhundert hinein ist die wissenschaftliche Auseinandersetzung mit dem Fruchtrecht und dem Begriff der *fructus* weniger durch die systematische Durchdringung der römischen Quellenaussprüche, als vielmehr durch eine umfassende Kategorienbildung geprägt, die in dieser Form teils bereits auf die Glossatorenzeit datiert. Sehr anschaulich ist dies bei *Christian Friedrich Glück* in seiner Kommentierung über den Umfang der Restitutionsverpflichtung bei der *rei vindicatio* zu erkennen. Demnach seien Früchte allgemein gesprochen

> „alles dasjenige, was eine Sache zum Nutzen der Menschen hervorbringt, und aus ihr durch die Kräfte derselben erzeugt ist, soweit es auch nach rechtlicher Bestimmung dafür anerkannt wird.“ [39]

Über eine allgemeine Beschreibung, welche Gegenstände generell zu den *fructus* zählen, kommt diese Begriffsbestimmung jedoch nicht hinaus. Entsprechend erfolgt eine inhaltliche Abgrenzung lediglich im Hinblick auf den bloßen Gebrauch, den *usus*, bzw. durch einen knappen Hinweis darauf, dass der Schatz[40] und der *partus ancillae* nicht zu den Früchten zu zählen seien.[41] Gerade im Hinblick auf den letztgenannten Punkt übernimmt der Autor dabei lediglich die positiven Quellenaussagen, ohne dabei einen materiellen Grund herauszuarbeiten.

---

39 *Glück*, Bd. 8,1, S. 255.

40 *Ulpian* D. 24, 3, 7, 12 [...] sed et si vi tempestatis ceciderunt, dici oportet pretium earum restituendum mulieri nec in fructum cedere, non magis, quam si thensaurus fuerit inventus: in fructum enim non computabitur.

41 *Glück*, Bd. 8,1, S. 255 f.

Ulpian D. 5, 3, 27 pr.

Ancillarum etiam partus et partuum partus quamquam fructus esse non existimantur, quia non temere ancillae eius rei causa comparantur ut pariant, augent tamen hereditatem [...].

Obwohl auch die Kinder von Sklavinnen und deren Kinder nicht als Früchte angesehen werden, da Sklavinnen schwerlich aus dem Grund gekauft werden, damit sie gebären, vermehren sie dennoch die Erbschaft. [...][42]

Gaius D. 22, 1, 28, 1

Partus vero ancillae in fructu non est itaque ad dominum proprietatis pertinet: absurdum enim videbatur hominem in fructu esse, cum omnes fructus rerum natura hominum gratia comparaverit.

Das Kind der Sklavin zählt dagegen nicht zu den Früchten, und daher gehört es dem Inhaber des Eigentums. Denn es wurde für widersinnig gehalten, daß ein Mensch zu den Früchten zähle, da doch die Natur alle Früchte gerade um der Menschen willen geschaffen hat.[43]

Die weiteren Ausführungen konzentrieren sich vielmehr auf die Einteilung verschiedener, gleichwertig nebeneinander stehender Fruchtkategorien, wie sie in den Quellen anzutreffen sind.[44] *Glück* zufolge kennt der römisch-gemeine Fruchtbegriff vier Einteilungskriterien. Erstens werden ordentliche Früchte (*fructus ordiniarii*), die ein gewöhnliches Produkt einer Sache sein müssen, wie zum Beispiel das Getreide eines Ackers, von den sog. außerordentlichen Früchten (*fructus extraordinarii*) unterschieden.[45] Letztere sind Erträge, die über den gewöhnlichen Gebrauch der Muttersache hinausgehen, wie etwa die in einem Acker gefundenen Steine oder Metalle. Des Weiteren erfolgt eine Unterscheidung nach dem Entstehungsgrund der Frucht.[46] Demnach sind die natürlichen Früchte (*fructus naturales*) von den bürgerlichen Früchte (*fructus civiles*) zu unterscheiden, wobei sich das Unterscheidungsmerkmal daraus ergibt, ob der Ertrag ein organisches Erzeugnis der Muttersache darstellt, bspw. die natürlichen Bodenprodukte, oder erst durch ein zusätzliches rechtliches Moment hervortritt, wie es etwa bei Zinsen, Miet- oder Pachtgeldern der Fall ist. Die natürlichen Früchte unterteilen sich wiederum in solche, die ohne menschliches Zutun ent-

---

42 *Behrends/Knütel/Kupisch/Seiler*, CIC Bd. 2, S. 534.

43 *Knütel/Kupisch/Seiler/Behrends*, CIC Bd. 4, S. 99.

44 Damit entspricht diese Aufzählung weitgehend der Bestimmung im bayrischen Landrecht in Abschnitt II, 3 § 20, 1 CMBC. Zuletzt findet sich eine Darstellung des Fruchtbegriffs ausschließlich anhand der Kategorisierung bei *Möhler*, S. 23 f.; *Bucher*, S. 66; *Vering*, S. 179; *Wening-Ingenheim*, S. 194 f.; sowie mit teilw. erheblichen Modifikationen, *Unger*, Österreichisches Privatrecht Bd. 1, S. 464 ff.

45 *Glück*, Bd. 8,1, S. 257.

46 *Glück*, Bd. 8,1, S. 258 f.

stehen (*fructus mere naturales*), worunter das Weidegras eines Grundstücks, die Tierjungen einer Herde oder ähnliches gefasst werden, und in diejenigen, die durch Kultivierung der Muttersache entstehen (*fructus industriales*), wie Getreide oder Gartenfrüchte. Ferner werden auch im Hinblick auf die Erwerbungstatbestände stehende Früchte (*fructus pendentes* bzw. *fructus stantes*), welche noch mit der Muttersache verbunden sind und daher noch keine rechtliche Selbständigkeit haben, von getrennten Früchten (*fructus separati*) bzw. bereits eingesammelten Früchten (*fructus percepti*) unterschieden.[47] Schließlich ist auch noch für die Frage der Fruchtrestitution die Existenzform der Erträge relevant. Hierbei ergeben sich zwei Begriffspaare. Einerseits stellt sich die Frage, ob die Früchte bereits gezogen wurden (*fructus percepti*) oder der Schuldner des Rückgewähranspruchs sie zu ziehen verpflichtet gewesen wäre (*fructus percipiendi*). Andererseits ergeben sich Unterschiede, ob die Früchte beim Herausgabeschuldner noch vorhanden sind (*fructus extantes*) oder sie bereits verbraucht wurden (*fructus consumti*), wobei *Glück* bei letzteren noch nach der Art des Verbrauchs unterscheidet (*fructus naturaliter consumti* bzw. *fructus civiliter consumti*).

Dieser Ansatz ist in der deutschen Rechtswissenschaft dieser Zeit herrschend. Der Vereinheitlichung des Fruchtbegriffs kommt lediglich eine zweitrangige Bedeutung zu, die hinter der Darstellung der Erwerbsmodalitäten der unterschiedlichen Fruchtberechtigten zurückbleibt.[48] Eine Definition schafft diese Kategorienbildung aber nicht. Die inhaltliche Darstellung erschöpft sich in der Aufzählung der Beispiele aus den lateinischen Quellen. Insofern setzt dieser Ansatz zwar den Fruchtbegriff als notwendig voraus, gibt zugleich aber keinen Maßstab zur allgemeinen Begriffsbestimmung.

2. *Erste Modifikationen anhand der römischen Quellen bei Anton Friedrich Justus Thibaut*

Einzelne erste modifizierende Ansätze bringt zwar die Beschreibung des Fruchtbegriffs im Pandektenlehrbuch von *Thibaut*. Jedoch basiert auch diese Arbeit noch wesentlich auf der obigen Kategorisierung.[49] Zwei Besonderheiten zeichnen diese letztgenannte Darstellung jedoch aus. Zunächst nimmt der Autor eine systematische Einordnung seiner Begriffsbestimmung in einem Allgemeinen Teil vor. Durch die Zusammenfassung der Lehren von der Person, den Sa-

---

47 *Glück*, Bd. 8,1, S. 260-262.

48 S. insb. *Buchholtz*, Versuche, S. 140-147, der zum Fruchterwerbe unter Anlehnung an Glück und Thibaut Stellung nimmt.

49 *Thibaut*, System Bd. 1, S. 127-129.

chen und dem Rechtsgeschäft in einem solchen allgemeinen Teil weicht *Thibaut* von der überkommenen Darstellungsweise des Pandektenrechts ab[50] und bringt damit die herausragende Bedeutung der Früchte für das gesamte Privatrecht zum Ausdruck. Er schafft auf diesem Wege eine systematische Einordnung, der nahezu alle späteren pandektenrechtlichen Darstellungen folgen. Hierdurch erfährt der Fruchtbegriff zumindest begrifflich eine Loslösung vom Sachenrecht und der reinen Frage nach den Erwerbsmodalitäten. Darüber hinaus konzentriert sich der Autor wesentlich auf die Unterschiede zwischen den *fructus naturales* und den *fructus civiles*, die „eigentlich keine Frucht genannt werden [können]", da sie nicht aus der Sache selbst gewinnbar seien.[51] Wahrscheinlich beruhen diese Erwägungen auf *Ulpian* D. 5, 3, 29[52], der ausführt, die Zivilfrüchte seien lediglich *in loco fructuum*. Zu einer Anpassung der traditionellen Kategorisierung sieht er sich aus dem Grund veranlasst, dass an bürgerlichen Früchten im eigentlichen Sinne keine Perzeption, d.h. also kein Eigentumserwerb an einem körperlichen Gegenstand, möglich ist. In dieser Hinsicht spricht *Thibaut* schon früh die Schwierigkeiten an, die mit der vorherrschenden Kategorisierung einhergehen. Andererseits wendet er sich aber nicht gegen diese Anordnung, sondern versucht eine Lösung des Problems, indem er den Begriff der Perzeption für Zivilfrüchte modifiziert und sie nur dann als *percepti* gelten lässt.[53] Damit schlägt *Thibaut* die Brücke von den natürlichen Früchten, die problemlos in den Kategorien des Sachenrechts erfasst werden können, zu den *fructus civiles*. Die dogmatischen Gemeinsamkeiten bzw. Unterschiede dieser beiden Fruchtarten werden aber nicht weiter geklärt, sondern den Quellen entsprechend gleich behandelt.

Des Weiteren widmet der Autor seine Aufmerksamkeit der Zuordnung von Zinsen (*usurae*) zu den bürgerlichen Früchten. Die römischen Quellen sind insoweit uneinheitlich, als den *usurae* im Grundsatz die Fruchtqualität angesprochen wird, sie jedoch in vielen Beispielen den *fructus* gleichgestellt werden.

> *Pomponius* D. 50, 16, 121
>
> Usura pecuniae, quam percipimus, in fructu non est, quia non ex corpore, sed ex alia causa est, id est nova obligatione.
>
> Die Zinsen, die wir aus Geld ziehen, sind keine Früchte, da sie nicht körperlich gewonnen, sondern aus einem anderen Grund, nämlich einer neuen Verpflichtung gewonnen werden.

---

50 Zur Bedeutung des Allgemeinen Teils bei Thibaut, vgl. *Lingelbach*, FS Leser, S. 68.

51 *Thibaut*, System Bd. 1, S. 128.

52 Die römischen Quellen sprechen von Zinsen als *loco sunt fructuum* oder *vicem fructuum optinent*, s. auch *Ulpian* D. 22, 1, 34.

53 *Thibaut*, System Bd. 1, S. 129.

Ulpian D. 22, 1, 34

Usurae vicem fructuum optinent et merito non debent a fructibus separari.

Zinsen stehen an Stelle der Früchte und dürfen zu Recht nicht von den Früchten getrennt werden.

Thibaut betrachtet diese Quellenlage vor dem Hintergrund der wirtschaftlichen und gesellschaftlichen Entwicklungen und konstatiert zumindest ein praktisches Bedürfnis für die Zuordnung von Zinsen zu den möglichen Erträgen einer Sache. Er nimmt dabei insbesondere das kanonische Zinsverbot zum Anlass, sich mit dieser Frage auseinanderzusetzen.[54] Mit seiner Definition von *usurae*, die er als Gegenleistung für den Gebrauch fungibler Sachen beschreibt, erfasst *Thibaut* zunächst die sogenannten gesetzlichen Zinsen, wie etwa Verzugszinsen. Er stellt sie grundsätzlich solchen Zinsen gleich, die durch eine vertragliche Vereinbaung gewonnen werden, hauptsächlich Pacht- und Mietzinsen, zu denen er auch Darlehenszinsen zählt. Aufgrund ihres Entstehungsgrundes beschreibt er aber die Notwendigkeit, sie in ihrem Umfang zu beschränken, um so einen Einklang mit dem kanonischen Recht zu schaffen.[55] Die Ausdehnung des Fruchtbegriffs auf die *usurae* rechtfertigt er gleichwohl aber nur mit dem Hinweis auf das römische Recht und gibt keine eigenständige Begründung vor.

Es ist festzustellen, dass *Thibaut* mit der systematischen Verortung seiner Fruchtbestimmung im Allgemeinen Teil zwar einen weiterführenden Aspekt für das spätere Fruchtrecht anspricht. Er verharrt jedoch, wie schon der Pandektenkommentar von *Glück*, größtenteils bei der abstrakten Kategorisierung unterschiedlicher Fruchtarten. Besonders deutlich wird dies, da er zwar die Notwendigkeit einer inhaltlichen Anpassung des Fruchtbegriffs anerkennt, diese aber ausschließlich anhand der überkommenen Begrifflichkeit vornimmt.

3. *Zeitgenössische Kritik an der Kategorienbildung*

a) Kritische Vorläufer seit dem 17. Jahrhundert

Die materiellen Schwierigkeiten, die sich mit der beschriebenen Kategorisierung des Fruchtbegriffs ergeben, haben schon bei ihren Vorläufern und zu allen Zeien auch Kritik und Widerspruch hervorgerufen. Einen frühen Kritiker stellt der tranzösische Humanist und Rechtsgelehrter *Hugo Donellus* dar, der bereits im 17. Jahrhundert einen technischen Begriff der *fructus* für die lateinischen Quel-

---

[54] *Thibaut*, System Bd. 1, S. 129, 134-139.

[55] *Thibaut*, System Bd. 1, S. 134 f.

len verneint hat.[56] Sie würden lediglich verschiedene Sacherzeugnisse beschreiben, die naturgemäß, je nach dem Gegenstand der Fruchtziehung, unterschiedlich seien. Jedoch erscheint dieser Ansatz den Juristen des 19. Jahrhunderts aufgrund der umfangreichen Verwendung des Begriffs in den Quellen als zweifelhaft.[57] Letztlich betrifft diese Feststellung aber nur die äußere Erscheinungsform von Früchten. Ein materieller Einwand gegen eine dogmatische Gemeinsamkeit der verschiedenen Fruchtformen ist damit keineswegs verbunden. Entsprechend hat sich diese Kritik nicht durchsetzen können.[58] Soweit sich aber andere Gegenstimmen äußerten, verharrten diese zumeist auf einer rein begrifflichen Ebene. Als Beispiel sei auf *Johannes Corasius*, einen Zeitgenossen von *Donellus* hingewiesen, der sich gegen den Begriff der *fructus civiles* mit dem Argument wendet, dass die Verträge, vermittels derer Zivilfrüchte gewonnen werden könnten, gerade nicht dem *ius civile*, sondern dem *ius gentium* angehörten.[59] Er schlägt die Bezeichnung *fructus industriales* vor, um so den menschlichen Beitrag bei der Gewinnung solcher Erträge zu betonen. Tatsächlich verbindet sich mit diesem Argument aber keine wirkliche Opposition gegen die herrschende Lehre, da die Fruchtqualität derartiger Erträge nicht verneint wird, sondern nur mit einem anderen Begriff bezeichnet werden soll.

b) Kritik de lege ferenda bei Ignaz Rudhart

Erst die Rechtswissenschaft des 19. Jahrhunderts schaffte es endgültig, sich von dieser oberflächlich-begrifflichen Ebene zu lösen und an die Fruchtdefinition materielle Konsequenzen anzuknüpfen. Zu nennen ist dabei insbesondere *Ignaz Rudhart*, der als einer der Ersten die Loslösung von den tradierten Begrifflichkeiten forderte.[60] Unter dem Eindruck der Kodifizierung des Fruchtbegriffs im französischen *Code civil* sowie dem *preußischen ALR* wendet er sich *de lege ferenda* gegen die überkommene Unterteilung der Früchte in *fructus naturales* und *fructus civiles*. Seine hauptsächliche Kritik richtet sich gegen den Ansatz, den Fruchtbegriff anhand der Regeln zum Eigentumserwerb zu bestimmen. Als erster Autor fordert er eine dogmatische Trennung der beiden Anwendungsbereiche – dingliche, d.h. eigentumsrechtliche, und obligatorische Verteilung von Erträgen, für die er unterschiedliche Begriffe von Vermögenserträgen definiert.

---

56 Zitiert nach *Heimbach*, S. 27; s. auch *Reichel*, JherJb 42 (1901), S. 240; *Otto Schröder*, AcP 49 (1866), S. 251.

57 Vgl. *Heimbach*, S. 28.

58 *Reichel*, a.a.O.

59 Zitiert nach *Göppert*, Erzeugnisse, S. 46 Anm. 2; vgl. auch *Heimbach*, S. 39 f.; *Buchholtz*, KritJbDR 15 (1844), S. 511.

60 *Rudhart*, AGR 4 (1811), S. 314-364.

Früchte, die seiner Ansicht nach nur „die körperlichen oder organischen Erzeugnisse“ umfassen[61], haben lediglich für die dingliche Verteilung Bedeutung, da nur an ihnen Eigentum überhaupt in Betracht komme. Die sogenannten ‚bürgerlichen Früchte’, die nur aufgrund eines Rechtsverhältnisses gezogen werden, sowie unkörperliche Erträge einer Sache, wie der Gebrauch und ersparte Aufwendungen[62], seien demnach von vornherein aus der Definition auszuschließen und werden von dem Autor unter dem Begriff ‚Nutzungen’ zusammengefasst.[63] Eine gemeinsame Bedeutung erlangen die unterschiedenen Ertragsformen bei der obligatorischen Verteilung, die sich seiner Ansicht nach nur auf den Wert des Ertrages bezieht. Den Früchten und Nutzungen nach diesem Verständnis ist gemeinsam, dass sie zwei Arten der einen Gattung ‚Rente’[64] und nicht – wie die römischen Rechtsquellen es zur Folge haben – zwei Formen der gemeinsamen Gattung *‚fructus’* sind. Mit dieser Gruppierung spricht *Rudhart* nach eigenem Bekunden nicht bloß einen „Wortstreit“ an, sondern zieht materielle Konsequenzen aus ihr. Die Verteilung der gezogenen Vorteile richtet sich nach seiner Ansicht nicht primär nach der dinglichen Rechtslage, sondern nach einem zwischen den beiden Parteien bestehenden „Obligationsverhältnis“.[65] Erst in einem zweiten Schritt, nachdem der anteilsmäßige Wert der Rente zwischen den Parteien bestimmt ist, erfolgt eine Entscheidung darüber, bei wem die körperlichen Erträge, d.h. die Früchte, zu Eigentum verbleiben sollen.

Welche praktischen Folgen aus dieser Auffassung resultieren, macht *Rudhart* beispielhaft anhand der Verteilungsmechanismen beim redlichen Besitz[66] und beim Nießbrauch[67] deutlich. Beide Anwendungsbeispiele beschreiben Fälle, in denen eine vom Eigentümer verschiedene Person eine Sache in Besitz hat und unter Aufwendung materieller und ideeller Mittel die Sache gebraucht, um wirtschaftliche Vorteile zu ziehen. Sie unterscheiden sich darin, dass im ersten Fall der Besitzer davon ausgeht, Eigentümer der Sache zu sein, in Wahrheit aber kein Recht zur Nutzung hat, während im zweiten Fall es dem Besitzer durchaus bewusst ist, dass er eine fremde Sache nutzt, ihm aber ein vom Eigentümer abgeleitetes Recht zur Nutzung zur Seite steht. Die Rente, also der wertmäßige Vorteil, der aus einer Sache gezogen wird, soll dem gutgläubigen Besitzer bzw. dem Nießbraucher anteilsmäßig nach dem Schuldverhältnis zum Eigentümer zukommen. Für den Nießbraucher sieht *Rudhart* den notwendigen Bezugspunkt

61 *Rudhart*, AGR 4 (1811), S. 317, 319.
62 *Rudhart*, AGR 4 (1811), S. 330.
63 *Rudhart*, AGR 4 (1811), S. 317 f.
64 *Rudhart*, AGR 4 (1811), S. 324-326.
65 *Rudhart*, AGR 4 (1811), S. 332.
66 *Rudhart*, AGR 4 (1811), S. 326-353.
67 *Rudhart*, AGR 4 (1811), S. 353-361.

für den Umfang des Fruchterwerbs in der Nießbrauchsvereinbarung. Nur nach dem hier bestimmten Umfang steht dem Nießbraucher der Wert zu. Für den redlichen Besitzer dagegen muss *Rudhart* eine Art eigenständiges Schuldverhältnis fingieren[68], das diesem im Verhältnis zum Eigentümer die Rente zustehen lässt. Für abgeschlossene Wirtschaftsjahre steht ihm demnach die gesamte Rente zu. Wird er in seinem Besitz jedoch durch den Herausgabeanspruch des Eigentümers unterbrochen, steht ihm eine Quote an der Rente proportional zu seiner Besitzdauer, *pro rata temporis*, in dem Wirtschaftsjahr zu. Durch diesen Bezug auf ein tatsächliches bzw. fingiertes Rechtsverhältnis zwischen Eigentümer und Nutzer erfährt der Rentenbegriff eine subjektive Bedeutung. In dem Bemühen, sämtliche Formen wirtschaftlicher Erträge einer Sache als Rente zu erfassen, steht an dieser Stelle nicht mehr das Verhältnis zwischen Muttersache und Ertrag, sondern die subjektive Berechtigung der jeweiligen Partei an der Sache im Vordergrund.

Im zweiten Schritt stellt sich die Frage nach dem Eigentumserwerb. Welche Konsequenzen diese von *Rudhart* geforderte Trennung hat, versucht er an dem Fall deutlich zu machen, dass es zwischen dem Eigentümer und dem redlichen Besitzer bzw. dem Nießbrauchberechtigten zu einer Auseinandersetzung vor Abschluss eines Wirtschaftsjahres kommt.

Für die dingliche Verteilung der Früchte hält er weiterhin an dem für richtig erkannten römisch-rechtlichen Substantialprinzip fest. Das bedeutet, dass das Eigentum an den Früchten auch nach ihrer Trennung von der Muttersache im Grundsatz bei dem Eigentümer verbleiben soll, wenn nicht ein anderer mit Rechtsgrund das Eigentum an ihnen erwirbt. Da der redliche Besitzer lediglich die tatsächliche Herrschaft, also nur rein faktisch die Sache in seinen Händen hält, steht ihm ein solcher Rechtsgrund nicht zu; er erwirbt somit kein Eigentum an den Früchten.[69] Erst nach einem bestimmten Zeitablauf[70] fallen die Früchte durch Ersitzung (*usucapio*) in sein Eigentum. Mit anderen Worten ist der Eigentümer berechtigt, alle noch vorhandenen Früchte (*fructus extantes*) in einem Vindikationsprozess heraus zu verlangen, solange der Besitzer sie nicht durch

---

68 *Rudhart*, AGR 4 (1811), S. 332, 335 f.

69 Ausdrücklich wendet sich *Rudhart*, AGR 4 (1811), S. 352 f. gegen die Regelungen des Art. 549 Cc, wonach der redliche Besitzer unmittelbar volles Eigentum an den gezogenen Früchten erwirbt: *„Le simple possesseur ne fait les fruits siens, que dans le cas , ou il possede de bonne foi: dans le cas contraire, il est tenu de rendre les produits avec la chose au proprietaire qui la revendique."*

70 Nach dem klassischen römischen Recht beträgt die Ersitzungsdauer für bewegliche Sachen ein Jahr; vgl. nur *Kaser/Knütel*, S. 154-158; für das gemeine Recht beträgt der Zeitraum drei Jahre vgl. *Rudhart*, AGR 4 (1811), S. 349; hierzu auch *Windscheid*, Pandektenrecht Bd. 1, S. 602.

Ersitzung erworben hat. Lediglich auf die verbrauchten Früchte (*fructus consumti*) erstreckt sich der Vindikationsanspruch nicht, da diese nicht mehr körperlich vorhanden sind. Insoweit ist wieder die obligatorische Verteilung angesprochen, wobei dem Eigentümer bei Redlichkeit des Besitzers aber auch kein Anspruch auf Wertersatz gebührt, da dem Besitzer nach dem oben Gesagten der in der Rente berechnete Wert zusteht. In konsequenter Verfolgung seiner Ansicht fordert *Rudhart* nun, dem gutgläubigen Besitzer einen Gegenanspruch auf den Wert der herauszugebenden Früchte zuzusprechen, wenn seine Herausgabepflicht den Umfang des Rentenanspruchs übersteigt, und diesen Gegenanspruch mit dem vollen Wert der Früchte zu beziffern und nicht – wie in den römischen Quellen – auf die notwendigen oder nützlichen Verwendungen (*impensae*) zu beschränken.[71] Er löst sich damit von den römischen Quellen und bezieht das dort anzutreffende *fructus suos facit* mithin nur auf den Wert der Früchte und nicht auf das dingliche Recht an ihnen.

Auch für die Auseinandersetzung beim *ususfructus* wendet *Rudhart* die eben ausgeführten Grundsätze an, wobei sich ein wesentlicher Unterschied daraus ergibt, dass der Nießbraucher – anders als der bloße Besitzer – aufgrund seines vom Eigentümer abgeleiteten Rechtes Eigentum an den Früchten erwirbt. Diese hat er auch bei einer späteren Auseinandersetzung nicht herauszugeben, soweit sie bereits von der Muttersache getrennt sind. Nicht ganz klar wird, welche Bedeutung der Autor dem Grundsatz der Substanzerhaltung beimisst, wie er D. 7, 1, 1 zu Grunde liegt.

> *Paulus* D. 7, 1, 1
>
> Usus fructus est ius alienis rebus utendi fruendi salva rerum substantia.
>
> Der Nießbrauch ist das Recht, fremde Sachen zu gebrauchen und zu nutzen, und zwar unter Erhaltung ihrer Substanz.[72]

Diesen Aspekt führt er erst im Zusammenhang mit seinem Konzept der Rente ein, so dass es naheliegen würde, die Pflicht zur Substanzerhaltung ausschließlich auf das obligatorische Verhältnis zwischen Eigentümer und Nießbraucher bzw. dessen Erben anzuwenden und damit beim dinglichen Eigentumserwerb außer Acht zu lassen. Dennoch wendet sich *Rudhart* gegen die Konsequenz, dem Nießbraucher unabhängig von seiner Berechtigung Eigentum an allen körperlichen Erträgen zuzusprechen und verpflichtet den Nießbraucher die fruchttragende Sache als Kapital, „wie dies jedem guten Hauswirt zu tun obliegt“, möglichst vollständig zu erhalten[73], eine Pflicht, die *Rudhart* aus der Nieß-

71 *Rudhart*, AGR 4 (1811), S. 335.

72 *Behrends/Knütel/Kupisch/Seiler*, CIC Bd. 2, S. 591.

73 *Rudhart*, AGR 4 (1811), S. 356.

brauchberechtigung herleitet. Damit wird die Frage nach dem dinglichen Erwerb wieder von dem obligatorischen Verhältnis abhängig gemacht. Im Ergebnis kommt er also wiederum zu einer Vermengung von dinglicher und obligatorischer Verteilung von Vermögensvorteilen, deren Überwindung er als Ausgangspunkt gewählt hatte.

Der dogmatische Fortschritt von *Rudharts* Arbeit liegt mithin nicht in der Schaffung eines umfassenden dualistischen Systems der Verteilung von Vermögenserträgen und damit der Überwindung des Widerspruchs von *fructus naturales* und *fructus civiles*. Jedoch gelingt es ihm, die Schwierigkeiten der herrschenden Lehre anhand ihres zentralen Unterscheidungskriteriums der Entstehungsart von Früchten aufzuzeigen und für die Streitfrage nach der Verteilung der Früchte zwischen redlichem Besitzer und Eigentümer eine mögliche Lösung zu bieten.

c) Die Herausarbeitung abstrakter Begriffsmerkmale bei Friedrich Carl von Savigny

Die Schwierigkeiten der Fruchtverteilung zwischen Eigentümer und redlichem Besitzer waren neben *Rudhart* auch für *Friedrich Carl von Savigny* Anlass, sich mit dem Fruchterwerb seit der zweiten Auflage seiner Monographie „Das Recht des Besitzes" auseinanderzusetzen. Die hier formulierten Ansätze hat er später in seinem „System des heutigen römischen Rechts" erweitert und vertieft. Methodisch erarbeitet der Berliner Rechtsgelehrte und Gründer der historischen Rechtsschule[74] sein Fruchtverständnis später anhand der römischen Quellen zum Fruchterwerb des redlichen Besitzers[75], den Wirkungen der *litis contestatio*[76] sowie dem Schenkungsverbot zwischen Ehegatten[77].

aa) Dingliche Dimension des Fruchtrechts und Akzession

Der Ausgangspunkt der Arbeiten *Savignys* liegt – anders als bei *Rudhart* – aber zunächst nur in der Frage nach dem Eigentumserwerb an den Früchten. Das bedeutet, dass er von der sachenrechtlichen Beziehung des Nutzenden zu der fruchtbringenden Sache ausgeht und damit nur organische Erzeugnisse, Boden- und Tierprodukte als sachlichen Ertrag betrachtet.[78] Eine eigene Fruchtdefinition gibt er an dieser Stelle daher nicht.

---

74 Hierzu *Fortunato*, ZJS 4 (2009), S. 329 ff.; dort auch zu *Savignys* methodischen Ansatz.

75 *Savigny*, Recht des Besitzes, S. 276 ff. (zitiert wird nach der 7. Aufl.).

76 *Savigny*, System Bd. 6, S. 78, 101 ff.

77 *Savigny*, System Bd. 4, S. 36 ff.

78 So in *Savigny*, Recht des Besitzes, S. 276 ff.; ebenso *ders.*, System Bd. 6, S. 101 f. „Der ursprüngliche steht in Verbindung mit den Gesetzen der organischen Natur."

Bei der Problemkonstellation des redlichen Besitzes gelangt *Savigny*[79] zunächst zu einem vergleichbaren Ergebnis, wie es auch *Rudhart* vertritt, wobei er sich an der Unterscheidung zwischen quiritischem und bonitarischem Eigentum[80] orientiert und diese mit besonderer Konsequenz verfolgt. Dem Substantialprinzip folgend, dass er aus dem *Gaius*-Fragment D. 6, 1, 44 herleitet, stehen die Früchte, solange sie mit dem Boden verbunden sind, als unselbständiger Teil im Eigentum des Grundstücks- bzw. Tiereigentümers.

> *Gaius* D. 6, 1, 44
>
> Fructus pendentes pars fundi videntur.
>
> Hängende Früchte sind als Teil des Grundstücks zu sehen.[81]

Aber auch durch eine Separation erwirbt zunächst ausschließlich der ursprüngliche Eigentümer echtes Eigentum, d.h. *dominium ex iure Quiritium* an den Früchten. In dieser Beziehung hat der Fruchtbegriff nach seiner Ansicht keine eigenständige Bedeutung, da es für den Eigentümer keinen Unterschied machen kann, ob die getrennte Sache Frucht oder ein sonstiger Bestandteil der Sache ist.[82]

> „Ueberhaupt hat es mit dieser Absonderung der Frucht genau dieselbe Bewandtnis, wie mit der reellen Theilung jedes andern Ganzen (z.B. der Zerlegung eines Thieres oder dem Abbrechen eines Hauses), welche auch für das Eigenthum völlig gleichgültig ist.“[83]

Behandeln die Quellen den *bonae fidei possessor* bei der Innehabung einer fremden Sache wie den echten Eigentümer, so kann in dieser Hinsicht zunächst ebenfalls kein Unterschied bestehen. Jedoch macht *Savigny* darauf aufmerksam, dass die Quellen dem redlichen Besitzer ausdrücklich kein quiritisches Eigentum an der Muttersubstanz zusprechen, sondern ihn in seiner Rechtsstellung lediglich gegenüber Dritten einem echten Eigentümer gleich behandeln.[84] Damit steht ihm zwar eine prätorisch geschützte Stellung, das bonitarische Eigentum, an der Muttersache und infolgedessen auch an den Früchten zu, aber gerade nicht quiritisches Eigentum. Auf dieser Grundlage gelangt der Berliner Rechtsgelehrte zu dem Ergebnis, dass der redliche Besitzer an den Früchten, wie schon an der Muttersache nur die *bonae fidei possessio* habe, die erst nach Ablauf der Ersitzungsfrist zu vollem Eigentum an den Früchten führen kann. Mit ihm ge-

---

79 Zu dem Folgenden *Savigny*, Recht des Besitzes, S. 276-282.

80 Zu der Begrifflichkeit vgl. etwa *Mayer-Maly*, S. 65.

81 *Behrends/Knütel/Kupisch/Seiler*, CIC Bd. 2, S. 572.

82 Ebenso *Leist*, S. 153 f.; *Koch*, Allgemeines Landrecht Bd. 1,1, S. 557 Anm. 2.

83 *Savigny*, Recht des Besitzes, S. 276.

84 A.A. *Unterholzner*, AcP 8 (1825), S. 313-315.

langt man so zu der These, dass eine physische Trennung immer nur die gleiche Rechtsposition an den Früchten begründen kann, welche dem Fruchtzieher auch an der Muttersache zusteht.[85] Die Früchte werden in den auf sie bezogenen Rechtsbeziehungen also nicht anders behandelt als andere Bestandteile der fruchttragenden Sache. Vor der Trennung sind sie Teil, nach der Trennung gewesener Teil der Muttersubstanz. Nur die Besitzposition ändert sich insofern, als die an dieses „Factum"[86] anknüpfenden Rechtsfolgen, insbesondere die Ersitzungsmöglichkeit, sich neu bestimmen. Ein selbständiger Besitz an den Teilen einer einheitlichen Sache ist bis zu diesem Zeitpunkt nicht möglich.

Von der Richtigkeit dieser These ausgehend, begründet *Savigny* im Folgenden auch die anderen Fruchterwerbskonstellationen. Dies hat zunächst zur Folge, dass lediglich diejenigen Fruchtberechtigten unmittelbar durch Trennung (separatio) das Eigentum an den Früchten erwerben sollen, die rechtlich dem „wahren" Eigentümer[87] gleichgestellt sind, andere jedoch erst mit der Inbesitznahme (perceptio).[88] Wie sich aus D. 22, 1, 25, 1 a.E. ergibt, erwirbt etwa der Erbpächter unmittelbar Eigentum mit der Trennung an den Früchten.

D. 22, 1, 25, 1 a.E.

Cum fructuarii quidem non fiant, antequam ab eo percipiantur, ad bonae fidei autem possessorem pertineant, quoquo modo a solo separati fuerint, sicut eius qui vectigalem fundum habet fructus fiunt, simul atque solo separati sunt.

Denn der Nießbraucher wird Eigentümer der Früchte erst, wenn er sie gezogen hat, dem gutgläubigen Eigenbesitzer aber gehören sie mit der Trennung, wie auch immer sie vom Boden getrennt sein mögen, ganz so wie auch derjenige, der ein Grundstück in Erbpacht hat, das Eigentum an den Früchten erwirbt, sobald sie vom Boden getrennt sind.[89]

Einen unmittelbaren Fruchterwerb mit der bloßen Trennung sieht *Savigny* auch für den Pfandgläubiger begründet, dem ebenso wie dem Erbpächter die *possessio* an dem fruchttragenden Boden überlassen ist.[90]

Der Nießbraucher und der Pächter hingegen leiten ihr Fruchterwerbsrecht von dem Eigentümer ab und erwerben daher erst durch Inbesitznahme das Fruchteigentum. Da diese aber nur mit dem Willen des Eigentümers möglich ist, konstruiert *Savigny* diesen Erwerb –entgegen der vorherrschenden Auffassung

---

85 In dieser Hinsicht folgen ihm später *Göppert*, Erzeugnisse, S. 321 ff.; *Sintenis*, S. 484 f.; *Czylharz*, in Glück, Serie der Bücher 41/42, S. 389 ff.

86 *Savigny*, Recht des Besitzes, S. 43 ff.

87 Zu dieser Begrifflichkeit *Savigny*, Recht des Besitzes, S. 276.

88 *Savigny*, Recht des Besitzes, S. 277, 281 f.

89 *Knütel/Kupisch/Seiler/Behrends*, CIC Bd. 4, S. 98 f.

90 *Savigny*, Recht des Besitzes, S. 282.

in der Pandektistik – stets als eine Form des derivativen Eigentumserwerbs durch *traditio*.[91] Diesen Gedankengang kann er wiederum an verschiedene Digestenstellen anknüpfen, die insoweit von einem *permittere* sprechen.

> *Ulpian* D. 4, 3, 34[92]
>
> Si cum mihi permisisses saxum ex fundo tuo eicere vel cretam vel harenam fodere, et sumptum in hanc rem fecerim, et non patiaris me tollere: nulla alia quam de dolo malo actio locum habebit.
>
> Wenn ich, nachdem du mir erlaubt hattest, auf deinem Grundstück Steine zu brechen oder Kreide oder Sand zu gewinnen, deshalb Aufwendungen gemacht habe und du mir dann den Abtransport nicht gestattest, greift keine andere Klage als die wegen Arglist ein.[93]

Dieses *permittere* sieht *Savigny* als Ausdruck für eine rechtsgeschäftliche Einigung für den Übergang des Besitzes. Es handelt sich also um einen Traditionsvertrag, um

> „die in der Form der Besitzübertragung geäußerte Consenserklärung über den Übergang des Eigenthums von dem Tradenten auf den Accipienten."[94]

Der Eigentumserwerb des Berechtigten ist demnach stets von dem Willen des Eigentümers der Muttersache abhängig, es erfolgt eine Art antizipierte Einigung über den Eigentumsübergang. Damit verliert der Fruchtbegriff auch an dieser Stelle an Bedeutung, da sich der Gegenstand des Erwerbs stets nach dem Willen des Eigentümers richtet und damit letztlich nicht an objektiven Merkmalen festmachen lässt. Da ein originärer Eigentumserwerb außer durch Ersitzung nicht möglich ist, bedarf *Savigny* folgerichtig in seinem „Recht des Besitzes" keiner eigenständigen Definition des Fruchtbegriffs.

Für die Dogmatik des Fruchtbegriffs selbst gelangt man mit *Savigny* zunächst nur zu dem Ergebnis, dass Früchte solche Erträge sind, die aus einer anderen Sache gezogen werden können und dieser in ihrem rechtlichen Schicksal folgen. Zentrales Element ist folglich das Substantialprinzip, wonach die Früch-

---

91 Ebenso *Sintenis*, S. 484; teilweise auch *Puchta*, Pandekten, S. 228, 252; *Böcking*, Pandekten Bd. 2,1, S. 132 f., die jedoch beim *bonae fidei possessor* mit der herrschenden Lehre von einem unmittelbaren Eigentumserwerb ausgehen, *Puchta*, a.a.O. S. 252; *Böcking*, a.a.O., S. 134; Insgesamt ablehnend *Windscheid*, Pandekten Bd. 1, S. 639 f.; Später erweitert Savigny seine Vorstellung vom Fruchterwerb durch *traditio* auch auf den Fall der Schenkung, *Savigny*, System, Bd. 4, S. 36 ff.

92 Ähnlich D. 19, 5, 16; D. 39, 5, 6.

93 *Behrends/Knütel/Kupisch/Seiler*, CIC Bd. 2, S. 372.

94 *Sohm*, ZHR 17 (1873), S. 17; dazu auch *Exner*, S. 8 ff.

te also lediglich als Akzession[95] im Sinne von gewesenen Bestandteilen der Muttersache zu betrachten seien.

bb) Obligatorische Dimension des Fruchtrechts und Periodizität

Neben diesem dinglichen Fruchtrecht erkennt *Friedrich Carl von Savigny* eine obligatorische Dimension an[96], die er wesentlich erst später in seinem „System des heutigen römischen Rechts" ausführt, wo er auch die Grundlagen für einen einheitlichen Fruchtbegriff bereitet. Der auf organische Produkte beschränkte Fruchtbegriff, wie er zunächst für seine Besitzlehre ausreichte, wird nunmehr anhand der *litis contestatio* und der Auswirkungen des Schenkungsrechts auf das Rückgewährverhältnis der *dos* nach der Trennung der Ehepartner auf seinen juristischen Gehalt hin untersucht und erweitert.[97] An dieser Stelle versucht *Savigny* schließlich eine von den ausdrücklichen Quellenaussagen losgelöste, juristische Definition der *fructus* zu geben.

> „Dieser an sich bloß natürliche Begriff bekommt eine juristische Bedeutung durch folgende Eigenschaften solcher Erzeugnisse. Sie sind einer periodischen Wiederholung empfänglich, auf welche mit mehr oder weniger Sicherheit gerechnet werden kann. Daher ist diese Fähigkeit zur Fruchterzeugung dasjenige, wodurch die fruchttragende Sache vorzugsweise (oft ganz allein) Werth für den Verkehr bekommt, um deren Willen wir sie erwerben und zu haben pflegen."[98]

An anderer Stelle ergänzt er seine Ausführungen wiederum durch den aus dem Substantialprinzip entlehnten Grundsatz

> „[der] Abhängigkeit des Erwerbs von einem schon vorhandenen Vermögensstück."[99]

An diesen allgemeinen Bemerkungen wird deutlich, dass *Savigny* die Eigenschaft der Früchte, periodisch wiederkehrende Erträge eines Vermögensgutes zu sein, neben der Akzessionsqualität der Frucht, zum zentralen Element seiner Lehre erhebt. Früchte lassen sich mit anderen Worten auch als den regelmäßigen Erwerb eines Vermögensgutes beschreiben. Es ist die Herausarbeitung dieses gemeinsamen Kriteriums aller Fruchtformen, das in dieser Form nicht ausdrücklich in den römischen Quellen zu finden ist, mit dem der Begründer der Histori-

---

95 Der Begriff ‚Akzession' leitet sich von der Überschrift zum Digestentitel D. 22, 1 ab, „De usuribus et *fructibus* et causis et *omnibus accessionibus* et mora [Hervorhebung von Verf.]".

96 Ausdrücklich *Savigny*, Recht des Besitzes, S. 278 Anm. 1.

97 Die Auswirkung der *litis contestatio* auf die unterschiedlichen Klagearten beschreibt er in *Savigny*, System Bd. 6, S. 106 ff.

98 *Savigny*, System Bd. 6, S. 101 f.

99 *Savigny*, System Bd. 6, S. 102

schen Rechtsschule einen weiteren Schritt zur Überwindung der bloßen Kategorienbildung im *Ius commune* einleitet.[100] Anhand des Erfordernisses der Periodizität gelingt es *Savigny* bislang als verschiedene Fruchtkategorien behandelte Erträge unter ein einheitliches Prinzip zu bringen, die sich nicht im Gegensatz zueinander, wie es *Rudhart* für natürliche und bürgerliche Früchte zu begründen versucht, sondern im Gegensatz zu den „zufälligen Erwerbungen“ stehen.[101] Hierzu erklärt *Savigny*, dass der Erwerb letzterer nämlich entweder nicht aus der Muttersache selbst resultiert oder mit einer Beeinträchtigung derselben einhergeht. So gilt für die Zweiteilung in *fructus naturales* und *fructus civiles*, dass beide Ertragsformen nach dieser Ansicht zwei Arten desselben Fruchtbegriffs sind, wenn und soweit sie sich als regelmäßig wiederkehrende Erträge eines Vermögensgegenstandes darstellen. Wiederkehrender Ertrag sind sie aber nur, wenn sie ohne Beeinträchtigung der Muttersubstanz gewonnen werden können. Diesen Gedanken wiederum entlehnt er dem Nießbrauchrecht, wie ihn Paulus in D. 7, 1, 1 beschreibt.

> *Paulus* D. 7, 1, 1
>
> Usus fructus est ius alienis rebus utendi fruendi salva rerum substantia
>
> Der Nießbrauch ist das Recht, fremde Sachen zu gebrauchen und zu nutzen, und zwar unter Erhaltung ihrer Substanz.[102]

Zugleich dient das Merkmal der Periodizität zur Bestimmung der versäumten Früchte, *fructus percipiendi*, die nach den einzelnen persönlichen und dinglichen Klagearten gegebenenfalls zu erstatten sind.[103] Der regelmäßige Ertrag einer Sache steht der obsiegenden Partei des Prozesses zu, sodass ihr auch das Versäumnis der Fruchtziehung zu ersetzen ist.

Es ist diese Begrifflichkeit, die *Savigny* schließlich auch für die konkrete Verteilung von Früchten heranzieht und somit einzelne Schwierigkeiten im Umgang mit den römischen Rechtsquellen zu lösen sucht.

So ist die Periodizität von körperlichen Erträgen insbesondere nur dann gegeben, wenn sie ohne Beeinträchtigung der Muttersubstanz gezogen werden können. Dieses Begriffsverständnis schafft es, die Schwierigkeiten der römischen Quellen hinsichtlich der *silva caedua* zum Teil zu erklären und zu vereinheitlichen. In *Ulpian* D. 24, 3, 7, 12 ist etwa die problematische Aussage anzutreffen, dass das Holz eines Waldgrundstückes zwar grundsätzlich zu den Früchten zähle, außer es sei durch einen Sturm gefallen.

---

100 So auch *Cardilli*, S. 9.

101 *Savigny*, System Bd. 6, S. 101.

102 *Behrends/Knütel/Kupisch/Seiler*, CIC Bd. 2, S. 591.

103 *Savigny*, System Bd. 6, S. 104.

Ulpian 24, 3, 7, 12

[...] sed et si vi tempestatis ceciderunt, dici [oportet] <oportere> pretium earum restituendum mulieri nec in fructum cedere, non magis, quam si thensaurus fuerit inventus: in fructum enim non computabitur [...].

Sind die Bäume jedoch durch Sturmesgewalt umgeworfen worden, muss gesagt werden, dass der Frau der Wert der Bäume zu erstatten ist und dass diese ebenso wenig zu den Nutzungen gehören, wie wenn ein Schatz gefunden wurde; denn dieser wird nicht zu den Nutzungen gezählt [...].[104]

Für *Savigny* steht diese Aussage des *Ulpian* im Zusammenhang mit dem Grundsatz aus *Paulus* D. 7, 1, 1 und der Pflicht zur Erhaltung der fruchttragenden Muttersache. Lediglich das nach wirtschaftlichen Grundsätzen geschlagene Holz lasse die wirtschaftliche Substanz des Waldgrundstücks unberührt, da eine stetige Wiederkehr des Ertrages gewährleistet sei. Dem vom Sturm umgeworfenen Holz hingegen ermangelt es an diesem Kriterium und es geht damit zu Lasten der Substanz.

Andere Zuwächse hingegen, die zwar eine Vermehrung des Vermögensgutes darstellen, wie etwa der Schatz oder die Anschwemmung an ein Grundstück[105], zählen gleichwohl nicht zu den Früchten. Sie beruhen auf einmaligen Ereignissen und sind damit ebenfalls keiner wiederholten Gewinnung zugänglich. Die römischen Quellen bringen diesen Gedanken in D. 41, 1, 43 zum Ausdruck, wo etwa der Eigentumserwerb an Schätzen näher bestimmt wird.[106] Keine Stellung nimmt *Savigny* jedoch zum Umgang mit mineralischen Erzeugnissen, der die spätere Pandektenwissenschaft größere Aufmerksamkeit schenkt.

cc) Differenzierung bei den fructus civiles

Anhand der Periodizität erklärt *Savigny* auch den Umgang mit den bürgerlichen Früchten, denn auch die stellen einen Ertrag dar, der einer periodischen Wiederkehr zugänglich ist.[107] Anders als vor ihm etwa *Thibaut* versucht er eine dogmatische Lösung anhand der Unterscheidung zwischen Miet- und Pachtgeldern einerseits und Zinserträgen von Kapital andererseits zu verdeutlichen. Zwar lassen sich beide Ertragsformen ohne Beeinträchtigung der Muttersache erzielen. Am konkreten Beispiel der Rückgewährpflicht einer *dos* nach Auflösung der Ehe zählt der Autor aber nur Miet- und Pachteinnahmen zu den Erträgen, auf die mit „mehr oder weniger Sicherheit gerechnet werden kann“. Zum typischen

---

104 *Knütel/Kupisch/Seiler/Behrends*, CIC Bd. 4, S. 276.

105 *Savigny*, System Bd. 6, S. 105 mit weiteren Beispielen.

106 Hierzu insbesondere *Schulz*, ZRG.RA 35 (1914), S. 94-112.

107 *Savigny*, System Bd. 6, S. 102 f.; System Bd. 4, S. 36 ff.

Gebrauch eines Grundstücks gehöre es nämlich nicht nur, dass es vom Eigentümer selbst als Wohn- oder Anbaufläche genutzt wird, sondern auch, dass er es nicht brachliegen lässt und stattdessen durch Vermietung oder Verpachtung Gewinn aus ihm zieht.

> „Daß Jemand ein Grundstücks ganz unbenutzt lasse, also weder durch eigenen Gebrauch, noch durch Vermiethung, Vortheil davon ziehe, ist völlig ungewöhnlich, ja in den meisten Fällen, worin es dennoch vorkommen mag, nur als schlechte Wirthschaft erklärlich."[108]

Anderes gelte jedoch für die Verzinsung von Geldbeträgen. Obwohl *Savigny* grundsätzlich von einer Möglichkeit zur Verzinsung von Geld ausgeht, zählen diese seiner Ansicht nach zu den zufälligen Erwerbungen, da der gewinnbringende Einsatz eines Geldbetrages allein der Willkür seines Inhabers unterliege.[109]

> „Obgleich also auch unser positives Recht die stete Möglichkeit anerkennt, baares Geld zinsbar zu nutzen (worauf allein der Grundsatz der Verzugszinsen beruht), so ist der Gebrauch dieser Möglichkeit ganz willkührlich."[110]

Mit dieser Differenzierung im vierten Band seines Systems widerspricht er seinen eigenen, sechs Jahre später gemachten Ausführungen zur *litis contestatio* im sechsten Band desselben Werkes[111], wo er eine solche Unterscheidung gerade mit Verweis auf *Ulpian* D. 22, 1, 34 ablehnt.

> *Ulpian* D. 22, 1, 34
>
> Usurae vicem fructuum optinent et merito non debent a fructibus separari.
>
> Zinsen stehen an Stelle der Früchte und dürfen zu Recht nicht von den Früchten getrennt werden.

Den Widerspruch erklärt *Savigny* aus systematischen Gründen. Die Konstellation der verbotenen Ehegattenschenkung ist durch eigenständige Erwägungen geprägt, die eine unterschiedliche Behandlung zu den sonstigen Restitutionsfällen geboten erscheinen lässt. In diesem Zusammenhang stellt sich das besondere Problem, ob und welche Vermögenserträge bei der unentgeltlichen Überlassung eines Gegenstandes ebenfalls von dem Verbot erfasst sind. Dass *Savigny* diese Differenzierung in zwei unterschiedliche, durch Rechtsgeschäft vermittelte Ertragskategorien im Schenkungsrecht verortet, erscheint auf den ersten Blick überraschend, da diese Rechtsmaterie an sich nicht zum primären Anwendungsbereich des Fruchtrechts zählt. Bedenkt man aber sein Konzept vom Eigentums-

---

108 *Savigny*, System Bd. 4, S. 39

109 *Savigny*, System Bd. 4, S. 37-40.

110 *Savigny*, System Bd. 4, S. 40.

111 Nachw. oben in Anm. 107.

erwerb eines Nichteigentümers an den Früchten durch *traditio*, so wird klar, dass aus seiner Sicht keine Frage des originären Eigentumserwerbs angesprochen ist, die unabhängig von einer Schenkung erfolgt. Vielmehr behandelt er die rechtsgeschäftliche Übertragung von Eigentum an Früchten als zukünftige Sachen, die eben auch im Hinblick auf eine Schenkung erfolgen kann.

„[D]ie künftigen Früchte sind es also, deren Eigenthum hier geschenkt wird."[112]

Damit handelt es sich bei der schenkungsweisen Einräumung eines Nutzungsrechts zugleich um eine Schenkung zukünftiger Früchte, welche für das Ehegüterrecht eben zu einer verbotswidrigen Schenkung der zukünftigen Früchte führt. Hiermit folgt *Savigny* der Auffassung des *Marcellus* in D. 24, 1, 49 und lehnt die Auffassungen von *Ulpian* D. 24, 1, 17 und *Pomponius* D. 22, 1, 45 ab.[113] Weiter führt er den engen Zusammenhang des Ehegattenschenkungsverbots zu den verschiedenen römischen Klagen zum Gläubigerschutz, namentlich der *Pauliana, Faviania* und *Calvisiana actio.*[114] Da er die Schenkung als bewusste Vermögensvermehrung beim Beschenkten durch eine gleichzeitige Vermögensminderung auf Seiten des Schenkers konstruiert[115], dient ihm die rigorose Ausweitung des Verbots auf sämtliche Früchte zugleich einer Verhinderung jedweder Umgehungsgeschäfte. Damit wird auch hinreichend klar, warum *Savigny* eine Klärung des Fruchtbegriffs systematisch im Schenkungsrecht verortet. Sämtliche Früchte sind Vermögensvorteile, die zugleich eine verbotene Schenkung darstellen können.

Im Anschluss hieran setzt sich *Savigny* mit der Frage auseinander, wie dieser Grundsatz mit den positiven Quellenaussagen zu den Zinserträgen vereinbar ist. Diese begrenzen die Restitutionspflicht von Geld bei einer verbotswidrigen Ehegattenschenkung tatsächlich auf den bloßen Geldbetrag und belassen Zinsen beim ursprünglich beschenkten Ehegatten.

---

112 *Savigny*, System Bd. 4, S. 36 f.

113 *Savigny*, System Bd. 4, S. 44 f.

114 *Savigny*, System Bd. 4, S. 23-32.

115 Insoweit zeigen sich deutliche Parallelen zu Savignys Lehre von der Vermögensverschiebung im Bereicherungsrecht, *Savigny*, System Bd. 5, S. 525 f. Interessanterweise greift Savigny an dieser Stelle seine Argumentation über den willkürlichen Gebrauch von Geldbeträgen ebenfalls nicht auf. Die Kondiktion von Geldbeträgen werden untersucht im Zusammenhang mit der *condictio furtiva* in *Savigny*, a.a.O., S. 552 ff., sowie dem Darlehen in *Savigny*, a.a.O., S. 511 ff.

Ulpian D. 24, 1, 15, 1[116]

Si maritus uxori pecuniam donaverit eaque usuras ex donata pecunia perceperit, lucrabitur.

Wenn ein Ehemann seiner Frau Geld geschenkt hat und sie aus dem geschenkten Geld Zinsen zieht, ist das ihr Gewinn.[117]

An dieser Quellenaussage möchte Savigny auch im Grundsatz festhalten, statuiert jedoch eine Ausnahme für den Fall einer verbotenen Ehegattenschenkung aus der *Dos*. Seiner Ansicht nach sollen die Zinsen bei der Restitutionspflicht eines geschenkten Geldbetrages aufgrund Widerrufs der Schenkung oder einem ähnlichen Grund zwar grundsätzlich beim Beschenkten verbleiben. Insofern verallgemeinert er das Ulpianfragment sogar auf sämtliche Fälle der Rückgewähr geschenkten Geldes. Für das eheliche Schenkungsverbot müsse man aber die Ausnahme einführen, wonach die Zinsen eines zur *dos* zugehörigen Geldbetrages stets zu erstatten sind,

„denn die in Geld bestehende Dos wird stets zu dem Zweck des Zinsertrags gegeben, welcher Zweck aber durch die Schenkung des Mannes an die Frau unfehlbar vereitelt werden würde."[118]

Dass *Savigny* der Ansicht *Ulpians* nicht uneingeschränkt folgen kann, ist im Hinblick auf die inhaltlichen Parallelen zu dem von ihm abgelehnten Fragment D. 24, 1, 17 nachvollziehbar. Allein auf dieser Grundlage erscheint ein Widerspruch gegen die positive Quellenaussage aber nicht zwingend begründet. Erst die besonderen Erwägungen des Verbotes einer Ehegattenschenkung, wie sie für *Savigny* ausschlaggebend sein sollen, geben seiner Entscheidung eine dogmatische Grundlage. *Ulpian* spricht, unabhängig von dem konkreten Beispiel den allgemeinen Grundsatz aus, wonach die Kapitalzinsen nicht zu erstatten seien. Die Schenkung von Geld zwischen Ehegatten muss indes im Lichte dieser besonderen Konstellation betrachtet und als Ausnahme behandelt werden. Im Hinblick auf den Zweck, den *Savigny* für dieses Verbot herausarbeitet, jede Vermögensverschiebung zwischen Ehegatten aus Gründen des Gläubigerschutzes zu untersagen, muss auch die Bestimmung des ‚gewöhnlichen Gebrauchs' auf den konkreten Fall hin ausgelegt werden. Insofern ist jeder Vermögensertrag, also auch die Kapitalzinsen, zurück zu gewähren. In den anderen Fällen der Schenkungsrestitution erscheint ihm ein solch weitgehendes Verbot nicht erforderlich, so dass die von ihm getroffene Unterscheidung in Zinsen auf der einen Seite sowie Miet- und Pachteinnahmen auf der anderen Seite in diesem beschränkten Anwendungsbereich sinnvoll erscheint.

---

116 Ebenso *Ulpian* D. 24, 1, 7, 3; *Tryphoninus* D. 24, 1, 16.

117 *Knütel/Kupisch/Seiler/Behrends*, CIC Bd. 4, S. 240.

118 *Savigny*, System Bd. 4, S. 47.

II. Die Lehre vom bestimmungsgemäßen Ertrag

1. Periodizität und bestimmungsgemäßer Ertrag

Da mit dem Merkmal der Periodizität nicht unerhebliche Schwierigkeiten bestanden, die zum Teil schon bei der Darstellung *Savignys* bemerkbar sind, entscheidet sich die wohl als herrschende Meinung im 19. Jahrhundert zu bezeichnende Lehre vom bestimmungsgemäßen Ertrag zu einem von *Savigny* abweichenden Ansatz, indem anstatt der Periodizität des Ertrages, die Bestimmung der Sache zur Fruchtziehung in den Vordergrund gestellt wird. Schon sein Schüler und Nachfolger auf dem Berliner Lehrstuhl *Friedrich Georg Puchta* weicht in diesem Sinne von seinem Lehrer ab. In seinem Lehrbuch zu den Pandekten schreibt er:

> „Dieser Gewinn, zu dem die Sache bestimmt ist, heißt Frucht, fructus rei, er kann 1) in organischen Erzeugnissen der Sache bestehen (natürliche Früchte) aber nur solche gelten im Recht als Früchte, zu deren Gewinnung die Sache bestimmt ist; 2) in einer sonstigen Nutzung, welche die Sache abwirft, z.B. Pachtzins, Zinsen von Geld etc. (juristische Früchte, s.g. fructus civiles), ebenfalls mit jener Einschränkung […]“[119]

Ein Ertrag gilt also nur dann als Frucht, wenn er der Bestimmung der Muttersache gemäß gezogen werden kann. Paradebeispiel sind wiederum die *fructus naturales* und die *fructus civiles*. Noch deutlicher formuliert *Otto Wendt* den Ansatz der herrschenden Lehre.

> „Frucht (in fructu est, in fructu numeratur) wird jeder Ertrag einer Sache genannt, welchen sie ihrer Art und Bestimmung gemäss ohne Schmälerung ihrer Integrität (salva substantia) abzuwerfen im Stande ist.“[120]

Dieses Zitat macht die Zweckrichtung der Bestimmungslehre deutlich, die durchaus mit dem Ansatz von *Savigny* parallel läuft. Im Mittelpunkt der Bemühungen um die begriffliche Vereinheitlichung des kasuistisch geprägten römischen Fruchtbegriffs steht das Substanzerhaltungsprinzip. Der Grundsatz der *salva substantia rei* wird herangezogen, um den juristischen Fruchtbegriff von den sonstigen Erträgen, die *Savigny* zufällige Erwerbungen nennt, abzugrenzen. Insoweit besteht also kein Widerspruch zu der ursprünglichen Lehre von der Periodizität, wenn für das Beispiel der Holzschlagberechtigung an einem Waldgrundstück, ebenso wie bei den Zinsen, ganz auf *Savigny* verwiesen werden kann. Als *fructus* im Rechtssinne gelten diejenigen Erträge, die ohne Verletzung der fruchttragenden Sache gewonnen werden können, was für die meisten natürlichen Erzeugnisse, aber auch für Zinsen sowie Miet- und Pachteinnahmen gilt. Besonders deutlich wird der gemeinsame Ausgangspunkt, wenn an anderer Stel-

---

119 *Puchta*, Pandekten, S. 59; s. auch *ders.*, Vorlesungen Bd. 1, S. 82.

120 *Wendt*, S. 77.

le für die Bestimmung der Sache ausdrücklich auch auf die Regelmäßigkeit der Fruchtziehung abgestellt wird.

> „Was hiernach zur Frucht gehört (in fructu est) wird in den meisten Fällen aus der Natur des Gegenstandes sich ergeben, namentlich bei regelmäßig wiederkehrenden und sich stets ersetzenden Erzeugnissen der Hauptsache; im Zweifel muß darüber der gemeine Ortsgebrauch und die Bestimmung der Sachen (ob sie die Bestimmung haben, von der Sache getrennt zu werden, oder nicht) entscheiden.“[121]

Die Bestimmungslehre ist in ihrem Ausgangspunkt richtigerweise als eine Präzisierung der Lehre von der Periodizität und nicht als Widerspruch zu ihr zu verstehen. Eine begriffliche Erweiterung zeigt sich aber gerade beim Umgang mit den Bergwerkserzeugnissen. Das römische Recht beschäftigt sich hiermit in D. 24, 3, 7, 13 und gelangt zu dem widersprüchlichen Ergebnis, dass das gewählte Beispiel, Marmor, gerade nicht zu den Früchten gehöre, da es nicht nachwachse. Andererseits aber in Gallien und Asien Steinbrüche bekannt seien, in denen der Stein nachwachse.

> *Ulpian* D. 24, 3, 7, 13
>
> Si vir in fundo mulieris dotali lapidicinas marmoreas invenerit et fundum fructuosiorem fecerit, marmor, quod caesum neque exportatum est, <est> mariti et impensa non est ei praestanda, quia nec in fructu est marmor: nisi [tale sit] <tales sint>, ut lapis ibi renascatur, quales sunt in Gallia, sunt et in Asia.
>
> Hat ein Ehemann auf dem Mitgiftgrundstück seiner Frau Marmorvorkommen entdeckt und ist das Grundstück dadurch wertvoller geworden, so gehört der Marmor, der gebrochen, aber nicht fortgeschafft wurde, dem Ehemann, und die Aufwendungen sind ihm nicht zu ersetzen, weil Marmor nicht zu den Nutzungen gehört, sofern die Marmorvorkommen nicht von der Art sind, dass der Stein dort nachwächst, wie es sie in Gallien gibt und auch in der Provinz Asia.[122]

Tatsächlich sah sich die Rechtswissenschaft des 19. Jahrhunderts vor dem Problem, dass jedweder Bergbau letztendlich eine Beeinträchtigung des Grundstücks zur Folge habe. Gleichwohl bestand bei ihr aber die Einsicht, dass schon aufgrund der neuzeitlichen Berggesetze eine begriffliche Klärung notwendig war.

Die Definition von *Savigny* stand an dieser Stelle nun vor der Schwierigkeit, die mit dem Bergbau einhergehende Beeinträchtigung des Grundstücks nicht erklären zu können. Allein anhand des Merkmals der Wiederkehr müsste die Fruchteigenschaft von Mineralien und ähnlichen Erträgen verneint werden, da ihre Gewinnung stets zu einer Erschöpfung der Muttersache führt. Während *Savigny* dieses Problem aber unbeachtet lässt, führt die spätere Lehre das wertende

---

121 *Wächter*, Pandekten Bd. 1, S. 306; ähnlich auch *ders.*, Handbuch Bd. 2, S. 262; *Baron*, Pandekten, S. 75; *Karl Otto Müller*, S. 150.; *Salkowski*, S. 172.

122 *Knütel/Kupisch/Seiler/Behrends*, CIC Bd. 4, S. 277.

Element der Bestimmung in die Definition der *fructus* ein. Sofern es zu dem bestimmungsgemäßen Gebrauch eines Grundstücks gehört, aus ihm Mineralien, Erze und ähnliches zu gewinnen, sei dies nicht als Substanzminderung zu verstehen und die entsprechenden Erträge sind Früchte des Grundstücks. Mit dieser Erweiterung schaffen *Puchta* und seine Nachfolger die nötige Flexibilität, um auch die Erträge aus Grund und Boden begrifflich zu erfassen, ohne zugleich den bisherigen Vereinheitlichungserfolg der Lehre von der Periodizität einzubüßen.

Die Richtigkeit ihrer Ansicht versuchen die Vertreter dieser neuen Lehre auch mit dem Hinweis auf andere Streitigkeiten in den Digesten zu belegen. Ganz zuvorderst steht dabei der Streit über die Fruchtqualität des Sklavenkindes, *partus ancillae.*[123] Der pauschale Verweis auf die Erklärungen von *Gaius* D. 22, 1, 28, 1[124],

> *Gaius* D. 22, 1, 28, 1
>
> Partus vero ancillae in fructu non est itaque ad dominum proprietatis pertinet: absurdum enim videbatur hominem in fructu esse, cum omnes fructus rerum natura hominum gratia comparaverit.
>
> Das Kind der Sklavin zählt dagegen nicht zu den Früchten, und daher gehört es dem Inhaber des Eigentums. Denn es wurde für widersinnig gehalten, daß ein Mensch zu den Früchten zähle, da doch die Natur alle Früchte gerade um der Menschen willen geschaffen hat.[125]

sowie von *Ulpian* D. 7, 1, 68 pr.,

> *Ulpian* D. 7, 1, 68 pr.
>
> Vetus fuit quaestio, an partus ad fructuarium pertineret: sed Bruti sententia optinuit <ius> fructuarium in eo locum non habere: neque enim in fructu hominis homo esse potest.
>
> Es war eine alte Streitfrage, ob die Leibesfrucht [einer Sklavin] dem Nießbraucher gehöre; aber es hat sich die Ansicht des Brutus durchgesetzt, dass das Nießbrauchsrecht sich darauf nicht erstreckt; denn ein Mensch kann nicht Frucht eines Menschen sein.[126]

---

123 Zum Streitstand vgl. auch *Ribbentropp*, S. 12; *Kaser*, ZRG.RA 75 (1958), S. 156 ff., 198 ff.

124 Vgl. auch die Parallelstelle in I. 2, 1, 37.

125 *Knütel/Kupisch/Seiler/Behrends*, CIC Bd. 4, S. 99.

126 *Behrends/Knütel/Kupisch/Seiler*, CIC Bd. 2, S. 621.

hat der späten Pandektistik nicht als tragfähige juristische Argumentation ausgereicht.[127] Die beiden römischen Juristen begründen ihre Ablehnung der Fruchteigenschaft von Sklavenkindern mit der Aussage, dass ein Mensch keine Frucht eines anderen Menschen sein könne, denn die „Früchte seien gerade um des Menschen willen gemacht“. Inhaltlich zeigen beide Fragmente deutliche Bezüge zu den Gedanken der aristotelischen Philosophie.[128] Während *Savigny*[129] es bei dieser philosophischen Erwägung belassen will, weisen die Vertreter der Bestimmungslehre zu Recht darauf hin, dass es aus ethischer Sicht keinen Unterschied machen kann, ob das Sklavenkind rechtlich zum Eigentumsobjekt des Nießbrauchers oder des Eigentümers der Muttersache erklärt wird. In beiden Fällen wird das Kind nur als Vermögenszuwachs betrachtet. Wem letztlich dieser Vermögensvorteil aber zufällt, ist in dieser Hinsicht willkürlich. Entsprechend suchte die Bestimmungslehre nach einer anderen Möglichkeit, den Eigentumserwerb an dem *partus ancillae* zu erklären. Zu diesem Zweck berief sich die Lehre auf einen anderen Ausspruch des *Ulpian* in D. 5, 3, 27 pr.

> Ulpian D. 5, 3, 27 pr.
>
> Ancillarum etiam partus et partuum partus quamquam fructus esse non existimantur, quia non temere ancillae eius rei causa comparantur ut pariant, augent tamen hereditatem. [...]
>
> Obwohl auch die Kinder von Sklavinnen und deren Kinder nicht als Früchte angesehen werden, da Sklavinnen schwerlich aus dem Grund gekauft werden, damit sie gebären, vermehren sie dennoch die Erbschaft. [...][130]

Dieses letzte Fragment begründet den Ausschluss des Sklavenkindes aus dem Kreis der *fructus*, damit, dass eine Sklavin nicht zu dem Zweck gehalten werde, Kinder zu gebären. Nach der Bestimmungslehre musste diese Digestenstelle ganz so verstanden werden, als ob das einzig entscheidende Argument bei dieser Streitfrage, die Bestimmung der Muttersache, also der gebärenden Sklavin sei.[131] Nach dem Ausspruch des *Ulpian* ist der Anschaffungszweck (*res cuius causa comparantur*) nicht ihre Gebärfähigkeit, sondern er liegt in der Erbringung von Arbeitsleistungen, die an anderer Stelle ausdrücklich zu den Früchten

---

127 *Windscheid*, Pandekten Bd. 1, S. 466 Anm. 7; *Hölder*, Pandekten, S. 161; vgl. auch *Böcking*, Pandekten Bd. 1, S. 276 Anm. 5, der allerdings die Stellen mit dem Verweis auf die Natur des Nießbrauchs erklären möchte. Dagegen *Brinz*, Pandekten[1], S. 196 ff.

128 *Aristoteles*, Politica 1, 8.

129 *Savigny*, System Bd. 6, S. 105; ebenso *Heimbach*, S. 4 f.

130 *Behrends/Knütel/Kupisch/Seiler*, CIC Bd. 2, S. 534.

131 Kritisch hierzu *Petrażycki*, Einkommen Bd. 1, S. 8 „Gegen diese enfants terrible unter den organischen Erzeugnissen ist hauptsächlich das erlösende Wort der wirthschaftlichen Bestimmung gerichtet.“

eines Sklaven gezählt werden.[132] Die fehlende Fruchtqualität bestimmt sich nach dieser Lehre also aus der fehlenden Bestimmung der Mutter zur Geburt und aus nichts anderem.

Hieraus folgt, dass das Abstellen auf die Bestimmung der Muttersache bei einer Gesamtbetrachtung zwei dogmatischen Funktionen dient.[133] Erstens erweitert er den Begriff der *fructus* über den Kreis der natürlichen Früchte hinaus, auch auf anorganische oder sonstige geldwerte Erträge, wie Mineralien. Ohne weiteres werden so auch die Zinsen als bestimmungsgemäßer Ertrag betrachtet. Zweitens dient er zugleich der Begrenzung des Fruchtbegriffs, um eine übermäßige Fruchtziehung zu Ungunsten des Eigentümers zu vermeiden, wie es die Beispiele der Baumrodung und des Sklavenkindes verdeutlichen. In diesem Sinne erweitert die Bestimmungslehre den Substanzerhaltungsgrundsatz in D. 7, 1, 1 zu einer dem Fruchtbegriff immanenten Diligenzschranke. Frucht ist nur das, was unter Einhaltung bestimmter Sorgfaltspflichten und der Erhaltung der Substanz der fruchttragenden Sache gezogen werden kann. Dieser Gedanke wird in den meisten Lehrbüchern für den Rechtsunterricht[134] mit den zunächst noch synonym verwendeten Bezeichnungen „bestimmungsgemäßer Ertrag" oder „wirtschaftlicher Ertrag" formuliert.

> „Die Frucht hat von Natur die Bestimmung, von der Muttersache getrennt zu werden und ein selbständiges Dasein zu führen. […] Die Früchte sind […] ein Ertrag, auf den man in der Wirtschaft rechnet, der den Gegenstand mannigfacher Rechtsverhältnisse bildet."[135]

Erst zum Ende des 19. Jahrhunderts knüpft *Leo von Petrażycki* an den zunächst lediglich sprachlichen Unterschied zwischen „bestimmungsgemäß" und „wirtschaftlich" auch inhaltliche Konsequenzen, welche zur Herausbildung der sog. relativen Fruchttheorie geführt haben.[136]

2. *Bestimmung der Sache und Pflicht zur Substanzerhaltung im Einzelfall*

Trotz einer gemeinsamen Begriffsgrundlage enthält der breite Interpretationsspielraum, der mit dem Abstellen auf die Bestimmung bzw. Wirtschaftlichkeit

---

132 *Gaius*, D. 7, 7, 3-4.

133 *Puchta*, Vorlesungen Bd. 1, S. 82 f.; *Wächter*, Pandekten Bd. 1, S. 305 f.; *Karl Otto Müller*, S. 150 f.

134 Vgl. *Puchta*, Pandekten, S. 58 f.; *Windscheid*, Pandekten Bd. 1, S. 466 f.; *Regelsberger*, Pandekten Bd. 1, S. 392 ff.; *Arndts von Arnesberg*, Pandekten, S. 69 f.; *Scheurl*, Institutionen, S. 166; *Hölder*, Pandekten, S. 155; *ders.*, Institutionen, S. 150; a.A. *Baron*, Pandekten, S. 75, der nur den letztgenannten Aspekt gelten lassen will.

135 *Regelsberger*, Pandekten Bd. 1, S. 393.

136 Dazu unten 2. Kapitel IV.

der Fruchtziehung einhergeht, das Einfalltor für Differenzen in Einzelfragen zwischen den Vertretern dieser Lehre. Dabei steht insbesondere im Streit, wie genau der Begriff der Bestimmungsmäßigkeit der Fruchtziehung zu verstehen ist und inwieweit damit eine, wenn auch nur beschränkte Verminderung der Substanz der fruchttragenden Sache gerechtfertigt werden kann.

a) Die Zuordnung von tierischem Dünger als bestimmungsgemäßer Ertrag

Zu diesen Streitfragen gehört, auch wenn sicherlich nur als Randproblem, die richtige Zuordnung von tierischem Dünger. *Ulpian*, D. 7, 8, 12, 2 folgend,

> *Ulpian* D. 7, 8, 12, 2
>
> Sed si pecoris ei usus relictus est, puta gregis ovilis, ad stercorandum usurum dumtaxat Labeo ait, sed neque lana neque agnis neque lacte usurum: haec enim magis in fructu esse.
>
> Wenn ihm aber das Gebrauchsrecht an Kleinvieh hinterlassen worden ist, etwa an einer Schafherde, dann darf er davon nur zum Zweck der Düngung Gebrauch machen, sagt Labeo, jedoch weder Wolle noch Lämmer noch Milch verwenden; denn diese sind vielmehr Inhalt eines Nießbrauchs.[137]

verneinen *Joseph Unger* und *Julius Baron* seine Zuordnung zu den Früchten, da dieser erstens nur aufgrund „unorganischer Ausscheidung" gewonnen werde[138] bzw. weil zweitens Tiere nicht zu diesem Zweck gehalten würden[139]. In den meisten Darstellungen des Fruchtbegriffs bleibt diese Frage unberücksichtigt. Soweit aber hierauf eingegangen wird, wird die Ansicht der beiden Autoren abgelehnt.[140] Einerseits behandeln andere Quellenaussagen Tierausscheidungen zumindest fruchtähnlich.[141] Insbesondere lässt sich aus *Ulpian* D. 25, 1, 14, 1 mittelbar entnehmen, dass es durchaus zu einer bestimmungsgemäßen Nutzung von Tieren gehört, sie zum Düngen eines Grundstücks zu benutzen.

> *Ulpian* D. 25, 1, 14, 1
>
> Utiles sunt veluti pecora praediis imponere, id est stercorare.
>
> Nützliche Verwendungen sind zum Beispiel, Vieh auf ein Grundstück zu bringen, das heißt, um das Grundstück zu düngen.[142]

---

137 *Behrends/Knütel/Kupisch/Seiler*, CIC Bd. 2, S. 653.

138 *Unger*, Österreichisches Privatrecht Bd. 1, S. 461 Anm. 4.

139 *Baron*, Pandekten, S. 75.

140 *Reichel*, JherJb 42 (1901), S. 214; *Böcking*, Pandekten Bd. 2,1, S. 133 Anm. 9.

141 Vgl. D. 19, 1, 17, 2; D. 25, 1, 14, 1; C. 6, 38, 2; C. 12, 51, 7.

142 *Knütel/Kupisch/Seiler/ Behrends*, CIC Bd. 4, S. 311.

Hinzu kommt, dass das zum Beweis der Gegenansicht herangezogene Digestenfragment nicht zwingend in diesem Sinne verstanden werden muss. *Ulpian* beschäftigt sich in D. 7, 8, 12, 2 mit dem Umfang der Nutzungsbefugnis kraft einer dinglichen Gebrauchsberechtigung, des römischen *usus*. Das Argument von *Unger* und *Baron* basiert auf dem Schluss, dass, wenn die lateinische Quellen dem bloßen Gebrauchsberechtigten tierischen Dünger, aber nicht die Wolle eines Schafes zusprechen, auch ein wesentlicher Unterschied bei der rechtlichen Erfassung dieser beiden Ertragsformen von Kleinvieh als Früchte bestehen müsse. Dieser Rückschluss ist aber nicht zwingend, da gerade in dem vorangehenden Paragraphen nach *Sabinus* und *Cassius* auch vereinzelte Erträge, die unstreitig zu den *fructus* im römischen Recht zählen, dem bloß Gebrauchsberechtigten zugesprochen werden. Genannt sind das Holz für den täglichen Bedarf sowie Obst, Gemüse, Blumen und Wasser. Es ist wohl mit *Hans Reichel* davon auszugehen, dass die umstrittene Aussage von *Ulpian* so zu verstehen ist, dass auch der Dünger zu den Früchten gehört, die sich zwar grundsätzlich nur der Nießbraucher als Inhaber eines *ususfructus* aneignen darf, aber aus praktischen Erwägungen dem dinglich Gebrauchsberechtigten an bestimmten kleineren Erträgen ebenfalls ein Aneignungsrecht zugesprochen wird.[143]

b) Substanzerhaltung und der Gewinn von Bergwerkserzeugnissen

Von zentralerer Bedeutung in der wissenschaftlichen Debatte war dagegen die Klärung des Verhältnisses zwischen der Bestimmung einer Sache zur Ertragserzielung und dem Umfang der Verpflichtung zur Substanzerhaltung. Ausdrücklich beschreiben die römischen Rechtsquellen eine solche Erhaltungspflicht beim römischen Nießbrauch in D. 7, 1, 1.

> *Paulus* D. 7, 1, 1
>
> Usus fructus est ius alienis rebus utendi fruendi salva rerum substantia
>
> Der Nießbrauch ist das Recht, fremde Sachen zu gebrauchen und zu nutzen, und zwar unter Erhaltung ihrer Substanz.[144]

Eine generelle Übernahme dieser Substanzerhaltungspflicht stellte die Interpreten des römischen Rechts jedoch vor schwerwiegende Abgrenzungsschwierigkeiten, die namentlich an dem praktischen Beispiel der mineralischen und anderen Bergwerkserzeugnissen und den hierzu teils widersprüchlichen Quellenaussprüchen diskutiert wurden. Denn tatsächlich geht die Gewinnung von Bergwerkerzeugnissen grundsätzlich mit einem Verbrauch der Substanz des Grundstücks

143 *Reichel*, a.a.O.

144 *Behrends/Knütel/Kupisch/Seiler*, CIC Bd. 2, S. 591.

einher. Zugleich erfordert die wirtschaftliche Betätigung in diesem Bereich aber auch die Schaffung einer begrifflichen Grundlage. Dieses Dilemma wird durch die Quellenaussagen des *Ulpian* in D. 24, 3, 7, 13 nur noch verstärkt[145], wenn er einerseits betont, dass Marmor nur dann zu den *fructus* zähle, wenn er *salva substantia rei* gewonnen werden könne, andererseits er aber in dem folgenden § 14 „Kreide, Silber, Gold oder irgendein[...] andere[s] Material" stets zu den Früchten eines Grundstücks rechnet.

Einen gemeinsamen Ausgangspunkt für die Bestimmungslehre bei der Auseinandersetzung mit dieser Frage formulierte *Eduard Hölder*, wenn er die Ertragsform Früchte in seinem Pandektenlehrbuch von den verbrauchbaren Sachen abgrenzt.

> „Dem Begriff der res, quae usu consumuntur, oder derjenigen Sachen, deren Gebrauch in ihrer Consumtion besteht, ist entgegengesetzt der Begriff der fruchttragenden Sachen."[146]

Abstrakt ausgedrückt lässt sich das Problem auf die Frage zurückführen, ob es im Einzelfall dennoch zulässig sein soll, von dem Grundsatz der *salva substantia* für die Bergwerkserzeugnisse abzuweichen und eine Konsumtion des in diesem Sinne fruchttragenden Grundstücks unbeachtet zu lassen. Ist eine Ausnahme aber erst einmal anerkannt, stellt sich zudem die Folgefrage, ob nicht auch weitere Ausnahmen anerkannt werden müssen, was wiederum für die dingliche Verteilung bei der übermäßigen Nutzung eines Waldgrundstücks relevant werden kann.

Die größten Bedenken gegen die Anerkennung einer solchen Ausnahme äußert *Julius Baron*. In teilweiser Annäherung an die noch zu behandelnden Erzeugnistheorien wählt er den Ausgangspunkt seines Fruchtverständnisses bei den organischen Boden- und Tierprodukten.[147] Entsprechend ordnet er die Bergwerkserzeugnisse nicht den *fructus naturales*, sondern wie die vermittelten Miet- oder Pachterträge zu den *fructus civiles*, die den natürlichen Früchten lediglich „gleichgestellt" seien.[148] Die auf einem Rechtverhältnis beruhenden Erträge unterscheiden sich seiner Ansicht nach aber grundlegend von Bergwerkserzeugnissen, da eine Ausweitung des Fruchtbegriffs auf die letzteren Erträge dem Nutzungsberechtigten „eine Ausbeutung auf Kosten Anderer"[149] ermögli-

---

145 Ebenso Iavolenus/Labeo D. 23, 5, 18 pr.; vgl. auch *Otto Schröder*, AcP 49 (1866), S. 246-263, 360-399; *Kaser*, Römisches Privatrecht Bd. 1, S. 384 Anm. 23 m.w.N. zum heutigen Stand der Debatte.

146 *Hölder*, Pandekten, S. 154.

147 *Baron*, Pandekten, S. 75 f.

148 *Baron*, Pandekten, S. 76.

149 *Baron*, a.a.O.

che. Um dieses Ergebnis zu vermeiden beruft sich der Autor auf D. 24, 3, 7, 13, um „dem sich nicht erneuerndem Gestein die Fruchteigenschaft“[150] abzusprechen.

Insofern führt *Baron* den Fruchtbegriff weniger auf den wertenden Begriff der Bestimmung zurück, als auf die innere Produktivität der Muttersache, die in deutlicher Abgrenzung zur Konsumierbarkeit, d.h. der Verwertung der Substanz einer Sache steht. Dass er damit zumindest im Grundsatz im Einklang mit der herrschenden Lehre steht, macht unter anderem das Zitat von *Johann Adam Seuffert* deutlich:

> „Frucht heißt dasjenige, was durch die innere Naturkraft einer Sache hervorgeht.“[151]

Ein wirtschaftlicher Ertrag kann nur dann als Frucht anerkannt werden, wenn er zu der Muttersache hinzutritt, das heißt also nicht aus der Substanz derselben durch Teilung etc. gewonnen wird. Diesen Gedanken spricht *Eduard Böcking* an, der darauf aufmerksam macht, dass die Bestimmung einer Sache auch in ihrem Verzehr bestehen kann.[152] Ein derart weit verstandener Fruchtbegriff stünde aber im Widerspruch zu dem Grundsatz der Substanzerhaltung nach *Paulus* D. 7, 1, 1[153]. Dennoch hält *Böcking* stets mit der herrschenden Auffassung daran fest, mineralische Erzeugnisse zu den natürlichen Früchten einer Sache zu zählen[154], ohne jedoch hinreichend deutlich machen zu können, wie sich diese Ausweitung auf mineralische Erzeugnisse dogmatisch begründen lässt.

> „Sie [= die Früchte] sind a) nach ihrer Entstehung thierische, vegetabilische und mineralische […].“[155]

Die eigentliche Lösung des Problems aus Sicht der herrschenden Lehre beschreibt *Karl Georg Wächter*, wenn er betont, dass die Bestimmungslehre durch die Hinzuziehung wertender Kriterien nicht nur eine Beschränkung, sondern gerade im Hinblick auf Bergwerkserzeugnisse eine Ausweitung des Fruchtbegriffs bezweckt. Im Mittelpunkt steht damit nicht allein die absolute Aufrechterhaltung der Muttersache, sondern es soll im Rahmen einer wirtschaftlichen Betrachtung auch in beschränktem Maße die Fruchtziehung an Teilen der Muttersache zulässig sein.

> „Mit Recht zählen unsre Quellen bei Rechtsverhältnissen zu den (natürlichen oder eigentlichen) Früchten einer Sache auch eine solche physische Ausbeute aus Grund

---

150 *Baron*, a.a.O.

151 *Seuffert*, Pandekten, S. 86; ähnlich *Puchta*, Vorlesungen Bd. 1, S. 82.; *Wening-Ingenheim*, S. 194 f.

152 *Böcking*, Pandekten Bd. 1, S. 267; *ders.*, Römisches Privatrecht, S. 33.

153 Abgedr. oben 2. Kapitel, II. 2. b).

154 *Böcking*, Pandekten Bd. 1, S. 275.

155 *Böcking*, Römisches Privatrecht, S. 34.

> und Boden, welche nicht gerade in organischen Erzeugnissen der Sache selbst, sondern eigentlich aus Theilen der Hauptsache besteht, aber nach wirtschaftlichen Grundsätzen und der Bestimmung der Hauptsache zu den Einkünften, welche die Sache aus sich abwirft und nicht zur Minderung und Verschlechterung der Hauptsache gehört, wie die Ausbeute von Erzbergwerken, Sand- und Lehmgruben (also auch Torfgruben, Mineralquellen etc.).“[156]

Ganz in diesem Sinne äußert sich auch der bereits zitierte *Eduard Hölder* in seinem Pandektenlehrbuch.

> „Zwar unterscheidet sich die Frucht von anderen aus einer fremden hervorgegangenen Sachen dadurch, daß ihre Ablösung von jener keine Minderung ihrer Substanz bewirkte, daß also die Entstehung der neuen Sache nicht eine Verminderung oder partielle Zerstörung derjenigen ist, aus welcher sie hervorging. Für die Frage aber, wann eine solche Minderung der Substanz vorliege, sind nicht sowohl physikalische als wirtschaftliche Gesichtspunkte entscheidend. Als Früchte einer Sache erscheinen daher alle diejenigen und nur diejenigen Stücke derselben, deren Ablösung von der Sache der wirtschaftlichen Bestimmung dieser gemäß ist.“[157]

Es ist also klar, dass der Fruchtbegriff nur denjenigen Ertrag beschreibt, der zu der Muttersache hinzutritt und nicht aus der Verwertung der Substanz derselben besteht. Gleichzeitig sind aber auch Fälle denkbar, die an der Grenze zwischen diesen beiden Formen der Ertragsziehung stehen. Die Entscheidung dieser Grenzfälle muss aber nach den wertenden Kriterien der allgemeinen Bestimmung der Sache durch den Rechtsverkehr und die Wirtschaftlichkeit der Ertragsziehung erfolgen. Im konkreten Einzelfall konstruiert die Bestimmungslehre die Fruchteigenschaft von Bergwerkserzeugnissen also nicht als ausnahmsweise Ausweitung eines grundsätzlich enger gefassten Verständnisses von *fructus*, sondern ordnet ihn normativ ohne Problem dem Kreis der Früchte zu. D. 7, 1, 1[158] erfährt demnach, anders als bei *Julius Baron*, eine weite Auslegung, indem „sowohl physikalische als wirtschaftliche Gesichtspunkte“ zum Tragen kommen.

3. *Früchte als Akzession der Muttersache und Fruchterwerb*

a) Abgrenzung zu Savignys Lehre

Rechtlich wirkt sich der Fruchtbegriff der Bestimmungslehre insbesondere beim Eigentumserwerb an körperlichen Früchten einer Sache aus. Auch hier gehen ihre Vertreter wiederum mit *Savigny* von dem römischen Substantialprinzip aus.

---

156 *Wächter*, Handbuch Bd. 2, S. 262 f.

157 *Hölder*, Pandekten, S. 155.

158 Abgedr. oben 2. Kapitel, II. 2. b).

Vollkommen unstreitig ist der Grundsatz, nach dem ungetrennte Früchte *pars fundi* sind.[159] Das heißt, dass an ihnen als „integrierende Bestandtheile"[160] der Muttersache vor der Trennung keine eigenen Rechte begründet werden können. Lediglich obligatorisch können sie als *res futura* Gegenstand eines Rechtsgeschäfts sein.[161] Ganz in diesem Sinne finden sich in den Lehrbüchern Darstellungen, die den Fruchtbegriff nicht in einem eigenständigen Abschnitt behandeln, sondern systematisch im Abschnitt über das Verhältnis einer „Sache zu ihren Theilen"[162] bzw. über die „Arten einer Nebensache"[163] verorten. Vereinzelte Stimmen gehen sogar soweit, dieses ursprünglich sachenrechtliche Konzept auch auf unkörperliche Erträge, wie Zinsen als Akzession eines Forderungsrechts, anzuwenden.[164]

Die herrschende Fruchtlehre gewichtet die rechtliche Bedeutung der Akzessionsqualität einer Frucht aber anders, als sie *Friedrich Carl von Savigny* vorsieht. Für Letzteren ist dies der entscheidende Punkt für die Regelungen über den Fruchterwerb. Auch nach der Trennung richten sich die Rechtsverhältnisse an der nun getrennten Frucht vollständig nach dem Recht an der Muttersache, da sie auch weiterhin als (gewesene) Teile der Muttersache betrachtet wird. Begrifflich verharrt die Lehre von bestimmungsgemäßen Ertrag zwar dabei, die *fructus separati* ebenfalls als Akzession einer anderen Sache zu bezeichnen, die insofern grundsätzlich auch deren rechtliches Schicksal teilt. Als Akzession ist die Frucht aber nur ein Ertrag, der neben die Muttersache tritt. Die herrschende Lehre betont also auch hier die Bestimmung der Frucht, von der Muttersache getrennt zu werden. Der Unterschied in der Betrachtungsweise ergibt sich aber daraus, dass die *fructus* nicht als ‚gewesene Teile' des fruchttragenden Körpers, sondern als ‚eigenständige, neue Sachen' betrachtet werden. Hieraus resultiert als wesentliche Konsequenz, dass die rechtlichen Beziehungen an dem Fruchtkörper nach der Trennung stets ganz neu bestimmt werden müssen.

---

159 *Gaius*, D. 6, 1, 44; *Africanus* D. 47, 2, 61 § 8.

160 *Böcking*, Pandekten, S. 276; *Koch*, Lehrbuch Bd. 1, S. 218; ähnlich auch *Unterholzner*, AcP 8 (1825), S. 309 f.; *Tigerström*, S. 62; *Windscheid*, Pandekten Bd. 1, S. 639.

161 *Gaius* D. 20, 1, 15 pr.; *Windscheid*, Pandekten Bd. 1, S. 465 Anm. 2 b); *Hartmann*, KritVJ 11 (1869), S. 510; *Johow*, ZGRPr 5 (1871), S. 315; *Ribbentropp*, S. 15.

162 *Unger*, Österreichisches Privatrecht Bd. 1, 461; ebenso *Czylharz*, Lehrbuch, S. 98.

163 *Böcking*, Pandekten, S. 275; *Wächter*, Pandekten Bd. 1, S. 304; *Mühlenbruch*, S. 27 ff.

164 *Böcking*, Pandekten, S. 274; Zu diesem Verständnis von Akzession s. auch *Buchholtz*, Versuche, S. 66 f.; a.A. *Czylharz*, Lehrbuch, S. 79.

„Die Früchte erscheinen nun also als besondere Sache von der Zeit an, wo die Verbindung zwischen ihnen und der Hauptsache aufhört und sie dadurch ein selbständiges Dasein gewinnen.“[165]

Für die Bestimmungslehre leitet sich die unterschiedliche Behandlung von getrennten und ungetrennten Früchten schon aus „dem Begriff und der wesentlichen Bestimmung der Früchte“[166] ab. Sie sucht ihre Ansicht aber auch unmittelbar aus den Rechtsquellen zu begründen, indem sie auf *Ulpian* in D. 41, 3, 10, 2 Bezug nimmt.

Ulpian D. 41, 3, 10, 2

Scaevola libro undecimo quaestionum scribit Marcellum existimasse, si bos apud furem concepit vel apud furis heredem pariatque apud furis heredem, usucapi ab herede distractum iuvencum non posse: sic, inquit, quemadmodum nec ancillae partus. Scaevola autem scribit se putare usucapere posse et partum: nec enim esse partum rei furtivae partem. ceterum si esset pars, nec si apud bonae fidei emptorem peperisset, usucapi poterat.

In seinem elften Buch der Fragen schreibt Scaevola, Marcellus habe geglaubt, dass wenn ein Rind in der Gewalt eines Diebes trächtig wird und bei dem Erben des Dieben wirft, der Erbe das geborene Kalb nicht ersitzen könne; ebenso wenig, so sagt er, könne auf diese Weise das Kind einer Sklavin ersessen werden. Aber Scaevola schreibt auch, er glaube, man[167] könne auch die Leibesfrucht ersitzen, denn die Leibesfrucht sei kein Teil der gestohlenen Sache. Weiterhin, wenn sie Teil wäre, könnte sie auch nicht ersessen werden, wenn sie bei einem gutgläubigen Erwerber gezeugt worden wäre.

Im Zusammenhang mit der Ersitzung behandelt der römische Jurist die Frage, ob das Kalb einer gestohlenen Kuh bzw. das Kind einer Sklavin ebenfalls als gestohlen gelten müssen und daher eine Ersitzung an ihnen nicht möglich ist. Bei einer strengen Gleichstellung von dem Ertrag mit den *partes* einer Sache müsste man zu dem Ergebnis gelangen, dass dem *partus* als gewesener Teil ebenfalls der Makel der Furtivität anhaftet.[168] Für das Sklavenkind zumindest vertritt *Ulpian Scaevola* folgend die gegenteilige Ansicht. Als Begründung führt er an, das Kind gelte nicht als Teil der gestohlenen Sache, *nec enim esse partum rei*

---

165 *Sintenis*, S. 426 f.; ähnlich auch *Scheurl*, Beiträge Bd. 1, S. 288; *Bismarck*, S. 12 ff.; a.A. *Leist*, S. 153 f.

166 Vgl. *Vangerow*, Pandekten Bd. 1, S. 618; *Koeppen*, FS Wächter, S. 3; die Bedeutung für den Fruchterwerb des redlichen Besitzers betont insbesondere *Hartmann*, KritVJ 11 (1869), S. 517.

167 Unter Verweis auf D. 50, 16, 26 ergänzen *D'Ors/Hernandez-Tejero/Fuenteseca/Garcia-Garrido/Burillo*, Digesto Bd. 3, S. 318, in ihrer Übersetzung auf den gutgläubigen Käufer.

168 Diese Konsequenz spricht sinngemäß auch *Scheurl*, Beiträge Bd. 1, S. 287 an.

furtivae partem.[169] In die gleiche Richtung deuten auch andere Quellenaussprüche[170], die einen Eigentumserwerb durch Ersitzung an sämtlichen Erzeugnissen zulassen.[171] Für die Fruchtlehre bedeutet das, dass eine rechtlich unterschiedliche Behandlung von Erzeugnissen vor und nach der Separation zulässig, ja sogar geboten ist.[172] Demnach gliedert sich die dingliche Verteilung des Rechtsobjekts ‚Frucht' in zwei Stadien. Zunächst teilt sie als *fructus pendens* zwingend das rechtliche Schicksal der Muttersache. Sie ist *pars rei frugiferae* und steht damit im Eigentum des Inhabers der Muttersache. Zweitens findet eine Neuzuordnung nach der Separation statt, wobei die Frucht der fruchttragenden Sache als *accessio* rechtlich nur noch als Anhang folgt, aber nicht mehr zwingend im Eigentum des ursprünglichen Inhabers verbleibt.

Beim dinglichen Fruchterwerb des Eigentümers der Muttersache führt diese Abgrenzung im Ergebnis scheinbar zu keinem grundsätzlichen Unterschied. Beispielhaft lässt sich auf die Ausführungen von *Gustav Ludwig Theodor Marezoll* hinweisen, die zumindest ihrem Wortlaut nach auch der Ansicht *Savignys* entspricht.

> „Alles dasjenige, was unmittelbar durch die organischen Kräfte einer schon im Eigenthum einer Person befindlichen Sache neu hervorgebracht wird, erscheint nur als eine von der Natur selbst gegebene Erweiterung und Fortentwicklung der erzeugenden Hauptsache selbst und fällt daher, unter dem Namen Frucht, fructus, in der Eigenschaft als bloße accessio, als Zuwachs zu dieser letzteren schon von selbst dem bisherigen Eigenthümer derselben zu."[173]

Solange kein vom Eigentümer unterschiedener Fruchtberechtigter beteiligt ist, wird bzw. bleibt stets der Eigentümer der Muttersache auch Eigentümer der Frucht. Jedoch zeigen sich die Unterschiede der Ansichten bei der rechtlichen Konstruktion dieses Fruchterwerbs.[174] Während sich der Fruchterwerb nach der Lehre von *Savigny* als eine bloße Fortführung des bestehenden Eigentums dar-

---

169 Hierzu besonders *Hölder*, Pandekten, S. 161; *Vangerow*, Pandekten Bd. 1, S. 618; *Otto Schröder*, AcP 49 (1866), S. 260; *Windscheid*, Pandektenrecht Bd. 1, S. 465 Anm. 4; *Hartmann*, KritVJ 11 (1869), S. 516 f.

170 Neben die wirtschaftlich wichtige Frage des Sklavenkindes (vgl. auch D. 41, 2, 33 pr.) tritt noch das Beispiel der Schafswolle (*Paulus* D. 41, 3, 4, 19).

171 *Vangerow*, Pandekten Bd. 1, S. 586 m.w.N.

172 *Hölder*, Pandekten, S. 161; *Vangerow*, Pandekten Bd. 1, S. 618; *Böcking*, Pandekten, S. 276.

173 *Marezoll*, S. 236 f.

174 Dieser Aspekt wird nur sehr vereinzelt in der Literatur angesprochen, da das Hauptaugenmerk im Regelfall auf die Konstellation mit mehreren Fruchtinteressenten geworfen wird; vgl. die Darstellung von *Tigerström*, S. 35-44.

stellt, konstruiert die Bestimmungslehre einen originären Erwerbstatbestand auch für den Eigentümer an der neugeschaffenen Sache.

> „Als Eigenthümer einer Sache habe ich auch das Eigenthum der einzelnen Theile, und erwerbe das Eigenthum an den separirten Früchten."[175]

Seine eigentliche Bedeutung erlangt dieser konstruktive Ansatz freilich erst im Zusammenhang mit dem Fruchterwerb eines Nichteigentümers. Denn die dingliche Verteilung der Früchte erfolgt nach diesem Ansatz in der Lehre anders als an den sonstigen Teilen einer *res*.

> „Von rechtlicher Bedeutung ist die Eigenschaft einer Sache als einer Frucht einer anderen dadurch, daß sie gewisse Abweichungen von der rechtlichen Behandlung begründet, welche sonst die durch Ablösung von einer anderen entstandenen Sachen erfahren. Während an diesen als den ehemaligen Stücken einer anderen Sache durchweg diejenigen Rechtsverhältnisse sich fortsetzen, welche zur Zeit der Trennung an jener Sache und damit auch an ihnen als Stücken derselben bestanden, so bestimmen sich die Rechtsverhältnisse an der Frucht zwar gleichfalls durch diejenigen an der fruchttragenden Sache, jedoch so, daß sie nicht die bloße Fortsetzung dieser sind."[176]

Der Eigentumserwerb an den *fructus* ist zunächst von dem Tatbestand der bloßen Sachteilung abzugrenzen. Insofern der gezogene Ertrag einer Sache als deren Frucht klassifiziert werden kann, erwirbt der Fruchtberechtigte Eigentum an ihm. Andere Erträge dagegen gelten als Teil der Muttersache und werden im Regelfall von dem ursprünglichen Eigentümer erworben, wenn nicht ausnahmsweise ein Eigentumserwerb nach den Verarbeitungsregeln (*specificatio*) erfolgt.[177] Gerade in diesem Zusammenhang kommt also wiederum die beschriebene Abgrenzung zwischen konsumierbaren und fruchttragenden Sachen zur Geltung und die bereits beschriebene Begrenzungsfunktion des Fruchtbegriffs erlangt hier volle Entfaltung.[178]

Für die im 19. Jahrhundert herrschende Lehre folgt aus der besonderen Rechtsnatur der Früchte zudem, dass einem Fruchtberechtigten stets auch das volle Eigentum an den Früchten, auch wenn nicht an allen Erzeugnissen, zufällt.[179] Es bleibt nur zu klären, ob dieser Erwerb bereits durch die bloße Trennung (*separatio*) oder erst durch die Inbesitznahme (*perceptio*) erfolgt. Aufgrund ihrer eigentümerähnlichen Stellung wird dieser Erwerb bei der Fruchtbe-

---

175 *Vangerow*, Pandekten Bd. 1, S. 618; vgl. auch *ders.*, Leitfaden, S. 548 f.

176 *Hölder*, Pandekten, S. 157.

177 Vgl. insb. *Fitting*, AcP 48 (1865), S. 13 f.; *Scheurl*, Institutionen, S. 165; *Karl Otto Müller*, S. 149 f.; *Wächter*, Pandekten Bd. 2, S. 148.

178 *Wächter*, a.a.O.

179 *Vangerow*, Pandekten Bd. 1, S. 627 f.; *Arndts von Arnesberg*, Pandekten, S. 267.

rechtigung eines Erbpächters (Emphyteuta), eines Pfandgläubigers sowie des gutgläubigen Besitzers unmittelbar bei ihrer Trennung angenommen. Die anderen Fälle der abgeleiteten Fruchtberechtigung, insbesondere Nießbrauch und Pacht, knüpfen an den zusätzlichen Erwerbsakt der Perzeption an[180], wobei jedoch die genaue Ausgestaltung des Erwerbs durch den Nießbraucher umstritten ist. Nach einer Ansicht soll es bei ihm ebenfalls ausreichen, dass die Frucht getrennt werde. Nach anderer Auffassung soll es dagegen, wie beim Pächter, auf die Perzeption ankommen.[181] Zumindest ist man sich dabei jedoch einig, dass sein Fruchterwerb nicht vom Willen des Eigentümers abhängig ist, also originär kraft seines dinglichen Rechts und nicht derivativ stattfindet.

Savignys Lehre lässt lediglich für die beiden erstgenannten Fälle, der Emphyteuse und dem Pfandrecht an einer *res frugifera* den unmittelbaren Eigentumserwerb mit der Trennung zu.[182] Sie konstruiert für diese beiden Konstellationen juristischen Besitz, der zu einem eigentümergleichen Fruchterwerb berechtige.[183] Im Falle des *bonae fidei possessor* dagegen nimmt sie lediglich eine eigentumsähnliche Rechtsposition an, die gegenüber Dritten, aber nicht dem eigentlichen Eigentümer gegenüber Wirkung zeigt, so dass dieser auch nur Besitz, aber kein Eigentum an den Erträgen erwerben könne. Die Perzeption bei den übrigen Fruchterwerbstatbeständen konstruiert *Savigny* als Eigentumserwerb aufgrund Übergabe (*traditio*).[184]

b) Streitfall: gutgläubiger Fruchterwerb

In Abgrenzung zu *Savignys* Lehre[185] ist den Vertretern der Bestimmungslehre also gemein, dass sie grundsätzlich in allen genannten Fallgruppen an einem vollständigen Eigentumserwerb an den Früchten festhalten, nachdem der zusätzliche Realakt (*separatio*, bzw. *perceptio*) erfolgt ist. Der Streit geht im Wesentlichen nur noch um die Fallkonstellation der *bonae fidei possessio*, inwieweit in diesem Zusammenhang der gutgläubige Eigentumserwerb bestandsfest ist. Ausgangspunkt für diesen Streit ist die Darstellung des gutgläubigen Fruchterwerbs nach *Julian* D. 22, 1, 25, 1.

---

180 *Paulus* D. 7, 4, 13;

181 Für eine Gleichbehandlung von Nießbraucher und Pächter u.A. *Böcking*, Pandekten Bd. 2,1, S. 32 f.; *Puchta*, Pandekten, S. 228 ff.; *Sintenis*, S. 483 ff.; *Thibaut*, System Bd. 1, S. 302; *Wening-Ingelheim*. S. 309 ff.; a.A. *Arndts von Arnesberg*, Pandekten, S. 267 ff.; *ders.*, ZCP 3 (1847), S. 388 f.; *Windscheid*, Pandekten Bd. 1, S. 640 Anm. 6.

182 Vgl. oben 2. Kapitel, I. 3. c) aa).

183 *Savigny*, Recht des Besitzes, S. 320; ihm folgend *Sintenis*, S. 483.

184 Vgl. oben 2. Kapitel I. 3. c) aa).

185 Dazu oben 2. Kapitel I. 3. a) aa).

Julian D. 22, 1, 25, 1

In alieno fundo, quem Titius bona fide mercatus fuerat, frumentum sevi: an Titius bonae fidei emptor perceptos fructus suos faciat? respondi, quod <ad> fructus qui ex fundo percipiuntur intellegi debet propius ea accedere, quae servi operis suis adquirunt, quoniam in percipiendis fructibus magis corporis ius ex quo percipiuntur quam seminis, ex quo oriuntur aspicitur: et ideo nemo umquam dubitavit, quin, si in meo fundo frumentum tuum severim, segetes et quod ex messibus collectum fuerit meum fieret. Porro bonae fidei possessor in percipiendis fructibus id iuris habet, quod dominis praediorum tributum est. praeterea cum ad fructuarium pertineant fructus a quolibet sati, quanto magis hoc in bonae fidei possessoribus recipiendum est, qui plus iuris in percipiendis fructibus habent? cum fructuarii quidem non fiant, antequam ab eo percipiantur, ad bonae fidei autem possessorem pertineant, quoquo modo a solo separati fuerint, sicut eius qui vectigalem fundum habet fructus fiunt, simul atque solo separati sunt.

Auf einem fremden Grundstück, das Titius gutgläubig gekauft hat, habe ich Getreide ausgesät. Erwirbt Titius als gutgläubiger Käufer an den gezogenen Früchten Eigentum? Ich habe gutachtlich entschieden, es sei anzunehmen, dass Früchte, die aus dem Grundstück gezogen werden, dem sehr ähnlich sind, was Sklaven uns durch ihre Arbeit erwerben, weil ja bei der Fruchtziehung auf das Recht an der Sache, aus der die Früchte gezogen werden, gesehen wird, statt auf das Recht am Samen, aus dem sie entstehen. Und deswegen hat nie jemand daran gezweifelt, dass dann, wenn ich auf meinem Grundstück dein Getreide säe, das Getreide und was sonst mit der Ernte eingebracht wird mein Eigentum wird. Ferner hat der gutgläubige Besitzer bei der Fruchtziehung dieselbe Berechtigung, die sonst den Eigentümern der Grundstücke zukommt. Wenn überdies dem Nießbraucher die Früchte zustehen, gleichgültig von wem die Saat ausgebracht ist – um wie viel mehr müsste dies nicht auch für gutgläubige Besitzer anzuerkennen sein, die doch ein stärkeres Recht auf den Erwerb der Früchte haben? Denn der Nießbraucher wird Eigentümer der Früchte erst, wenn er sie gezogen hat, dem gutgläubigen Eigenbesitzer aber gehören sie mit der Trennung, wie auch immer sie vom Boden getrennt sein mögen, ganz so wie auch derjenige, der ein Grundstück in Erbpacht hat, das Eigentum an den Früchten erwirbt, sobald sie vom Boden getrennt sind.[186]

Der römische Jurist behandelt die Frage, ob ein gutgläubiger Käufer das Eigentum auch an denjenigen Früchten erwirbt, die aus der Aussaat des rechtmäßigen Eigentümers entstanden sind. Im Anschluss an *Friedrich Wilhelm Eduard Backe*[187] interpretiert die herrschende Lehre im 19. Jahrhundert[188] dieses Fragment

[186] *Knütel/Kupisch/Seiler/Behrends*, CIC Bd. 4, S. 98 f.

[187] *Backe*, Bonae fidei possessoris.

[188] *Puchta*, Pandekten, S. 252; *Vangerow*, Pandekten Bd. 1, S. 21; *ders.*, Leitfaden, S. 552; *Arndts von Arnesberg*, Pandekten, S. 270; *Wächter*, Pandekten Bd. 2, S. 143 ff.; *Heimbach*, S. 213; *Brinz*, Pandekten[2] Bd. 1, S. 548; ähnlich *Jhering*, JherJb 12 (1873), S. 314 ff., der zudem den Schutz des Rechtsverkehrs betont.

als Beweis für einen unbeschränkten Fruchterwerb. Zu diesem Zweck wird auf die Begründung *Julians* verwiesen, dass der redliche Besitzer stets dasselbe Recht habe, welches auch einem (echten) Eigentümer zu komme, – *Porro bonae fidei possessor in percipiendis fructibus id iuris habet, quod dominis praediorum tributum est.* Weiter heißt es dort, der redliche Erwerber habe sogar ein stärkeres Recht an den Früchten, *plus iuris in percipiendis fructibus*, als ein Nießbraucher, dem unstreitig das Eigentum an allen Früchten zusteht.

Dieser umfassende Eigentumserwerb steht jedoch auf den ersten Blick im Widerspruch zu der Verpflichtung des Besitzers, bei der *rei vindicatio* noch existente Früchte (*fructus extantes*) herauszugeben.

Inst. 2, 1, 35

Si quis a non domino, quem dominum esse crederet, bona fide fundum emerit vel ex donatione aliave qua iusta causa aeque bona fide acceperit: naturali ratione placuit fructus quos percepit eius esse pro cultura et cura. et ideo si postea dominus supervenerit et fundum vindicet, de fructibus ab eo consumptis agere non potest. ei vero, qui sciens alienum fundum possederit, non idem concessum est. itaque cum fundo etiam fructus, licet consumpti sint, cogitur restituere.

Wenn jemand vom Nichteigentümer, den er für den Eigentümer hielt, in gutem Glauben ein Grundstück gekauft oder - ebenfalls gutgläubig - durch Schenkung oder aus irgendeinem anderen Rechtsgrund erlangt hat, dann ist kraft natürlicher Vernunft anerkannt worden, dass die Früchte, die er gezogen hat, als Ausgleich für die Bearbeitung und Pflege des Bodens ihm gehören. Deshalb kann der Eigentümer, wenn er danach kommt und das Grundstück vindiziert, wegen der vom Besitzer verbrauchten Früchte nicht klagen. Dem aber, der wissentlich ein fremdes Grundstück besitzt, ist nicht dasselbe zugebilligt worden. Er muss daher zusammen mit dem Grundstück auch die Früchte erstatten, selbst wenn sie verbraucht sind.[189]

Im Vindikationsverfahren ist der Besitzer bei Bösgläubigkeit bzw. von dem Moment der Klageerhebung an (*litis contestatio*) dazu verpflichtet sämtliche Früchte, einschließlich der schuldhaft nicht gezogenen Früchte (*fructus percepti, fructus percipiendi*), dem Eigentümer der fruchttragenden Sache herauszugeben bzw. zu ersetzen. Dieses Ergebnis ist insofern unproblematisch, als der *mala fidei possessor* kein Eigentum an den Früchten erwirbt. Dem Eigentümer steht mit der Vindikation also ein unmittelbares Zugriffsrecht auf alle Fruchterträge zu.[190] Das zitierte Fragment privilegiert jedoch den redlichen Besitzer, indem ihm einerseits die Pflicht zum Ersatz der nicht gezogenen Früchte erlassen wird

189 *Behrends/Knütel/Kupisch/Seiler*, CIC Bd. 1, S. 57.

190 Daneben tritt die Möglichkeit die Herausgabe der *fructus* im Wege einer *condictio* geltend zu machen, *Heimbach*, S. 118-148. Der redliche Besitzer ist hingegen auch in dieser Hinsicht freigestellt, *ders.*, S. 118 f.

und er zudem auch die bereits verbrauchten Früchte nicht zu ersetzen hat. Ihn trifft lediglich die Pflicht die *fructus extantes* herauszugeben.

An dieser Restitutionspflicht nimmt eine der zentralen Streitigkeiten des Fruchtrechts im 19. Jahrhundert ihren Ausgangspunkt. Mit *Savigny* müsste nämlich angenommen werden, dass sich die *rei vindicatio* selbstverständlich auch auf die Früchte erstreckt, da das Eigentum an diesen weiterhin beim ursprünglichen Eigentümer verbleibt. Lediglich Konsumtion oder Ersitzung führen demnach zu einer Haftungserleichterung im Gegensatz zum bösgläubig Besitzenden.

Auch wenn die Vertreter der Bestimmungslehre zumeist an einem unmittelbaren Eigentumserwerb des redlichen Besitzers festhalten möchten, ergeben sich im Detail doch sehr verschiedene Ansätze, um den scheinbaren Widerspruch zwischen D. 22, 1, 25, 1 und Inst. 2, 1, 35 zu lösen.

Um nicht mit *Savigny* dem Besitzer lediglich einen gutgläubigen Besitz an den Früchten zuerkennen zu müssen, flüchten sich vereinzelte Autoren in dogmatische Distinktionen, die im Wesentlichen darauf hinaus laufen, das gleiche Ergebnis nur mit einer abweichenden Begrifflichkeit nachzuzeichnen. So begegnet man etwa bei *Marezoll* der Ansicht, dass der Eigentumserwerb an den Früchten lediglich vorläufiger Natur sei.[191] Ähnlich beschreibt *Friedrich Wilhelm von Tigerström* eine Art fingiertes Eigentum an den Früchten, welches hinter der Berechtigung des Eigentümers zurückstehen müsse.[192] Erst durch die Konsumtion bzw. Ersitzung werde der gutgläubige Besitzer endgültiger Eigentümer. Tritt aber vor diesem Zeitpunkt Bösgläubigkeit ein oder kommt es bis dahin zu einer Klageerhebung (*litis contestatio*), so verliert der Besitzer von nun an seinen guten Glauben und damit auch das Eigentum an den Früchten.[193] Der Unterschied zu *Savignys* Auffassung ergibt sich aus dem Umstand, dass für das geltende Recht nicht an die römische Differenzierung von quiritischem und bonitarischem Eigentum angeknüpft und stattdessen die Kategorie des vorläufigen bzw. fingierten Eigentums eingeführt wird. Noch deutlicheren Bezug auf *Savigny* nimmt *Heinrich Janke*, der anhand der historischen Entwicklung des römischen Fruchtrechts nachzuweisen versucht, dass sich etwaige Widersprüche in den Quellen durch unterschiedliche Rechtsauffassung im klassischen und justinianischen Recht erklären ließen.[194] Demzufolge ergebe sich der Grundsatz aus dem klassischen Recht, dass der gutgläubige Besitzer – wie auch schon bei *Savigny* – stets nur bonitarisches Eigentum erwerbe und er also dem echten Eigentümer gegenüber zurücktreten müsse, wenn er nicht zuvor schon aufgrund der

---

191 *Marezoll*, S. 241.

192 *Tigerström*, S. 60-100.

193 *Marezoll*, a.a.O.; zust. *Sintenis*, S. 485 Anm. 31.

194 *Janke*, Fruchtrecht, S. 36 ff., 130 ff.; zust. *Gruchot*, BeitrPrR 6 (1862), S.462-465.

Ersitzungsregeln oder der Konsumtion Volleigentum erwerbe. An diesem Grundkonzept werde auch in nachklassischer Zeit festgehalten, wo lediglich *Justinian* eine Modifizierung für den Fruchterwerb von Tierjungen eingeführt habe. An diesen lasse der späte Gesetzgeber bereits mit der vollendeten Geburt quiritisches Eigentum zu.

Faktisch beschreiben aber alle drei Autoren eine im Ergebnis gleiche Lösung wie *Savigny*, da im Grundsatz kein materieller Unterschied zwischen den Konzepten des vorläufigen, respektive fingierten Eigentums zu der *bonae fidei possessio* erarbeitet wird, welche den redlichen Besitzer lediglich zur Ersitzung und Konsumtion berechtigen würden.[195] Aber auch *Janke* zeichnet den Ansatz von *Savigny* lediglich in seiner historischen Dimension nach. Insofern sehen sich alle drei Autoren denselben Vorwürfen ausgesetzt, wie sie auch gegen die Lehre *Savignys* geäußert wurden. Das tragende Gegenargument bezieht sich auf den Wortlaut der Quellen, aus dem sich ein nur beschränkter bzw. widerruflicher Eigentumserwerb nicht ableiten lasse.[196] Gerade der mehrfach anzutreffende Ausdruck *fructus suos facere* wird nicht nur im Zusammenhang mit dem redlichen Besitz, sondern auch bei der Emphyteuse gebraucht. In diesem Rechtsverhältnis erwirbt der Erbpächter aber unstreitig Eigentum *ex iure Quiritium* an den Früchten.[197]

Dieses Wortlautargument scheint aber durch die Aussage des *Paulus* in D. 41, 1, 48 pr. in Zweifel gezogen werden zu können.

> *Paulus* D. 41, 1, 48 pr.
>
> Bonae fidei emptor non dubie percipiendo fructus etiam ex aliena re suos interim facit non tantum eos, qui diligentia et opera eius pervenerunt, sed omnes, quia quod ad fructus attinet, loco domini paene est. denique etiam priusquam percipiat, statim ubi a solo separati sunt, bonae fidei emptoris fiunt.
>
> Es besteht kein Zweifel, dass der redliche Käufer die Früchte auch aus einer fremden Sache einstweilen durch Perzeption erwirbt; und zwar nicht bloß diejenigen, die auf seine Mühe und seine Arbeit zurückzuführen sind, sondern alle, da er, was diese Früchte betrifft, fast wie ein Eigentümer ist. Der redliche Käufer erwirbt sie sobald sie von dem Boden getrennt werden, noch bevor er sie perzipiert.

Ausdrücklich heißt es dort, der gutgläubige Käufer erwerbe die Früchte nur zwischenzeitlich - *interim*, da er nur *loco domini paene est*. Gerade für *Marezoll* und *Tigerström* scheint anhand dieses Paulusfragments die Annahme nahezuliegen, an den Früchten werde nur redlicher Besitz bzw. eine Art widerrufliches

---

195 *Windscheid*, ZCP 4 (1847), S. 65, 72.

196 *Unterholzner*, AcP 8 (1825), S. 323; kritisch dazu *Windscheid*, ZCP 4 (1847), S. 56; wohl auch *Arndts von Arnesberg*, Pandekten, S. 269 Anm. 3 f).

197 *Unterholzner*, a.a.O.

Eigentum erworben, denn der Besitzer sei lediglich „fast wie ein Eigentümer" zu behandeln. Entsprechend erlange er das Eigentum an den Früchten auch nur „zwischenzeitlich" bis zum Moment der Klageerhebung. Im Zusammenspiel mit der Institutionenstelle Inst. 2, 1, 35 ließe sich so schlüssig für eine nur beschränkte Inhaberposition des redlichen Besitzers an den Früchten streiten.

Einen alternativen Ansatz, der die Schwierigkeiten der herrschenden Lehre zum Fruchterwerb des redlichen Besitzers zu lösen sucht, erbringt *Dominik Unterholzner*[198], der für den endgültigen Fruchterwerb die beiden Fruchtkategorien der *fructus naturales* und der *fructus industriales* unterscheidet. Er stützt sich dabei auf *Pomponius* D. 22, 1, 45, wo dem Ehemann trotz einer verbotenen Ehegattenschenkung der Erwerb von den Früchten *quos suis operis adquisierit* ermöglicht ist.

> *Pomponius* D. 22, 1, 45
>
> Fructus percipiendo uxor vel vir ex re donata sua facit, illos tamen, quos suis operis adquiserit, veluti serendo: nam si pomum decerpserit vel ex silva caedit, non fit eius, sicuti nec cuiuslibet bonae fidei possessoris, quia non ex facto eius is fructus nascitur.
>
> Zieht ein Ehegatte aus einer [vom anderen Ehegatten] geschenkten Sache Früchte, so erwirbt er daran Eigentum, jedenfalls an solchen Früchten, die er durch eigene Arbeit erwirbt, zum Beispiel durch Aussäen. Denn wenn der Ehegatte Obst pflückt oder in dem Wald [des geschenkten Grundstücks] Holz schlägt, erwirbt er daran kein Eigentum, ebenso wenig wie sonst irgendein gutgläubiger Besitzer, weil diese Früchte nicht aufgrund seiner Tätigkeit erworben sind.[199]

Der Autor meint aus dieser Stelle, die die Fruchtverteilung zwischen den Ehegatten regelt, den Grundsatz herleiten zu können, dass sich

> „überhaupt das Recht des redlichen Besitzers auf die durch Bewirtschaftung erzeugten Früchte beschränkt".[200]

Aus diesem Grund werde Volleigentum nur an den Industrialfrüchten erworben. Alle anderen Erträge, namentlich die *fructus naturales*[201] fallen demnach dem ursprünglichen Eigentümer der Sache zu. Das heißt, der redliche Besitzer habe hieran allenfalls eine *bonae fidei possessio*, die ihn zur Ersitzung berechtige. Mit Ausnahme der durch menschliche Arbeitsleistung gewonnen Früchte, gelte damit die Ansicht von *Savigny*, die nur einen Usukapionsbesitz zulässt.

198 *Unterholzner*, AcP 8 (1825), S. 311 ff.

199 *Knütel/Kupisch/Seiler/Behrends*, CIC Bd. 4, S. 106.

200 *Unterholzner*, AcP 8 (1825), S. 337.

201 Daneben treten zudem die sog. Herdenfrucht und der *partus ancillae*, die nicht zu den *fructus* zählen; *Unterholzner*, AcP 8 (1825), S. 333

Die herrschende Lehre wendet sich allerdings auch gegen diesen Ansatz, indem sie insbesondere darauf hinweist, dass in der herangeführten Quellenaussage gerade eine Konstellation beschrieben werde, in der eine Gutgläubigkeit des Fruchtbeziehers ausgeschossen sei. *Pomponius* bespricht nur den Umfang des Fruchterwerbs eines Ehegatten, dem aufgrund der Nichtigkeit der Ehegattenschenkung gerade keine *iusta causa possessionis* zusteht.[202] *Unterholzner* geht über diesen Einwand hinweg, indem er auf den Schlussteil des Fragments verweist, wo für den Holzschlag die ausdrückliche Parallele zum *bonae fidei possessor* gezogen wird.[203] Er schließt also aus der schwächeren Position des Ehegatten auf die Stellung des redlichen Besitzers und argumentiert *a minore ad maius*. Dennoch ist er der Meinung, hiermit einen schlüssigen Grundsatz aufstellen zu können, mit dem sogar die von *Janke* beschriebenen Quellenaussagen über die Tierjungen zu erklären seien. An diesen erwerbe nämlich der *bonae fidei possessor* Eigentum, „denn ohne Fütterung und Pflege kann das Thier nicht bestehen, geschweige Früchte bringen."[204] Allein aus diesem Grund seien Tierjungen stets als Industrialfrüchte anzusehen, so dass an ihnen unwiderrufliches Eigentum erworben werden könne.

Der Ansatz von *Unterholzner* trifft bei den anderen Vertretern der Bestimmungslehre gleichwohl auf keinen Zuspruch. Kritik ruft dabei insbesondere seine Untergliederung in *fructus industriales* und *fructus naturales* hervor.[205] Sie verweisen darauf, dass der Fruchterwerb im Wesentlichen durch

> „das Recht an der erzeugenden Sache bestimmt wird."[206]

Es also gerade nicht auf die geleistete Arbeit des Fruchtziehungsberechtigten ankomme. Zudem lasse *Unterholzner* gerade den zentralen Satz des *Paulus* D. 41, 1, 48 außer Acht, der bei den *fructus extantes* ebenfalls keinen Unterschied im Hinblick auf den Erwerbsmodus mache.[207] Mit Ausnahme der verbrauchten Früchte wird der Besitzer verpflichtet, alle noch vorhandenen Früchte herauszugeben. Richtigerweise müsse der Anwendungsbereich des D. 22, 1, 45 also eng ausgelegt werden.[208] Die hierin getroffene Abweichung von *Paulus*,

---

202 *Heimbach*, S. 41 f.; krit. auch *Vangerow*, Pandekten Bd. 1, S. 627; *ders.*, Leitfaden, S. 553 ff.

203 *Unterholzner*, AcP 8 (1825), S. 337 f.

204 *Unterholzner*, AcP 8 (1825), S. 339.

205 *Windscheid*, Pandekten Bd. 1, S. 646 Anm. 17; *Heimbach*, S. 40-42, 224-227; *Arndts von Arnesberg*, Pandekten, S. 269 Anm. 3b); *Vangerow*, Pandekten Bd. 1, S. 626-628; *ders.*, Leitfaden, S. 553 ff..

206 *Julian* D. 22, 1, 25 § 1; *Karl Otto Müller*, S. 182.

207 Vgl. die in Anm. 208 zitierten Autoren.

208 *Backe*, Bonae fidei possessoris, S. 162 f.; *Heimbach*, S. 41 f.; *Buchholtz*, KritJbDR 8 (1844), S. 511.

finde ihre Rechtfertigung nur in der speziellen Fallgestaltung der verbotenen Ehegattenschenkung, welche die sonstigen Rechtsfolgen einer gutgläubigen Ersitzung gerade ausschließt. Der Ehegatte erwirbt Eigentum nur an den erarbeiteten Früchten. Für die anderen Früchte haftet er dementsprechend weiterhin wie ein bösgläubiger Besitzer.

Die herrschende Lehre findet ihre Lösung dieses Streitfalles in der klaren Unterscheidung von Eigentumserwerb und Restitutionspflicht. Sie hält an der *Paulus*aussage fest, wonach der redliche Besitzer in Bezug auf die Früchte wie der echte Eigentümer stehe. Insofern könne er sie grundsätzlich frei nutzen und erwerbe das Eigentum an ihnen. Dies hat aber auch zur Folge, dass insbesondere der Vindikationsanspruch nicht primär auf die erworbenen Früchte ausgerichtet sein könne. Mit der Antwort auf die Frage des dinglichen Fruchterwerbs sei aber nichts zu einer eventuellen obligatorischen Rückgewährverpflichtung auch der Früchte gesagt.[209] Diese Obligation ergebe sich aus der Erweiterung der Vindikation in D. 41, 1, 48 auf die noch unverbrauchten Früchte. Dogmatisch führen die Vertreter dieser Ansicht ihr Ergebnis auf die Zuordnung der *fructus* zu den Akzessionen der Muttersache zurück.[210] Alle Erträge, die nicht Frucht sind, müssen ohnehin bei der *rei vindicatio* als Primärgegenstand herausgegeben werden. Insoweit sei die Begrenzungsfunktion des Fruchtbegriffs für einen materiellen Ausgleich hinreichend.[211] D. 41, 1, 48 dagegen betrifft einen darüber hinaus gehenden Ausgleich zwischen den Parteien, also die Frage, wem ‚gebührt' die Frucht und nicht wer ‚erwirbt' die Frucht. Nur auf diese obligatorische Herausgabepflicht beziehe sich das *interim facere*, da der Fruchtertrag als Akzession der Muttersache grundsätzlich dem Eigentümer zustehe. Ihrem Wert nach sollen die konsumierten Früchte aber beim redlichen Besitzer verbleiben[212], was sich daraus ergibt, dass sie einerseits Eigentum des redlichen Besitzers werden und zudem aus der Erwägung, er habe Arbeit und Mühe zu ihrer Gewinnung aufgebracht, – *qui diligentia et opera eius pervenerunt*. Nur für den schuldrechtlichen Ausgleich finde die aufgewendete Arbeit Berücksichtigung und nicht, wie bei *Unterholzner*, bereits in der dinglichen Verteilung.

---

209 Die Frucht kommt demnach entweder als Primärgegenstand der Vindikation in Betracht oder lediglich als Erweiterung derselben, s. *Heimbach*, S. 92-94; ähnlich auch *Böcking*, Römisches Privatrecht, S. 87.

210 *Heimbach*, S. 49-52, 105 ff.; *Vangerow*, Pandekten Bd. 1, S. 623; *Arndts von Arnesberg*, Pandekten, S, 269 Anm. 3 c); *Wächter*, Pandekten Bd. 2, S. 145.

211 *Wächter*, Pandekten Bd. 2, S. 148; ähnlich *Czylharz*, Lehrbuch, S. 98.

212 *Wächter*, Pandekten Bd. 2, S. 145 f.

III. Die sog. Erzeugnistheorien

Die Vertreter der herrschenden Bestimmungslehre vereint, trotz aller Unterschiede im Detail, das gemeinsame Bemühen, den Fruchtbegriff anhand der römischen Quellen möglichst breit zu beschreiben und alle bekannten Fruchtkategorien auf ein gemeinsames Prinzip zurückzuführen. Gerade dieser Ansatz wird aber zur Mitte des 19. Jahrhunderts durch die Arbeiten von *Gustav Ernst Heimbach* aus dem Jahre 1843 und *Heinrich Robert Göppert* von 1869 bestritten, die im Folgenden als herausragende Vertreter der sog. Erzeugnistheorien[213] dargestellt werden sollen.

1. Gustav Ernst Heimbach (1843)

Mit seiner Studie „Die Lehre von der Frucht" erarbeitet der Leipziger Rechtsprofessor *Gustav Ernst Heimbach*[214] als erster Rechtswissenschaftler im 19. Jahrhundert die gemeinrechtlichen Quellen zu den *fructus* monographisch mit den Methoden der *Historischen Rechtsschule*.[215] In zehn Abhandlungen zu den römischen und drei Abhandlungen zu den deutschen Rechtsquellen versucht er im Sinne des ursprünglichen Schulenprogramms eine umfassende Analyse des historischen Fruchtrechts zu liefern, wobei der romanistische Anteil den germanischen in Umfang und Bedeutung deutlich überwiegt.

Den Ausgangs- und Kernpunkt seiner Studie formuliert *Heimbach* in der ersten Abhandlung über den römischen Fruchtbegriff[216], auf der später seine gesamte dogmatische Argumentation aufbaut.

> „Frucht im juristischen Sinne ist jede bewegliche Sache, welche aus körperlichen Gegenständen, die nur als Res in Frage kommen, durch die ihnen inwohnende organische Kraft, ihrer eigenen Substanz unbeschadet, erzeugt werden, und in sich den Anspruch auf Existenz als Einzelsachen tragen, inwiefern sie den Zwecken entsprechen, welche Menschen mit der Anschaffung der Sache zu verbinden gewohnt sind."[217]

Im Wesentlichen gliedert sich diese sehr umständlich wirkende Definition[218] in verschiedene Elemente, die sich an der Lehre vom bestimmungsgemäßen Ertrag orientieren. Man begegnet den Stichwörtern der ‚Pflicht zur Substanzerhaltung',

---

213 *Reichel*, JherJb 42 (1901), S. 244 schlägt den Namen *„biologische Theorie"* vor.

214 Zur Person vgl. Teichmann, ADB 11 (1880), S. 327.

215 *Heimbach*, S. VI.

216 *Heimbach*, S. 1-43.

217 *Heimbach*, S. 20; ihm folgend *Otto Schröder*, AcP 49 (1866), S. 254 f.; so wohl auch *Herrmann Fitting*, s. *Otto Schröder*, a.a.O.

218 Ebenso *Buchholtz*, KritJbDR 8 (1844), S. 503; s. auch *N.N.*, LRepDALit 2 (1844), S. 248 f.

der ‚Produktivität' sowie der ‚Bestimmung der Muttersache' Fruchterträge hervorzubringen. Insbesondere dieses letzte Element ist unmittelbar aus den Arbeiten von *Puchta*[219] entnommen. Es überrascht daher nicht, dass *Heimbach* zu weiten Teilen der herrschenden Lehre folgt bzw. sie auch wesentlich zu befördern vermochte.[220] Dennoch grenzt er sich bei seiner Begriffsbestimmung zugleich in einem zentralen Punkt von den anderen Lehrmeinungen ab, wenn er die der Sache innewohnende Produktivität auf den organischen Aspekt beschränkt. Er gelangt zu dem Ergebnis, dass nur körperliche Erträge von körperlichen Sachen Frucht sein können. Der römisch-gemeine Fruchtbegriff umfasse demnach nur die *fructus naturales*. Die anderen Fruchtkategorien, namentlich die Unterscheidung von *fructus civiles* und *fructus industriales*, resultierten dagegen aus „unzulässigen Combinationen und der Gedankenlosigkeit der Interpreten".[221]

Auch bei anderen Autoren ist zwar zu lesen, dass der „ursprüngliche Fruchtbegriff"[222] im Zusammenhang mit den organischen Erzeugnissen einer Sache gestanden habe. Die herrschende Ansicht versteht hierunter aber nur eine untechnische Bezeichnung, welche erst durch spezifisch rechtliche Momente ergänzt werden muss, die sich wiederum aus den beiden Zweckrichtungen des Fruchtbegriffs – Begrenzung und Erweiterung der möglichen Fruchterwerbsgegenstände – ergeben.[223] *Heimbach* indes bemüht sich, seine Ansicht anhand der sprach- und dogmenhistorischen Entwicklung des Fruchtbegriffs zu begründen. Zu diesem Zwecke erarbeitet er, als einer der ersten Autoren, den unterschiedlichen Sinngehalt, der dem lateinischen Wort *‚fructus'* in den Rechtsquellen beigemessen werden kann und gelangt so zu zwei nebeneinander stehenden Fruchtbedeutungen.

> „Aus diesem geschichtlichen Zusammenhang erklärt sich nun von selbst die doppelte Bedeutung, in welcher das Wort fructus in den Römischen Quellen vorkommt. Einmahl nehmlich bezeichnet es, in subjectiver Beziehung auf den Einzelmenschen,

---

219 *Puchta*, Pandekten, S. 59; *Heimbach*, S. 17.

220 *Petražycki*, Einkommen Bd. 1, S. 5 f., zählt Heimbach daher auch ausdrücklich zu der von ihm bekämpften herrschenden Ansicht.

221 *Heimbach*, S. 40.

222 *Savigny*, System Bd. 6, S. 101.

223 *Savigny*, a.a.O.; *Puchta*, Pandekten, S. 59; *ders.*, Vorlesungen Bd. 1, S. 82; *Arndts von Arnesberg*, Pandekten, S. 69 f.; *Windscheid*, Pandekten Bd. 1, S. 466 f.; *Unger*, Österreichisches Privatrecht Bd. 1, S. 461; *Ribbentropp*, S. 9. Lediglich *Böcking*, Pandekten Bd. 1, S. 75 und *Luden*, Weiskes Rechtslexikon, S. 418 sprechen hier vom „eigentlichen" Fruchtbegriff.

den Fruchtgenuß; dann umfaßt es, in objectiver Hinsicht auf die Fruchtkörper, alle durch die organische Thätigkeit einer Sache hervorgebrachten Erzeugnisse."[224]

Ohne weitere Erklärung[225] beschränkt *Heimbach* seine Arbeit auf die objektive Wortbedeutung, die er wiederum in zwei Richtungen unterscheidet. Einerseits definiert er einen weiten, von ihm sog. grammatischen Fruchtbegriff, und andererseits einen engeren, von ihm als eigentlichen Untersuchungsgegenstand gewählten Fruchtbegriff, welcher der oben zitierten Definition entspricht.

„Abgesehen von der grammatischen Bedeutung, wonach es jeden Gewinn, jeden Nutzen bezeichnet, den man aus einer Sache ziehen oder durch sie erlangen kann, findet sich noch eine engere Begränzung des Begriffs in den Rechtsquellen vor."[226]

Entgegen der Auffassung der herrschenden Bestimmungslehre bearbeitet *Heimbach* ausschließlich den so definierten engen Fruchtbegriff. Die weite, grammatische Bedeutung verweist er dagegen auf den Anwendungsbereich der Restitutionstatbeständen, insbesondere der Eigentumsklage (*rei vindicatio*)[227], auf die er jedoch in seiner an sich breit angelegten Arbeit nicht eingeht.

Den Nachweis für die Richtigkeit seiner Ansicht versucht der Autor aus den römischen Quellenzeugnissen herzuleiten, die den unkörperlichen Erträgen die Fruchtqualität absprechen. Im Mittelpunkt steht dabei die Aussage des *Pomponius* in D. 50, 16, 121.

Pomponius D. 50, 16, 121

Usura pecuniae, quam percipimus, in fructu non est, quia non ex corpore, sed ex alia causa est, id est nova obligatione.

Die Zinsen, die wir aus Geld ziehen, sind keine Früchte, da sie nicht körperlich gewonnen, sondern aus einem anderen Grund, nämlich einer neuen Verpflichtung gewonnen werden.

Ausdrücklich spricht der römische Jurist in diesem Digestenfragment den Kapitalzinsen (*usurae*) die Fruchteigenschaft ab, da sie kein körperlicher Ertrag, sondern aus einem Schuldverhältnis (*nova obligatione*) gezogen seien. Jedoch geht *Heimbach* über diese Aussage hinaus und bestreitet die Fruchtqualität sämtlicher mittelbarer Erträge, einschließlich der Miet- und Pachteinnahmen. Denn an anderer Stelle in den klassischen Quellen wird ausdrücklich bemerkt, dass diese Einnahmen „in Rücksicht ihres Entstehungsgrundes den Zinsen geradezu gleichstehen."[228]

---

224 *Heimbach*, S. 3 f.

225 Krit. auch *Buchholtz*, KritJbDR 8 (1844), S. 506 f.

226 *Heimbach*, S. 5.

227 *Heimbach*, S. 5 Anm. 3); ähnlich *Otto Schröder*, AcP 49 (1866), S. 255 Anm. 22).

228 *Heimbach*, S. 9.

Papinian D. 6, 1, 62 pr.

Si navis a malae fidei possessore petatur, et fructus aestimandi sunt, ut in taberna et area quae locari solent. quod non est ei contrarium, quod de pecunia deposita, quam heres non atti[n]git, usuras praestare non cogitur: nam et si maxime vectura sicut usura non natura pervenit, sed iure percipitur, tamen ideo vectura desiderari potest, quoniam periculum navis possessor petitori praestare non debet, cum pecunia periculo dantis faeneretur.

Verlangt jemand ein Schiff von einem bösgläubigen Besitzer heraus, sind auch die [nicht gezogenen] Nutzungen in die Schätzung einzubeziehen, genauso wie bei einem Laden oder Hofraum, die gewöhnlich vermietet werden. Damit steht nicht im Widerspruch, dass bei zur Verwahrung gegebenem Geld ein Erbe, der es nicht angerührt hat, nicht zur Verzinsung gezwungen wird. Denn obwohl der Frachtlohn genauso wie auch die Zinsen nicht von Natur aus entstehen, sondern kraft eines Rechtsverhältnisses erzielt werden, kann dennoch der Frachtlohn deswegen gefordert werden, weil der Besitzer gegenüber dem Kläger nicht die Gefahr des Schiffes tragen muss, während Geld auf Gefahr des jeweiligen Darlehensgebers verzinslich angelegt wird.[229]

Dieses Fragment behandelt den Umfang eines Vindikationsanspruchs gegen den bösgläubigen Besitzer bei Schiffen, Geschäftsräumen und Lagerplätzen. Der römische Jurist *Papinian* beschäftigt sich also mit den Schwierigkeiten im Hinblick auf die Restitutionsverpflichtung bei Sachen, deren Gewinn nicht unmittelbar körperlich aus der Muttersache selbst, sondern kraft eines Rechtsverhältnisses, der *locatio conductio*, gezogen wird. Insoweit entspricht die Aussage des römischen Juristen auf den ersten Blick der Ansicht von *Heimbach*, wenn es dort heißt, dass dieser Ertrag *non natura pervenit, sed iure pervenit*. Dennoch zählt *Papinian*, wie auch an anderer Stelle *Ulpian* und *Gaius*[230], die Miet- bzw. Pachterträge zu den restitutionspflichtigen Früchten, indem er den grundlegenden Unterschied zwischen den Miet- und Pachtgeldern zu den Geldzinsen in einem Darlehensverhältnis betont (S. 2 und 3 des principium).

Ulpian D. 22, 1, 36

Praediorum urbanorum pensiones pro fructibus accipiuntur.

Mieterträge aus städtischen Grundstücken werden als Früchte angesehen.

229 *Behrends/Knütel/Kupisch/Seiler*, CIC Bd. 2, S. 576.

230 Ebenso letztlich die justinianische Gesetzgebung in C. 3, 32, 5 *Domum, quam ex matris successione ad te pertinere et ab adversa parte iniuria occupatam esse ostenderis, praeses provinciae cum pensionibus quas percepit aut percipere poterat et omni causa damni dati restitui iubebit.*

Gaius D. 22, 1, 19 pr.

Praeterea Gallus Aelius putat, si vestimenta aut scyphus petita sint, in fructu haec numeranda esse, [quod] <quae> locata ea re mercedis nomine capi potueri<n>t.

Außerdem meint Aelius Gallus, daß, wenn Kleider eingeklagt worden sind oder ein Becher, unter die Früchte das zu rechnen sei, was für den entsprechenden Gegenstand, wäre er vermietet worden, als Mietzins hätte erlöst werden können.[231]

Es fällt auf, dass zumindest auch *Ulpian* bei den Erträgen der *locatio conductio* nur von *pro fructibus accipiuntur* spricht. Insofern scheint *Heimbach* Recht zu behalten, wenn er diesen Erträgen die Fruchtqualität abspricht. Ungeachtet dieses sprachlichen Einwands stellt sich gleichwohl die Frage, warum bei einer Restitutionsverpflichtung die Miet- und Pachteinnahmen den Früchten gleichgestellt werden sollen und entsprechend zu ersetzen sind, nicht aber die Zinsen eines Geldbetrages. Die dogmatischen Gründe hierfür erarbeitet *Heimbach* anhand der im *Papinianus*fragment angesprochenen Gefahrtragungsregeln.[232] Der beklagte Besitzer hafte danach nämlich auch bei Bösgläubigkeit nicht für den unverschuldeten Untergang der herauszugebenden Sache.[233] Dagegen obliege die Gefahr für den Verlust eines darlehensweise geleisteten Geldbetrages stets bei dem Empfänger, wofür *Heimbach* auf D. 6, 1, 62 pr. aufmerksam macht. Dem Empfänger eines Geldbetrages oder einer sonstigen vertretbaren Sache wird der Darlehensbetrag zu Eigentum übertragen, während der Darlehensgeber im Gegenzug seinen Rückgewähranspruch durch die *actio certae creditae pecuniae* bzw. die *condictio certae rei* geltend machen kann. Diese Klage richtet sich aber anders als bei der *rei vindicatio* nicht auf die Rückgewähr derselben Sache, sondern einer nach Gewicht, Anzahl oder Maß gleichwertigen Sache, so dass der beklagte Schuldner sich auch nicht auf den Untergang des ursprünglichen Gegenstandes berufen kann – er trägt mit anderen Worten also die Gefahr für den Verlust, insbesondere des Geldes. Insofern stellt sich die Erstreckung der Eigentumsherausgabeklage auf die Einnahmen durch die *locatio conductio* lediglich als ein weiterer Anwendungsfall des aus dem Kaufrecht bekannten Grundsatzes, dass demjenigen, der die Gefahr für eine Sache trägt, auch die Vorteile aus derselben zukommen sollen.

Inst. 3, 23, 3[234]

Nam et commodum eius esse debet, cuius periculum est.

---

231 *Knütel/Kupisch/Seiler/Behrends*, CIC Bd. 4, S. 95 f.

232 *Heimbach*, S. 9 f., 31 Anm. 1.

233 S. etwa für die Schifffahrt die Parallelstelle zum behandelten Fragment in *Paulus* D. 6, 1, 16 1.

234 S. auch *Paulus* D. 18, 5, 7.

Denn wer die Gefahr trägt, der muss auch den Vorteil haben.[235]

Grundsätzlich wäre es *Heimbach* mit diesem Gedankengang möglich gewesen, die von ihm bemerkten, unterschiedlich weit gebrauchten Fruchtbegriffe hinreichend mit einer Trennung der Anwendungsbereiche zu erklären. Ganz in diesem Sinne handeln spätere Autoren, wenn sie einen objektiven Fruchtbegriff für den Eigentumserwerb und ein subjektives Verständnis für die Restitutionsverhältnisse statuieren möchten.[236] Indessen verharrt der Leipziger Jurist noch auf dem rein grammatikalischen Argument[237] und es gelingt ihm daher nicht diesen Ansatz für eine endgültige Klärung dieser tradierten Streitfrage fruchtbar zu machen.

Den Nachweis für die Unterscheidung nach dem konkreten Anwendungsbereich versucht *Heimbach*, wenn er sich an anderer Stelle mit dem Umfang einer Herausgabepflicht bei der Erbschaftsklage auseinandersetzt.[238] Die entscheidende Digestenstelle ist D. 22, 1, 34.

Ulpian D. 22, 1, 34

Usurae vicem fructuum optinent et merito non debent a fructibus separari et ita in legatis et fideicommissis et in tutelae actione et in ceteris iudiciis bonae fidei servatur. hoc idem igitur in ceteris obventionibus dicemus.

Zinsen stehen an Stelle der Früchte und dürfen zu Recht nicht von den Früchten getrennt werden. Und so wird es bei Vermächtnissen, bei Fideikommissen, bei Vormundschaftsklagen und bei den übrigen Klagen nach Treu und Glauben beachtet. Dasselbe werden wir daher auch bei den übrigen Einkünften sagen.[239]

In diesem Fragment heißt es, dass bei Vermächtnissen, Fideikommissen sowie Vormundschaftsklagen und den weiteren Klagen nach Treu und Glauben selbst die *usurae* wie Früchte zu behandeln seien. Neben dem genannten Aspekt der Gefahrtragung tritt an dieser Stelle zudem der Gedanke, dass es Rückgewährgegenstände gibt, aus denen vermögenswerte Vorteile gezogen werden können, die keine Früchte im engsten Sinne sind, auf die sich aber dennoch die Herausgabepflicht zu erstrecken hat. Dies gilt nach *Ulpian* nicht nur für Zinsen eines Geldbetrages, sondern, wie anderweitig bemerkt, sogar für Sklavenkinder.[240] Zusätz-

---

235 *Behrends/Knütel/Kupisch/Seiler*, CIC Bd. 1, S. 191.

236 Vgl. etwa *Brinz*, Pandekten[1], S. 195, der darauf hinweist, dass für den Fruchterwerb lediglich die *fructus naturales* in Betracht kommen. Ebenso *Hölder*, Pandekten, S. 158-160, der die *fructus civiles* lediglich zu den Früchten im subjektiven Sinne zählen möchte. Ähnlich auch *Sintenis*, S. 429.

237 *Heimbach*, S. 29-40.

238 *Heimbach*, S. 32-35.

239 *Knütel/Kupisch/Seiler/Behrends*, CIC Bd. 4, S. 101 f.

240 *Ulpian*, D. 5, 3, 27 pr.; D. 5, 3, 25 § 20 (Tierjungen); *Paulus* D. 5, 3, 26 (Schafe).

lich ergibt sich eine Erweiterung von Restitutionsansprüchen auf andere Erträge neben den *fructus naturales*, je nach Art des Restitutionsgegenstandes. Für die Erbschaftsklage bedeutet das daher, dass auch der Ertrag aus einer zur Erbschaft gehörenden Geldsumme herauszugeben ist.

> „Sie dürfen nehmlich hier nicht anders behandelt werden, als die wahren Sacherzeugnisse.“[241]

Obwohl *Gustav Ernst Heimbach* ursprünglich angetreten ist, um den technischen Fruchtbegriff auf die *fructus naturales* im Sinne der herrschenden Bestimmungslehre zu beschränken, erarbeitet er dennoch, ohne es zu intendieren oder gar deutlich auszusprechen, die Gründe für eine Beurteilung des Fruchtbegriffs nach seinem jeweiligen Anwendungsbereich. Für den Eigentumserwerb an Früchten bietet sein Ansatz einen möglichen Lösungsweg. Ganz in diesem Sinne ließe sich also etwa später der Satz von *Hans Reichel* verstehen.

> „Die Frage der Frucht ist eine Frage des Sachenrechts.“[242]

Für die Restitutionsansprüche indes ergeben sich andere Erwägungen, wie die Frage nach Gefahrenverteilung für den Verlust der herauszugebenden Sache sowie eine Unterscheidung nach Rückgewährgrund und -Gegenstand, die bei der Begriffsbestimmung der *fructus* mit zu berücksichtigen sind und von den römischen Juristen auch tatsächlich berücksichtigt wurden. Entsprechende Ansätze finden sich bereits bei *Heimbach*, an einer endgültigen Aufarbeitung dieser Fragen lässt er es jedoch fehlen.

2. *Heinrich Robert Göppert (1869)*

a) Fructus und organische Erzeugnisse

Einen methodisch anderen Ansatz verfolgt *Heinrich Robert Göppert*, wenn er ausweislich des Untertitels seiner Arbeit, „Über die organischen Erzeugnisse – Eine Untersuchung aus dem Römischen Sachenrecht“, von einem eingeschränkten Untersuchungsgegenstand ausgeht und von vornherein die sachenrechtlichen Probleme des römischen Fruchtrechts bearbeiten will. Allein hierdurch grenzt sich der zuletzt als preußischer Ministerialbeamter tätige Jurist[243] schon von der herrschenden Lehre ab, indem er seine Studie anwendungsbereichsspezifisch ausrichtet. Für den Autor ergibt sich deshalb insbesondere die Konsequenz, dass er seine Aufmerksamkeit nicht auf den Begriff der *fructus* in seiner Gesamtheit richtet, sondern lediglich von den ‚organischen Erzeugnissen‘ ausgeht. Nach

---

241 *Heimbach*, S. 34.

242 *Reichel*, JherJb 42 (1901), S. 229.

243 Zur Person vgl. *Teichmann*, ADB 49 (1904), S. 454-455.

seinem Verständnis handelt es sich dabei um solche Erträge, die durch die organische Zeugungskraft der Natur, d.h. das Nachwachsen (*renasci*) der lateinischen Quellen, gezogen werden können.[244] Entsprechend leitet er den Begriff der Erzeugnisse aus der

> „Lebenstätigkeit der organischen Dinge, der Thiere und der Pflanzen [ab, die sich] ausser in der Erhaltung ihres eigenen Wesens mittelst steter Neubildung ihrer durch den Lebensprocess verzehrten Substanz auch in der Production neuer Dinge, nicht durch momentanen Creationsact ausserhalb ihrer selbst, sondern durch langsame Entwicklung und Ausbildung in oder an dem eigenen Körper [äussert].“[245]

Anhand der derart definierten Ertragsformen, zu der neben den *fructus* im engsten Sinne, auch die Tierjungen (*fetus*) und der *partus ancillae* zählen, soll eine dogmatische Erklärung für die Fragen einer dinglichen Verteilung körperlicher Vermögenserträge erreicht werden. Trotz der weitgehenden Identität des zu behandelnden Quellenmaterials zu den organischen Erzeugnissen in diesem engen Sinne und den *fructus* in der weiteren, technischen Bedeutung, wie sie die Vertreter der Bestimmungslehre und insoweit auch *Heimbach* vor Augen haben, betont *Göppert* den grundlegenden Unterschied zwischen diesen beiden Ansätzen einer juristischen Ertragsbestimmung.[246] Sein – später auch „naturwissenschaftlich“ oder „biologisch“ [247] genannter – Ansatz analysiert nämlich Erträge, die einerseits sowohl umfassender und weiter als der herrschende Fruchtbegriff sind, da dessen Begrenzungsfunktion nicht zum Tragen kommt, als auch zugleich enger sind, weil insbesondere sonstige unkörperliche Erträge, wie Zinsen und sonstige *de iure* gewonnenen Gewinne von vornherein unberücksichtigt bleiben. Das Ziel dieser Lehre ließe sich in etwa so zusammenfassen, dass *Göppert* um eine vollständige Objektivierung des Untersuchungsgegenstandes bemüht ist, während die herrschende Lehre des 19. Jahrhunderts durch die Hinzuziehung des wirtschaftlichen Moments der Bestimmung der Muttersache zur Fruchtziehung den an sich objektiv verstandenen Fruchtbegriff wertungsoffen ausgestaltet und damit durch subjektive Elemente ergänzt.[248]

Zu diesem Zweck knüpft *Göppert* an die frühe Forderung von *Ignaz Rudhart* nach einer dogmatischen Trennung von dinglichem und obligatorischem Fruchtrecht an.[249] Er wendet sich jedoch ausdrücklich gegen dessen These, dass aufgrund der Herausbildung des juristischen Fruchtbegriffs ein allgemeineres

---

244 *Göppert*, Erzeugnisse, S. 11-19.

245 *Göppert*, Erzeugnisse, S. 11.

246 *Göppert*, Erzeugnisse, S. 19-38.

247 *Reichel*, JherJb 42 (1901), S. 244, 246; *Petražycki*, Einkommen Bd. 1, S. 5.

248 Hierzu auch *Petražycki*, Einkommen Bd. 1, S. 6.

249 *Göppert*, Erzeugnisse, S. 17 Anm. 15); vgl. oben 2. Kapitel I. 3. b).

Verständnis für die Bestimmung von wirtschaftlichen Erträgen, die *Rudhart* als ‚Rente' bezeichnet, unterentwickelt geblieben sei. Vielmehr stellt er sich auf den gegenteiligen Standpunkt, wonach gerade die Berücksichtigung wirtschaftlicher Momente bei der Anwendung des *fructus*-Begriffs eine angemessene Erfassung der organischen Erzeugnisse im sachenrechtlichen Kontext verhindert habe.

> „[Es] läge die Vermuthung viel näher, dass neben der Eigenschaft als Erträgniss die so zu sagen sachenrechtliche Seite der Erzeugnisse verkümmert sei."[250]

Daher verfolgt seine Studie vor allen Dingen das Ziel, eine grundlegende Klärung der Begriffe herbeizuführen, um alte Streitfragen des Fruchtrechts auf allgemeine, bislang verkannte Grundsätze zurückzuführen und entsprechend zu lösen. Die auch andererseits, später anerkannte Notwendigkeit[251] für eine solche Begriffsklärung formuliert im Anschluss an *Göppert* am deutlichsten *Ernst Immanuel Bekker*.

> „Nachdem einmal die Einschränkung auf die organischen Erzeugnisse aufgegeben ist, [...] leidet der Begriff der ‚fructus' an bedenklicher Prinzipienlosigkeit und darum Grenzunsicherheit."[252]

Dass dieses Abstellen auf die organischen Erzeugnisse in der Rechtswissenschaft seiner Zeit nicht unumstritten geblieben ist, ist kein überraschender Befund.[253] Dabei muss man nicht gleich mit *Gustav Hartmann* Zweifel daran äußern, ob der Begriff der organischen Erzeugnisse

> „überhaupt ein juristischer ist, eine eigenthümliche rechtliche Relevanz hat."[254]

Ganz offensichtliche Schwierigkeiten ergeben sich schon begrifflich bei der Erfassung mineralischer Bergwerksprodukte[255], von denen *Ulpian* und *Iavolenus* in D. 24, 3, 7, 13 und D. 23, 5, 18 pr. berichten, sie seien zumindest unter bestimmten Voraussetzungen *in fructu*.[256] Diese Bergwerkserträge möchte denn auch *Göppert* mitberücksichtigt wissen, obwohl ein *renasci* bei ihnen nicht angenommen werden könne.[257] Dieses Ergebnis sieht er durch die positiven Quellenzeugnisse und die damit zum Ausdruck gebrachte wirtschaftliche, sowie

---

250 *Göppert*, Erzeugnisse, S. 19 Anm. 1).

251 Vgl. etwa die Feststellung in der Sachenrecht für die §§ 20, 21 TE-SachR; *Johow*, Sachenrecht, S. 81.

252 *Bekker*, Aktionen Bd. 1, S. 219 Anm. 29)

253 Mit den Thesen von Göppert setzen sich umfassend auseinander: *Hartmann*, KritVJ 11 (1869), S. 503-526; *Eck*, ZdG 5 (1871); s. 419-431, 756-767, ZdG 6 (1872), S. 373-379; *Hölder*, Pandekten, S. 160-162.

254 *Hartmann*, KritVJ 11 (1869), S. 504; a.A. *Eck*, ZdG 5 (1871), S. 756.

255 Ausdrücklich *Hölder*, a.a.O.

256 Hierzu schon oben 2. Kapitel II. 1.

257 So *Göppert*, Erzeugnisse, S. 24-26 Anm. 16 a.E.

rechtliche Notwendigkeit gerechtfertigt, auch an fremden Bergwerksgrundstücken zumindest ein dingliches Nutzungsrecht im Dotal- oder Nießbrauchsrecht begründen zu können. Überhaupt sei er

> „als Bearbeiter des positiven Rechts [nicht befugt,] unsere bessere Erkenntniss physischer Erscheinungen und Verhältnisse zum Umsturz von Rechtssätzen zu benutzen, welche aus, wie wir jetzt sehen, mangelhafter Naturanschauung hervorgegangen sind.“[258]

Da das Nachwachsen an dieser Stelle jedoch zu verneinen sei, interpretiert er die Quellenaussagen für das im 19. Jahrhundert geltende Recht so, dass eine Fruchtziehung stets nur dann möglich sein darf, wenn der nutzungsberechtigte Ehemann oder Nießbraucher auf eine bereits auf dem Grundstück angelegte Anlage trifft. Die Neuanlegung von Bergwerken müsse ihm indessen verwehrt bleiben.[259]

b) Das Verhältnis zur fruchttragenden Sache

Von seinem begrifflich abweichenden Ansatz abgesehen, bringt *Göpperts* Studie zwei weitere, zentrale Vorschläge in die rechtsdogmatische Debatte der zweiten Hälfte des 19. Jahrhundert ein.

aa) Anknüpfung an die Lehre von Savigny über den Fruchterwerb des redlichen Besitzers

Zunächst einmal wirft *Göppert* erneut die Frage nach dem Verhältnis zwischen Fruchtertrag und Muttersache auf. Ausgangspunkt für seine Kritik ist der frühe Ansatz von *Savigny* über das Verhältnis von fruchttragender Sache und Fruchtertrag, sowie dessen Auswirkungen auf den Eigentumserwerb des redlichen Besitzers an den Früchten. Seit dem Erscheinen der Dissertation von *Friedrich Wilhelm Eduard Backe* im Jahre 1825, die sich intensiv mit den Thesen von *Savigny* auseinandergesetzt hatte[260], war *Savignys* Lehre in der Literatur weitgehend abgelehnt[261] und auf verschiedenem Wege versucht worden, einen Eigentumserwerb des redlichen Besitzers an den Früchten zu begründen.

Lediglich noch im Pandektenlehrbuch und in einer gesonderten Abhandlung von *Bernhard Windscheid*[262] findet sich ein teilweiser Rekurs auf das im „Recht des Besitzes“ beschriebene Ergebnis. *Windscheid* begründet seine Ablehnung

---

258 *Göppert*, Erzeugnisse, S. 15.

259 So ausdrücklich *Göppert*, Erzeugnisse, S. 24-26 Anm. 16 sub. 2.

260 Insb. *Backe*, S. 93.

261 Hierzu die Nachw. bei *Windscheid*, ZCP 4 (1847), S. 55 ff.

262 *Windscheid*, Pandektenrecht Bd. 1, S. 641-646; *Ders.*, ZCP 4 (1847), S. 55-137.

eines gutgläubigen Eigentumserwerbs von Früchten indes von anderen Prämissen ausgehend als der Begründer der Historischen Rechtsschule. Insbesondere steht er vollständig im Einklang mit der herrschenden Lehre, wenn er sich ausdrücklich gegen die Ansicht wendet, Früchte seien auch nach ihrer Separation als Bestandteile der Muttersache anzusehen und dieses Ergebnis mit dem Hinweis auf das *nec enim esse partum rei furtivae partem* in *Ulpian* D. 41, 3, 10, 2 begründet. Dennoch gelangt *Windscheid* am konkreten Beispiel des Eigentumserwerbs an Früchten bei Gutgläubigkeit des Besitzers zu demselben Ergebnis wie *Savigny*. Dies hat vereinzelte Autoren dazu veranlasst, beide auch im Hinblick auf ihr Fruchtverständnis gleichzustellen.[263] Eine genauere Betrachtung zeigt jedoch, dass *Windscheid* grundsätzlich der herrschenden Lehre zuzuordnen ist. Lediglich bei der Interpretation des Satzes, wonach der gutgläubige Besitzer *fructus suos facit*, weicht er von ihr ab. Für ihn stellt sich der Umgang mit diesem Quellenausspruch als eine Frage nach der Fruchtberechtigung dar. Nur wer ein Recht zum Fruchtbezug innehabe, erwerbe das Eigentum an den Früchten. Ein Rechtsverhältnis indes, welches dem bloßen Besitzer zur Fruchtziehung berechtige, lasse sich aber aus den Quellen für den *bonae fidei possessor* nicht herleiten.

> „Ich glaube, es ist eben unmöglich, einen Grund zu finden, warum das römische Recht dem redlichen Besitzer das Eigenthum der Früchte gegeben haben soll, die es ihn nicht behalten lassen will. Sieht man auf die Natur der Sache, so ist keine andere Ansicht seines Verhältnisses irgendwie haltbar, als die von Savigny aufgestellte; er hat an den Früchten, wie an der Hauptsache, nur b. f. possessio."[264]

Der Privilegierung des redlichen Besitzers bei der Erstattungspflicht für konsumierte Früchte kommt demnach nur eine schuldrechtliche Bedeutung zu, die ihn lediglich von einer bereicherungsrechtlichen Wertersatzpflicht befreit.[265] Die Natur der Früchte hat für ihn an dieser Stelle dagegen keine eigenständige Bedeutung.

bb) Die Kritik an der herrschenden Akzessionstheorie

Tatsächlich stellt erst wieder *Heinrich Göppert* das Verhältnis von Muttersache und Erzeugnis im Sinne *Savignys* in den Mittelpunkt seiner Betrachtung. Theoretisch knüpft er dabei an die Frage an, ob der Ertrag einer Sache primär ‚gewesener Sachtheil' oder ‚neue Sache' ist.

---

263 So etwa *Koeppen*, FS Wächter, S. 1.

264 *Windscheid*, ZCP 4 (1847), S. 74.

265 *Windscheid*, ZCP 4 (1847), S. 74 ff.

„Für diese rechtlichen Beziehungen des Ertrags wird dann aber wieder, soweit die Erzeugnisse zu demselben gehören, die Entscheidung jener Frage nach ihrer Natur, ob neue Sache, ob gewesener Sachtheil, in einer Reihe von Punkten und Fragen von Wichtigkeit, namentlich soweit es sich um die Möglichkeit und die juristische Beurtheilung des Eigenthumserwerbes an den Früchten seitens Anderer ausser dem Eigenthümer handelt, für welche aus der blossen Thatsache der Zugehörigkeit zum Ertrage keinerlei Entscheidungsnormen geschöpft werden können.“[266]

A priori gibt der Verfasser auch die wesentlichen Erwägungen vor, die seiner Meinung nach für eine Lösung dieses Problems ausschlaggebend sind.

„Sieht man vorzugsweise auf die Bestimmung, so wird für die juristische Beurteilung massgebend, dass uns in dem selbständig gewordenen Erzeugniss eine neue Sache vorliegt, deren rechtliche Lage nur durch in und an ihr selbst gegebene Gründe bestimmt werden darf. Sieht man dagegen auf die Entstehungsweise, so wird seine rechtliche Lage wesentlich dieselbe werden müssen, wie die eines separirten Sachtheils.“[267]

Göppert selbst entscheidet sich für den letztgenannten Aspekt und damit das Erzeugnis einer Sache als deren gewesenes Teil zu betrachten.[268] Zu diesem Zweck setzt er sich in einem ersten Abschnitt seiner Arbeit mit der damals herrschenden Lehre von dem Akzessionserwerb an Früchten auseinander.

Im Anschluss an die Vorarbeiten von *August von Bechmann*[269] richtet sich *Göpperts* Kritik gegen die zu weite und ungenaue Fassung des Begriffs der Akzession. Nach den gängigen Lehrbüchern der Zeit zum römischen, preußischen und österreichischem Privatrecht[270] umfasse dieser Begriff neben den *fructus* und den *partus* auch die sonstigen „An- und Zuwüchse“, wie beispielsweise das angeschwemmte Grundstück, die neuentstandene Insel sowie den auf einem Grundstück gefundenen Schatz.[271] Damit werden teils sehr verschiedenartige Gegenstände und Rechtsprobleme gleichermaßen unter einen einheitlichen Begriff gefasst. Ihre Gleichartigkeit leite sich aus einer ebenfalls je nach Gegenstand sehr verschiedenartigen Abhängigkeit zu einer anderen Sache.

„Das einzige Merkmal, welches alle diese Dinge zu einem Begriff vereinigen soll, ist eine gewisse Abhängigkeit von einem anderen Dinge.“[272]

---

266 *Göppert*, Erzeugnisse, S. 18 f.

267 *Göppert*, Erzeugnisse, S. 17.

268 Dazu auch *Eck*, ZdG 6 (1872), S. 373; a.A. seit *Backe*, S. 93, die h.M.

269 *Bechmann*, Eigenthumserwerb; *Ders.*, AcP 47 (1864), S. 25-50.

270 *Windscheid*, Pandektenrecht Bd. 1, S. 461 ff.; *Puchta*, Pandekten, S. 60; *Unger*, Österreichisches Privatrecht Bd. 1, S. 427 ff.; *Förster*, Preußisches Privatrecht Bd. 1, S. 114 ff.

271 Eine umfassende Aufzählung findet sich bei *Bechmann*, Eigenthumserwerb, S. 1, 2.

272 *Eck*, ZGRPr 5 (1871), S. 757.

Bechmann bezweifelt jedoch diese Gleichartigkeit und lehnt es ab aus ihr Gründe für eine rechtliche Gleichbehandlung herzuleiten.[273] Für den Eigentumserwerb verlangt er eine differenziertere Betrachtung des jeweiligen Abhängigkeitsverhältnisses. Teils sei es nämlich lediglich Motiv für einen positiven Ausspruch in den römischen Quellen, teils der Rechtsgrund für den Eigentumserwerb. Nicht jede physikalische Verbindung zweier Gegenstände könne unmittelbarer Grund für die Anknüpfung einer Rechtsfolge sein.[274] Bei einer bloß mechanischen Verbindung nämlich verliere die Akzession ihre rechtliche Selbständigkeit grundsätzlich nicht. Erst ein positiver Quellenausspruch könne diese Form der Akzession als faktische Voraussetzung für Rechtsfolgen heranziehen.[275]

Für die an dieser Stelle interessierenden Früchte ergibt sich aus *Bechmanns* Sicht, ein solch enges Abhängigkeitsverhältnis aber bereits aus der organischen Verbindung, weswegen man von ihnen als „integrierende Bestandteile des Bodens“ reden könne.[276] Als Beleg für diese Ansicht lasse sich das Institutionenfragment in Inst. 2, 1, 32 heranziehen.

> Inst. 2, 1, 32
>
> Qua ratione autem plantae, quae terra coalescunt, solo cedunt, eadem ratione frumenta quoque, quae sata sunt, solo cedere intelleguntur.
>
> Aus demselben Grund aber, aus dem Pflanzen, die in der Erde verwurzelt sind, zum Grundstück gehören, wird auch Getreide, das ausgesät ist, als zum Grundstück gehörig angesehen.[277]

Nach dieser Regelung soll erst die Einwurzelung (*quae terra coalescunt*) dazu führen, dass Pflanzen und Saatgut als Teil des Grundstücks gelten. Entscheidend ist auch hier die organische Verbindung zwischen dem Boden und der Frucht. Das entspräche der Auffassung *Bechmanns*, dass erst diese organische Verbindung ein hinreichendes Abhängigkeitsverhältnis begründe. Jedoch rechtfertigt

---

273 Ebenso *Eck*, a.a.O.

274 *Bechmann*, Eigenthumserwerb, S. 3.

275 *Bechmann*, Eigenthumserwerb, S. 6, 22.

276 *Bechmann*, Eigenthumserwerb, S. 22; kritisch gegen diese Differenzierung *Bremer*, KritVJ 10 (1868), S. 18, „Daß also die Verschiedenheit des körperlichen Zusammenhangs auf die rechtliche Wirkung der Verbindung von wesentlichem Einfluß sei, ist nur insofern richtig, als nicht jeder körperliche Zusammenhang von Sachen als Verbindung gilt, keineswegs aber in dem von Bechmann gemeinten Sinne, als ob die organische Verbindung als solche rechtlich eine andere Bedeutung habe als z.B. die mechanische. [...] Ob dies der Fall sei, ist aber eine rein thatsächliche Frage.“

277 *Behrends/Knütel/Kupisch/Seiler*, CIC Bd. 1, S. 56.

diese Erkenntnis aber nicht auch die Annahme eines eigenen Eigentumserwerbstatbestandes, sondern ist allenfalls

> „die Grundlage eines zukünftigen Erwerbes nach dem Rechte des Fruchtbezuges.“[278]

Wie dieser zukünftige Eigentumserwerb stattzufinden hat, ist damit aber noch nicht gesagt.

An diesen Punkt knüpft *Heinrich Göppert* seinen eigenen theoretischen Ansatz und die Kritik an der herrschenden Fruchtlehre an.[279] Betrachte man mit der herrschenden Lehre die Früchte nur als eine Art neue Nebensache, die lediglich zu der ursprünglichen Muttersache hinzutreten, so sei diese Ansicht im besten Fall missverständlich, zumeist aber falsch. Nach seiner Auffassung leitet sich nämlich aus diesem Ansatz das unrichtige Ergebnis ab, dass auch der Eigentümer der fruchttragenden Sache erst Eigentum an den Früchten erwerben müsse. *Göppert* dagegen stellt für diesen Fall aber auf eine sehr strikte Auslegung des ansonsten unbestritten anerkannten Substantialprinzips ab. Solange die Frucht noch mit dem Grund und Boden zusammenhängt, ist sie Teil des Bodens und gerade nicht selbständiger Gegenstand. Sie existiert nicht als selbständige Sache, an der ein irgendwie gesondertes Eigentum bestehen könne. Der Eigentümer hat das Eigentum an den stehenden Früchten, so wie er auch das Eigentum an der Muttersache hat – es handelt sich um ein und dasselbe Recht.

> „Sachlich betrachtet handelt es sich in all den Fällen, welche hierbei in Rede stehen, um einfache Consequenzen des Grundsatzes der Rechtseinheit an der einheitlichen Sache. [...]“[280] „[D]er dominus wenigstens einer res unita [hat] wirklich und wirksam Eigenthum an den sämmtlichen partes der Sache. Es ist ebenso gewiss, dass nichts falscher wäre, als wenn man dies dominium einer Sache auch nur in der Vorstellung in eine Reihe einzelner Eigenthumsrechte an ihren einzelnen Theilen auflösen wollte [...].“[281]

Der Begriff der Akzession sei demnach also vor der Trennung unnötig, da sich das gleiche Ergebnis auch ohne ihn begründen lässt. Aber auch für die Erklärung der Erwerbstatbestände nach Trennung ist dieser Begriff untauglich. Nicht nur die Eigentumsposition des Eigentümers selbst[282], sondern auch den originären Eigentumserwerb mit Trennung der Frucht des Nießbrauchers und des Emphyteuta kann der Begriff der Akzession nicht schlüssig erklären. Denn käme es auf die Zuordnung einer Sache zu den Akzessionen an, so müssten die beiden Fruchtberechtigten auch Eigentum an einem gefundenen Schatz, der nach

---

278 *Bechmann*, Eigenthumserwerb, S. 23 f.
279 *Göppert*, Erzeugnisse, S. 87-100.
280 *Göppert*, Erzeugnisse, S. 92.
281 *Göppert*, Erzeugnisse, S. 93.
282 *Göppert*, Erzeugnisse, S.182; dazu auch schon *Unterholzner*, AcP 8 (1825), S. 310.

herrschender Auffassung ebenfalls zu den Akzessionen gehört, erwerben, was aber in den römischen Quellen gerade nicht der Fall ist.[283]

> „Von dem Emphyteuta und dem Niessbraucher darf man ebenso wenig ohne logischen Widerspruch sagen, dass sie die Früchte erwerben, weil sie Accessionen sind, sondern höchstens, dass sie diejenigen Accessionen erhalten, welche zugleich Früchte sind, also auch nicht deshalb, weil sie Accessionen, sondern eben weil sie Früchte sind."[284]

Das heißt, dass auch in diesen Fällen die Einordnungen als Akzession für den Eigentumserwerb irrelevant sein soll. Nur auf die Früchte richtet sich die Berechtigung des Nießbrauchers oder Emphyteuta. Die darüber hinausgehenden Akzessionen verbleiben auch nach der Trennung grundsätzlich im Eigentum des Eigentümers der Muttersache. Entscheidendes Kriterium für den Eigentumserwerb ist also die Fruchteigenschaft eines Ertrages, nicht dessen Eigenschaft als Akzession.

Ebenso wenig wie die Akzessionenlehre für die dingliche Verteilung von Früchten ausschlaggebend ist, lassen sich daraus, nach der Meinung von *Göppert*, Konsequenzen für die obligatorische Verteilung von Früchten in den unterschiedlichen Restitutionsverhältnissen herleiten.[285] Die primär sachenrechtlich gedachte Zuordnung als Akzession soll sich nach herrschender Lehre auch auf den Umfang der Restitutionsverpflichtung auswirken. *Göppert* indessen hält diesem Ansatz entgegen, dass hierdurch insbesondere die Fruchtverteilung beim Vindikationsanspruch „verwirrt" worden sei.[286] Ausgangspunkt seiner Kritik ist dabei der Gedanke der herrschenden Lehre, wonach *fructus* und *partus* als Akzession zu der Klage auf die Hauptsache hinzugezogen würden. *Göppert* spricht von der *vis attractiva* des Prozesses.[287] Jedoch steht diese Ansicht vor dem Problem, dass als Akzession im Sinne einer Nebensache doch nur die körperlichen *fructus naturales* zu erstatten seien.[288] Die Restitutionsansprüche sind jedoch regelmäßig nicht nur auf die natürlichen Früchte gerichtet, sondern erfassen auch *fructus civiles*, ebenso wie den Ersatz für verbrauchte Früchte (*fructus consumti*) und für nicht gezogene Früchte (*fructus percipiendi*).[289] Zweifel ergeben sich daraus, dass die Nebenfolgen des Restitutionsanspruchs nicht nach den jeweiligen Rechtsverhältnissen unterschieden sind, sondern innerhalb desselben

---

283 Vgl. etwa *Ulpian* D. 24, 3, 7, 12.

284 *Göppert*, Erzeugnisse, S. 98; ebenso *Eck*, ZGRPr 6 (1872), S. 761.

285 *Göppert*, Erzeugnisse, S. 101-148.

286 *Göppert*, Erzeugnisse, S. 101.

287 *Göppert*, Erzeugnisse, S. 106.

288 Mit Ausnahme von *Böcking*, Pandekten, S. 275 wird diese Ansicht soweit ersichtlich nicht vertreten.

289 Hierzu *Göppert*, Erzeugnisse, S. 106 ff.

Rückgewährverhältnisses nach dem Zeitpunkt der Klageerhebung, *ante* bzw. *post litem contestatam*, differenziert.[290] Bei einer einheitlichen Anwendung des Akzessionsprinzips müsste der Umfang der Rückgewährpflicht aber stets derselbe sein. *Heinrich Göppert* stellt vielmehr auf ein gegenüber der herrschenden Lehre modifiziertes Verständnis der zu restituierenden *omnis causa* ab, auf die der eigentliche Herausgabeanspruch gerichtet ist.[291] Der Rechtsgrund für die Restitution der Früchte liege nicht in ihrer vermeintlichen Natur als Akzession, sondern darin, dass der Rückgewährschuldner all das zu leisten habe, was der Gläubiger nach dem Zeitpunkt der Klageerhebung in seinen Händen hielte (*omnis causa*). Das bedeutet, dass alle nach der *litis contestatio* gezogenen Früchte, einschließlich der *fructus percipiendi*, zurück zu gewähren sind. Alle vorher gezogenen Früchte verbleiben dagegen bei dem Fruchtziehenden, außer wenn eine eigenständige auf diese Früchte gerichtete Klage bestehe.[292] Diese letzte Wendung erhält ihre Wichtigkeit im Zusammenhang mit dem Fruchterwerb des redlichen Besitzers. Lässt man nämlich mit der herrschenden Ansicht den *bonae fidei possessor* volles Eigentum an den Früchten erwerben, so muss man mit ihr auch die Herausgabepflicht über den Umweg des Akzessionsverhältnisses konstruieren, da eine eigenständige Vindikation nicht möglich ist.[293] *Göppert* dagegen lässt im Anschluss an *Savigny* und *Windscheid* den redlichen Besitzer kein Eigentum erwerben, sondern möchte ihn nur in seiner Restitutionshaftung im Vergleich zu einem unredlichen Besitzer privilegieren.

cc) Fruchterwerb und Fruchtberechtigung

Weitgehende Einigkeit mit der herrschenden Lehre besteht also bei der rechtlichen Behandlung der Früchte, solange sie noch mit der fruchttragenden Sache zusammenhängen. Selbständige Rechte können an ihnen – zumindest nach römischem Recht – nicht begründet werden. Im Gegensatz zu der herrschenden Lehre überträgt *Göppert* diesen aus dem Substantialprinzip hergeleiteten Grundsatz auch auf die Zeit nach der Separation. Ausdrücklich heißt es bei ihm, dass die Separation der Frucht als bisherigem Sachteil zwar die Fähigkeit verleihe, selbständiges Rechtsobjekt zu sein, zugleich bleibe dieser ehemalige Teil aber

> „den Rechten unterworfen, welche an ihm als Sachteil bestanden haben, nur eben, dass er ihnen jetzt als selbständiges Objekt unterworfen ist. Er gehört also ohne neuen Erwerbsact und ohne besondern andern Rechtfertigungsgrund als den, dass er

290 *Göppert*, Erzeugnisse, S. 107.

291 Krit. *Hartmann*, KritVJ 11 (1869), S. 506-508.

292 *Göppert*, Erzeugnisse, S. 123.

293 Andere Autoren hatten versucht den Eigentumserwerb lediglich interimistische Wirkung zukommen zu lassen, vgl. 2. Kapitel II. 3. b).

> Theil der Sache war, dem Eigenthümer derselben so gut wie der Rest und zu demselben Rechst also so lange die Spaltung des Eigenthums bestand [...]. Das Recht am ganzen ist durch dessen Theilung nur selbst parcelliert worden.“[294]

Zugleich sieht *Göppert* aber auch die Schwierigkeiten, die sich hinsichtlich des dinglichen Fruchterwerbs ergeben. In inhaltlicher Anlehnung an die Ansicht von *Savigny* würde es naheliegen, den Eigentumserwerb an den *fructus* nur durch eine derivative Eigentumsübertragung erfolgen zu lassen. Gleichwohl erkennt *Göppert* mit der herrschenden Fruchtlehre einen originären Fruchterwerb an. Der Autor teilt dabei den auch zuvor von *Bernhard Windscheid* gewählten Ansatz, wonach zumindest die dinglichen Fruchtberechtigungen als eine Abspaltung der ursprünglichen Eigentumsberechtigung zu verstehen seien.[295]

> „Das Recht der Fruchtziehung kann aber in größerem oder geringerem Umfang vom Eigenthumsrecht abgelöst sein und als Recht an fremder Sache einem Nichteigentümer zustehen. [...] Verschieden hiervon ist der Fall, wo das Recht auf die Früchte einer fremden Sache nicht auf einem Recht an der Sache, sondern auf einer obligatorischen Gebundenheit des Eigenthümers beruht; hier werden die Früchte nur dadurch erworben, daß sie mit dem Willen des Eigenthümers in Besitz genommen werden, also durch Übergabe (Tradition).“[296]

Der Eigentumserwerb eines nur obligatorisch Berechtigten erfolgt demnach konsequenterweise nur derivativ, was bedeutet, dass der Eigentümer bis zum Moment einer Inbesitznahme durch den Pächter oder ähnlich Berechtigtem seine Einwilligung in den Fruchterwerb zurücknehmen kann.[297] Trotz des äußerlich gleichartigen Hergangs greift *Göppert* für den Fruchterwerb aufgrund eines dinglichen Rechts an einer fremden Sache, einem *ius in re aliena*, die Erwägungen der herrschenden Lehre auf und unterscheidet entsprechend des Umfangs der dinglichen Berechtigung.[298] Der römische Erbpächter erwirbt auch nach seiner Ansicht aufgrund seiner eigentümerähnlichen Stellung das Eigentum an den Früchten schon bei der Separation; der Nießbraucher daneben erst durch Inbesitznahme der *fructus* (*perceptio*).[299] Der eigentliche Erwerbsakt ist also durch die Rechtsstellung des Fruchtberechtigten bestimmt.

---

294 *Göppert*, Erzeugnisse, S. 181.

295 *Göppert*, Erzeugnisse, S. 181 f.

296 *Windscheid*, Pandektenrecht Bd. 1, S. 639 f., vgl. insb. auch Anm. 6.

297 *Göppert*, Erzeugnisse, S. 263-270.

298 *Göppert*, Erzeugnisse, S. 276 ff. zu der Unterscheidung des Perzeptionserwerbs eines Nießbrauchers und eines Pächters s. *Göppert*, Erzeugnisse, S. 291-313; ähnlich schon vor ihm *Backe*, S. 98 ff.

299 Kritisch äußert sich *Göppert*, Erzeugnisse, S. 282-288 auch zu der Ansicht vereinzelter Autoren, wonach zwar der Nießbraucher grundsätzlich durch Perzeption erwerbe, nur

Der ausschlaggebende Unterschied liegt wiederum beim Eigentumserwerb des *bonae fidei possessor*. Der gutgläubige Besitzer hat selbst kein Recht an der Sache, sondern nur redlichen Besitz, der ihn damit möglicherweise zur Ersitzung berechtigt, aber nicht zu einem unmittelbaren Eigentumserwerb durch die Separation.[300] Als gewesene Teile sind die organischen Erzeugnisse neue, aber eben nicht neuentstandene Sachen. D.h., dass sie auch nach ihrer Trennung in den auf sie bezogenen Rechtsverhältnissen als gewesener Substanzteil zu behandeln sind und in das Eigentum des ursprünglichen Eigentümers fallen. Der redliche Besitzer wird also auch nach Ansicht *Göpperts* lediglich in seiner Haftung auf Restitution gegenüber dem Eigentümer privilegiert.

c) Diligenzschranke und Umfang des Eigentumserwerbs

Einen zweiten neuen Aspekt bringt *Heinrich Göppert* in die rechtsdogmatische Debatte ein, indem er weiterhin der Diligenzschranke des herrschenden Fruchtbegriffs in bestimmten Fällen die dingliche Wirkung abspricht und ihn rein auf die obligatorische Seite des Rechtsverhältnisses beschränkt. Ausdrücklich lehnt er eine Auswirkung auf den Eigentumserwerb für den Nießbrauch und für die Emphyteuse ab.[301]

Seine Argumentation entwickelt er am Beispiel des Fruchterwerbs des Nießbrauchers. Zunächst einmal stehe unstreitig fest, dass dieser zwar an allen, aber auch nur an den *fructus* Eigentum erwerbe. Was dagegen, wie der *partus ancillae* oder der *thesaurus*, nicht zu den Früchten zähle, sei von vornherein nicht von der dinglichen Berechtigung umfasst. Problematisch ist indes der Fall, dass ein bestimmter Ertrag zwar grundsätzlich *in fructu* sein könne, der Nutzungsberechtigte aber aus dem Rechtsverhältnis zum Eigentümer der Sache zur Einhaltung eines bestimmten Maßes an Wirtschaftlichkeit verpflichtet worden ist. Das klassische Beispiel ist die mit der *cautio usufructuaria*[302] einhergehende Sorgfaltspflicht des Nießbrauchers. Die Quellen sprechen die Diligenzpflicht am deutlichsten am Beispiel der forstwirtschaftlichen Holzgewinnung und dem an einer Viehherde bestellten Nießbrauch an. Insbesondere beim letzten Beispiel wird der Usufruktuar dazu verpflichtet die Integrität, in diesem Falle der Anzahl der Tiere, aufrecht zu erhalten (*summissio*).

Aus der einschlägigen Digestenstelle zu der Summissionspflicht in D. 7, 1, 70 pr. leitet *Göppert* das Hauptargument für seine Ansicht her, dass der Nieß-

für Tiererzeugnisse bereits die bloße Trennung ausreiche. Hierzu auch *Eck*, ZdG 6 (1872), S. 375 jew. m.w.N.

300 *Göppert*, Erzeugnisse, S. 320-370.

301 *Göppert*, Erzeugnisse, S. 288-291, 314; ihm folgend *Eck*, ZdG 6 (1872), S. 375.

302 *Göppert*, Erzeugnisse, S. 288.

braucher nur schuldrechtlich auf Schadensersatz für eine etwaige Verletzung seiner Diligenzpflicht aus dem Nießbrauchverhältnis hafte, gleichzeitig er aber dennoch Eigentum an den zu viel gezogenen Früchten erwerbe.

> *Ulpian* D. 7, 1, 70 pr.
>
> Quid ergo si non faciat nec suppleat? teneri eum proprietario Gaius Cassius scribit.
>
> Was aber, wenn er dies nicht tut und keinen Ersatz stellt? Dann haftet er dem Eigentümer, schreibt Gaius Cassius.[303]

Ulpian wirft an dieser Stelle die Frage auf, was geschehen solle, wenn der Nießbraucher gerade keinen Ersatz für verlorene oder verstorbene Tiere leistet. Im Anschluss an *Gaius Cassius* stellt er lediglich fest, der Nießbraucher hafte gegenüber dem Eigentümer. *Göppert* interpretiert diese Stelle so, dass nur eine schuldrechtliche Haftung auf Schadensersatz gemeint sein kann. Über die sub 1 abgehandelte Aussage des *Ulpian* und *Julians*, dass das derart erworbene Eigentum des Nießbrauchers lediglich zwischenzeitlicher Natur[304] sei,

> *Ulpianus* D. 7, 1, 70, 1
>
> Interim tamen, quamdiu summittantur et suppleantur capita quae demortua sunt, cuius sit fetus quaeritur. et Iulianus [...] scribit pendere eorum dominium, ut, si summittantur, sint proprietarii, si non summittantur, fructuarii: quae sententia vera est.
>
> Fraglich ist, wem für die Zwischenzeit, solange bis der Austausch vorgenommen und die toten Stücke ersetzt worden sind, die Tierjungen gehören. Julian schreibt, das Eigentum sei in der Schwebe, so dass sie mit dem Austausch dem Eigentümer zufallen, wenn sie aber nicht zum Austausch verwendet werden, dem Nießbraucher; eine Ansicht, die richtig ist.[305]

geht *Göppert* jedoch mit dem teleologischen Argument hinweg, dass diese Auslegung der Quellen zu einer großen Rechtsunsicherheit führen würde. Anhand des Beispiels von Schlagholz eines Waldgrundstücks argumentiert er:

> „Aber wir dürfen auch dem römischen Recht die Aufstellung des entgegengesetzten Grundsatzes gar nicht zutrauen, dessen Durchsetzung die grösste Rechtsunsicherheit für alle diejenigen erzeugen würde, welche von einem Usufructuar Früchte kaufen: sie können zwar wohl beurtheilen, ob, was er ihnen anbietet, in fructu ist, aber gewiss nicht, ob er mit dem Holzeinschlag oder dgl. gehörig Maass gehalten, bez. bei welchem Stamm das Uebermaass angefangen hat.“[306]

---

303 *Behrends/Knütel/Kupisch/Seiler*, CIC Bd. 2, S. 622.

304 In diese Richtung argumentieren etwa *Marezoll*, S. 241; *Tigerström*, S. 60-100.

305 *Behrends/Knütel/Kupisch/Seiler*, CIC Bd. 2, S. 622.

306 *Göppert*, Erzeugnisse, S. 289.

Die ausschlaggebende Erwägung ist für *Göppert* folglich der Aspekt der Rechtssicherheit. Die Bestellung eines dinglichen *usufructus* berechtigt den Nießbraucher dazu, sämtliche Erträge aus einem Grundstück oder einer sonstigen Sache zu ziehen, die *in fructu* sind. Über diese Erträge darf er wirksam verfügen, er erwirbt letztlich Eigentum an ihnen. Wo aber im Einzelfall die Grenze einer noch redlichen Fruchtziehung, des *bene frui* verläuft, ist für den Rechtsverkehr nicht erkennbar. Dieser kann lediglich darauf abstellen, ob der konkrete Ertrag sich grundsätzlich als Frucht darstellt. Die im Übermaß gezogenen Erträge dagegen unterscheiden sich objektiv nicht von den rechtmäßig gezogenen Früchten. Aus Gründen des Verkehrsschutzes muss diese Überschreitung der Grenze des Fruchtziehungsrechts für die dingliche Zuordnung außer Acht bleiben. Im Innenverhältnis zwischen Eigentümer und Nießbrauch tritt indes eine schadensersatzrechtliche Haftung ein.

Für den in den römischen Quellen stärker ausgestalteten Fruchterwerb des Emphyteuta verweist *Göppert* nur noch auf die Argumentation zum Nießbrauchsrecht.[307] Indes wäre es falsch, den Vertreter der Erzeugnistheorie dahingehend zu verstehen, dass diese Argumentation für alle Fruchtbezugsrechte gelte. Vielmehr rechtfertigt sie sich wohl nur aus der Konstruktion des Nießbrauchs als dingliches Recht an der Sache. D.h., dass gerade für den anderen wichtigen Fall des Rechts zum Fruchtbezug, die Pacht (*locatio conductio rei*)[308], diese Argumentation nicht gelten kann, da dem so Fruchtberechtigten lediglich ein Recht gegen den Eigentümer auf Gewähr der Früchte zustehe. Sein Bezugsrecht ist also nur auf seinen Geschäftspartner bezogen und kann mithin nur relativ zwischen den Vertragsparteien wirken.

Soweit dem Fruchtberechtigten ein dingliches Recht an der Sache zusteht, soll er nach Ansicht *Göpperts* also Eigentum auch an den Übermaßfrüchten erwerben. Ein dadurch notwendiger Ausgleich wird durch einen schuldrechtlichen Anspruch des Eigentümers gegen den Fruchtzieher erreicht. Steht diesem dagegen nur ein obligatorischer Anspruch gegen den Eigentümer auf Überlassung der Sache zum Fruchterwerbe zu, so erwirbt er niemals mehr, als der Eigentümer durch seine willentliche Verfügung zu übertragen bereit ist. Das bedeutet aber zugleich, dass die Übermaßfrüchte stets in dessen Eigentum bleiben.

---

307 *Göppert*, Erzeugnisse, S. 314.

308 Dazu *Göppert*, Erzeugnisse, S. 276.

IV. Die relative Fruchttheorie

1. Ursprung und Bruch mit der Bestimmungslehre bei Heinrich Dernburg

Unterscheiden sich die beiden, bisher dargestellten Fruchtlehren in der Frage des Anwendungsbereichs sowie hinsichtlich des Umfangs der Fruchtdefinition, so ist ihnen doch gemeinsam, dass der Versuch einer Begriffsbestimmung stets anhand des Verhältnisses zwischen Fruchtertrag und Muttersache erfolgt – sie können insofern als objektive oder im Falle von *Göppert* auch als absolute Fruchtlehren bezeichnet werden. Diesem Ansatz steht eine am Ende des 19. Jahrhunderts, wesentlich unter dem Eindruck der Gesetzgebungsarbeiten zum BGB entstandene Lehre entgegen, die in Abgrenzung zu den anderen Lehren relative oder subjektive Fruchttheorie genannt wird. Ihre Begründer und Hauptvertreter sind *Heinrich Dernburg* und *Leo von Petražycki*.[309]

Ihren Ursprung nimmt die relative Fruchttheorie bei *Dernburg*, wobei er zumindest zu Beginn noch eine Variante der herrschenden Bestimmungslehre beschreibt. Auch wenn sich sein Fruchtverständnis bereits früh durch eine starke Betonung des wirtschaftlichen Moments auszeichnet, ist bei ihm doch noch immer ein starker Anklang an die herrschende Lehre, insbesondere an *Savigny* und seinem Kriterium der Periodizität zu bemerken. Entsprechend definiert der Berliner Professor für römisches und preußisches Zivilrecht den Begriff der *fructus* in den ersten Auflagen seines Lehrbuchs zum Pandektenrecht noch wie folgt:

> „Frucht – fructus – ist der regelmäßige wirthschaftliche Ertrag, welcher aus einer Sache gewinnbar ist. Für den Begriff der Frucht im Rechtssinne ist also nicht physische Beschaffenheit, sondern ein wirthschaftliches Kriterium maßgebend."[310]

Im Vordergrund der Definition steht mithin zwar die wirtschaftliche Dimension des Fruchtbegriffs, ohne dass hiermit zugleich eine grundsätzliche Abkehr von der herrschenden Bestimmungslehre intendiert ist. Denn auch bei anderen Autoren der Zeit begegnet man einer synonymen Verwendung der Bezeichnungen „bestimmungsgemäßer Ertrag" und „wirtschaftlicher Ertrag", um den Fruchtbegriff über den Tatbestand der natürlichen Erzeugnisse hinaus zu erweitern. Vielmehr verbindet der Autor mit seinem Fruchtkonzept eine Kritik gegen die streng objektive Auffassung von *Heinrich Göppert*, wonach der technische Begriff der *fructus* allein durch seine Eigenschaft als organisches Erzeugnis gekennzeichnet ist. Deutlicher noch bringt dies *Karl Ritter von Czylharz* zum Ausdruck, der sich bei seiner Begriffsfindung vollständig an *Dernburg* orientiert.

---

309 Zur Person von *Petražycki* vgl. *Lasok*, ICLQ 22 (1973), S. 397.

310 *Dernburg*, Pandekten[1] Bd. 1, S. 174.

> „Als fructus naturales erscheinen uns aber nicht blos die organischen Erzeugnisse einer Sache, sondern jeder regelmäßige wirthschaftliche Ertrag, der durch Absonderung von der Hauptsache genommen wird, z.B. Sand, Steine u.s.w."[311]

Auch diese Betrachtung des Fruchtbegriffs betont den Zusammenhang zwischen Fruchtertrag und fruchttragender Sache, bemüht aber zugleich den Aspekt der Wirtschaftlichkeit, um insbesondere die Erweiterung auf anorganische Erzeugnisse begrifflich erklären zu können.

Dass die Wirtschaftlichkeit der Fruchtziehung zudem auch in anderer Hinsicht zu abweichenden Ergebnissen gegenüber dem Konzept der Erzeugnistheorie führen muss, begründen *Dernburg* und andere Autoren zudem anhand von *Paulus* und *Julian* in D. 50, 16, 77.

> *Paulus* D. 50, 16, 77
>
> Frugem pro reditu appellari, non solum frumentis aut legiminibus, verum et ex vino, silvis caeduis cretifodinis; lapidicinis capitur, Julianus scribit.
>
> Früchte werden als Einkommen bezeichnet, nicht bloß Getreide oder Gemüse, sondern auch das, was man aus Wein, Wald, Kreide- und Steinbruch gewonnen wird.

Mit den Worten *pro reditu appellari* nimmt die römische Quelle Bezug auf einen Fruchtbegriff, der gerade nicht allein durch den organischen Gewinnungsakt erklärt werden kann. Dies gilt umso mehr als auch die verschiedenen Anwendungsbeispiele der *fructus naturales* auf diesem Wege nicht begrifflich erklärt werden können. Einerseits zählen die nicht organischen Bergwerkserzeugnisse zu den Früchten. Andererseits zählt das Sklavenkind trotz seiner organischen Natur nicht dazu. Das entscheidende Kriterium suchen die Juristen mithin an anderer Stelle. Dieses Kriterium ist laut *Paulus* aus dem lateinischen Begriff *reditus*, dem Einkommen oder Ertrag, abzuleiten. Nur auf diesem Wege sieht sich dieser Ansatz in der Lehre des 19. Jahrhunderts im Stande die *fructus civiles* mit dem herrschenden Fruchtkonzept vereinbaren zu können.[312]

Vor diesem Hintergrund tritt in den 1890er Jahren *Leo von Petražycki*, ein polnischer Jurist und Schüler von *Heinrich Dernburg*[313], mit zwei umfangreichen Arbeiten zum Fruchtrecht an die wissenschaftliche Öffentlichkeit. Er greift den Gedanken des wirtschaftlichen Ertrages auf und sucht diesen konsequent weiterzuentwickeln. Die durch ihn gefundenen Neuerungen veranlassen *Dernburg* in den späten Auflagen seines Pandektenlehrbuchs, seinen Fruchtbegriff vollständig neu zu definieren.

---

311 *Czylharz*, in Glück, Serie der Bücher 41/42, S. 389; vgl. auch *ders.*, Lehrbuch, S. 78. Ähnlich für das geltende Recht auch *Kuhlenbeck*, Von den Pandekten, S. 279 ff.

312 *Dernburg*, Pandekten[1] Bd. 1, S. 175; ebenso *Czylharz*, in Glück, Serie der Bücher 41/42, S. 389 Anm. 100); *ders.*, Lehrbuch, S. 79.

313 *Lasok*, a.a.O.

„Frucht – Einkommen – ist der regelmäßige Ertrag einer Sache oder eines anderen Vermögensbestandtheils – des Kapitals. Die menschliche Wirthschaft muß nothwendig einerseits den Kapitalstock oder die Substanz und andererseits dessen Frucht oder Einkommen unterscheiden.[314]

Während *Dernburgs* frühere Definition noch immer auf das objektive Verhältnis einer körperlichen Sache zu ihrem Ertrag abgestellt hat und sich daher weitgehend auf die allgemeine Untergliederung nach sachenrechtlichen Kriterien berufen konnte, differenziert die neue Begriffsbestimmung stärker nach den Gegenständen der Fruchtziehung. Nicht mehr nur Sachen, sondern auch ‚andere Vermögensbestandteile' werden als fruchttragende Gegenstände anerkannt. Schon aus diesem Grund ist eine gewisse Loslösung des Fruchtbegriffs vom Sachenrecht zu beobachten. Noch deutlicher wird dieser Umstand, wenn *Dernburg* an späterer Stelle insbesondere die *fructus civiles* nicht mehr nur zu den Früchten im weiteren Sinne zählt[315], sondern ohne weiteres als wirtschaftlichen Ertrag eines Geldbetrages oder sonstiger fungibler Sachen beschreibt.[316] Zudem werden nicht mehr nur die Erträge von Einzelsachen, sondern auch von Sachgesamtheiten im Ganzen zu den fruchttragenden Gegenständen gezählt, wobei sich die wirtschaftliche Substanz ihrer Rechtsnatur entsprechend anders bestimmt.[317] Gänzlich unbekannt ist den anderen Fruchtlehren des 19. Jahrhunderts letztlich auch die Untergliederung von Früchten in Brutto- und Nettoertrag.[318]

Um all diese teils grundlegenden Neuerungen des Fruchtbegriffs zu verstehen, muss ein genauerer Blick auf die Arbeiten von *Petražycki* und dessen Kritik an der herrschenden Fruchtlehre erfolgen.[319] Denn nicht mehr nur die Erzeugnistheorie, sondern auch die gesamte herrschende Fruchtlehre steht im Fokus der Kritik der relativen Fruchttheorie. Die Kritik beschränkt sich nicht nur auf das streng objektive Verständnis der Früchte im Sinne von *Heinrich Robert Göppert*, sondern richtet sich insgesamt gegen die Auffassung, *fructus* seien in den römischen Quellen grundsätzlich nach objektiven Kriterien bestimmt und lediglich vereinzelt durch wirtschaftliche Elemente ergänzen worden.[320]

---

314 *Dernburg*, Pandekten Bd. 1,1, S. 176.

315 So aber in *Dernburg*, Pandekten[1] Bd. 1, S. 175.

316 *Dernburg*, Pandekten Bd. 1,1, S. 178.

317 *Dernburg*, Pandekten Bd. 1,1, S. 177; unter Bezugnahme auf *Petražycki*, Einkommen Bd. 1, S. 99.

318 *Dernburg*, Pandekten Bd. 1,1, S. 179.

319 Zum Einfluss von Petražyckis Arbeiten auf Dernburg vgl. *Oertmann*, GrünhutsZ 22 (1895), S. 301; *Dreyer*, GruchBeitr. 43 (1899), S. 279; *Leonhard*, ZRG.RA 14 (1893), S. 275.

320 *Petražycki*, Einkommen Bd. 1, S. 6, 8; *Dernburg*, Pandekten Bd. 1,1, S. 176 f.

„Die herrschende eklektische Begriffsbestimmung, welche zugleich die organische Abkunft der Frucht und die wirthschaftliche Bestimmung der Hauptsache betont, bildet ein mixtum compositum von ganz heterogenen Merkmalen, welche weder einzeln, noch in ihrem künstlichen Conglomerat das Wesen und den Umfang des Begriffes Frucht bestimmen können.“[321]

„Denn für das Vermögensrecht sind nicht die Gesetze der Biologie, sondern die wirthschaftlich-socialen Erscheinungen von Wichtigkeit. Die Begriffe der Biologie und die Begriffe des Vermögensrecht sind in diesem Sinne incommensurabel.“[322]

2. *Prinzipien der sukzessiven Fruchtverteilung bei Leo von Petrażycki*

Inhaltlich nähert sich *Petrażycki* an das Fruchtrecht über das Problem der Fruchtverteilung bei sukzessiver Nutzungsberechtigung an. Dieser Ansatz grenzt sich zu den sonstigen Lehren insoweit ab, als diese nicht erst seit *Heinrich Robert Göppert* zuvorderst sachenrechtliche Aspekte diskutiert und damit den Fruchtbegriff als Begriff des Sachenrechts definiert haben.[323] Indem *Petrażycki* aber seine erste Arbeit von 1892 unter die Überschrift „Die Fruchtvertheilung beim Wechsel der Nutzungsberechtigten“ stellt, betont er anstelle des Verhältnisses von Muttersache zu Fruchtertrag das rechtliche Verhältnis zweier Parteien zueinander: Mit anderen Worten also die relative Berechtigung zur Fruchtziehung zwischen den Parteien.

Bereits *Heinrich Dernburg* hatte dem Fruchtbegriff zwei Aufgaben zukommen lassen. Einmal habe er Bedeutung bei der Bestimmung des Umfangs des Ertrages, an dem ein Fruchtberechtigter Eigentum erwirbt; und zudem bei der Bestimmung des Umfangs der Restitutionsverpflichtungen bei unberechtigter Fruchtziehung.[324] *Petrażycki* nun versucht diese beiden Bereiche zu konzertieren, indem er sie als unterschiedliche Seiten desselben Problems darstellt. Zugleich differenziert er verschiedene Verteilungsmechanismen nach ihrem jeweiligen Anwendungsbereich. Sein erster Zugang zum Fruchtrecht konzentriert sich daher auf die Verteilungsmechanismen beim römischen Dotalrecht sowie bei der *bonae fidei possessio*, die er dem grundsätzlichen Verteilungsprinzip des Perzeptionserwerbs gegenüberstellt.

Seine teils *de lege lata*, teils *de lege ferenda* erfolgte Kritik richtet sich dabei schon gegen den von den anderen Fruchtlehren gewählten Ausgangspunkt in den dinglichen Erwerbsmomenten[325], welche sogar so weit ging, originär sa-

[321] *Petrażycki*, Einkommen Bd. 1, S. 8.
[322] *Petrażycki*, Einkommen Bd. 1, S. 7.
[323] Vgl. etwa später auch noch bei *Reichel*, JherJb 42 (1901), S. 229.
[324] *Dernburg*, Pandekten[1] Bd. 1, S. 174 Anm. 2.
[325] Vgl. nur *Wächter*, Pandekten Bd. 2, S. 140 ff.

chenrechtliche Verteilungskriterien auch auf die unkörperlichen Erträge der *fructus civiles* zu übertragen.[326] Den insbesondere, aber nicht ausschließlich im Nießbrauchsrecht verwirklichten Perzeptionserwerb[327] möchte *Petrażycki* aufgrund der teilweisen Unbilligkeiten beim Wechsel von mehreren Nutzungsberechtigten durch ein Prinzip der gleichmäßigen Fruchtverteilung ersetzen. Ansätze hierzu sieht *Petrażycki* bereits im römischen Dotalrecht und bei den Verteilungsmechanismen beim gutgläubigen Besitzer verwirklicht.

a) Betrachtung der Verteilungsmechanismen im Einzelnen

An die Spitze seiner Ausführungen stellt *Petrażycki* den Grundsatz, dass eine angemessene und billige Fruchtverteilung, die dem *quod aequius melius est* entspricht, auch einem möglichen Missbrauch durch die Parteien entgegenwirken müsse. Diesen Grundgedanken, der auch als eine besondere Form des Vertrauensschutzes bezeichnet werden kann, erarbeitet der Autor anhand der in der gemeinrechtlichen Literatur sehr umstrittenen Vorschrift in D. 24, 3, 7, 1-2 zum römischen Dotalrecht.[328] Anstatt die Fruchtverteilung zwischen den Ehegatten ausschließlich nach dem Moment ihrer endgültigen Gewinnung, also letztendlich dem Zeitpunkt ihrer Perzeption erfolgen zu lassen, verpflichtet diese Digestenstelle die Ehegatten je nach Konstellation einander zur anteiligen Erstattung der Fruchterträge nach der zeitlichen Dauer ihrer Ehe im sogenannten Dotaljahr. Nach *Petrażycki* ergibt sich die Notwendigkeit für ein solches Abweichen vom Perzeptionserwerb im antiken römischen Recht aufgrund des liberalen Scheidungsrechts in Rom.[329] Da die Möglichkeit eine vorzeitige Auflösung der Ehe zu vollziehen an keine formalen Kriterien gebunden war[330], bestand die Gefahr, dass ein Ehepartner durch die geschickte Wahl des Scheidungszeitpunkts den anderen Partner wirtschaftlich massiv übervorteilen konnte.[331]

---

326 So etwa schon *Thibaut*, System Bd. 1, S. 129; dazu *Petrażycki*, Fruchtvertheilung, S. 222 ff.

327 Krit. insoweit *Petrażycki*, Fruchtvertheilung, S. 217 ff., 220.

328 Zum damaligen Streitstand vgl. *Petrażycki*, Fruchtvertheilung, S. 12-30.

329 Zustimmend *Hellmann*, KritVJ 36 (1894), S. 81.

330 Vgl. D. 24, 2, 1 ff.; 50, 16, 101, 1; zur Rechtslage im römischen Recht vgl. *Kaser/ Knütel*, § 58 Rdnr. 3; zum späteren Einfluss christlicher Wertvorstellungen *Kaser*, Römisches Privatrecht Bd. 2, S. 175 ff.

331 Der bloße Verweis auf die Kosten der ehelichen Lebensunterhaltes, den *onera matrimonii*, wie ihn die h.L. (vgl. *Hasse*, S. 238; *Scheurl*, KritVJ 9 (1969), S. 269) heranzieht, ist nach Auffassung von *Petrażycki*, Fruchtvertheilung, 51-53, zwar wirtschaftlich sinnvoll, aber keineswegs tauglich, um allein eine solche Abweichung vom Grundsatz zu erklären.

Auf vergleichbare Erwägungen führt *Petražycki* anschließend auch die Besonderheiten des *römischen Rechts* zu der Frage des Fruchterwerbs des redlichen Besitzers zurück. Denn die bloße *bona fides*, auf die die anderen Lehrmeinungen die Sonderregelungen zurückführten, sei als solche neutral und rechtfertige das Behaltendürfen der bereits verbrauchten Früchte, *fructus comsumti*, nicht.

> „Bona fides ist keine positive sittliche Grösse und kann keine Begünstigung, keinen Lohn aus fremder Tasche beanspruchen."[332]

Ausschlaggebend ist für *Petražycki* allein die Unkenntnis des Besitzers über die wahre Rechtslage.[333] Letztendlich ist die genutzte Sache für den redlichen Besitzer ebenfalls Gegenstand einer wirtschaftlichen Ertragserzielung, ähnlich wie es beim Dotalrecht der Fall war. Im Gegensatz zu anderen Gewinnen einer Sache, den Akzessionen im Allgemeinen, haben die Früchte aber den Zweck, verbraucht zu werden.[334] Dementsprechend wird nun auch der *bonae fidei possessor* mit diesem Ertrag seinen Lebensunterhalt durch Konsumtion bestreiten wollen.

> „Die Früchte sind [...] nicht dazu bestimmt, um aufbewahrt zu werden. Die Früchte werden entweder als Einkommen verzehrt oder in ein umlaufendes Kapital verwandelt."[335]

Würde die Rechtsordnung den redlichen Besitzer aber zur Rückerstattung derjenigen Erträge verpflichten, die er bereits seinem Vermögen zugeführt hat oder mit anderen Worten konsumiert hat, so stellt dies einen massiven Eingriff in seine Wirtschaftsplanung dar, der im schlimmsten Fall sogar die Insolvenz des Besitzers zur Folge haben kann. *Petražycki* vergleicht diese Situation metaphorisch mit einem Gebäude aus dem ein tragender Balken entfernt wird.

> „In Folge der irrthümlichen Conjunctur werden sie [= die Früchte] also in solcher Weise aufgebraucht, dass ihre unerwartete Entziehung ebenso auf die Wirthschaft des Besitzers wirken würde, wie die Herausnahme eines Balkens auf das Gebäude."[336]

Ein Ergebnis, welches es zu vermeiden gelte und weswegen auch der besondere Schutz des gutgläubigen Besitzers vor Inanspruchnahme durch den wahren Eigentümer gerechtfertigt sei.

---

332 *Petražycki*, Fruchtvertheilung, S. 166.
333 *Petražycki*, Fruchtvertheilung, S. 169 ff.
334 Dazu *Petražycki*, Fruchtvertheilung, S. 183 ff.
335 *Petražycki*, Fruchtvertheilung, S. 184.
336 *Petražycki*, Fruchtvertheilung, S. 217 f.

b) Gleichmäßige Fruchtverteilung nach Quoten als allgemeines Prinzip

Nachdem *Petražycki* an den Beispielen des Dotalrechts und des Gutglaubensschutzes nachgewiesen hat, dass das Vertrauen des jeweiligen Fruchtziehers in das Behaltendürfen der Früchte stets eines besonderen Schutzes und damit Abweichung vom Grundsatz des Perzeptionserwerbs bedarf und insbesondere nur eine gleichmäßige Fruchtverteilung nach dem Umfang der zeitlichen Berechtigung der Billigkeit entspreche, spricht sich der polnische Jurist *de lege ferenda* für eine Verallgemeinerung dieses Prinzips aus.

Im Ergebnis verlangt *Petražycki* daher die Schaffung eines Verteilungsmechanismus, der nicht ausschließlich an dem objektiven Kriterium der Inbesitznahme, der Perzeption anknüpft, sondern den Fruchtertrag nach dem Umfang der zeitlichen Aufwendung gleichmäßig verteilt. Ausdrücklich heißt es hierzu:

> „[…], ebenso erfordert der wirthschaftliche Zweck der wirklichen Nutzungsrechte, dass bei dem Wechsel der Subjecte derselben die Früchte zwischen dem Vormann und dem Nachfolger gleichmässig vertheilt werden.“[337]

Dieser Gedanke sei nicht bloß auf die Regeln des Ehegüterrechts beschränkt, sondern greife auf alle Bereiche des Fruchtrechts und müsse daher allgemein gefasst werden.

> „Der Nachfolger im Nutzungsrecht hat dem bisher Nutzungsberechtigten den Theil der periodischen Früchte herauszugeben, welcher der Dauer der Befugnis der bisher Berechtigten innerhalb der laufenden Periode entspricht.“[338]

3. *Übertragung auf die allgemeine Fruchtdefinition*

Diese ersten Ausführungen zum Fruchtrecht stehen zunächst noch ohne unmittelbaren Bezug zum eigentlichen Fruchtbegriff. In diesem Sinne stellt *Petražycki* ausdrücklich fest, es sei nicht seine Aufgabe über die Fruchtverteilung hinaus, „die Ganze Bedeutung der Fruchtqualität zu bestimmen“[339]. Ungeachtet dessen greift er schon kurze Zeit später die von ihm aufgestellten Anforderungen an eine gleichmäßige Fruchtverteilung auf und entwickelt an ihnen einen neuen Fruchtbegriff, der die eigentliche Grundlage der relativen Fruchttheorie bildet. Die Parallelen zwischen den beiden Studien sind deutlich zu erkennen, wenn man das grundsätzliche Postulat seiner „Lehre von Einkommen“ betrachtet, wonach

---

337 *Petražycki*, Fruchtvertheilung, S. 253.

338 *Petražycki*, Fruchtvertheilung, S. 268.

339 *Petražycki*, Fruchtvertheilung, S. 183.

> „das Wesen des Fruchtbegriffs in Verhältnissen der Person zu den wirthschaftlichen Gütern und untereinander, nicht aber in der objektiven Natur der Sachen oder in objektiven Verhältnissen zwischen den Sache zu suchen [ist].“[340]

Die schon in seiner ersten Arbeit angedeutete Relevanz des Fruchtverteilungsrechts überträgt *Petrażycki* an dieser Stelle auf den allgemeinen Fruchtbegriff. Nicht mehr das objektive Verhältnis eines Fruchtertrags zur Substanz der Muttersache, sondern das relative Verhältnis der Fruchtberechtigten zu der fruchttragenden Sache steht für ihn im Vordergrund. Methodisch ist seine Arbeitsweise dabei durch eine verstärkte Hinwendung zu den wirtschaftlichen Sachverhalten des Fruchtrechts geprägt. Insbesondere übernimmt er eine aus der Ökonomie bekannte Terminologie, welche den Begriff der *fructus* mit dem ‚Einkommen' einer Person gleichsetzt und den Begriff der fruchttragende Sache durch den allgemeineren Begriff des ‚Kapitals' ersetzt.

a) Der Fruchtbegriff als Verhaltensmaßregel

Eine erste Konsequenz dieser Herangehensweise an das Fruchtrecht ist zunächst, dass der Fruchtbegriff gänzlich von den objektiven Kriterien der anderen Lehrmeinungen gelöst wird.[341] Mit der herrschenden Bestimmungslehre teilt die relative Fruchtlehre zwar weiterhin den Gedanken der Begrenzungsfunktion des Fruchtbegriffs im Hinblick auf den Gegenstand des Eigentumserwerbs. Diese Begrenzung soll aber nicht als eine objektive Begrenzung, sondern vielmehr als ein wirtschaftliches Postulat im Sinne des Einkommensbegriffs verstanden werden. Insofern wirken sich drei Elemente auf sein Fruchtverständnis aus:

> „1. Das Einkommen bilden diejenigen Einnahmen, welche ohne Minderung des Stammvermögens erzielt werden. 2. Das Einkommen bilden die wiederkehrenden Einnahmen. […] 3. Das Einkommen ist der Consumptionsfond.“[342]

Entgegen den Bestimmungs- und Erzeugnislehren, ist *Petrażycki* der Meinung, dass keines dieser Merkmale als objektives Kriterium tauglich ist, den privatrechtlichen Fruchtbegriff hinreichend genau zu erklären.[343] Daher stellt er den von ihm bestrittenen Lehren ein subjektives Verständnis entgegen, wonach die genannten Merkmale lediglich „Ausdruck einer Verhaltungsregel“ seien.[344] Sie sind also nicht mehr absolute Grenze der Erträge eines Fruchterwerbs. Sondern

340 *Petrażycki*, Einkommen Bd. 1, S. 12; ähnlich *Sokolowski*, S. 445.

341 *Petrażycki*, Einkommen Bd. 1, S. 35 ff.

342 *Petrażycki*, Einkommen Bd. 1, S. 36.

343 *Petrażycki*, Einkommen Bd. 1, S. 36 f.

344 *Petrażycki*, Einkommen Bd. 1, S. 37; zu der Bedeutung des Einkommensbegriffs als Maßregel aus ökonomischer Sicht vgl. auch *Meyer*, JbfNS 64 (1895), S. 441 ff.

bieten eine relativ wirkende Anforderung an den Fruchtberechtigten, bei der Fruchtgewinnung ein wirtschaftliches Maß einzuhalten, um so eine periodische Ziehung von Erträgen zu gewährleisten.

> „Der Begriff des Einkommens ist nämlich ein Ausfluss des Hauptzweckes, welcher die wirtschaftliche Thätigkeit der Menschen regiert und in der Sicherung der zukünftigen regelmäßigen Befriedigung der Bedürfnisse besteht.
>
> Um nun für die Zukunft die Möglichkeit der regelmässigen Befriedigung der Bedürfnisse zu sichern, sucht man eine Consumption so seinen Einnahmen anzupassen, dass für die periodisch wiederkehrenden Einnahmen ein periodisch wiederkehrender Consumptionsfond da sei.“[345]

Der Begriff des Einkommens beschreibt damit die Grundlage zur Befriedigung der privaten Lebensführung. Umgekehrt erfordert dies aber auch die Erhaltung des ihr zugrundeliegenden Kapitals, um so die zukünftige Konsumtion gewährleisten zu können. In diesem Sinne erhält die in den Quellen zu begegnende Periodizität bzw. Regelmäßigkeit der Fruchtziehung eine besondere Bedeutung für die relative Fruchtlehre. *Petražycki* kann zu diesem Zweck auf die bereits aus den Verteilungsregeln des Eigentümer-Besitzer-Verhältnisses und dem Dotalrecht bekannten Erwägungen verweisen und die dort getroffenen Erwägungen in seiner ‚Lehre von Einkommen' als allgemeine Merkmale des Fruchtbegriffs verarbeiten. Nur bilden Regelmäßigkeit und Erhaltung der Kapitalsubstanz eben kein absolutes und objektives Kriterium der *fructus*, sondern als relatives, nach der jeweiligen Fruchtberechtigung zu bestimmendes Postulat.

Zugleich werden der Fruchtbegriff und der Inhalt des Fruchtziehungsrechts damit in ein System der wechselseitigen Beeinflussung gestellt. Die Fruchtdefinition beschreibt die Grenze derjenigen Erträge, welche sich der Fruchtberechtigte aneignen darf. Indem sich der jeweilige Ausgleichmechanismus nach dem konkreten Rechtsverhältnis bestimmt, gibt das Nutzungsrecht im Einzelfall aber auch den anzusetzenden Maßstab für die Fruchtberechnung vor. In diesem Sinne bezweckt der relative Fruchtbegriff also die Schaffung eines zugleich einzelfallbezogenen und dennoch in allen Fruchtverteilungsfragen anwendbaren Vermögensbegriffs. Der relative Fruchtbegriff *Petražyckis* geht damit über den später noch von *Hans Reichel*[346] postulierten engen Anwendungsbereich bei den Restitutionsverhältnissen hinaus. Die relative Fruchtlehre zieht aus dem relativen Fruchtbegriff unmittelbare Konsequenzen auch für den dinglichen Fruchterwerb.

Wenn man mit ihm nämlich den Fruchtbegriff stets nach dem Umfang der subjektiven Fruchtberechtigung bestimmt, so folgt für *Petražycki* daraus, dass

---

345 *Petražycki*, Einkommen Bd. 1, S. 38.

346 *Reichel*, JherJb 42 (1901), S. 238, 242.

ein Eigentumserwerb an den Übermaßfrüchten unzulässig ist.[347] Er widerspricht damit wesentlich dem von *Göppert* geltend gemachten Verkehrsschutzinteresse.[348] Mit *Paulus* D. 7, 1, 48, 1 sind sich beide Autoren zwar insofern darüber einig, dass es grundsätzlich nicht darauf ankommt, ob die ansonsten zu den Früchten zählenden Erträge etwa zur Unzeit, d.h. vor Ende der eigentlichen Fruchtperiode gezogen werden, um ihnen die Fruchtqualität zuzusprechen.

> *Paulus* D. 7, 1, 48, 1
>
> Silvam caeduam, etiamsi intempestive caesa sit, in fructu esse constat, sicut olea immatura lecta, item faenum immaturum caesum in fructu est.
>
> Geschlagenes Holz gehört, auch wenn der Einschlag zur Unzeit erfolgt ist, anerkannteraßen zu den Nutzungen, ebenso wie unreif geerntete Ölfrüchte und zu früh gemähtes Gras dazu gehören.[349]

Andererseits liegt dieser Fall für *Petrażycki* grundlegend anders als bei den Früchten, deren Gewinnung gegen das Maß der Wirtschaftlichkeit verstößt – den Übermaßfrüchten.[350] Während *Göppert* konstruktiv zumindest den dinglich Nutzungsberechtigen nach außen hin ein eigentumsähnliches Recht zuspricht und sie damit auch an diesen eigentlichen Übermaßfrüchten Eigentum erwerben lässt, reicht dem Schüler *Dernburgs* eine lediglich schuldrechtlich wirkende Schranke nicht aus und er begrenzt mit dem Fruchtbegriff auch den Gegenstand des Eigentumserwerbs.[351] In den Fällen, wie bei der Holzgewinnung oder dem Bergbau, wo die gewinnbaren Erzeugnissen und Erträge die eigentliche Einkommensperiode überdauern, beschränkt sich nach der relativen Fruchttheorie der Fruchterwerb von vornherein auf das wirtschaftlich zulässige Maß. Der Eigentumserwerb beim Lehrbeispiel der *silva caedua* muss nach der relativen Fruchtlehre also stets auf den wirtschaftlich angemessenen Ertrag begrenzt bleiben.

b) Das Kapital als Grundlage der Fruchtziehung

aa) Relative Bestimmung des Kapitalbegriffs

Die Betonung der Relativität des Fruchtbegriffs hat zudem in anderer Richtung Konsequenzen. Denn auch in Bezug auf die möglichen Fruchterträge stellt *Petrażycki* fest, dass sie nicht stets auch als *fructus* im Rechtssinne zu behandeln ist. Er schreibt:

---

347 *Petrażycki*, Einkommen Bd. 1, S. 125 ff.

348 *Göppert*, Erzeugnisse, S. 263-270.

349 *Behrends/Knütel/Kupisch/Seiler*, CIC Bd. 2, S. 616.

350 *Ulpian* D. 24, 3, 7, 12.

351 *Petrażycki*, Einkommen Bd. 1, S. 128 ff.

> „Dasselbe organische oder unorganische Erzeugniss, dieselben Erträgnisse können als Frucht oder als Nichtfrucht behandelt werden, je nach dem Verhältniss, in welchem sich eine Person zu denselben befindet."[352]

Auf den ersten Blick erscheint diese Feststellung nicht besonders erwähnenswert. Denn zunächst leitet sich daraus ab, dass etwa das Getreide, wenn es von dem Eigentümer oder Nießbraucher gezogen wird, zunächst Frucht im Rechtssinne ist. Ist dasselbe jedoch Gegenstand einer rechtsgeschäftlichen Veräußerung, so zählt es in diesem Verhältnis als Kapital.[353]

Allgemein gesprochen bringt diese These aber auch zum Ausdruck, dass die genaue Bestimmung des betreffenden Kapitals grundlegende Anpassungen hinsichtlich des Fruchtertrags zur Folge haben muss. Was damit gemeint ist, macht *Petražycki* an den Beispielen des Fruchterwerbs am Abgang einer Viehherde und wiederum an dem Holz eines Waldgrundstücks fest. In beiden Fällen stellt sich in besonderem Maße das Problem, dass das fruchttragende Kapital schwerer als bei Einzelgegenständen festzulegen ist.

Nimmt man zunächst ein landwirtschaftliches Grundstück, so stellt das Grundstück selbst das fruchttragende Kapital dar, während die darauf angepflanzten Erzeugnisse (Getreide, Gemüse etc.) unproblematisch zum Fruchtertrag desselben zählen. Würde diese Betrachtungsweise aber unverändert auf das Beispiel eines forstwirtschaftlich genutzten Waldgrundstücks (*silva caedua*) angewendet, wie es insbesondere die Erzeugnistheorie impliziert, so müsste auch sämtliches Holz zu den *fructus* zählen. Dieses Ergebnis widerspricht aber den römischen Quellen[354] und steht zudem in Widerspruch zu einer wirtschaftlichen Betrachtung des Fruchtrechts, wie sie *Petražycki* fordert.[355] Von seinem Standpunkt aus gesehen, besteht das Kapital nämlich nicht allein aus dem Grundstück an sich, sondern auch aus den zu dem Forst gehörenden Bäumen. Der stehende Forst bildet bei einem Waldgrundstück einen wesentlichen Wertfaktor. Die vollständige Abforstung macht auch eine Ertragserzielung für die Zukunft unmöglich und widerspricht damit dem oben genannten Kriterien des relativen Fruchtbegriffs. Aus diesem Grund spricht sich *Petražycki* für einen nur beschränkt zulässigen Fruchterwerb bei Waldgrundstücken aus.

Ähnliche Erwägungen sind nach dem Autor auch für den Fruchterwerb an Gesamtkapitalien ausschlaggebend, insbesondere beim Beispiel einer Viehherde.[356] Für den an einem Einzelgegenstand bestellten Nießbrauch sprechen die

---

352 *Petražycki*, Einkommen Bd. 1, S. 29.

353 Weitere ausführliche Beispiele in *Petražycki*, Einkommen Bd. 1, S. 14-29.

354 D. 24, 3, 7, 12.

355 *Petražycki*, Einkommen Bd. 1, S. 94.

356 *Petražycki*, Einkommen Bd. 1, S. 95 ff., 106 ff.; so auch für das BGB *Kuhlenbeck*, Handkommentar, S. 75.

lateinischen Quellen aus, dass das Versterben eines Tieres stets zum Erlöschen des Rechts selbst führt.

> *Gaius* D. 7, 4, 30
>
> Caro et corium mortui pecoris in fructu non est, quia mortuo eo usus fructus extinguitur.
>
> Fleisch und Häute von totem Vieh gehören nicht zu den Früchten, weil durch den Tod eines Tieres der Nießbrauch erlischt.[357]

Aus diesem Grund ist das Fleisch oder die Haut eines Tieres keine Frucht desselben. Der Wurf eines Tieres ist dagegen stets *in fructu*.[358] So einfach die Fruchtqualität bei Einzelgegenständen zu bestimmen ist, so große Schwierigkeiten bieten die lateinischen Quellen im Umgang mit zu einer Gesamtheit zusammengefassten Tieren und anderen Sachen.[359] Nach *Pomponius* D. 41, 3, 30 pr. unterscheidet das römische Recht drei Formen von körperlichen Sachen[360]: einfache Sache (*res unitae*); zusammengesetzte Sachen (*res compositae sive connexae*); und Sachgesamtheiten (*universitas rerum*; *corpora ex distantibus*). Während die beiden ersten Beispiele unproblematisch als einheitliche Sache bestimmt werden können, ergibt sich aus dem letzten Fall der *universitas rerum* das Problem, dass die in ihr vereinigten Sachen trotz allem als eigenständige Sachen bestehen bleiben. Einen weiten Teil der gemeinrechtlichen Literatur hat dies dazu bewogen, die Relevanz des Begriffs der Sachgesamtheit für das Recht insgesamt abzusprechen[361] oder auf einen nur sehr kleinen Anwendungsbereich zu beschränken.[362] *Petražycki* wendet dagegen ein, dass der Wirtschaftsverkehr gerade die Viehherde trotz eines möglicherweise wechselnden Bestandes von Einzeltieren als einheitliches Kapital behandelt.

> „[T]rotz des Wechsels einiger Bestandtheile in jeder Einkommensperiode bleibt die Heerde wirthschaftlich identisch mit sich selbst und vollzählig.“[363]

Die Verkehrsanschauung sei aber auch für das Recht ausschlaggebend, insbesondere wenn der Wille der Parteien erkennbar ist, ein Gesamtkapital als Einheit

---

357 *Behrends/Knütel/Kupisch/Seiler*, CIC Bd. 2, S. 640.

358 *Ulpian* D. 7, 1, 68, 1

359 Zu den widerstreitenden Positionen in der älteren Lehre *Windscheid*, Pandekten Bd. 1, S. 450 Anm. 5 m.w.N. Aus Sicht des gemeinen Rechts *Warnkönig*, AcP 11 (1828), S. 169 ff.; *Göppert*, Gesammtsachen; *Girtanner*, JherJb 3 (1859), S. 95 ff., 100 ff.; auch *Holthöfer*, S. 64 ff.

360 Dazu auch *Wieling*, Sachenrecht Bd. 1, S. 55 ff.

361 *Göppert*, Gesammtsachen, S. 94 ff.

362 Dazu etwa *Unger*, JherJb 12 (1873), S. 273-276.

363 *Petražycki*, Einkommen Bd. 1, S. 97 f.

zu behandeln.[364] Ob dies der Fall ist, ist durch Auslegung der Willenserklärungen zu bestimmen. *Petrażycki* verdeutlicht seinen Standpunkt am Beispiel des Nießbrauchs an einer Pferdeherde.

> „Wenn jemand einen Niessbrauch an 20 Pferden bestellt und alle Pferde nach ihrem Namen oder Kennzeichen bezeichnet, muss man den Willen dahin interpretiren, dass der Niessbrauch an einzelnen Stücken bestellt ist. Darum ist der Verkauf und die Substitutionspflicht ausgeschlossen. Wenn dagegen dieselben 20 Pferde durch einen Gesammtnamen als Gegenstand des Niessbrauches bezeichnet worden sind, darf und soll der Niessbraucher dieselben als eine Gesammtheit behandeln."[365]

Zwar erkennt auch *Petrażycki* mit der übrigen Pandektenwissenschaft an, dass in der juristischen Konstruktion nur das einzelne Tier Gegenstand des Eigentums und Besitzes sein kann.[366] Daraus müsse aber seiner Ansicht nach nicht zwingend der Schluss gezogen werden, Sachgesamtheiten insgesamt die Fähigkeit abzusprechen, eigenständige Rechtsobjekte in anderen Rechtsverhältnissen zu sein.[367] Gerade die römischen Quellen behandelten die *universitas rerum* im Hinblick auf den Fruchterwerb als selbständiges wirtschaftliches Kapital, *Ulpian* D. 7, 1, 68, 2-70. Im Gegensatz zum Eigentumserwerb an den Früchten von Einzelsachen, werden die Erwerbsmodalitäten durch das Rechtsinstitut der *summissio* modifiziert.[368] Die Sachgesamtheiten als fruchttragendes Kapital bedingen eine veränderte Form der Einkommensberechnung.[369] Das wird dadurch erreicht, dass nicht jedes neugeborene Tier als Frucht der Herde betrachtet wird, sondern nur diejenigen, die nicht zur Auffüllung der ursprünglichen Gesamtzahl der Herdentiere benötigt werden. Die abweichende Betrachtungsweise der herrschenden Lehre führt aus Sicht der relativen Fruchtlehre zu einer Beeinträchtigung des wirtschaftlichen Kapitals.

bb) Durchbrechung der quellenbedingten Begrenzung des Fruchtbegriffs

Wie schon das Beispiel der Sachgesamtheit Viehherde zeigt, eröffnet die ökonomische Herangehensweise an den Fruchtbegriff die Möglichkeit, nicht nur die Erträge von Einzelsachen als Früchte zu behandeln, sondern auch Sachgesamtheiten in ihrer wirtschaftlichen Bedeutung als fruchttragendes Kapital zu erfas-

---

[364] Allgemein dazu auch *Dernburg*, Pandekten Bd. 1,1, S. 156 f.; *Girtanner*, JherJb 3 (1859), S. 101 f.

[365] *Petrażycki*, Einkommen Bd. 1, S. 99 f.

[366] So auch *Dernburg*, Pandekten Bd. 1,1, S. 157.

[367] *Petrażycki*, Einkommen Bd. 1, S. 107.

[368] So in D. 7, 1, 70, 3; D. 7, 4, 31.

[369] *Petrażycki*, Einkommen Bd. 1, S. 95 ff.

sen. Darüber hinaus kann dieser Ansatz auch die Schwierigkeiten mit dem Fruchterwerb in diesen Fällen erklären.

Das Gleiche aber auch für die Erfassung nicht körperlicher Erträge, welche in den beiden anderen gemeinrechtlichen Fruchtlehren nur mit großen Schwierigkeiten möglich war.[370] Die Fruchtziehung ist nicht mehr allein dem Sachkapital vorbehalten. Insbesondere können mit der wirtschaftlichen Betrachtungsweise auch die Zinserträge nunmehr unproblematisch als *fructus* im technischen Sinne betrachtet werden. Im Vergleich zu den Miet- und Pachteinnahmen stellen sie sich zwar nicht als Einkommen des stehenden Kapitals (Grundstück etc.) dar, wirtschaftlich betrachtet sind sie aber

> „Einkünfte vom umlaufenden Kapital."[371]

Das fruchttragende Kapital ist nach dieser Ansicht gerade wirtschaftlich, nicht körperlich zu denken, so dass auch bloße Forderungsrechte ohne weiteres Früchte abwerfen können. Ferner folgt daraus aber auch, dass die gemeinrechtliche Unterscheidung von *fructus naturales* und *fructus civiles* obsolet wird. Die *usurae*, deren Erfassung in den lateinischen Quellen so viele Schwierigkeiten gemacht haben, erscheinen danach nicht mehr nur als ein ausnahmsweise den Früchten gleich behandelter Ertrag (*vicem fructuum optinent*[372]), sondern sind „geradezu als Archetyp der Frucht im Sinne Petražyckis"[373] anzusehen.

c) Unterscheidung in Brutto- und Nettofrüchte

Letztlich hebt die relative Fruchtlehre durch ihre Gleichbehandlung aller Erträge, die die obengenannten Kriterien erfüllen, die überkommene Unterscheidung in *fructus naturales* und *fructus civiles* auf. *Petražycki* bezeichnet sie als „wissenschaftlich völlig werthlos"[374].

> „Wir negiren zwar nicht, dass einige Arten der Einkünfte durch Rechtsgeschäfte, andere ohne solche bezogen werden. Allein eine wissenschaftliche Classification erfordert mehr, als die Constatierung irgend welcher Unterschiede."[375]

Eine taugliche Klassifizierung des Fruchtbegriffs sieht *Petražycki* nur in der Unterscheidung von Brutto- und Nettofrüchten. Mit der Unterscheidung in die beiden Fruchtkategorien verbindet *Petražycki* zugleich eine Unterscheidung des Fruchtrechts in zwei große Anwendungsbereiche.

---

370 Dazu auch HKK-*Rüfner*, §§ 90-103 Rdnr. 47.

371 *Petražycki*, Einkommen Bd. 2, S. 275.

372 *Ulpian* D. 22, 1, 34.

373 HKK-*Rüfner*, §§ 90-103 Rdnr. 47.

374 *Petražycki*, Einkommen Bd. 1, S. 262.

375 *Petražycki*, a.a.O.

„Das Ganze Fruchtrecht zerfällt in zwei grosse Gebiete. Das erstere an Umfang und Inhalt grössere Gebiet ist dasjenige der Fruchtprästation. Hier handelt es sich um die Anwendung des Begriffes des Reineinkommens. Das zweite Gebiet, dasjenige des Einkommenserwerbs, concentrirt sich um den Begriff des Brutto-Einkommens.“[376]

In den lateinischen Quellen wird diese Unterscheidung in D. 22, 1, 46 angedeutet, wenn es dort heißt:

Ulpian D. 22, 1, 46

Quod in fructus redigendos impensum est, non ambigitur ipsos fructus deminuere debere.

Es wird nicht bezweifelt, daß das, was aufgewendet worden ist, um Früchte zu gewinnen, von diesen Früchten abgezogen werden muß.

An dieser und anderer[377] Stelle beschäftigen sich die lateinischen Quellen nicht mit dem Fruchterwerb, sondern mit der Fruchtrestitution in unterschiedlichen Konstellationen. Das römische Recht stelle an diesen Stellen fest, dass nicht der volle Fruchtertrag zurück zu gewähren sei, sondern die gemachten Aufwendungen mit angerechnet werden. Der Fruchtbegriff sei insoweit „doppelsinnig“[378], indem er auf der einen Seite einen konkreten Ertrag bezeichne, an dem das Eigentum erworben wird. Dieser sei aber notwendig ohne Berücksichtigung der gemachten Aufwendungen (*impensae*) zu bestimmen. Die Einberechnung der Aufwendungen (*deductio*) beziehe sich auf einen ideellen, in Geld geschätzten Betrag und könne insofern keine Auswirkung auf den Erwerb in dem Sinne haben, dass nur an einem Teil Eigentum erworben werde.

„Die Sachen können nicht durch die Ausgaben gemindert werden.“[379]

Anders stellt sich dagegen die Situation dar, wenn es zur Restitution von Früchten kommt. In diesem Fall geht es um die Aufhebung einer unberechtigten Vermögensmehrung auf einer Seite. Die Gewinnung von Früchten erschöpft sich nicht allein in dem körperlichen Trennungsakt, sondern hängt auch von den aufgewendeten Arbeits- und Gewinnungskosten ab. Diese hätte auch der eigentlich Fruchtberechtigte aufwenden müssen. Hätte er selbst die Früchte gezogen, wäre er wirtschaftlich durch die aufgewendete Arbeit von vornherein auf das Reineinkommen verwiesen.

---

376 *Petražycki*, Einkommen Bd. 1, S. 263.

377 Ähnlich auch *Ulpian* D. 17, 1, 10, 9; D. 24, 3, 7 pr., D. 42, 8, 10, 20; *Paulus* D. 5, 3, 36, 5, D. 12, 6, 65, 5; C. 7, 51, 1.

378 *Petražycki*, Einkommen Bd. 1, S. 144.

379 *Petražycki*, a.a.O.

„Daher betrachtet jeder Wirth als sein Einkommen die Summe des periodischen Brutto-Ertrages minus der Summe der periodischen wirthschaftlichen Kosten [...].“[380]

Die Unterscheidung der Nettofrüchte für die Restitutionsverhältnisse überträgt dieses wirtschaftliche Ergebnis nunmehr auf den Fall, dass ein anderer als der eigentlich Fruchtberechtigte die Früchte gezogen hat.

Der herrschenden Lehre fehle es an einem geschlossenen Konzept, um dieses wirtschaftlich sinnvolle Ergebnis erklären zu können und verweise stattdessen daher nur auf die positiven Quellenaussagen.[381] *Petražycki* verweist hingegen innerhalb der relativen Fruchtlehre auf die Unterscheidung der jeweiligen Rechtsverhältnisse. Das gelingt ihm insbesondere dadurch, dass für ihn die *fructus* gerade kein Begriff des Sachenrechts sind.[382] Durch die Aufgabe des Bezugs zum körperlichen Ertrag, kann er die Restitutionsverhältnisse nach den ihnen immanenten Notwendigkeiten ausgestalten. Dennoch ist dieser Ansatz im Ergebnis nicht so neu, wie ihn *Petražycki* darzustellen sucht. Auch die anderen Lehren erkennen das von ihm vertretene Ergebnis grundsätzlich an. Aus Sicht der herrschenden Bestimmungslehre versuchte etwa *Otto Schröder*[383] eine mögliche Lösung des Problems durch einen Verweis auf die Begriffe *omnis causa, commodum* sowie *id quod interest* zu erreichen. Im Ergebnis gibt der nach dem Rechtsverhältnis differenzierende Ansatz seiner Fruchtlehre konstruktiv einen sichereren Ansatz für die tatsächliche Berücksichtigung der Aufwendungen im Fruchtbegriff. Entsprechend findet sich gerade in diesem Punkt die deutlichste Zustimmung in der späteren Lehre zum relativen Fruchtbegriff.[384]

---

380 *Petražycki*, Einkommen Bd. 1, S. 159.

381 Vgl. insb. *Windscheid*, Pandekten Bd. 1, S. 669 Anm. 13; *Ders.*, Pandekten Bd. 3, S. 270 Anm. 3.

382 *Petražycki*, Einkommen Bd. 1, S. 148 f. In diesem Sinne spricht sich *Böcking* dafür aus, das Problem der Verwendungen vollständig aus dem Fruchtbegriff als Nebensache auszunehmen und in Rechtsgeschäftslehre zu verweisen, *Böcking*, Grundriß, S. 22.

383 *Otto Schröder*, AcP 49 (1866), S. 265.

384 *Reichel*, JherJb 42 (1901), S. 238, 242.

V. Ergebnis 2. Kapitel

Die inhaltliche Auseinandersetzung mit der Verteilung von Vermögenserträgen hat im 19. Jahrhundert im Wesentlichen nur anhand der römischen Rechtsquellen stattgefunden, welche zu drei zentralen Lehrmeinungen geführt hat.

Im Mittelpunkt steht dabei die herrschende Bestimmungslehre, die trotz aller Unterschiede im Detail, einen ersten ernstzunehmenden Versuch darstellt, die Fruchtlehre auf eine einheitliche Begriffsgrundlage zu stellen. Zwei Elemente bilden hierbei die gemeinsame Grundlage der Vertreter dieser Theorie. Einerseits ist man sich darüber einig, dass nur der Ertrag, der unter Erhaltung der Substanz der Muttersache gewonnen werden kann, zu den Früchten zählt. Auf diesem Wege wird das römische Substantialprinzip zum tragenden Grundprinzip dieser Lehre. Zum anderen soll es auch darauf ankommen, ob der erzielte Ertrag der Bestimmung der Muttersache entsprechend gezogen wurde. Dieses zweite Element leitet die Lehre im Anschluss an *Puchta* insbesondere aus der antiken Kontroverse über die Fruchteigenschaft des *partus ancillae*, dem Sklavenkind, und dem übermäßigen Holzschlag, der *silva caedua*, ab. Mit dem Abstellen auf die Bestimmungsmäßigkeit des Fruchtertrages gelingt es der herrschenden Lehre eine begriffliche Lösung für die meisten Ertragsformen im römischen Recht zu schaffen.

Dennoch ist zu konstatieren, dass der Ansatz der herrschenden Bestimmungslehre zu einer Vielzahl von Schwierigkeiten führt, die nicht nur innerhalb dieser Lehre debattiert, sondern auch massiv von außen angegriffen wurden. Die beiden konsequentesten Gegner der herrschenden Lehre sind *Heinrich Robert Göppert* und *Leo von Petrażycki*. Beide Autoren knüpfen, von jeweils unterschiedlichen dogmatischen Grundlagen kommend, an die Streitfragen der herrschenden Lehre an. Denn gerade im Hinblick auf die konkrete Verteilung der Früchte ist es der Bestimmungslehre nicht gelungen, eine Begrifflichkeit zu schaffen, aus der sich allgemeine Prinzipien auch für die dingliche und obligatorische Fruchtverteilung herleiten ließen. Besonders deutlich wird dieser Umstand an dem Streit über den Fruchterwerb des gutgläubigen Besitzers, er zeigt sich aber insgesamt bei den Tatbeständen des Eigentumserwerbs an Früchten.

Als erster Autor begrenzt *Göppert* daher das Fruchtrecht konsequent auf die sachenrechtlichen Konstellationen. Das bedeutet für ihn, dass er noch stärker als die Bestimmungslehre das Verhältnis von Muttersache und Fruchtertrag in den Mittelpunkt seiner Untersuchung stellt. Dabei gelangt er zu dem Ergebnis, dass die Früchte, die er nur in den organischen Erzeugnissen sieht, auch nach ihrer Trennung als ‚gewesene Teile' der Muttersache grundsätzlich in den selben Rechtsverhältnissen verbleiben, wie vor der Trennung. Um den Eigentumserwerb an den Früchten durch einen Nichteigentümer erklären zu können, erarbeitet *Göppert* nun wiederum ein ausdifferenziertes System der Fruchtberechtigungen, die er – insbesondere zusammen mit *Bernhard Windscheid* – als Abspaltung des umfassenden Eigentumsrechts konstruiert. Auf diesem Wege erklärt der Autor zugleich die Unterscheidung der Eigentumserwerbstatbestände nach *separatio*, *perceptio* und *traditio* nach dem Umfang der jeweiligen Fruchtberechtigung.[385] Dem gutgläubigen Besitzer wiederum spricht er ein solches Fruchtbezugsrecht vollständig ab. Seine Redlichkeit berechtigt ihn nicht zum Eigentumserwerb, sondern privilegiert ihn allenfalls gegenüber dem Eigentümer beim Umfang des Restitutionsanspruchs. Als zweite Besonderheit seiner Lehre verweist *Göppert* die Problemstellung einer übermäßigen Fruchtziehung in den Bereich des obligatorischen Ausgleichs zwischen den Parteien. Von einem objektiven Standpunkt aus gesehen, ist die Gewinnung der Früchte unter Einhaltung wirtschaftlicher Kriterien nicht von den im Übermaß gezogenen Früchten zu unterscheiden. Die Rechtssicherheit erfordere es daher, wenn dem Fruchterwerber ein entsprechender Teil der Eigentümerbefugnisse zustehe, beide Ertragsformen gleich zu behandeln. Der Ausgleich muss dann ausschließlich auf schuldrechtlicher Ebene zwischen Eigentümer und Fruchtberechtigtem gesucht werden.

Aus einer ganz anderen Perspektive nähert sich dagegen die relative Fruchttheorie an das Recht der *fructus*. Am radikalsten vertritt diese Lehre *Leo von Petražycki*, indem er die Relevanz des objektiven Verhältnisses von Fruchtertrag und Muttersache vollständig verneint und nur das subjektive Recht des jeweiligen Fruchtberechtigten an dem Muttergegenstand berücksichtigen möchte. Diese Lehre baut auf das Verhältnis zweier Rechtssubjekte hinsichtlich einer fruchttragenden Sache auf. *Petražycki* geht dabei deutlich weiter als es *Windscheid* und *Göppert* in ihrer Lehre über den dinglichen Fruchterwerb getan haben. Sachenrechtlich bedeutet dies zunächst, dass der der Umfang des jeweiligen Fruchtrechts nicht mehr nur bestimmt, ob Früchte überhaupt, sondern auch, in welchem Umfang die Früchte erworben werden. Neben die sachenrechtliche Fragestellung, gerät in diesem Sinne immer mehr das schuldrechtliche Verhältnis zwischen zwei fruchtberechtigten Personen. Das hat insgesamt zur Folge, dass der Fruchtbegriff gerade nicht mehr nur auf körperliche Erträge einer Sache als Früchte beschränkt werden kann, sondern auch die unkörperlichen Erträge, wie Zinsen, geradezu als Paradebeispiele zu den *fructus* gezählt werden müssen. Die Unterscheidung von *fructus naturales* und *fructus civiles* entfällt dadurch für ihn vollständig. Einziges Unterscheidungskriterium ist nur noch die Frage, ob der jeweilige Ertrag in seiner Gesamtheit (Bruttoertrag) oder abzüglich der gemachten Produktionskosten (Nettoertrag) zu verteilen ist. Um einen weitest

385 Ähnlich später auch *Bismarck*, S. 18 f.

möglichen Gleichlauf dieser beiden Ertragsformen zu gewährleisten, zieht *Petražycki* daraus die Konsequenz, den Eigentumserwerb an den körperlichen Früchten maximal in Höhe einer wirtschaftlichen Gewinnung zuzulassen. Die sog. Übermaßfrüchte verbleiben demnach stets im Eigentum des Inhabers der Muttersache. Durch die Betonung des relativen Verhältnisses zwischen den Parteien und die Loslösung vom Sachenrecht entwickelt *Petražycki* zudem aber auch einen Maßstab für die Verteilung unkörperlicher Erträge.

Es fällt auf, dass die beiden letztgenannten Lehransätze bei genauerer Betrachtung zwei verschiedene Aspekte des Fruchtrechts behandeln und in gewisser Hinsicht damit auch die Einheitlichkeit des Fruchtrechts aufgeben. Zugleich machen sie aber auch auf die Schwächen aufmerksam, die sich nach der herrschenden Bestimmungslehre in dem jeweiligen Anwendungsbereich ergeben. Insofern überrascht es nicht, dass Kritikpunkte von beiden Lehren in der späteren Zeit in der Rechtswissenschaft aufgegriffen wurden. Rein und in voller Konsequenz wurden beide Ansichten indes nicht weiter vertreten. Zumeist finden sich Mischformen in der Literatur. *Hans Reichel*, der sich 1901 als erster vergleichend zu den Unterschieden zwischen dem neugeschaffenen bürgerlichen und dem römisch-gemeinen Fruchtrecht geäußert hat, betont entsprechend den „Wesensunterschied" zwischen dem Sachen- und Obligationenrecht.[386] Nach seiner Terminologie muss für das römische Recht sowohl zwischen den ‚Erträgnissen', als konkreten körperlichen Erträgen einer Sache, an denen sachenrechtliche Beziehungen bestehen können, als auch den ‚Erträgen', dem ideellen, wirtschaftlichen Gewinn, der aus einem Gegenstand gezogen wird, unterschieden werden. Auch andere Autoren betonen die Differenz zwischen einem subjektiven und einem objektiven Anwendungsbereich des Fruchtrechts.[387]

Welche Auswirkungen das Verhältnis dieser beiden Bereiche des Fruchtrechts haben und in welchem Maße der Fruchtbegriff als Schnittstelle zwischen diesen teilweise grundsätzlich unterschiedlichen Materien fungiert, bleibt dem nächsten Kapitel vorbehalten. Zunächst genügt es, das Spannungsfeld zwischen diesen beiden Bereichen des Fruchtrechts erkannt zu haben. Lehren für die heutige Rechtslage lassen sich erst in Zusammenschau mit den Gesetzgebungsarbeiten und den Konsequenzen, die der Gesetzgeber aus dem bestehenden Streit in Rechtslehre des gezogen hat, erörtern.

---

386 *Reichel*, JherJb 42 (1901), S. 225.

387 So insbesondere *Sokolowski*, S. 443 ff.; *Hölder*, Pandekten, S. 154 ff.; *Endemann*, Lehrbuch Bd. 1, S. 240 Anm. 1; *Crome*, FS Bergbohm, S. 99 ff.

3. Kapitel: Die Schaffung des Frucht- und Nutzungsbegriffs des BGB

I. Der Vorentwurf zum Sachenrecht von 1880

In die konkrete Arbeit der Gesetzgebungskommission für das Bürgerliche Gesetzbuch[388] gelangten die wissenschaftlichen Theorien des 19. Jahrhunderts über den TE-SachR, der der 1. Kommission im August 1880 als dritter Entwurf nach dem TE-ErbR und TE-FamR von seinem Bearbeiter *Reinhold Johow* zur Beratung eingereicht wurde.[389] Es handelt sich zu diesem Zeitpunkt also um eine Arbeit, die noch ohne speziellen Bezug zu dem auch für das Fruchtrecht praktisch sehr bedeutsamen Schuldrecht und zum späteren Allgemeinen Teil erfolgte. Erst bei den Beratungen zu diesem Entwurf, die in dem Zeitraum vom 11. Februar 1884 bis zum 17. März 1885 stattgefunden haben, konnten entsprechende Verbindungslinien hergestellt werden. Da der TE-SachR in seiner vorgelegten Form bereits das Ergebnis von mannigfachen Beratungen der 1. Kommission ist, beinhaltet er dennoch Grundentscheidungen, die von der gesamten Kommission sanktioniert und damit maßgebend auch für die spätere Gesetzesfassung wurden und auf die es nun einzugehen gilt.

1. Begrenzung des Anwendungsbereichs und Entscheidung für einen engen Fruchtbegriff

Der Vorentwurf zum Sachenrecht enthält eine eigenständige Fruchtdefinition in den §§ 20, 21 TE-SachR. Obwohl sich der Redaktor für das Sachenrecht, *Reinhold Johow*, der funktionalen Breite des Fruchtrechts in der pandektenwissenschaftlichen Diskussion bewusst ist, entscheidet er sich von vornherein für einen beschränkten Anwendungsbereich der Legaldefinition. Ganz im Sinne der *de lege ferenda* geübten Kritik von *Bekker* oder *Rudhart*, soll der Begriff der Früchte ausschließlich für die verschiedenen Fruchtbezugsrechte, wie Nießbrauch, Pacht oder die einzelnen familienrechtlichen Nutzungsrechte, normiert

[388] Allgemein zur Gesetzgebungsgeschichte: *Vierhaus* in: Bekker/Fischer, Beiträge zur Erläuterung und Beurteilung des Entwurfs eines Bürgerlichen Gesetzbuches für das Deutsche Reich, Heft 1 (1888, Neudr. 1954), S. 15; *Achilles/Spahn/Gebhard*, Protokolle der Kommission für die zweite Lesung des Entwurfs des Bürgerlichen Gesetzbuches, 1897, S. III ff.; *Schubert* , Die Entstehung der Vorschriften des BGB über Besitz und Eigentumsübertragung, 1966, S. 3-56; *ders.*, Materialien zur Entstehungsgeschichte des BGB, Einführung, Biographien, Materialien, 1978, S. 27-68; *Finkenauer*, S. 23-27; *Fortunato*, ZJS 4 (2009), S. 334 ff. jeweils m.w.N.

[389] Im Einzelnen s. auch *Fortunato* ZJS 4 (2009), S. 334 ff.

werden.[390] Dabei stellt sich diese Entscheidung als das Ergebnis einer umfassenden Auseinandersetzung mit den gemein- und partikularrechtlichen Grundlagen des in Deutschland geltenden Privatrechts dar. Insbesondere bezweckt der Gesetzesverfasser eine pragmatische Lösung für die bisherigen Anwendungsschwierigkeiten zu schaffen.

> „Im juristischen Sinne spricht man von Früchten in zwiefacher Beziehung: erstens in Beziehung auf das Recht zum Bezuge derselben und zweitens in Beziehung auf die Verpflichtung zur Erstattung derselben. Es ist jedoch wohl zu beachten, daß man etwas verschiedenes im Sinne hat, je nachdem man den Ausdruck in dieser oder in jener Beziehung gebraucht. Wo dies übersehen wird, leidet der Fruchtbegriff ‚an bedenklicher Prinziplosigkeit und darum Grenzunsicherheit'."[391]

Für den Gesetzesredaktor folgt daraus, dass die so gefundene Definition zunächst einmal keine unmittelbare Bedeutung weder für die Restitutionsrechtsverhältnisse, noch für die eigentlichen Eigentumserwerbstatbestände in den §§ 152-155 TE-SachR erlangt.

Die dogmatischen Konsequenzen, die sich insbesondere für den dinglichen Fruchterwerb ergeben, sollen sogleich erläutert werden.[392] Hinsichtlich der Erstreckung der Rückgewähransprüche auf die aus einem Gegenstand gezogenen Vermögenserträge bedeutet das zunächst nur, dass eine allgemeine Definition hierfür nicht vorgesehen ist, sondern der Umfang der Herausgabeverpflichtung im jeweiligen systematischen Zusammenhang normiert werden muss. Am Beispiel des Vindikationsanspruchs geschieht dies in § 179 Abs. 2 TE-SachR.

> § 179 […] Der Anspruch auf Herausgabe der Sache umfaßt auch die von derselben getrennten Erzeugnisse und sonstige Ausbeute aus derselben, welche bei dem Beklagten noch vorhanden und nicht in das Eigenthum eines Anderen übergegangen sind.

In den Folgeparagraphen finden sich weitere detaillierte Regelungen, die nach Redlichkeit des Besitzers, sowie dem Zeitpunkt der Klageerhebung (*litis contestatio*) unterscheiden, §§ 181 ff. TE-SachR.[393] Der unredliche Besitzer hat demnach etwa für eine „Nutzbarmachung [...] nach den Grundsätzen des Schuldverhältnisses aus der wissentlichen Führung fremder Geschäfte ohne Auftrag" einzustehen, §§ 181, 182 TE-SachR, was konkret bedeutet, dass er „alles,

---

390 *Johow*, Sachenrecht Bd. 1, S. 81; *ders.*, Sachenrecht Bd. 2, S. 823 f.

391 *Johow*, Sachenrecht Bd. 1, S. 81.

392 Vgl. zu der beschränkten Bedeutung des Fruchtbegriffs in den §§ 153-155 TE-SachR auch *Johow*, Sachenrecht Bd. 1, S. 81 Anm. 1; *ders.*, Sachenrecht Bd. 2, S. 823 f.

393 Insofern handelt es sich bei den §§ 181 ff. TE-SachR um die Vorgängerregelungen zu den heutigen §§ 987 ff. BGB. Diese an dieser Stelle ausführlich zu behandeln, würde über den Rahmen des eigentlichen Untersuchungsgegenstandes hinausgehen.

was aus der Geschäftsführung in seine Hände gekommen ist“ herauszugeben hat, Abschn. II, Tit. 8, 5 § 234 Abs. 1 TE-SchuldR.[394] Im Zweifel trifft den unredlichen bzw. verklagten Besitzer nach § 184 TE-SachR wenigstens die Pflicht zur Erstattung des Betrages, „welcher sich, unter Annahme eines mittleren Ertrages und unter Abzug der Lasten der Sache und des ordentlichen Aufwandes zur Erhaltung der Sache und zur Gewinnung des Ertrages“ ergibt. Der Vorentwurf unterscheidet demnach bei der Restitutionspflicht einerseits das konkrete körperliche Erträgnis, das stets, d.h. auch vom redlichen Besitzer, dem Eigentümer herauszugeben ist von dem Wert desselben. Auf den Wert haftet der Besitzer nur bei Bösgläubigkeit bzw. erst vom Zeitpunkt der Klageerhebung an. Eine weitergehende Haftung für den redlichen Besitzer ist hingegen nicht vorgesehen, § 180 TE-SachR.

> § 180 Der redliche Besitzer haftet dem Eigenthümer weder für die zur Zeit der Erhebung der Klage bei ihm nicht mehr vorhandenen Erzeugnisse oder Gegenstände sonstiger Ausbeute, noch für andere vor dieser Zeit aus der Sache, z.B. durch deren Gebrauch, Vermiethung oder Verpachtung, oder aus den mit dem Eigenthum an der Sache verbundenen Gerechtsamen gezogenen Vortheile [...].

Ähnlich ausgestaltet sind auch die Bestimmungen des TE-SchuldR zum Bereicherungsrecht. Dort wird der Restitutionsverpflichtete grundsätzlich auch dazu verpflichtet neben dem eigentlichen Kondiktionsgegenstand auch die „vorhandenen Früchte“ herauszugeben. Die nicht mehr vorhandenen Früchte (*fructus consumti*) hat er dagegen nur dann zu ersetzen, wenn er weiterhin durch sie bereichert ist.[395]

> Abschn. II, Tit. 8, 1 § 6 Sind Sachen geleistet worden, so sind dieselben in ihrem gegenwärtigen Bestand mit den zur Zeit der Rechtshängigkeit des Anspruchs vorhandenen Früchten zu erstatten. Für früher gezogene, nicht mehr vorhandene Früchte [...] hat der Empfänger insoweit, als er zur angegebenen Zeit aus denselben noch bereichert ist, Ersatz zu leisten.

Obwohl an dieser Stelle auch außerhalb des Sachenrechtsentwurfs der Fruchtbegriff in einem technischen Sinne verwendet wird, erweitert der Tatbestand der folgenden §§ 8-11 im Abschn. II, Tit. 8 TE-SchuldR die Restitutionsverpflichtung zudem allgemein auf den „zugegangenen Vortheil“, der bei einer Gebrauchsüberlassung, „auf eine Vergütung für den Gebrauch nach dessen ordentlichen Werth während der Dauer des Gebrauchs“ zu bemessen ist, Abschn.

---

394 Der gesamte Abschn. II, Tit. 8, einschließlich des Bereicherungsrechts und der Geschäftsführung ohne Auftrag, konnte nicht mehr von dem Gesetzesredaktor *Franz von Kübel* erarbeitet werden und ist dem DresdE entlehnt; s. auch *Dölemeyer*, in Coing, Handbuch III/2, S. 1584.

395 Hierzu *Kübel*, Recht der Schuldverhältnisse, in *Schubert*, Vorlagen Bd. 2, Tb. 3, S. 699.

II, Tit. 8 § 10 TE-SchuldR. Inwieweit eine Konkurrenz zwischen den Regelungen des Bereicherungsrechts und dem Vindikationsrecht besteht, ist jedoch noch nicht angesprochen.[396]

Entgegen den Partikularrechten gibt der Entwurf also nur eine allgemeine Definition für die Vermögenserträge, die der Kategorie der Früchte im Sinne der §§ 20, 21 TE-SachR zuzurechnen sind. Darüber hinausgehende Erträge werden allenfalls in ihrem systematischen Zusammenhang in Betracht gezogen. Aus diesem Grunde wendet sich *Johow* ausdrücklich gegen die Einführung einer allgemeinen Definition der Begriffe ‚Nutzung' oder ‚Nutzen', wie sie das preußische und das sächsische Privatrecht kennen.[397]

> Preuß. ALR I 2 *Nutzen* § 109 Unter dem Nutzen einer Sache wird aller Gebrauch verstanden, welchen jemand von derselben zu machen berechtigt ist.
>
> Preuß. ALR I 2 *Nutzung* § 110 Nutzungen heißen die Vortheile, welche eine Sache ihrem Inhaber, unbeschadet ihrer Substanz, gewähren kann.
>
> § 72 sächs. BGB Unter Nutzungen werden die Früchte und der Gebrauch einer Sache verstanden.

Zur Begründung weist er darauf hin, dass hiermit keine vom allgemeinen Sprachgebrauch abweichende Verwendung der Begriffe verbunden sei. Zudem komme eine technische Bedeutung dieser Begriffe allenfalls im Zusammenhang mit einer Nutzungsberechtigung in Betracht, deren Umfang aber wiederum nur im konkreten Zusammenhang erklärt werden könne.[398] In diesem Sinne greift der TE-SachR erst im Nießbrauchrecht den Begriff der Nutzungen auf, wozu die Früchte und der Gebrauch der Sache gehören sollen, § 277 TE-SachR.

> § 277 Zu den dem Nießbraucher zustehenden Nutzungen gehören sowohl der Gebrauch der Sache als die aus derselben zu ziehenden Früchte (§ 20).

2. *Begriffsbestimmung, §§ 20, 21 TE-SachR*

Von diesem beschränkten Anwendungsbereich ausgehend, knüpfen die §§ 20, 21 TE-SachR inhaltlich an die herrschende Lehre vom bestimmungsgemäßen Ertrag an.

> § 20 Als Früchte einer Sache gelten für die Beurtheilung des Rechts zum Bezug derselben:

---

396 Aus heutiger Sicht handelt es sich dabei um eine der auch heute noch wichtigsten und umstrittensten Streitfragen beim Herausgabeanspruch gegen den gutgläubigen Besitzer; vgl. *Wieling*, AcP 169 (1969), S. 137-170.

397 Der bayrische CMBC dagegen verwendet den Begriff der Nutzungen noch synonym zu den Früchten, vgl. Abschnitt II, 3 § 20, 1.

398 *Johow*, Sachenrecht Bd. 1, S. 88.

> 1. diejenigen Erzeugnisse der Sache und diejenige sonstige Ausbeute aus derselben, deren Gewinnung nach den Regeln einer guten erhaltenden Wirthschaft zur bestimmungsmäßigen Nutzung der Sache gehört;
>
> 2. die Einkünfte, welche die Sache vermöge eines Rechtsverhältnisses abwirft, zum Beispiel Pacht- und Miethgelder, die Einkünfte aus besonderen Berechtigungen, welche mit dem Eigenthum der Sache verbunden sind (Grundgerechtigkeiten, Real-, Zehnt-, Fischerei- etc. Rechte, Realgewerbeberechtigungen u. dgl.).
>
> § 21 Die Bestimmungen in § 20 finden auf selbständige Berechtigungen (§ 2 Abs. 2) entsprechende Anwendung.

Aber auch wenn der Entwurf in diesem Sinne mit der Bestimmungslehre von einer „doppelten Abweichung des juristischen Fruchtbegriffs von dem gewöhnlichen Sprachgebrauche“[399] ausgeht, muss bei der Interpretation dieser beiden Vorschriften der konkrete Sinnzusammenhang, in dem sie stehen, berücksichtigt werden.

Grundsätzlich kann dabei zunächst festgestellt werden, dass *Reinhold Johow* mit der Legaldefinition des § 20 TE-SachR denselben Zweck verfolgt, wie die vorherrschende Ansicht in der Literatur des 19. Jahrhunderts.

> „In der Rechtssprache hat aber der Ausdruck ‚Früchte' eine andere Bedeutung, in welcher jener weitere Sinn des gemeinen Sprachgebrauchs theils eine Einschränkung, theils eine Erweiterung erfahren hat.“[400]

Indem der Tatbestand des § 20 TE-SachR auf die „bestimmungsmäßige Nutzung“ abstellt, kehren die beiden dogmatischen Funktionen des Bestimmungsbegriffs wieder. Der gesetzliche Fruchtbegriff soll einerseits mehr, andererseits aber auch weniger als der allgemeine Sprachgebrauch erfassen. Er bezweckt also eine Erweiterung des Fruchtbegriffs, dient aber zugleich auch der Begrenzung der zu erfassenden Erträge im Verhältnis zu der Substanz der fruchttragenden Sache.

a) Körperliche Erträge einer Sache als Früchte, § 20 Nr. 1 TE-SachR

In seiner ersten Tatbestandvariante bezeichnet § 20 Nr. 1 TE-SachR zunächst die ‚Erzeugnisse' einer Sache als Fruchtertrag. Eine eigentliche juristische Bedeutung erlangt diese Ertragsform allerdings erst indem sie durch die „Regeln der guten erhaltenden Wirthschaft“ begrenzt werden. *Johow* bezieht somit die Diligenzschranke der Wirtschaftlichkeit in die Legaldefinition mit ein. Als Anwendungsbeispiel nennt der Verfasser des Vorentwurfs die Obstbäume eines Grundstücks, deren Bestimmung lediglich in der Obstgewinnung und nicht in

399 *Johow*, Sachenrecht Bd. 1, S. 81.
400 *Johow*, Sachenrecht Bd. 1, S. 81.

der Abholzung bestehe.[401] Ersteres ist Frucht, letzteres, da es gegen den Grundsatz der Wirtschaftlichkeit verstößt, gerade nicht. Derselbe Grundsatz gelte auch für den Nutzwald, dessen geschlagenes Holz nur insoweit zu den Früchten zähle, als es nach forstwirtschaftlichen Grundsätzen gewonnen werde.[402] Dieser Gedanke wird für das Fruchtbezugsrecht des Nießbrauchs in § 281 TE-SachR ergänzt, indem für die Wirtschaftlichkeit auf einen möglicherweise aufgestellten Wirtschaftsplan Bezug genommen wird.

> § 281 Der Nießbrauch eines Waldes berechtigt zum Bezuge des Holzes und sonstiger Waldnutzung nach dem bei dem Beginn des Nießbrauchs bestehenden Wirthschaftsplane und in Ermangelung eines solchen nach den Regeln einer ordentlichen Forstwirthschaft.

Das in § 20 TE-SachR definierte Fruchtverständnis verharrt aber nicht bei den Erzeugnissen einer Sache, sondern erweitert seine Definition in zwei Richtungen.[403] Zunächst zählt der Gesetzesentwurf auch die sonstige Ausbeute einer Sache zu den Früchten im Rechtssinne. Gemeint ist damit die sonstige physische Ausbeute eines Grundstücks, die nicht durch organische Prozesse gewonnen werden, wozu insbesondere mineralische und fossile Bestandteile des Bodens gehören.[404] Ob die Fruchteigenschaft in diesen Fällen zu bejahen ist oder ob ihre Gewinnung vielmehr eine Substanzbeeinträchtigung darstellt, hängt jedoch wiederum von der Einhaltung der gebotenen Sorgfaltspflicht ab. *Johow* schwebt für die konkrete Abgrenzung in diesem Fall eine Entscheidung des *Reichsgerichts* vom 27. November 1879[405] vor. Das erkennende Gericht beschäftigte sich mit der Frage inwieweit die Bestellung eines Nießbrauchs an einem landwirtschaftlichen Grundstück den Fruchtberechtigten auch zum Abbau von Steinen berechtige. Für das preußische Recht gelangt das *Reichsgericht* zu dem Ergebnis, dass die Steingewinnung zwar grundsätzlich „nicht zu den Früchten und daher im natürlichen Sinne für Theile der Substanz zu erachten sind“[406], indes der Substanzbegriff nicht ausschließlich nach natürlichen Kriterien zu beurteilen sei. Demzufolge betrachtet das Gericht die Substanz des Grundstücks erst dann als betroffen, wenn Bestandteile des Grundes und Bodens entnommen werden, die dem Nießbrauchgrundstück das wesentliche wirtschaftliche Gepräge geben. In dem zu entscheidenden Fall handelte es sich um ein als Acker und Wiese genutztes Grundstück. Die Entfernung der darin befindlichen Steine beeinträchtig-

---

401 *Johow*, Sachenrecht Bd. 1, S. 81 f.

402 *Johow*, a.a.O.

403 Hierzu *Johow*, Sachenrecht Bd. 1, S. 82.

404 *Johow*, a.a.O.

405 RG, *Urt. v. 27.11.1879*, GruchBeitr. 24 (1880), S. 467 f.

406 RG, a.a.O., S. 468.

te indes nicht die Weiternutzung für landwirtschaftliche Zwecke, vielmehr wurde gutachterlich sogar eine Erhöhung des Nutzwertes durch die Entfernung der Steine festgestellt. Dieser Rekurs auf die Rechtsprechung des *Reichsgerichts* zeigt, dass *Reinhold Johow* bei seiner Begriffsbestimmung die Abgrenzung zwischen Substanz und Ertrag nicht nach naturwissenschaftlichen, sondern primär nach wirtschaftlichen Gesichtspunkten auszurichten versucht. Die Schwierigkeiten hinsichtlich der richtigen Erfassung mineralischer Erzeugnisse, die sich gemeinrechtlich bei der Interpretation von *Ulpian*, D. 24, 3, 7, 13 ergeben haben, werden also dahingehend gelöst, dass der Gesetzesentwurf Abstand von dem naturwissenschaftlichen Kriterium des Nachwachsens nimmt und ganz im Sinne der herrschenden Lehre die wirtschaftliche Bestimmung der Muttersache als entscheidenden Aspekt betont.

> „Für den Begriff der natürlichen Frucht ist nicht die Naturlehre, sondern sind die Regeln der guten, erhaltenden Wirthschaft maßgebend.“[407]

b) Unkörperliche Erträge einer Sache als Früchte, § 20 Nr. 2 TE-SachR

Da die Vorschrift des § 20 TE-SachR nicht auf die sachenrechtliche Zuordnung von körperlichen Erträgen beschränkt ist, sondern eine grundsätzliche Begriffsbestimmung für den Umfang der dinglichen und obligatorischen Fruchtbezugsrechte bezweckt, bezeichnet § 20 Nr. 2 TE-SachR auch solche Erträge einer Sache als Früchte, die unkörperlich gewonnen werden. Damit verfolgt die Legaldefinition des Sachenrechtsentwurfs einen weitergehenden Ansatz, als er *Gustav Ernst Heimbach* vorschwebte, mit dessen Ansicht die unter Nr. 1 dieser Vorschrift angeführten Ertragsformen weitgehend übereinstimmen. In der gemeinrechtlichen Terminologie sprechend behandelt dieser Tatbestand solche Erträge, die unter dem Stichwort *fructus civiles* oder bürgerliche Früchte diskutiert worden sind. Auch wenn sich § 20 TE-SachR an dieses Konzept eng anlehnt, verwendet es indessen keinen dieser beiden Begriffe. Die gesetzliche Fassung bezeichnet sie vielmehr als „Einkünfte, welche die Sache vermöge eines Rechtsverhältnisses abwirft“ oder „aus besonderen Berechtigungen, welche mit dem Eigenthum verbunden sind“.

Im Vordergrund stehen dabei, wie schon im römischen Recht, die Miet- und Pachtgelder, aber auch die Erträge, die dem Eigentümer aufgrund der Überlassung einer dinglichen Berechtigung zustehen, werden von der zweiten Tatbestandsvariante als Früchte einer Sache erfasst. Zu den letztgenannten Berechti-

---

407 *Johow*, Sachenrecht Bd. 2, S. 1243.

gungen zählt der Vorentwurf beispielhaft Grundgerechtigkeiten[408], verschiedene im Landesrecht[409] verankerte Real-, Zehnt- und Fischereirechte sowie letztlich auch die Realgewerbeberechtigungen, die sich in ihrem dinglichen Charakter als Beschränkungen des Eigentumsrechts darstellen. Auch wenn *Johow* bei dieser Vorschrift ausdrücklich auf die unkörperlichen Erträge, welche „in der Regel ein durch Vertrag gewonnenes Surrogat des unmittelbaren Gebrauchs oder Genusses"[410] darstellen, Bezug nimmt, zählt er gerade die im gemeinen Recht sehr umstrittenen Kapitalerträge nicht zu den Früchten. Zur Begründung weist er auf die besondere Natur von Kapitalerträgen hin.[411] In die zweite Variante des § 20 Nr. 2 TE-SachR passen sie nicht, da die an dieser Stelle genannten Berechtigungen stets dinglicher Natur sind, demnach also schon von ihrem Ausgangspunkt stets der Ertrag einer *res corporalis* im Sinne des römisch-gemeinen Rechts sind. Als Gegenleistung eines Rechtsverhältnisses zwischen zwei Parteien erscheinen sie zwar grundsätzlich den Ertragsformen in der ersten Variante des § 20 Nr. 2 TE-SachR gleichzustehen. Gleichwohl beschränkt der Wortlaut dieser Vorschrift sich auf den Ertrag der aus einer ‚Sache' gezogen werden kann. Die Erstreckung des Fruchtbegriffs auf Miet- und Pachtgelder erscheint demgegenüber gerechtfertigt, weil sie das typische Äquivalent für die Verwertungsmöglichkeit des Eigentümers an seinen Sachen darstellen. Das Recht von einem anderen die Zahlung von Zinsen zu verlangen hingegen, zählt zu den persönlichen oder relativen Rechten, die „von vornherein gegen eine bestimmte Person" und nicht auf eine Sache gerichtet sind.[412] Insofern sei die Erfassung auch von Zinsen in § 20 TE-SachR und damit im allgemeinen Sachenrecht unangebracht.[413]

Die Rechtsverhältnisfrüchte im Sinne des § 20 Nr. 2 TE-SachR entsprechen im Ergebnis also weitgehend dem gemeinrechtlichen Begriff der *fructus civiles*. Lediglich bei der Erfassung von Kapitalzinsen weicht die gesetzliche Fassung von dem römisch-gemeinen Recht ab, indem der Entwurf diese als Früchte definiert und nicht als Ertrag einer Sache auffasst, sondern als eine Art Gewinn aus einem unkörperlichen Recht.

---

408 Die Grundgerechtigkeiten, die der TE-SachR kennt sind in den §§ 231 ff. TE-SachR behandelt.

409 Zum Verhältnis des BGB zu den Partikularrechten im Hinblick auf das Fruchtrecht, vgl. *Reichel*, JherJb 42 (1901), S. 267 ff.

410 *Johow*, Sachenrecht Bd. 2, S. 1243.

411 *Johow*, Sachenrecht Bd. 1, S. 83.

412 Zu dieser Unterscheidung s. *Johow*, Sachenrecht Bd. 1, S. 1 ff.

413 Ausführungen zur Beschränkung des Sachbegriffs im TE-SachR sind in *Johow*, Sachenrecht Bd. 1, S. 17 ff. anzutreffen. An dieser Stelle beschreibt der Redaktor eine Sache in Anlehnung an *Savigny*, System Bd. 1, S. 334 ff. als *„ein räumlich begrenztes Stück der unfreien Natur"*, *Johow*, a.a.O.

c) Der *„Gewinn aus subjektiv-persönlichen Rechten"*, § 21 TE-SachR

Eine Ausnahme von dem Grundsatz, wonach nur die Erträge von körperlichen Gegenständen als Früchte gelten sollen, scheint in gewisser Hinsicht § 21 TE-SachR zu statuieren. Diese Vorschrift sieht eine entsprechende Anwendung des § 20 TE-SachR auch für den Gewinn vor, der aus sog. selbständigen Berechtigungen nach § 2 Abs. 2 TE-SachR gezogen werden können.

> § 2 Unbewegliche Sachen sind Grundstücke. Selbständige, d.h. nicht mit dem Eigenthum an einem Grundstücke verbundene, vererbliche und veräußerliche Berechtigungen werden in Ansehung der Uebertragung auf einen Anderen, der Belastung und der Zwangsvollstreckung wie Grundstücke behandelt. [...]

Mit den Worten von *Reinhold Johow* handelt es sich hierbei um „subjektiv-persönliche Berechtigungen", die grundsätzlich nicht in den Regelungsbereich des Sachenrechts fallen sollen.[414] Ihre Besonderheit liegt aber im Gegensatz zu den sonstigen im Schuldrecht geregelten Rechtsverhältnissen darin, dass sie einen absoluten, dem Eigentumsrecht sehr ähnlichen Charakter aufweisen.[415] Der Wortlaut des § 2 Abs. 2 TE-SachR bringt dies dadurch zum Ausdruck, dass es sich um „vererbliche und veräußerliche Berechtigungen" handelt. Ihr absoluter Charakter ergibt sich insbesondere dadurch, dass sie nicht relativ zwischen zwei Parteien eines Rechtsverhältnisses gelten, sondern dass sie, wie auch das Eigentum, ihre Wirkung gegenüber Jedermann zeigen.[416] Erkennbar ist diese Besonderheit am Beispiel der staatlich verliehenen Grundstücksberechtigungen. Von größter praktischer Bedeutung aus Sicht des Gesetzesredakteurs[417] waren dabei die aus den verschiedenen Partikularrechten bekannten staatlichen Bergregale, allen voran das preußische Bergwerkseigentum nach dem preußischen Allgemeinen Berggesetz vom 24. Juni 1864 (preuß. ABG).[418] Entgegen dem römischen Recht[419] wird hier der Abbau von bestimmten, volkswirtschaftlich sehr wichtigen Mineralien von einem staatlichen Verleihungsverfahren abhängig

---

414 *Johow*, Sachenrecht Bd. 1, S. 83.

415 *Johow*, Sachenrecht Bd. 1, S. 17.

416 Hierauf stellt insbesondere *Klostermann*, S. 41 f. ab.

417 *Johow*, Sachenrecht Bd. 1, S. 23.

418 Das preuß. ABG trat am 1. Oktober 1865 in Kraft und diente in der Folgezeit als Grundlage für eine Vielzahl von partikularrechtlichen Bergbaugesetzgebungen in Deutschland; Allgemein hierzu: *Winkler*, in Coing/Wilhelm, Wissenschaft und Kodifikation, Bd. IV, S. 79-120; vgl. auch *Westermann*, ZfB 106 (1965), S. 123 f.

419 Über die Schwierigkeiten bei der Rezeption des römischen Bergrechts s. auch *Oppenhoff*, S. 5; *Achenbach*, S. 12 ff.; aus jüngster Zeit vgl. auch *Pfeiffer*, Ius Regale Montanorum.

gemacht und damit von der Verwertungsbefugnis des Grundeigentümers losgelöst. Die derart aufgezählten Mineralien werden also rechtlich von den Bestandteilen des Grundstücks, den *pars fundi*, ausgenommen.

> § 1 preuß. AGB Die nachstehenden bezeichneten Mineralien sind von dem Verfügungsrechte des Grundeigenthümers ausgeschlossen.

Nach der damals herrschenden Meinung in der Literatur[420] handelt es sich dabei nicht um die Verschaffung einer Eigentumsposition an den betroffenen Mineralien, sondern um

> „das unkörperliche Recht zur Gewinnung der verliehenen Fossilien innerhalb eines bestimmten Bezirkes.[421]

Insofern wird das Bergwerkseigentum als ein besonderes Rechtsverhältnis zwischen dem Staat und dem jeweils Berechtigtem konstruiert, dem eine Art ausschließliche Gewerbeberechtigung zugesprochen wird. Dieser dogmatische Ansatz sieht sich aber schon zu damaliger Zeit dem Einwand ausgesetzt, er sei nicht im Stande, den Gegenstand der Berechtigung angemessen zu erfassen.[422] Bei einer wirtschaftlichen Betrachtung erlangt der Berechtigte durch den hoheitlichen Akt nämlich ein umfassendes Verfügungs- und Verwertungsrecht über den körperlichen Gegenstand ‚Mineralien', auch wenn er sich diese erst noch aneignen muss. Der Vorentwurf entspricht dieser Kritik zwar nicht vollständig, kommt ihr aber dahingehend entgegen, dass der sachenrechtliche Anwendungsbereich gerade aufgrund der Gegenstandsbezogenheit dieser Berechtigungen zum Teil in § 2 TE-SachR ausgeweitet wird.[423] Die so beschriebenen Berechtigungen werden durch gesetzespositive Regelungen im Hinblick auf ihre Übertragung, Belastung und Zwangsvollstreckung einem Grundstück vollständig gleichbehandelt. Die Vorschrift des § 21 TE-SachR ergänzt diese Aufzählung von Verfügungsrechten noch um den Bereich der Nutzungsbefugnis.

> „Durch die Anwendung sachenrechtlicher Grundsätze auf Berechtigungen erhalten dieselben den Charakter juristischer Sachen, vergleichbar der Erweiterung, welche der Begriff der Person dadurch erfährt, daß neben den natürlichen Personen die sogen. juristischen zu den Rechtssubjekten gemacht werden."[424]

Im Ergebnis steht also fest, dass *Reinhold Johow* für den Gesetzesentwurf die eigenständigen Berechtigungen im Sinne des § 2 Abs. 2 TE-SachR mit der herrschenden Lehre als subjektiv-persönliche Rechte auffasst. Er erkennt aber an,

---

420 Vgl. etwa *Beughem*, S. 131; *Koch*, Berggesetz, S. 120.

421 *Klostermann*, S. 40.

422 *Klostermann*, S. 41.

423 *Johow*, Sachenrecht Bd. 1, S. 17.

424 *Johow*, Sachenrecht Bd. 1, S. 27.

dass sie funktional einem dinglichen Recht sehr nahestehen, da sie eine absolute, d.h. umfassende, auch gegen Dritte wirkende Berechtigung an einer körperlichen Sache statuieren. Die Erstreckung des § 21 TE-SachR ist lediglich aus der Orientierung der Gesetzgebung an der damals herrschenden Lehre bei der Erfassung des Bergregals geschuldet, eine eigentliche Ausnahme von der Begrenzung des Fruchtbegriffs als Ertrag einer Sache geht damit hingegen nicht einher.

3. *Das Verhältnis von Fruchtertrag und Muttersache*

a) Erzeugnisse als Bestandteil des Grund und Bodens, § 8 TE-SachR

Da die Legaldefinition der §§ 20, 21 TE-SachR ausschließlich den Zweck verfolgt, den Umfang eines jeweiligen Fruchtziehungsrechts zu beschreiben, beschäftigen sich diese Vorschriften naturgemäß nicht mit der Frage nach dem Verhältnis von Muttersache und Fruchtertrag. Unabhängig von dem eigentlichen Fruchtbegriff setzt sich § 8 TE-SachR, der später inhaltsgleich auch in § 94 Abs. 1 BGB Gesetz geworden ist, mit dieser Frage auseinander und entscheidet sich den römisch-rechtlichen Grundsatz *superficies solo cedit* in das bürgerliche Recht zu übernehmen.

> § 8 Erzeugnisse eines Grundstücks sind Bestandtheile desselben, solange sie mit dem Boden zusammenhängen.
>
> Samen wird mit dem Aussähen, Pflanzen werden, wenn sie Wurzel gefaßt haben, Bestandtheil des Grundstücks.

Mit der körperlichen Verbindung werden Erzeugnisse also wesentliche Bestandteile der Muttersache und teilen demnach grundsätzlich ihr Schicksal.

Systematisch ist diese Vorschrift ebenfalls im allgemeinen Sachenrecht bei der Frage nach dem Verhältnis von verschiedenen Sachen zueinander, namentlich zwischen einer Liegenschaft und den auf ihr wachsenden Erzeugnissen verortet. Der Sachenrechtsentwurf beschäftigt sich an dieser Stelle zunächst also nur mit einem Teil der zu den Früchten zählenden Erträge, den Erzeugnissen. Dies ist aus verschiedenen Gründen erklärlich. Einerseits stellt sich die Bestandteilsqualität eines Gegenstandes im Sinne des Sachenrechts nur bei körperlichen Gegenständen. Die Erfassung unkörperlicher Erträge, wie Miet- und Pachtzinsen sowie anderen Erträgen nach § 20 Nr. 2 TE-SachR, muss sich demgegenüber an dem ihnen zugrunde liegenden Rechtsverhältnis orientieren.[425] Insofern ihr Entstehen ausschließlich von diesem Rechtsverhältnis abhängig ist, handelt es sich um eine schuldrechtliche Frage, die sich also nach der zugrundeliegenden Obligation richtet und keiner Erläuterung im Sachenrecht bedarf. Aber auch für die

---

425 *Johow*, Sachenrecht Bd. 2, S. 824 f.

Erfassung der „sonstigen Ausbeute" gemäß § 20 Nr. 1 Var. 2 TE-SachR sind gesonderte Regelungen unangebracht. Es handelt sich bei ihnen um einen Teil der Grundstückssubstanz, also schon im engsten Wortsinne um einen integrierenden Bestandteil[426] des Grund und Bodens. Erst die Wirtschaftlichkeit ihrer Gewinnung rechtfertigt es nach dem Sachenrechtsentwurf die sonstigen Erzeugnisse ebenfalls unter einen weitgefassten Fruchtbegriff zu subsumieren.[427]

Im Hinblick auf die teilweise widerstreitende Situation im römisch-gemeinen Recht und den neueren Partikularrechten ergibt sich aus Sicht der Gesetzesredaktion lediglich für die Erzeugnisse als Ertrag eines Grundstücks das Bedürfnis für eine Klärung ihres Verhältnisses zum Mutterboden. Insbesondere das preußische und das französische Recht sprachen auch den noch stehenden Früchten – anders als das römische Recht – eine rechtliche Selbständigkeit zu.[428] *Johow* selbst beschreibt das sich hieraus ergebende Problem mit den Worten:

> „Die Erzeugnisse des Grundstücks sind dazu bestimmt, von dem Boden getrennt und als selbständige Sache verwerthet zu werden."[429]

Die Lösung für das zu schaffende Bürgerliche Gesetzbuch sucht der Redaktor ganz im Sinne des von *Gaius* in D. 6, 1, 44 aufgestellten Grundsatzes zu lösen und ordnet in § 8 TE-SachR an, dass Erzeugnisse bis zum Zeitpunkt ihrer Trennung als Bestandteile des Bodens anzusehen sind. Damit können sie nach § 6 TE-SachR nicht Gegenstand eigenständiger Rechte sein. Zwar wird die anders lautende Lösung im preußischen Recht, preuß. ALR I 9 § 221, wonach der Nutzungsberechtigte unter bestimmten Voraussetzungen bereits mit Entstehung des Erzeugnisses eigenständiges Eigentum an ihnen erwirbt, von *Johow* ebenfalls in Erwägung gezogen[430], aber ausdrücklich verworfen. Die entscheidende Überlegung ergebe sich nämlich aus dem Grundsatz „der Einheit des Rechts an der einheitlichen Sache"[431]. Solange das Erzeugnis noch mit dem Boden zusammenhängt, soll es das rechtliche Schicksal des Grundstücks teilen (‚Substantialprinzip').

Hiervon ausgehend erklärt sich auch die Vorschrift in § 8 Abs. 2 TE-SachR. Der Vorentwurf nimmt Stellung zu dem Problem, von welchem Moment an eine

---

426 Eine Ausnahme stellen insoweit die staatlich beliehenen Mineralien dar, denen rechtlich als eigenständige Gegenstände gelten, auf die sich das Grundstückseigentum nicht erstreckt, vgl. § 1 preuß. ABG.

427 *Johow*, Sachenrecht Bd. 1, S. 81.

428 Vgl. hierzu etwa OAG Oldenburg, *Urt. v. 1870*, SeuffA 24 (1870), Nr. 209 S. 764 (für das französische Recht) oder OAG Berlin, *Urt. v. 19.4.1873*, SeuffA 28 (1873), Nr. 232 S. 681 f. (für das preußische Recht.

429 *Johow*, Sachenrecht Bd. 1, S. 44.

430 *Johow*, Sachenrecht Bd. 1, S. 44 f.

431 *Johow*, Sachenrecht Bd. 1, S. 45; Bd. 2, S. 825.

Pflanze bzw. ihr Samen als Bestandteil anzusehen ist, es sich also um eine einheitliche Sache handelt. Zwei zentrale Überlegungen sind für die Lösung in diesem Absatz entscheidend. Einerseits soll nicht jede, auch nur vorübergehende Verbindung unmittelbar eine Bestandteilsqualität begründen. Andererseits soll aber auch für den Rechtsverkehr Sicherheit über die Rechtsverhältnisse an den Pflanzen und Samen geschaffen werden.[432] Daher differenziert § 8 Abs. 2 TE-SachR. Ausgewachsene Pflanzen sollen in Anlehnung an Inst. 2, 1, 32 erst wenn sie tatsächlich Wurzel fassen, Bestandteil des Grundstücks werden.

Inst. 2, 1, 32

Qua ratione autem plantae, quae terra coalescunt, solo cedunt, eadem rationem frumenta quoque, quae sata sunt, solo cedere intelleguntur.

Aus demselben Grund aber, aus dem Pflanzen, die in der Erde verwurzelt sind, zum Grundstück gehören, wird auch Getreide, das ausgesät ist, als zum Grundstück gehörig angesehen.[433]

Die gemeinrechtliche Wissenschaft hatte diesen Satz indes noch so verstanden, dass sowohl Pflanzen, als auch die Aussaat erst mit dem Keimen und Fassen der Wurzeln zum Bestandteil des Grundstücks würden.[434] Mit dem sächsischen und preußischen Recht entscheidet sich der Entwurf aber dafür, bereits die bloße Aussaat für die Begründung der Bestandteilseigenschaft ausreichen zu lassen.

Preuß. ALR I 9 § 275 Das Eigenthum des Saamens oder der Pflanzen, womit fremder Grund und Boden bestellt worden, fällt, sobald ersterer ausgesäet ist, und letztere Wurzeln getrieben haben, demjenigen anheim, welchem das Nutzungsrecht des Bodens zukommt.

§ 285 sächs. BGB Samen wird mit der Handlung des Säens, Pflanzen und Bäume werden, wenn sie Wurzel gefasst haben, Bestandtheil des Grundstücks.

Zur Begründung verweist *Johow* auf die praktischen Schwierigkeiten, die sich aus dem römischen Grundsatz ergeben würden, wenn die bereits verteilte Aussaat wieder vom Boden getrennt werden sollte.[435]

---

432 *Johow*, Sachenrecht Bd. 1, S. 45.

433 *Behrends/Knütel/Kupisch/Seiler*, CIC Bd. 1, S. 56.

434 *Windscheid*, Pandektenrecht Bd. 1, S. 652; ebenso *Bunsen*, ArchBürgR 29 (1906), S. 11 Anm. 1.

435 *Johow*, Sachenrecht Bd. 1, S. 45.

b) Konsequenzen für den Fruchterwerb, §§ 152-155 TE-SachR

aa) Erwerbstatbestände

Die Regelung des § 8 TE-SachR erfasst lediglich den Zeitraum, währenddessen die Erzeugnisse körperlich mit dem Grundstück als Muttersache verbunden sind bzw. von welchem Moment an eine solche Verbindung anzunehmen ist. Eine Beschreibung der Rechtsfolgen, die sich mit der Separation der Erzeugnisse und sonstigen Bestandteile ergeben, erfolgt erst an anderer Stelle im besonderen Sachenrecht, speziell für den Eigentumserwerb in einem eigenständigen Titel in den §§ 152-155 TE-SachR.

Ausgangspunkt dieses Regelungskomplexes ist eine grundsätzliche Erstreckung des Eigentumsrechts an der Muttersache auf ihre bereits getrennten Erzeugnisse und sonstigen Bestandteile.

> § 152 Bestandtheile einer Sache, insbesondere deren Erzeugnisse und die sonstige Ausbeute aus derselben, gehören auch nach der Trennung dem Eigenthümer der Sache, sofern nicht ein Anderer gemäß §§ 153-155 das Eigenthum an derselben erwirbt.

Damit bezieht sich *Reinhold Johow* auch an dieser Stelle auf das römische Substantialprinzip[436] und überträgt die sich hieraus ergebenden rechtlichen Konsequenzen auf die Zeit nach der Trennung. Der Realakt der *separatio* soll zumindest im Grundsatz keine Veränderung an den dinglichen Rechtsbeziehungen herbeiführen. Das Eigentum an der Muttersache impliziert also grundsätzlich auch das Eigentum an den Erträgen.

> „Der Eigenthümer der Hauptsache wird Eigenthümer der Bestandtheile nicht kraft einer Erwerbstatsache, sondern durch Fortdauer seiner rechtlichen Herrschaft.“[437]

Dieses Zitat zeigt deutlich, dass es beim Eigentumserwerb an den Früchten nicht darauf ankommt, wer die Trennung vornimmt. Der Fruchterwerb des Eigentümers stellt demnach lediglich eine Ausweitung seiner originären Herrschaftsmacht dar, wonach die Eigentumsposition an der fruchttragenden Sache automatisch auch mit der ursprünglichen Eigentumsposition an der Muttersache einhergeht. Die Vorschrift des § 152 TE-SachR begründet folglich keinen eigenen Erwerbstatbestand, sondern hat lediglich eine klarstellende Funktion, die vor dem Hintergrund der folgenden Vorschriften in den §§ 153-155 TE-SachR erfolgt und um deren Gegenstand und Grenzen deutlicher darstellen zu können.[438]

Berücksichtigt man diesen Aspekt wird auch klar, warum der Tatbestand des § 152 TE-SachR nicht von einem Fruchterwerb, sondern nur allgemein von dem

---

436 Zum Substantialprinzip im BGB vgl. auch schon *Bullermann*, S. 36 ff.

437 *Johow*, Sachenrecht Bd. 2, S. 823.

438 *Johow*, Sachenrecht Bd. 2, S. 824.

Erwerb von „Bestandtheile[n] einer Sache" spricht. In Bezug auf die rechtliche Herrschaft des Eigentümers über seine Sachen macht es keinen Unterschied, ob es sich bei dem konkreten Ertrag um eine Frucht im Rechtsinne handelt oder um einen sonstigen Bestandteil.[439] Kommt dem Fruchtbegriff in §§ 20, 21 TE-SachR zuvorderst die Aufgabe zu, den Gegenstand der Fruchtberechtigung zu begrenzen, so entfällt dieses Erfordernis für den Inhaber in Bezug auf sein Eigentum.

> „Dies gilt für alle Arten von Bestandtheilen, von denen zu einem Gebäude verbundenen Materialien so gut wie von den organischen Erzeugnissen einer Sache oder von den Bodenbestandtheilen eines Grundstücks. Es hat daher etwas Schiefes, in Bezug auf den Eigenthümer einer Sache von der Erwerbung des Eigenthums an den Früchten derselben zu reden. […] Die ganze Lehre von der Fruchterwerbung bezieht sich nur auf den Fall, wenn die Nutzung und das Eigenthum einer Sache verschiedenen Personen zustehen."[440]

Den Eigentumserwerb einer Person, die lediglich ein solches Recht zum Fruchterwerb, ohne zugleich auch eine Eigentümerstellung an der Sache innezuhaben, normiert der Vorentwurf in den §§ 153-155 TE-SachR. Dabei unterscheidet das Gesetz drei Erwerbskonstellationen nach dem Maße der Berechtigung an der Sache. Als erstes beschreibt § 153 TE-SachR die Erwerbsmodalität desjenigen, der durch ein „ausschließendes, vererbliches und veräußerliches Nutzungsrecht" berechtigt ist.

> § 153 Derjenige, welchem das ausschließende, vererbliche und veräußerliche Nutzungsrecht an einem Grundstücke (Emphyteuse, Erbpacht-, Erbzins-, Meierrecht u.s.w) zusteht, erwirbt das Eigenthum an Erzeugnissen und sonstigen Bodenbestandteilen des Grundstücks mit der Trennung.

Dieser Paragraph geht also auf den Eigentumserwerb desjenigen ein, dem eine absolute Berechtigung an einem Grundstück im Sinne des § 2 Abs. 2 TE-SachR zusteht. Gemeint sind damit – wie die beispielhafte Aufzählung zeigt – vor allem die römische Emphyteuse, nach der dem berechtigten Emphyteuta das ausschließende Nutzungs- und Verfügungsrecht über ein Grundstück zusteht, bzw. verschiedene deutschrechtliche Institute, wie die Erbpacht oder das Meierrecht, die ihrem Wesen nach dem römischen Vorbild der Emphyteuse nachgebildet sind.[441] Die Gemeinsamkeit der an dieser Stelle erfassten Berechtigungen ist ihre weitgehende Natur, die der Eigentümerstellung entspricht. Entsprechend lässt

---

439 *Johow*, Sachenrecht Bd. 2, S. 824.

440 *Johow*, Sachenrecht Bd. 2, S. 823 f.

441 Zu dem römisch-rechtlichen Ursprung dieser deutschen Rechtsinstitute vgl. *Klein-Bruckschwaiger*, HRG Bd. 1, Sp. 971 ff.

§ 153 TE-SachR den Eigentumserwerb im frühesten Zeitpunkt, bei der bloßen *separatio*, stattfinden.

Bei einer sonstigen dinglichen Berechtigung zum Fruchtbezug ist der Erwerbstatbestand nach § 154 TE-SachR schwächer ausgestaltet. Das soll heißen, dass zusätzlich zu der körperlichen Trennung auch noch eine Inbesitznahme (*perceptio*) treten muss. Kernbeispiele für diese Berechtigungen sind der Nießbrauch nach §§ 276 ff. TE-SachR und der nach § 468 TE-SachR fruchtberechtigte Pfandgläubiger.[442]

> § 154 Wer vermöge eines sonstigen Rechts an einer fremden Sache zu der Aneignung ihrer Erzeugnisse oder gewisser Erzeugnisse oder gewisser Bodenbestandtheile eines Grundstücks berechtigt ist, erwirbt das Eigenthum an den seinem Rechte unterworfenen Gegenständen mit der Besitznahme derselben.

Johow betont mit dieser Regelung den Unterschied zwischen dem Erbpächter und dem sonstigen dinglich Berechtigten. Nur Ersterer wird auch im Hinblick auf die eigentlichen Erwerbsmodalitäten dem Eigentümer gleichbehandelt. Er erwirbt schon im Moment der Trennung Eigentum, unabhängig, wer diese Trennung vornimmt. Für die letzteren Fälle, bei denen der Separationserwerb stets umstritten war, kommt die schwächere Rechtstellung durch das Erfordernis einer Perzeption für den Eigentumserwerb zum Ausdruck. Insofern kommt diesen letzten dinglichen Fruchterwerbsrechten zwar in Bezug auf die Muttersache eine umfassende Dinglichkeit zu, die auch den Ausschluss Dritter beinhaltet. Die Früchte freilich sind nicht automatisch von diesem dinglichen Recht erfasst, sondern müssen von dem nach § 154 TE-SachR Berechtigten erst durch Perzeption erworben werden. Erst durch die Besitzergreifung werde nämlich hinreichend klar, welche Erträge er als unter seinem Aneignungsrecht fallend ansieht.[443]

Zuletzt geht § 155 TE-SachR auf den Eigentumserwerb kraft eines schuldrechtlichen Fruchtbezugsrechts ein. Gemeint ist zuvorderst der Fruchterwerb des Pächters, aber auch die schenkweise oder kaufrechtliche Veräußerung von Erträgen soll von diesem Tatbestand erfasst sein.

> § 155 Dasselbe gilt in Ansehung desjenigen, welcher zu dem Bezuge oder zu der Entnahme vermöge eines Forderungsrechts befugt ist und den Besitz des Erzeugnisses oder sonstigen Bestandtheils mit dem Willen des Eigenthümers der Hauptsache erlangt. [...]

Diese Vorschrift verweist für den Eigentumserwerb auf § 154 TE-SachR. Grundsätzlich soll auch der persönlich Fruchtziehungsberechtigte also erst mit der Inbesitznahme Eigentum an den Erträgen einer Sache erwerben. Der grund-

---

442 Weitere Beispiele in *Johow*, Sachenrecht Bd. 2, S. 825 f.

443 *Johow*, Sachenrecht Bd. 2, S. 826.

legende Unterschied ist allerdings, dass zumindest der erste Absatz des § 155 TE-SachR den Eigentumserwerb nicht nur von einer Perzeption, sondern auch von dem Willen des Eigentümers abhängig macht.

Noch deutlicher als in den vorangehenden Normen wird an dieser Stelle der Wille des Gesetzgebers deutlich, den Eigentumserwerb von dem Umfang der jeweiligen Fruchtberechtigung abhängig zu machen. Schon ein vergleichender Blick auf die §§ 153, 154 TE-SachR macht deutlich, wie nach dem Umfang der Berechtigung an der Sache unterschieden wird. Angesichts seines dinglichen Rechts wird der nach § 153 TE-SachR Berechtigte einem Eigentümer weitgehend gleich behandelt. Er kann das Eigentum an den Erzeugnissen und sonstigen körperlichen Erträgen wegen den §§ 6, 8 TE-SachR zwar nicht vor ihrer Trennung beanspruchen, dennoch soll er unmittelbar mit der körperlichen und zugleich rechtlichen Unabhängigkeit Eigentum an ihnen erlangen. Freilich hat der nach § 154 TE-SachR Berechtigte ebenfalls ein gegen Dritte wirkendes, dingliches Recht an der Sache, jedoch befähigt ihn dieses nur zu einer Inbesitznahme. D.h., dass sein Recht nicht ausreicht, um ihn unmittelbar zum Eigentümer zu machen, sondern, dass er zusätzlich seinen Erwerb durch die Perzeption nach außen kenntlich machen muss.

Der Forderungsinhaber im Sinne des § 155 TE-SachR hat von den drei gesetzlich behandelten Konstellationen die schwächste Position. Ihm steht nach römischen Recht kein ‚Recht an der Sache', sondern lediglich ein ‚Recht zur Sache' zu.[444] Er hat nur ein relatives Forderungsrecht gegen seinen Vertragspartner, dem Eigentümer der Muttersache, was der Tatbestand dieser Norm durch das Abstellen auf den Willen des Eigentümers deutlich macht. Wie der Gesetzesredaktor anmerkt, handelt es sich bei dieser Vorschrift lediglich um einen „Fall der Eigenthumserwerbung durch Uebertragung"[445], der systematisch bei den Vorschriften zum Eigentumserwerb an beweglichen Sachen (§§ 132-138 TE-SachR) zu verorten wäre. Die späte gemeinrechtliche Wissenschaft etwa behandelt diese Konstellation als einen Fall eines derivativen Eigentumserwerbs durch *traditio*.[446] Weigert sich der Eigentümer die Einwilligung in den Fruchterwerb zu gestatten, so erwirbt der Gläubiger aus dem Schuldverhältnis kein Eigentum an den Früchten. Er ist allenfalls auf einen etwaigen Schadensersatzanspruch gegen seinen Vertragspartner verwiesen.[447]

---

444 Zu der Wirkung des Pachtrechts gegenüber Dritten vgl. insbesondere auch *Wieling*, GS Sonnenschein, S. 201-205.

445 *Johow*, Sachenrecht Bd. 2, S. 827.

446 *Windscheid*, Pandekten Bd. 1, S. 640 Anm. 6; *Göppert*, Erzeugnisse, S. 263 ff.

447 *Windscheid*, a.a.O.

In der Entwurfsbegründung verweist *Johow* jedoch darauf, dass die Behandlung dieses Erwerbstatbestandes dennoch im Zusammenhang mit dem ansonsten originären Erwerbstatbeständen in §§ 152 ff TE-SachR gerechtfertigt ist.[448] Das preußische Recht hatte nämlich auch für die persönlichen Fruchtbezugsrechte angeordnet, dass mit der Übergabe des Gegenstandes eine dingliche Wirkung eintrat.[449]

> Preuß. ALR I 2 § 135 Wenn demjenigen, der ein persönliches Recht zu einer Sache hat, der Besitz derselben auf den Grund dieses Rechts eingeräumt wird, so entsteht dadurch ein dingliches Recht auf die Sache.
>
> Preuß. ALR I 21 § 1 Das Recht ein fremdes Eigenthum zu gebrauchen, oder Früchte und Nutzungen daraus zu ziehen, kann durch Willenserklärungen, unmittelbar durch Gesetze, oder auch durch Verjährung begründet werden. § 2 So weit der Berechtigte sich im wirklichen Besitze der zu gebrauchenden oder zu nutzenden Sache befindet, hat seine Befugniß die Eigenschaft eines dinglichen Rechts.

Mit der Übergabe wirkte das Recht des Pächters nicht nur relativ gegen seinen Geschäftspartner, sondern auch absolut gegen jeden Dritten. Der Gesetzesentwurf für das BGB übernimmt den preußischen Rechtsgedanken für das wichtigste persönliche Fruchtbezugsrecht zunächst nicht, sondern erst seit dem zweiten Entwurf aus dem Jahre 1895 (E II)[450], gleichwohl verweist *Reinhold Johow* schon in seinem Vorentwurf auf Bestimmungen des Pachtrechts, wo

> „unter gewissen Voraussetzungen die Wirksamkeit des Pachtrechts nicht nur gegen den Verpächter, sondern auch gegen Dritte anerkannt [sei]“[451]

Welche Bestimmungen er im Einzelnen meint, ist nicht ersichtlich. In Anbetracht, dass der TE-SchuldR von seinem eigentlichen Redaktor *Franz von Kübel* nicht fertig gestellt werden konnte, ist wohl davon auszugehen, dass über die dingliche Wirkung eines Pachtrechts im Sinne des Grundsatzes von ‚Kauf bricht nicht Miete (bzw. Pacht)' bei Besitzübergabe der Sache schon vor Schaffung des E I durch die 1. Kommission diskutiert worden ist. *Reinhold Johow* zumindest knüpft an die Verdinglichung des Pachtrechts in § 153 Abs. 2 TE-SachR die Rechtsfolge, dass der Wille des Eigentümers beim Fruchterwerb außer Acht gelassen werden soll. Der besitzende Pächter soll demnach, ebenso wie ein Nießbraucher oder ein anderer dinglich Berechtigter, durch die bloße Inbesitznahme,

---

448 *Johow*, Sachenrecht Bd. 2, S. 827 f.

449 *Johow*, Sachenrecht Bd. 1, S. 263; Zur Rechtslage in Preußen u.A. *Dernburg*, Schuldverhältnisse, S. 222; aus neuerer Zeit vgl. etwa *Wieling*, GS Sonnenschein, S. 201 ff.; *Otte*, Festschrift Wieacker, S. 464; für das römische Recht und rechtsvergleichend *Wieling*, Ricerche Gallo, S. 667 ff.

450 Zur Gesetzgebungsgeschichte, s. auch *Repgen*, S. 234-249, *Krenek*, S. 34-38.

451 *Johow*, Sachenrecht Bd. 2, S. 828.

auch gegen den Willen des ursprünglichen Eigentümers, Eigentum an den Früchten erwerben können.[452]

> § 155 [...] Ist das Forderungsrecht, z.B. Pachtrecht, gegen Dritte wirksam, so findet der § 154 entsprechende Anwendung.

Auch wenn die schuldrechtlichen Vorschriften zum Pachtrecht zu diesem Zeitpunkt noch nicht vollendet sind, deutet *Johow* mit diesem Absatz bereits den Zusammenhang von Fruchterwerb und Besitz an der Muttersache an. Aus der Besitzposition soll demnach nicht bloß im Sinne des Grundsatzes ‚Kauf bricht nicht Miete' eine Ausschlussbefugnis des Fruchtberechtigten gegenüber dem Eigentümer resultieren, sondern auch eine Verdinglichung seines Fruchterwerbs.

bb) Ablehnung eines gutgläubigen Fruchterwerbs

Im Hinblick auf den dinglichen Fruchterwerb ist an dem Vorentwurf zuletzt noch auffällig, dass in den §§ 152-155 TE-SachR kein eigener Erwerbstatbestand für den *bonae fidei possessor* vorgesehen ist. Die gemeinrechtliche Doktrin behandelte die Fruchtberechtigung des redlichen Besitzers zumeist als eine Konstellation des Eigentumserwerbs an Früchten. In dieser Hinsicht ist es überraschend, wenn diese Frage im Vorentwurf beim gutgläubigen Erwerb beweglicher Sachen durch Dritte in § 135 Nr. 3 TE-SachR behandelt wird.

> § 135 Auch bei mangelndem Eigenthum des Veräußerers erlangt der redliche Erwerber das Eigenthum der ihm übergebenen Sache [...] 3. wenn der redliche Besitzer einer Sache Erzeugnisse oder sonstige Ausbeute aus derselben veräußert und übergeben hat, bevor von dem Eigenthümer der Sache auf Herausgabe derselben gegen ihn Klage erhoben ist.

In der Begründung zur systematischen Verortung dieser Vorschrift heißt es:

> „Die [...] Fruchterwerbung des redlichen Besitzers verschafft demselben [...] nicht Eigenthum an der Frucht [...]. Hierher [zu den §§ 152-155 TE-SachR] gehören nur die Berechtigungen, die Erzeugnisse einer fruchtbringenden Sache, oder gewisse Erzeugnisse derselben, oder Bodenbestandtheile des Grundstücks für sich zu beziehen, sich anzueignen."[453]

Erklärlich wird diese Entscheidung nur, wenn man sich nochmals den Streitstand der gemeinrechtlichen Diskussion über den Eigentumserwerb des gutgläubigen Besitzers vor Augen führt und insbesondere auf die von *Savigny*, *Windscheid* und *Göppert* vertretene Auffassung schaut. Während die weithin vertretene Ansicht in der Literatur mit verschiedenen Begründungsansätzen versucht, dem gutgläubigen Besitzer Eigentum an den Früchten zukommen zu las-

---

[452] *Johow*, Sachenrecht Bd. 2, S. 828.
[453] *Johow*, Sachenrecht Bd. 2, S. 825.

sen, bestreiten die letztgenannten Autoren den Eigentumserwerb an den Früchten vollständig. Knüpft man nun mit dem Gesetzesredaktor die Modalitäten des Fruchterwerbs primär an die Frage der Berechtigung an der Muttersache[454], so liegt es nahe ein eigenständiges, dingliches Recht an der fruchttragenden Sache bei der *bonae fidei possessio* abzulehnen. Insbesondere unter den Erwägungen, die *Bernhard Windscheid* bereits 1847[455] angestellt hat, gelangt man dabei zu dem Ergebnis, dass dem redlichen Besitzer für die Dauer seiner Gutgläubigkeit allenfalls eine Privilegierung gegenüber einem sonstigen Besitzer in der schuldrechtlichen Haftung bei einer Vindikation bzw. einem bereicherungsrechtlichen Anspruch zukommen soll. Insofern steht die Vorschrift des § 135 Nr. 3 TE-SachR im systematischen Zusammenhang mit der Haftungsbefreiung des gutgläubigen Besitzers nach § 179 Abs. 2 TE-SachR, wonach er nur für den Ertrag einer Sache einzustehen habe, der „bei dem Beklagten noch vorhanden und nicht in das Eigenthum eines Anderen übergegangen“ ist. Konstruktiv erreicht der TE-SachR das Haftungsprivileg, indem zwar der redliche Besitzer selbst kein Eigentum an den Erzeugnissen und der Ausbeute erwirbt, er jedoch wirksam über diese verfügen kann, soweit auch der Dritterwerber in guten Glauben ist. Voraussetzung ist also eine doppelte Gutgläubigkeit beim Fruchtziehenden und dem Dritterwerber.

Dieser Gedanke entspricht damit zumindest im Grundsatz einer Idee von *Rudolf Jhering*, der bei der Frage des Fruchterwerbs den Schutz des Rechtsverkehrs voranstellt.[456]

> „Damit die Frucht aus der Hand des Producenten frei und sicher in den Verkehr trete, [...] darum allein schon hätte man dem b.f.p. [...] das Eigenthum zugestehen müssen. Wenn man der Ansicht, die ich hier vertrete, mit der Frage hat begegnen wollen: wie es denn zugehe, daß das römische Recht dem b.f.p. einerseits das Eigenthum zuspreche und andererseits ihm die Verpflichtung zur Restitution der fructus extantes auferlege, damit also, was es mit der einen Hand gegeben, mit der anderen Hand wieder nehme, so antworte ich: weil in keiner anderen Weise das beabsichtigte Eigenthum der dritten Erwerber an der Frucht sich hätte gewinnen lassen.“[457]

Dennoch übernimmt der Gesetzesredaktor diese Gedanken nur in beschränktem Maße. Dem redlichen Besitzer wird nicht das Eigentum, sondern nur eine gewisse Verbrauchs- und Veräußerungsbefugnis an den Früchten zugesprochen. Scheitert der Eigentumserwerb des Dritten an dessen Bösgläubigkeit, muss der redliche Besitzer den Ertrag, soweit er sich noch in seinem Besitz befindet, he-

---

454 Vgl. *Johow*, Sachenrecht Bd. 2, S. 765 f.

455 *Windscheid*, ZCP 4 (1847), S. 74 ff.; dazu schon oben 2. Kapitel III 2 b) cc).

456 *Jhering*, JherJb 12 (1873), S. 317 ff.

457 *Jhering*, JherJb 12 (1873), S. 320.

rausgeben. Ansonsten ist der Dritte einem unmittelbaren Vindikationsanspruch des Eigentümers auf die Früchte ausgesetzt. Ziel dieser Regelung ist also im Wesentlichen der Schutz des Rechtsverkehrs, weswegen der Fruchterwerb eines redlichen Dritten zugelassen wird, des *bonae fidei possessor* selbst dagegen nicht.[458]

Es bleibt indes zu fragen, wie mit anderen wirtschaftlichen Erträgen, die aus der Sache gezogen werden können, umgegangen wird. Dies meint zuvorderst die gemeinrechtlichen *fructus civiles*, aber auch der unkörperliche Gebrauchsvorteil aus einer Sache. Der Vorentwurf zum Sachenrecht setzt sich mit diesen Erträgen nur in § 180 TE-SachR auseinander. Da *Johow* dem bloßen Besitzer in keiner Hinsicht ein Nutzungsrecht, also auch nicht für den bloßen Gebrauch zusprechen möchte, wäre eigentlich zu erwarten, dass diese Vorteile in irgendeiner Form dem Eigentümer der Sache zugewiesen werden. Jedoch hatte ein großer Teil der gemeinrechtlichen Literatur wegen der Unkörperlichkeit dieser Erträge bereits die Ansicht vertreten, dass sie stets als *fructus consumti* anzusehen und damit gerade grundsätzlich nicht zu ersetzen seien. Dieser Auffassung tritt *Reinhold Johow*, wenn nicht ausdrücklich, so doch im Ergebnis bei. In einer beispielhaften Aufzählung beschreibt der Tatbestand des § 180 TE-SachR Erträge, die sich weitgehend in einem einmaligen Verwertungsakt realisieren und sich daher nicht mehr körperlich im Vermögen des Besitzers befinden. In diesem Sinne tritt also für die unkörperlichen Erträge doch wieder der Gutglaubensschutz als Gesichtspunkt in den Mittelpunkt der gesetzlichen Regelung. Er betrifft aber ausschließlich unkörperliche und damit nicht eigentumsfähige Gegenstände.

cc) Gleichlauf von Eigentumserwerb und Fruchtberechtigung

Diese Konstruktion des Redlichkeitsschutzes durch eine doppelte Gutgläubigkeit spricht darüber hinaus auch eine weitere Eigenart des Fruchtrechts im Vorentwurf zum Sachenrecht an, den Gleichlauf von Eigentumserwerb und Restitutionspflicht nach dem Maße der Fruchtberechtigung.

Für den Tatbestand des § 152 TE-SachR wurde bereits festgestellt, dass er lediglich deklaratorisch die Befugnis des Eigentümers an der Muttersache nachvollzieht und ihm das Vollrecht an sämtlichen Bestandteilen derselben auch nach ihrer Trennung zuordnet. Es wäre daher zumindest auf den ersten Blick zu erwarten, dass entsprechend der begrenzten Berechtigung Dritter an der Sache in den Folgeparagraphen nur von dem Eigentumserwerb an Früchten die Rede sei. Dennoch handeln diese ebenso von der „Erwerbung des Eigenthums an Erzeug-

[458] Kritisch hierzu *Leonhard*, ZRG.RA 14 (1893), S. 281.

nissen und sonstiger Ausbeute aus einer Sache". Dass die Fruchtberechtigung in sachenrechtlicher Hinsicht durchaus weiter oder geringer ausfallen kann, da ja nicht jedes Erzeugnis und jede Ausbeute zugleich Frucht im Sinne des § 20 TE-SachR ist, wurde bereits an verschiedener Stelle ausgeführt. Für die Vorschrift des § 153 TE-SachR mag diese begriffliche Handhabung noch nachvollziehbar sein, wenn man den hiernach Nutzungsberechtigten auch im Hinblick auf den Erwerbsgegenstand dem Eigentümer der Sache gleichbehandeln will. Für die sonstigen dinglich und persönlich Berechtigten sind dagegen schon größere Zweifel angebracht, warum in den Erwerbstatbeständen der §§ 154, 155 TE-SachR kein Bezug auf die Legaldefinition des allgemeinen Sachenrechts genommen wurde. Die Antwort auf dieses Problem liefert der Redaktor in seiner Begründung[459] selbst.

> „Aber auch hinsichtlich der Erwerbung durch einen Anderen als den Eigenthümer der Hauptsache ist die Erwerbung von solchen Erzeugnissen und sonstiger Ausbeute, die unter den Fruchtbegriff fallen, nur als die am häufigsten vorkommende und wichtigste zu betrachten, da sie Gegenstand des Nießbrauchs und des Pachtrechts ist. Daneben kommt auch die Erwerbung von Erzeugnissen und anderen Bestandtheilen einer Sache, insbesondere des Grundstücks, ohne Rücksicht auf den Fruchtbegriff als Gegenstand dinglicher oder persönlicher Berechtigungen vor [...], einzelnen oder vielen, für einmal oder für mehrere Male gestattet."

Weiter heißt es dort:

> „Daß diese Fälle mit zu treffen sind, ist bei der Fassung der gesetzlichen Bestimmungen zu berücksichtigen."

Für die Regelung der §§ 153-155 TE-SachR wurde von dem Gesetzesredaktor also bewusst eine weite Fassung gewählt, die sich nicht ausschließlich an dem gesetzlichen Fruchtbegriff orientiert, sondern auch andere Fälle des Eigentumserwerbs von körperlichen Erträgen mitberücksichtigen will.

Die begrifflich weite Fassung dieser Paragraphen bezweckt dennoch nicht eine Loslösung des Eigentumserwerbs von der ursprünglichen Berechtigung, sondern soll gerade der inhaltlichen Berücksichtigung des jeweiligen Nutzungsrechts dienen. Das jeweilige Nutzungsrecht gibt also den Umfang des Eigentumserwerbs vor. Gesetzestechnisch wird dies erreicht, indem es in § 154 TE-SachR heißt, dass das Eigentum lediglich an den dem „Rechte unterworfenen Gegenständen" erworben werde. Für die beiden wichtigsten Fruchterwerbsrechte, dem dinglichen Nießbrauch (§§ 276, 277 TE-SachR) und der schuldrechtlichen Pacht (§ 576 DresdE[460]), kamen durch den inhaltlichen Verweis auf den

---

459 *Johow*, Sachenrecht Bd. 2, S. 824.

460 Nach der Versterben des Redaktors für das Schuldrecht *Franz von Kübel* wurden hat der Hilfsarbeiter, *Herrmann Struckmann*, im Vorentwurf zum Miet- und Pachtrecht ledig-

Fruchtbegriff von vornherein also nur Früchte als Gegenstand des dinglichen Fruchterwerbs in Betracht. Ausdrücklich bringt dies nochmals § 282 Abs. 1 TE-SachR zum Ausdruck, wenn er unter fast wörtlicher Anlehnung an die römischen Quellen zur *silva non caedua*[461], die wider der ordentlichen Wirtschaft gezogenen Früchte von dem Nießbrauchsrecht ausnimmt.

> § 282 Abs. 1 TE-SachR Zu den Nutzungen gehören nicht solche Einnahmen, welche nach den Regeln einer ordentlichen Wirthschaft auf Kosten des Kapitals gemacht sind, z.B. das einem Walde über die Grenze des wirthschaftlichen Holzbezuges hinaus in Folge Windbruches, Raupenfraßes, Waldbrandes oder dergleichen entnommene Holz [...].

An ihnen soll er lediglich ein uneigentliches Nießbrauchsrecht erwerben, mit der gleichzeitigen Verpflichtung einen eventuellen Gewinn in die „Wiederausgleichung des der dienenden Sache geschehenen Abbruches zu verwenden", § 282 Abs. 2 TE-SachR.

Für andere Fruchtberechtigungen, die sich dinglich aus einer Grunddienstbarkeit oder einem ähnlichen Recht, persönlich etwa aus einem Kauf- oder Schenkungsvertrag ergeben können, muss dagegen auf den jeweiligen Gegenstand des Rechts bzw. Rechtsgeschäfts geschaut werden. Die vertragliche Vereinbarung gibt einmal die Schranken des Erwerbs vor. Das bedeutet aber auch, dass im Einzelfall Bestandteile einer Sache erworben werden können, die nicht unter den Fruchtbegriff im Sinne des § 20 TE-SachR fallen. Zu denken ist dabei beispielsweise an die schenkweise Übertragung der Baumaterialien eines abgebrochenen Hauses. Die einzelnen Stücke des Hauses sind gem. § 7 TE-SachR Bestandteile des Grundstücks, sie sind aber kein bestimmungsgemäßer Ertrag im Sinne des § 20 TE-SachR. Dennoch eröffnet § 155 Abs. 1 TE-SachR die Möglichkeit für den Beschenkten, die einzelnen, getrennten Stücke mit dem Willen des Eigentümers selbständig in Besitz zunehmen und Eigentum an ihnen zu erwerben.

Die einzige Frage, die in diesem Zusammenhang von *Reinhold Johow* offen gelassen wird, ist, inwieweit die Erwägung von *Heinrich Göppert* Berücksichtigung finden können, für den Schutz des Rechtsverkehrs einen Eigentumserwerb auch an den sogenannten Übermaßfrüchten zuzulassen. Der Redaktor überlässt die Entscheidung dieser Frage ausdrücklich der Wissenschaft und Praxis.[462]

---

lich die Bestimmungen des DresdE berücksichtigt; vgl. *Schubert*, Vorlagen, Recht der Schuldverhältnisse, Teil 2, S. 239 ff..

461 Vgl. *Ulpian* D. 24, 3, 7, 12.

462 *Johow*, Sachenrecht Bd. 2, S. 828.

c) Das Pfandrecht an stehenden Früchten[463]

Die Entscheidung in § 8 TE-SachR scheint noch ein weiteres Problem mit sich zu bringen, dass sich im Hinblick auf ein mögliches Pfandrecht an den Früchten ergibt. Grundsätzlich gilt, wie auch schon im römischen Recht, dass vor der Trennung ein Pfandrecht an den stehenden Früchten nur besteht, wenn auch an der Muttersache ein ebensolches begründet werden kann. Diese Regelung scheint jedoch im Widerspruch zu der Regelung des § 714 CPO vom 30. Januar 1877 zu stehen.

> § 714 CPO Früchte können, auch bevor sie von dem Boden getrennt sind, gepfändet werden. Die Pfändung darf nicht früher als einen Monat vor der gewöhnlichen Zeit der Reife erfolgen.

Die Gesetzesverfasser der Civilprozeßordnung für das Reich hatten sich bereits vor der Kommission für die Schaffung eines Bürgerlichen Gesetzbuches mit der Frage auseinanderzusetzen, inwieweit eine Vollstreckung in *fructus stantes*, Früchte auf dem Halm, möglich sein solle.[464] Vom römischen Recht ausgehend müsste diese Frage verneint werden, vgl. *Gaius* D. 6, 1, 44.[465] Jedoch waren zu diesem Zeitpunkt verschiedene, abweichende Landesgesetzgebungen bekannt, welche durch ältere deutsche Rechtstraditionen und insbesondere durch das französische Recht beeinflusst, eine solche Vollstreckbarkeit unter gewissen Voraussetzungen anerkannt haben. In diesem Sinne hatte sich etwa das *OAG Oldenburg* in einer Entscheidung aus dem Jahre 1870[466] ausdrücklich gegen eine Anwendung des römischen Rechts gewandt und die Pfändung von stehenden Früchten zugelassen. Zur Begründung seiner Entscheidung weißt das Oberappellationsgericht auf die „altgewohnte, sehr vernünftige Rechtsanschauung" des französischen Rechts hin.[467]

Vom gemeinen Recht ausgehend war eine solche Pfändung der *fructus stantes* bzw. *pendentes* jedoch unzulässig. Erst die Schaffung einer einheitlichen Ci-

---

463 Eine rechtshistorische Untersuchung dieser Frage liefert *Schulz*, FG Zitelmann, S. 151-165; rechtsvergleichend aus Sicht des Gemeinen Rechts arbeitet auch *Johow*, ZGRPr 5 (1871), S. 313-340; zur aktuellen Diskussion *Spyridakis*, S. 154 f.

464 *Hahn*, Materialien, S. 455 f., 836 ff.

465 So auch *Windscheid*, Pandekten[5] Bd. 1, S. 746 Anm. 5a; vgl. aber auch *Windscheid*, Pandekten[6] Bd. 1, S. 801 Anm. 5c, wo der Autor darauf hinweist, dass dieser Streit durch die Einführung des § 714 CPO obsolet geworden sei; zur Debatte bei der Schaffung der CPO vgl. *Hahn*, Materialien, S. 836-838; krit. zum gemeinen Recht *Waldeck*, AcP, 55 (1872), S. 482.

466 OAG Oldenburg, *v. 1870*, SeuffA 24 (1870), Nr. 209 S. 762-765; ähnlich OAG Dresden, *v. 12.5.1864*, SeuffA 18 (1865), Nr. 209 S. 525 f.; für das preuß. Recht auch OAG Berlin, *v. 19.4.1873*, SeuffA 28 (1873), Nr. 232 S. 681 f.

467 OAG Oldenburg, a.a.O., S. 764.

vilprozeßordnung für das Reich im Jahre 1877 hat diese Möglichkeit für das gesamte Reichsgebiet eröffnet und insofern das gemeine Recht abgeändert.

„Durch § 663 [später: § 714] solle zunächst diese [regionale] Ungleichheit beseitigt, die Abpfändung solcher Früchte auch da eingeführt werden, wo sie bisher noch nicht bestanden. Insoweit und hinsichtlich dieser Länder greife allerdings der Paragraph in das Civilrecht ein.“[468]

Für den Entwurf lehnt es *Reinhold Johow* ab, diese Prinzipien zu übernehmen.

„Von dem Standpunkte des vorl. Entw. wird nun allerdings behauptet werden müssen, daß in der Natur der Früchte Schwierigkeiten gerade der Zulassung, nicht aber der Ausschließung solcher Pfändung entgegenstehen.“[469]

Der Gesetzesredaktor hatte sich bereits 1871 in einem Aufsatz[470] zu diesem Problem geäußert und die römische Rechtstradition verteidigt. Ausdrücklich hält er dort an dem Grundsatz fest, dass ein Pfandrecht an Früchten erst mit ihrer Trennung erfolgen könne.[471] Dennoch erkennt auch *Johow* an, dass ein praktisches Bedürfnis gegen die Abschaffung des § 714 CPO spreche und deswegen eine pragmatische Lösung für die Vereinheitlichung dieses Widerspruchs gefunden werden müsse. An diese Stelle knüpft er mit der Vorschrift des § 468 TE-SachR an, die die reichsgesetzlich zugelassene Pfändung von *fructus stantes* inhaltlich neu regeln soll.[472]

§ 468 TE-SachR Die Verpfändung von Erzeugnissen, welche von der fruchtbringenden Sache noch nicht getrennt sind, gilt als Ermächtigung des Gläubigers, an Stelle des Verpfänders die Trennung des Erzeugnisses behufs Erwerbung des Pfandrechts an demselben zu gehöriger Zeit zu bewirken.

Mit der Besitznahme des getrennten Erzeugnisses erwirbt der Gläubiger das Pfandrecht an demselben.

Die in dem ersten Absatz bezeichnete Befugniß des Gläubigers erlangt Wirksamkeit gegen Dritte, wenn der Verpfänder die fruchtbringende Sache in die thatsächliche Gewalt des Gläubigers oder eines Dritten für denselben giebt. Ist die fruchtbringende Sache ein nicht verschließbares Grundstück, so tritt die Wirksamkeit gegen Dritte nur dann ein, wenn die Fruchtverpfändung durch eine auf dem Grundstück angebrachte Inschrift Jedermann ersichtlich wird gemacht ist.

§ 468 Abs. 1 TE-SachR sieht also die eigentliche Begründung eines Pfandrechts an Früchten frühestens zu dem Zeitpunkt vor, in dem die körperliche Trennung

---

468 *Hahn*, Materialien, S. 837.

469 *Johow*, Sachenrecht Bd. 3, S. 1883.

470 *Johow*, ZGRPr 5 (1871), S. 313-340; zur Singularität des § 714 CPO vgl. auch *Stobbe*, Handbuch, S. 60.

471 *Johow*, a.a.O, S. 315-317.

472 *Johow*, Sachenrecht Bd. 3, S. 1882 ff.

des Erzeugnisses von der fruchttragenden Sache erfolgt ist. Zugleich knüpft der Gesetzesentwurf an einer vorzeitigen Verpfändung Rechtsfolgen an. Eine dingliche Wirkung soll grundsätzlich nicht erfolgen, jedoch gilt die Verpfändung als Gestattung gegenüber dem Pfandgläubiger selbst eine Trennung vorzunehmen und dadurch den dinglichen Pfanderwerb durch Inbesitznahme zu vollziehen (Abs. 2). Diese quasi dingliche Wirkung zwischen den Parteien wird im dritten Absatz noch weiter durch eine Erstreckung der Wirksamkeit auf Dritte ergänzt. Erlangt der Gläubiger durch den Pfandrechtsbesteller in den Besitz der Muttersache oder wird durch einen deutlichen Hinweis die Fruchtverpfändung auch für Dritte erkennbar gemacht, so soll die Bezugsbefugnis des Gläubigers auch gegen Dritte wirken. Die Verpfändung von stehenden Früchten hat demnach bis zur Trennung der Erzeugnisse auch weiterhin keine unmittelbare Auswirkung auf die bestehende Rechtslage. Aus Gründen des Gläubigerschutzes wird die Befugnis des Pfandgläubigers zur Inbesitznahme der Früchte dennoch in gewisser Hinsicht verdinglicht. Durch diese Konstruktion schafft es *Johow* gleichzeitig an dem Grundsatz des § 8 TE-SachR von der Einheit des Rechts an einer einheitlichen Sache festzuhalten und dennoch den durch § 714 CPO bezweckten Gläubigerschutz aufrechtzuerhalten.

II. 1. Entwurf (E I)

1. Allgemeine Begriffsbestimmung

Die Betrachtung der Fruchtdefinition im Vorentwurf hat gezeigt, dass *Reinhold Johow* von einem im Umfang auf die Fruchtbezugsrechte begrenzten Anwendungsbereich ausgegangen ist. Jedoch erweist sich diese Begrenzung schon bei der ersten Gesamtbetrachtung des bürgerlichen Rechts, insbesondere im Zusammenhang mit dem TE-SchuldR als problematisch. Unter Protokollführung von *Viktor von Liebe* erfolgt daher in der 292. und 293. Sitzung der 1. Kommission am 20./22. Februar 1884 eine ausführliche Erörterung über eine inhaltliche Veränderung und Ergänzung der Vorschrift in § 20 TE-SachR. Die Notwendigkeit einer solchen Anpassung wird dabei vor allem für drei Bereiche diskutiert. Einerseits erörtert die Kommission die Einführung einer allgemeinen, gesetzlichen Definition des Begriffs der Nutzungen. Andererseits stellt sich die Frage, inwieweit an einer Begrenzung des Anwendungsbereichs der Fruchtdefinition festzuhalten ist. Und drittens, ob der auf Sacherträge begrenzte Fruchtbegriff auch auf alle Erträge von unkörperlichen Rechten erstreckt werden soll.

a) Einführung eines allgemeinen Nutzungsbegriffs

Was die Einführung eines Nutzungsbegriffs angeht, so stellt der Redaktor des Vorentwurfs, *Reinhold Johow*, schon bei der ersten Erörterung dieses Punktes selbst den Antrag, der Legaldefinition der Früchte einen § 19a voranzustellen, durch den die Früchte und sonstigen Gebrauchsvorteile einer Sache unter dem gemeinsamen Begriff der Nutzungen erfasst werden sollen.

> § 19a Zu den Nutzungen einer Sache gehören auch die Vortheile, welche der Gebrauch der Sache gewährt.

Zur Begründung verweist der Redaktor auf das bei der Beratung des Schuldrechts[473] entstandene Bedürfnis, diesen Begriff entgegen dem von ihm zunächst zum Vorentwurf eingenommenen Standpunkt[474] gesetzlich zu normieren. Der Begriff der Nutzungen sei an verschiedener Stelle in allen Teilen der Vorentwürfe zum BGB anzutreffen und soll damit auf eine gefestigte Begriffsgrundlage gestellt werden. Zu diesem Zweck knüpft die Gesetzgebungskommission an die sächsische und preußische Tradition an und greift deren Tatbestand der Gebrauchsvorteile auf, § 72 sächs. BGB, I 2 § 110 preuß. ALR zurück. Die anwendungsbereichbezogene Definition des Gegenstandes eines Nießbrauchrechts in § 277 TE-SachR dagegen wird damit überflüssig und gestrichen.[475] Ebenso wenig wie dort nimmt die 1. Kommission aber dazu Stellung, was im Einzelnen unter die ‚Gebrauchsvorteile' fallen soll. Insofern scheint man sich mit dem Hinweis des Gesetzredaktors *Johow* auf den allgemeinen Sprachgebrauch zu begnügen.[476] Letztendlich kommt ihm aber auch nur die Funktion als Auffangtatbestand zu, um „keinen Zweifel zu lassen"[477], dass auch die über die gegenständlichen Früchte hinausgehenden Vorteile als Nutzungen im Sinne des Gesetzes erfasst sind.

Ungeklärt bleibt zunächst, ob auch dem Unterantrag von *Gottlieb Planck*[478] beizustimmen sei, wonach auch der Gebrauchsvorteil eines Rechts zu den Nutzungen gezählt werden müsse. Für die inhaltliche Entscheidung über die Erfassung von Rechtserträgen wird auf die Entscheidung über die Anpassung des Fruchtbegriffs verwiesen.[479]

---

473 Prot.-E I, S. 3359 = *Jakobs/Schubert*, Beratung, Allgemeiner Teil 1, S. 455 f. Anm. 30.

474 So noch *Johow*, Sachenrecht Bd. 1, S. 88.

475 Prot.-E I, S. 3359 = *Jakobs/Schubert*, Beratung, Allgemeiner Teil 1, S. 455 f. Anm. 30.

476 S. oben Anm. 398.

477 Mot. III, S. 70 = *Mugdan*, Materialien Bd. 3, S. 39.

478 Prot.-E I, S. 3363 = *Jakobs/Schubert*, Beratung, Allgemeiner Teil 1, S. 459 Anm. 33.

479 Prot.-E I, S. 3360 = *Jakobs/Schubert*, Beratung, Allgemeiner Teil 1, S. 456.

b) Sacherträge

Die Gesamtbetrachtung der Entwürfe zum bürgerlichen Recht hat auch verschiedene Schwierigkeiten beim Umgang mit der bisherigen Legaldefinition des Fruchtbegriffs aufgezeigt, wodurch sich wiederum der Sachenrechtsreferent dazu veranlasst sah, einen Vorschlag zur inhaltlichen Änderung des § 20 TE-SachR in die Kommission einzubringen.

> § 20 Zu den Früchten einer Sache gehören:
>
> 1. sowohl die organischen Erzeugnisse der Sache als die sonstige Ausbeute aus derselben, deren Gewinnung zur bestimmungsmäßigen Nutzung der Sache gehört;
>
> 2. die Einkünfte, welche die Sache vermöge eines Rechtsverhältnisses abwirft, insbesondere Pacht- und Miethzinse, sowie Einkünfte aus besonderen Berechtigungen, die mit dem Eigenthum der Sache verbunden sind.

Betrachtet man seinen Änderungsvorschlag, so fällt auf, dass zwei wesentliche Punkte von der Fassung des Vorentwurfs abweichen. Zunächst einmal entfällt im Einleitungssatz die Bezugnahme auf die Fruchtbezugsrechte. Der Redaktor bezweckt mit dieser Streichung eine Ausweitung des Anwendungsbereiches der Legaldefinition.[480] Für den Gesamtzusammenhang im Sachenrechtsentwurf konstatiert er, dass sich nach dessen Fertigstellung das Bedürfnis für eine allgemeingültige, vor der Klammer stehende Fruchtdefinition nicht ergeben habe. Wie für die Eigentumserwerbtatbestände und für die Vindikation bereits dargestellt wurde, spricht der Entwurf zumeist allgemeiner von „Erzeugnissen und sonstiger Ausbeute", um die verschiedenen Vermögenserträge einer Sache begrifflich zu erfassen. Der Begriff der Früchte selbst findet nur im Nießbrauch bei den §§ 277, 316 TE-SachR Anwendung, wo er indes um die bloßen Gebrauchsvorteile erweitert werden musste. Insofern erscheint es dem Redaktor angemessener, eine eigenständige Regelung allein für das Nießbrauchsrecht zu statuieren.

> „Auf das Sachenrecht allein gesehen, müßte jedenfalls der § 20 gestrichen und das Erforderliche bei §§ 277 ff. vorgesehen werden."[481]

Zugleich gibt *Johow* zu bedenken, dass eine weitere Verwendung des Fruchtbegriffs für die anderen Teile des BGB erforderlich sein kann. Zu diesem Zwecke nennt er 21 Nachweise in verschiedensten Zusammenhängen, wo der Begriff der Früchte in den anderen Büchern anzutreffen sei.[482] Er sieht daher davon

---

480 Zu dem folgenden vgl. Prot.-E I, S. 3360 = *Jakobs/Schubert*, Beratung, Allgemeiner Teil 1, S. 456 f. Anm. 31.

481 *Jakobs/Schubert*, Beratung, Allgemeiner Teil Tb. 1, S. 456 f. Anm. 31 sub 1 a.E.

482 *Jakobs/Schubert*, Beratung, Allgemeiner Teil Tb. 1, S. 456 f. Anm. 31 sub 3.

ab, eine Streichung des § 20 TE-SachR zu beantragen, um es „nicht an der erforderlichen Legaldefinition fehlen zu lassen.“[483]

Da die von ihm gesichteten Anwendungsbeispiele sowohl Fruchtbezugsrechte wie Pacht, Nießbrauch oder das Nutzungsrecht des Ehemannes an dem eingebrachten Gut der Ehefrau betreffen, als auch verschiedene Restitutionsansprüche, beispielsweise im Bereicherungsrecht, bei der Vindikation oder dem Erbschaftsanspruch, hält es *Johow* zugleich für gerechtfertigt, die bislang verfolgte Begrenzung in § 20 Nr. 1 TE-SachR aufzugeben. Sein Änderungsantrag streicht daher die Worte „nach den Regeln einer guten erhaltenden Wirthschaft“ aus der Legaldefinition und lässt das Kriterium der Bestimmungsmäßigkeit nur noch für die sonstige Ausbeute gelten. Einer allgemeinen Fruchtdefinition könne nur noch die Aufgabe zukommen, den Ertrag eines Gegenstandes von der Substanz der Muttersache abzugrenzen. Organische Erzeugnisse freilich berühren die körperliche Substanz eines Grundstücks nicht. Lediglich die sonstige Ausbeute als Ertrag von Grund und Boden treffe zumeist die Grundstückssubstanz und müsse daher auf den bestimmungsgemäßen Ertrag begrenzt werden. Soweit sich die Gewinnung hierauf beschränke, sei auch die sonstige Ausbeute als Frucht im Sinne des Gesetzes anzusehen.[484] Ob und inwieweit ein Fruchtziehungsberechtigter auf den wirtschaftlichen Ertrag zu verweisen sei, ist nicht durch die Legaldefinition, sondern durch diejenigen „Bestimmungen, die ein Recht zum Fruchtbezuge normiren“[485] zu klären. Auf diesem Wege sei auch eine Hinzuziehung des Fruchtbegriffs als Begriffsmerkmal für die Restitutionstatbestände möglich. Insbesondere für den Eigentumsherausgabeanspruch in §§ 178 ff. TE-SachR hatte der Vorentwurf bislang generell auf die „Erzeugnisse und sonstige Ausbeute“ abstellen müssen. Durch die Ausweitung der Fruchtdefinition bietet die hiesige Legaldefinition auch für diesen Anwendungsbereich eine begriffliche Grundlage.

Dieser Funktionswandel des § 20 TE-SachR ist jedoch schon innerhalb der Kommission auf Kritik gestoßen. Die deutlichsten Bedenken äußert *Paul von Roth*, der den Fruchtbegriff in seinem Antrag auf das „Erträgniß der wirthschaftlichen Benutzung der Sache“ begrenzen will.[486]

---

483 *Jakobs/Schubert*, a.a.O.

484 Prot.-E I, S. 3364 f. = *Jakobs/Schubert*, Beratung, Allgemeiner Teil 1, S. 459.

485 Prot.-E I, S. 3364 f. = *Jakobs/Schubert*, a.a.O.

486 Prot.-E I, S. 3362 = *Jakobs/Schubert*, Beratung, Allgemeiner Teil 1, S. 458. Ein weiterer Antrag von *Gottlieb Planck* entspricht im Hinblick auf die körperlichen Erträge von Sachen, bis auf einige sprachliche Änderungen, dem Referentenantrag, abgedr. in *Jakobs/Schubert*, a.a.O.

> § 20 Früchte einer Sache sind: 1. die organischen Erzeugnisse der Sache und die sonstige Ausbeute aus derselben, sowie sie als Erträgniß der wirthschaftlichen Benutzung der Sache erscheint, [...].

Dieser Unterantrag wurde indes mit dem Hinweis auf die beabsichtigte Ausweitung des Anwendungsbereichs von der Mehrheit der 1. Kommission abgelehnt.[487] Zwar wurde in der Debatte erwogen, wie mit Beeinträchtigungen der Muttersubstanz durch die Fruchtziehung umzugehen sei. Jedoch gelangte man zu dem Ergebnis, dass die Substanzerhaltung keine absolute Grenze darstellen könne. Sehr deutlich heißt es hierzu in den Motiven zum 1. Entwurf:

> „Die im geltenden Rechte hervortretende Beschränkung des Fruchtbegriffs auf die Erzeugnisse, die ohne Verminderung der Substanz der Sache aus der letzteren gezogen werden können, verdunkelt den Begriff, indem sie in denselben ein Moment hineinzieht, welches seine Bedeutung nur für das einem Anderen als dem Eigenthümer der Sache zustehende Recht zum Fruchtbezuge hat. Wenn dem Pächter und Nießbraucher grundsätzlich nur die Erzeugnisse gebühren, deren Gewinnung zur bestimmungsmäßigen bz. wirthschaftlichen Nutzung der Sache gehört, so wird hierdurch nur der Inhalt des Pachtrechtes und des Nießbrauchs, nicht aber auch der Fruchtbegriff berührt."[488]

Für die Erfassung der sonstigen Ausbeute wird dort weiterhin festgestellt:

> „[D]iese Ausbeute [gestaltet sich] meist zu einem theilweisen Verbrauche der Substanz und damit zu einer Verschlechterung des Grundstückes; [...]. Allein ein Bedenken gegen die Ausdehnung des Fruchtbegriffes über das Gebiet der organischen Erzeugnisse kann hieraus gegenüber jener Erwägung umso weniger entnommen werden, als daß Gesetz auch bei der Auffassung dieser Erzeugnisse als Früchte nicht den Sinn hat, die Wahrung der Substanz als strenge Grenze festzuhalten. Zur Schonung der Substanz ist nur erforderlich, daß die Behandlung der sonstigen Ausbeute als Frucht davon abhängig gemacht wird, daß sie zur bestimmungsmäßigen Nutzung der Sache gehört. Dagegen ist hier ebensowenig wie bei den organischen Erzeugnissen die wirthschaftliche Benutzung der Sache als Voraussetzung des Fruchtbegriffes am Platze."[489]

Der Fruchtbegriff dient zwar auch weiterhin als Gegenbegriff zu der Substanz der fruchttragenden Sache. Im Einzelnen soll die Abgrenzung aber nicht streng nach objektiven Kriterien erfolgen, sondern wertend anhand der Fähigkeit der Muttersache überhaupt solche Erträge abwerfen zu können. Die Legaldefinition im Kommissionsentwurf geht damit weit über das Verständnis des Vorentwurfs hinaus. Insbesondere heißt das, dass zumindest im Hinblick auf die organischen Erzeugnisse eine Fruchtziehung im Übermaß zugelassen wird. Ein Verstoß ge-

---

487 Prot.-E I, S. 3364 = *Jakobs/Schubert*, Beratung, Allgemeiner Teil 1, S. 459.

488 Mot. III, S. 68 f. = *Mugdan*, Materialien Bd. 3, S. 38.

489 Mot. III, S. 69 = *Mugdan*, Materialien Bd. 3, S. 38.

gen die Grundsätze einer wirtschaftlichen Fruchtgewinnung hat damit ausschließlich nur noch Bedeutung für das Schuldverhältnis zwischen dem Fruchtziehungsberechtigten und dem Eigentümer. Auf den Umfang des sachenrechtlichen Fruchterwerbs wirkt er sich dagegen grundsätzlich nicht aus.

c) Rechtserträge und durch Rechtsverhältnis vermittelte Erträge

Bereits im Vorentwurf hatte *Johow* seine Aufmerksamkeit besonders auch den unkörperlichen Erträgen gewidmet. Dabei wurden zwei Ertragsformen unterschieden: Zuerst die durch ein Rechtsverhältnis vermittelten Erträge und Erträge von mit dem Eigentum verbundenen Rechten im Sinne des § 20 Nr. 2 TE-SachR sowie zweitens der „Gewinn aus subjektiv-persönlichen Rechten“ nach § 21 TE-SachR. Beides wurde in der 1. Kommission erneut diskutiert.

aa) Rechtsverhältnisfrüchte

Was zunächst die durch ein Rechtsverhältnis vermittelten Erträge (§ 20 Nr. 2 Var. 1 TE-SachR) anbelangt, so sieht *Reinhold Johow* als Referent keinen Anlass zur Beanstandung. Der bislang gefundene Begriff wird von seiner Seite als hinreichend angesehen, um die *fructus civiles* im gemeinen Recht erfassen zu können. Zustimmung erfährt dieser Ansatz im Grundsatz auch von dem nur teilweise abweichenden Antrag des Germanisten *Paul von Roth*.

> § 20 Früchte einer Sache sind: [...] 2. die Einkünfte, welche eine Sache durch Vermittelung eines darauf bezüglichen Rechtsverhältnisses abwirft.

Inhaltlich ist keine Veränderung beabsichtigt. Die Streichung der Einzelbeispiele aus dem Tatbestand soll lediglich eine sprachliche Verkürzung und Vereinfachung des Gesetzestextes erreichen. Ganz auf dieser Linie hat die Mehrheit entschieden, inhaltlich an der Fassung des Vorentwurfs festzuhalten, aber die sprachlich kürzere Fassung zu verabschieden.[490] Im Sinne des Gesetzes sollten also alle durch ein Rechtsverhältnis vermittelten Erträge als Früchte gelten.

Gegen diese Mehrheitsentscheidung stand lediglich ein Vorschlag von *Gottlieb Planck*, der die ursprüngliche Fassung des § 20 Nr. 2 TE-SachR durch folgende Vorschrift ersetzen wollte.

> § 20 [...] Ist jemand verpflichtet, die Früchte zu ersetzen, welche er von einer Sache oder einem Rechte gezogen hat, oder hätte ziehen müssen, so gelten als solche auch diejenigen Einkünfte, welche der Verpflichtete in Folge eines Rechtsgeschäfts als Vergütung für die Überlassung des Gebrauchs oder des Fruchtgenusses der Sache oder des Rechts gezogen hat oder hätte ziehen müssen.

---

[490] Prot.-E I, S. 3370 = *Jakobs/Schubert*, Beratung, Allgemeiner Teil 1, S. 461.

Mit diesem Vorstoß regte der spätere Vorsitzende der 2. Kommission an, das Konzept dieser Fruchtkategorie verschiedentlich umzugestalten.

Zunächst sieht *Planck* eine vom Anwendungsbereich her engere Fassung des § 20 Nr. 2 TE-SachR vor. Der Vorschlag nimmt nur Bezug auf die Restitutionsverhältnisse, während der Entwurf sämtliche Fälle des Fruchtrechts zu erfassen versucht. Diese anwendungsbereichbezogene Begrenzung der Legaldefinition rechtfertige sich aus dem Gedanken, dass die *fructus civiles* auch in der gemeinrechtlichen Diskussion primär bei den verschiedenen Rückgewähransprüchen diskutiert worden seien. Jedoch verkennt dieser Vorschlag, dass damit keineswegs eine Begrenzung des Anwendungsbereichs bezweckt war. Ganz im Gegenteil betont die Mehrheit der 1. Kommission zu Recht, dass gerade auch für die Fruchtbezugsrechte eine Erstreckung des Fruchtbegriffs auf die mittelbaren Erträge kraft eines Rechtsverhältnisses über die Sache erforderlich erscheint.[491] Gerade in den klassischen Beispielen eines Fruchtbezugsrechts, Nießbrauch und Pacht, steht dem Fruchtberechtigten regelmäßig auch das Recht zu, sein Gebrauchsrecht durch andere ausüben zu lassen, anstatt die fruchttragende Sache selbst zu kultivieren. Insofern entscheidet sich die Mehrheit der Kommission an dem bisherigen Grundsatz festzuhalten und lediglich bei der jeweiligen Anwendungsvorschrift einzelfallabhängig abzuweichen.[492]

Des Weiteren zielt der Änderungsvorschlag von *Planck* auch auf eine im Umfang engere Fassung der unter den Fruchtbegriff fallenden Erträge. Anstelle von ‚Rechtsverhältnis' heißt es hier ‚Rechtsgeschäft'. Vorerst scheint *Gottlieb Planck* mit dieser begrifflichen Änderung lediglich die Einzelaufzählung des Vorentwurfs aufzugreifen und sie allgemeiner zu beschreiben. Die Gemeinsamkeit der bisherigen Einzelbeispiele, Miet- und Pachtgelder, ist tatsächlich, dass sie jeweils durch einen Vertrag, mithin ein Rechtsgeschäft erzielt werden. Jedoch handelt es sich bei diesen, wie die Gesamtkommission betont, bloß um die beiden wichtigsten Anwendungsbeispiele. Andere Fälle eines vermittelten Rechtsertrages sind aber auch die auf einer „gesetzlichen Anordnung" beruhenden Erträge. Auch diese Fälle sollen nach dem Willen der Gesetzgeber erfasst sein.[493] Insofern wäre eine begriffliche Begrenzung im Sinne von *Gottlieb Planck* aus Sicht der Kommissionsmehrheit zu eng.

> „Denn, wenn es auch richtig sei, daß die fraglichen Erträge regelmäßig darauf beruhten, daß über die natürlichen Früchte und den Gebrauch der Sache rechtsgeschäftlich verfügt werde, so bleibe doch nicht ausgeschlossen, daß unter besonderen

---

491 Prot.-E I, S. 3369 f. = *Jakobs/Schubert*, Beratung, Allgemeiner Teil 1, S. 460 f.

492 Prot.-E I, S. 3369 f. = *Jakobs/Schubert*, a.a.O.

493 Mot. III, S. 70 = *Mugdan*, Materialien Bd. 3, S. 39; vgl. später Planck^4-*Strecker*, § 99 sub. 4.

> Voraussetzungen auch noch andere Erträge vorkommen könnten, namentlich solche, die auf gesetzlicher Anordnung beruhten, wie z.B. in Enteignungsfällen."[494]

Wiederum zeigt sich also das Bestreben der 1. Kommission einen möglichst weiten Fruchtbegriff zu normieren, der nicht auf einen bestimmten Anwendungsbereich oder auf eine bestimmte Ertragsform beschränkt bleibt.

bb) Einführung des Begriffs der Rechtsfrüchte

Während die 1. Kommission für die Beurteilung der durch ein Rechtsverhältnis vermittelten Erträge weitgehend auf das Konzept der *fructus civiles* zurückgreifen und von daher im Grundsatz schon an der Fassung des Vorentwurfs festhalten konnte, stellte sich im Folgenden das Problem, wie mit den Erträgen von bloßen Rechten umzugehen sei. Da sich die Gesetzgebungskommission in § 771 E I für einen engen Sachbegriff entschieden hat, der lediglich die römischen *res corporalis* erfassen sollte, konnte die Legaldefinition der *fructus* bislang lediglich bestimmte dingliche Berechtigungen als fruchttragend begreifen, die sich in irgendeiner Form auf einen körperlichen Gegenstand zurückführen ließen.[495] Bei der Diskussion zum Schuldrecht stellte sich aber die Frage, ob nicht insbesondere auch Zinserträge unter einer eigenständigen, bis dahin unbekannten Kategorie der Rechtsfrüchte[496] subsumiert werden sollten. Dies hatte *Johow* für den TE-SachR noch abgelehnt.[497]

Grundsätzlich kannte der Vorentwurf solche ‚Rechtsfrüchte' nur bei mit dem Eigentum verbundenen Rechten (§ 20 Nr. 2 Var. 2 TE-SachR) und bei den selbständigen Berechtigungen im Sinne des § 2 Abs. 2 TE-SachR[498]. Dessen ungeachtet sind beide Ertragsformen, wie der Vorentwurf betont, als eine Art Gewinn aus körperlichen Gegenständen anzusehen – also im weitesten Sinne als Früchte einer körperlichen Sache und nicht eines unkörperlichen Rechts.[499] Da

---

494 Prot.-E I, S. 3368 = *Jakobs/Schubert*, Beratung, Allgemeiner Teil 1, S. 460.

495 In diesem Sinne ist wohl auch *Windscheid*, Pandekten Bd. 1, S. 466 f.

496 Vgl. *Eck/Leonhard*, Vorträge Bd. 1, S. 112, sprechen in diesem Zusammenhang von einem „künstliche[n] Begriff der Früchte eines Rechts".

497 *Johow*, Sachenrecht Bd. 1, S. 83.

498 Eine eigenständige Regelung über die selbständigen Berechtigungen im Sinne des § 2 Abs. 2 TE-SachR wurde von der 1. Kommission abgelehnt. In den Motiven heißt es hierzu, sie seien „einer längst vergangenen Gestaltung der politischen und wirthschaftlichen Verhältnisse" zu verdanken (Mot. III, S. 6 = *Mugdan*, Materialien Bd. 3, S. 3). Relevanz für das Fruchtrecht erlangt diese Art dinglicher Rechte, soweit sie überhaupt noch partikularrechtlich existieren, vermittelt über den Rechtsfruchtbegriff. Insofern sind sie also auch durch die neue begriffliche Fassung des bürgerlich-rechtlichen Fruchtbegriffs erfasst, auch wenn sie keine eigenständige Fruchtkategorie mehr bilden.

499 Prot.-E I, S. 3368 = *Jakobs/Schubert*, Beratung, Allgemeiner Teil 1, S. 460.

sich bei den Entwurfsverhandlungen herausgestellt hat, dass die anderen Vorentwürfe an verschiedener Stelle den Begriff der Früchte ohne die Begrenzung auf körperliche Gegenstände verwenden, schlug *Johow* selbst schließlich vor, den Fruchtbegriff durch einen § 20a zu ergänzen.

> § 20a Als Früchte eines Rechtes sind anzusehen, die aufgrund desselben zu beanspruchenden wiederkehrenden Leistungen, welche, wie Kapitalzinsen, Leistungen aus Reallasten und dergleichen, das Hauptrecht nicht mindern.

Dieser Vorschlag spricht die wirtschaftliche Gleichwertigkeit von Kapitalzinsen mit den sonstigen Erträgen einer Sache an, indem sie als unmittelbare Erträge eines Rechts definiert werden. Zuletzt hatte *Leo von Petražycki* diesen Punkt in die rechtswissenschaftliche Debatte eingebracht und insbesondere gegen die Erzeugnistheorie von *Heinrich Göppert* verteidigt. Insofern gibt dieser Änderungsvorschlag eine positivrechtliche Grundlage, um Kapitalerträge unter die Definition der Früchte subsumieren zu können. Dieser Vorschlag wurde jedoch von zwei Seiten angegriffen.

Einerseits wendete sich *Paul von Roth* schon gegen die Erweiterung des Fruchtbegriffs in § 20 Nr. 2 Var. 2 TE-SachR auf die Erträge aus mit dem Eigentum verbundenen Rechten.[500] Er weist dabei darauf hin, dass die neuere Gesetzgebungsgeschichte nur auf Sacherträge abgestellt habe und damit lediglich zwischen unmittelbaren (d.h. natürliche Früchte) und mittelbaren (d.h. bürgerliche Früchte) Erträgen einer Sachen unterschieden werden könne. Ein Abweichen von dieser Tradition durch die Einführung des Begriffs der Rechtsfrüchte würde zu Missverständnissen führen.[501] Schließlich seien die Erträge eines mit dem Eigentum verbunden Rechts auch stets Erträge der Sache, an der das Eigentum besteht. Jedoch wies die Mehrheit der Kommission darauf hin, dass ein Festhalten an dieser Begrifflichkeit nicht zwingend notwendig sei. Eine eigene Definition von Rechtsfrüchten sei daher grundsätzlich zulässig.

Damit ist zunächst nur über die Zulässigkeit einer Erfassung von Erträgen dinglich wirkender Rechte entschieden. Ob auch die Erträge von sonstigen, obligatorischen Rechten als Früchte zu bezeichnen sind, bleibt unbeantwortet. Gegen diese Erweiterung sprach sich wiederum *Paul von Roth* aus und stellte den Antrag, die Vorschrift des § 20a vollständig zu streichen.[502] Das Kommissionsmitglied konnte sich auch an dieser Stelle nicht durchsetzen. Die Verwendung des Fruchtbegriffs in diesem weiten Sinne im Schuldrecht, ebenso wie die Relevanz insbesondere von Kapital- und Zinserträgen für den Rechts- und Wirt-

---

500 Prot.-E I, S. 3362 = *Jakobs/Schubert*, Beratung, Allgemeiner Teil 1, S. 458.

501 Prot.-E I, S. 3367 f. = *Jakobs/Schubert*, Beratung, Allgemeiner Teil 1, S. 460.

502 Leider war es mir nicht möglich die Begründung zu diesem Antrag zu finden; vgl. nur *Jakobs/Schubert*, Beratung, Allgemeiner Teil 1, S. 458 Anm. 32.

schaftsverkehr, haben die Mehrheit der Kommission dazu veranlasst, einer Erweiterung des Fruchtbegriffs um die sogenannten Rechtsfrüchte zuzustimmen.

Man war sich jedoch uneinig, wie die Einführung dieser bis dahin unbekannten Ertragskategorie gesetzlich umgesetzt werden sollte. *Johows* Vorschlag zielte auf einen eigenen, speziell auf Zinserträge ausgerichteten Tatbestand. Gegen diesen Ansatz richtete sich die zweite, von *Gottlieb Planck* geäußerte Kritik. *Planck* schlug eine umfassende Fruchtdefinition vor, die sämtliche Rechtserträge ohne Unterschied erfassen sollte.

> § 20 Früchte einer Sache (im Sinne des Gesetzes) sind diejenigen organischen Erzeugnisse der Sache und diejenige sonstige Ausbeute aus derselben, deren Gewinnung zur bestimmungsmäßigen Nutzung der Sache gehört[503]; Früchte eines Rechts sind die Aufkünfte, welche dasselbe bei bestimmungsmäßiger Nutzung gewährt.

Diese Formulierung stellt die Sach- und die Rechtsfrüchte gleichwertig nebeneinander. Das heißt, dass insbesondere keine Beschränkung des Begriffs der Rechtsfrüchte auf dingliche oder schuldrechtliche Berechtigungen erfolgt. Der körperliche Ertrag, der aufgrund eines dinglichen Rechts, wie des Nießbrauchs, gezogen wird, gilt demnach ebenso als Rechtsfrucht wie die Kapitalzinsen, die aufgrund einer vertraglichen Darlehensabrede gezahlt werden.

Dem allgemeinen Bemühen der Kommission entsprechend, einen möglichst weiten Fruchtbegriff zu statuieren, fiel die Entscheidung zu Gunsten des weiter angelegten Antrags von *Gottlieb Planck*. Die Erträge aus dinglichen und obligatorischen Rechten wurden damit gleichermaßen als Rechtsfrüchte bezeichnet. Dementsprechend sind also die unmittelbaren natürlichen Früchte nach § 792 Nr. 1 E I im Falle des Nießbrauchs oder der Pacht Früchte des ihm zugrunde liegenden Nutzungsrechts nach § 792 Nr. 2 E I dieser Vorschrift.

d) Die Legaldefinitionen im 1. Entwurf, §§ 792, 793 E I

Mit zwei wesentlichen Neuerungen führt die 1. Kommission ein sehr weites Verständnis des Fruchtrechts in den Gesetzgebungsprozess ein, an dem im Folgenden weitgehend festgehalten wurde. Nicht mehr allein die Fruchtbezugsrechte sollen zum Anwendungsbereich der Legaldefinition gehören, sondern auch alle Restitutionstatbestände. Der damit einhergehenden Ausweitung des Anwendungsbereichs entspricht es, die gesetzliche Definition vollständig neu auszurichten. Zunächst wird die bisherige Sachbezogenheit des Fruchtbegriffs aufgegeben. Auch die Erträge eines unkörperlichen Rechts sollen als Frucht im Sinne des Gesetzes gelten. Daneben treten die sonstigen Gebrauchsvorteile, die als

---

503 Bis hierin entspricht der Vorschlag fast wortwörtlich dem Antrag des Sachenrechtsreferenten, s. oben 3. Kapitel I 2 a).

Nutzungen definiert werden. Aber auch der Fruchtbegriff selbst ist inhaltlich weiter angelegt, indem die ursprüngliche Begrenzung auf den wirtschaftlichen Ertrag aufgegeben wird und es nunmehr nur noch auf die Bestimmung der Muttersache ankommen soll, solche Erträge überhaupt abwerfen zu können. Daher ergibt sich für die endgültige Fassung in den §§ 792, 793 E I folgender Wortlaut:

> § 792 E I Im Sinne des Gesetzes sind:
>
> 1. Früchte einer Sache die Erzeugnisse der letzteren und diejenige sonstige Ausbeute aus derselben, deren Gewinnung zur bestimmungmäßigen Nutzung der Sache gehört.
>
> 2. Früchte eines Rechts, auch wenn dasselbe zeitlich beschränkt ist, die Erträge, welche das Recht bei bestimmungsmäßiger Nutzung gewährt; insbes. sofern das Gewinnen von Bodenbestandtheilen Gegenstandes des Rechtes ist, die gewonnen Bodenbestandtheile.
>
> 3. Früchte einer Sache oder eines Rechts auch die Erträge, welche die Sache oder das Recht vermöge eines Rechtsverhältnisses gewährt.
>
> § 793 E I Nutzungen einer Sache oder eines Rechtes im Sinne des Gesetzes sind die Früchte derselben sowie die Vortheile, welche der Gebrauch der Sache oder des Rechtes gewährt.

2. *Fruchtberechtigung und dinglicher Fruchterwerb*

a) Fruchtertrag und Muttersache im allgemeinen Sachenrecht, § 784 E I

Prägend für das bürgerliche Fruchtrecht ist auch weiterhin das Festhalten an dem römischen Substantialprinzip. Das bedeutet insbesondere, dass auch weiterhin die Früchte einer Sache als deren Bestandteile anzusehen sind und mögliche Rechtsänderungen frühestens mit der körperlichen Trennung zugelassen werden. Entsprechend findet sich die Bestimmung in § 8 TE-SachR lediglich sprachlich angepasst in den § 784 E I wieder.

> § 784 E I Zu den wesentlichen Bestandtheilen eines Grundstückes gehören auch dessen Erzeugnisse, so lange sie mit dem Boden zusammenhängen.
>
> Samen wird mit dem Aussäen, eine Pflanze wird, wenn sie Wurzel gefaßt hat, wesentlicher Bestandtheil des Grundstückes.

Freilich lag ein Antrag von *Gottlieb Planck* vor, im zweiten Absatz das Verb ‚sein' durch ‚gelten als' zu ersetzen. Dies entspricht einerseits der Intention der Gesetzgebungskommission dieser Vorschriften einen gesetzespositiven Charakter zu verleihen[504], ist zugleich aber auch näher an der römischen Quelle in Inst.

---

[504] Prot.-E I, S. 3328 = *Jakobs/Schubert*, Beratung, Allgemeiner Teil 1, S. 439 f.

2, 1, 32, wo das Wort *intelleguntur* verwendet wird. Jedoch wurde dieser Vorschlag mit dem Hinweis darauf abgelehnt, dass die Kommission an dem Grundsatz der Einheitlichkeit des Rechts an einer Sache festhalten wolle. Die inhaltliche Entscheidung gegen das römische Recht hinsichtlich der Bestandteilseigenschaft des Samens nach der Aussaat wurde nicht bezweifelt.[505] Dem entspricht es, dass auch die Eigentumserwerbstatbestände (§§ 898-902 E I) ebenfalls weiter an dem römischen Substantialprinzip ausgerichtet sind. Ein Sondereigentum an ungetrennten Erzeugnissen wird abgelehnt.

Lediglich das Verbot der Bestellung eines Pfandrechts an Früchten auf dem Halm nach § 468 TE-SachR und dessen Verhältnis der allgemeinen Vorschrift über die Bestandteilsqualität von Früchten zu § 714 CPO[506] führte erneut zu einer Diskussion innerhalb der Kommission.[507] Verschiedene Anträge von *Johow*, *Planck* und *Derscheid* zielten auf eine Änderung des § 468 TE-SachR und gegebenenfalls auf die Einführung eines anomalen Pfandrechts an stehenden Früchten bzw. wenigstens eines dinglich wirkenden Rechts des Pfandgläubigers.[508] Die Mehrheit der Kommissionsmitglieder hat sich aber für die Streichung des § 468 TE-SachR und gegen die genannten Vorschläge ausgesprochen. Im Vordergrund standen dabei die Bedenken gegen ein dinglich wirkendes Recht des Pfandgläubigers vor Sachtrennung und Vollziehung des Publizitätsakts, Trennung und Übergabe. Die Bestellung eines Pfandrechts soll damit parallel zu den Tatbeständen des Eigentumserwerbs an beweglichen Sachen erfolgen, wo ebenfalls erst durch die Übergabe die dingliche Wirkung eintritt. Insbesondere nimmt die Kommissionsmehrheit auf die Möglichkeit einer antizipierten Einigung Bezug. Dies eröffne nämlich auch im Rahmen der Pfandrechtsbestellung die Möglichkeit, bereits im Vorfeld eine Pfandrechtsbestellung einzuleiten, ohne die Einheitlichkeit des Rechts an der einheitlichen Sache aufgeben zu müssen.[509] Eine inhaltliche Anpassung an die Vorschrift des § 714 CPO ist somit nicht erforderlich, da diese Vorschrift eine Einzelregelung für das Zwangsvollstreckungsrecht darstelle und nicht zum allgemeinen Grundsatz erhöht werden müsse. Die Pfandrechtsbestellung bis zu ein Monat vor Trennung der Früchte könne allenfalls dem praktischen Zweck dienen, Gläubigern möglichst früh den Zugriff auf das Schuldnervermögen zu eröffnen. Hiermit würde aber nur ein abzulehnender Anreiz für eine Verschuldung „ärmerer Fruchtziehungsberechtigter" geschaffen.

---

505 Vgl. auch Mot., S. 46 = *Mugdan*, Materialien Bd. 3, S. 25.

506 Hierzu oben 4. Kapitel I 3 c), S. 112 ff.

507 Prot.-E I, S. 5680-5688 = *Jakobs/Schubert*, Beratung, Sachenrecht II, S. 1003-1006.

508 Vgl. die Anträge in Prot.-E I, S. 5680-5682 = *Jakobs/Schubert*, Beratung, Sachenrecht II, S. 1003 f.

509 Prot.-E I, S. 5684 ff. = *Jakobs/Schubert*, Beratung, Sachenrecht II, S. 1004 f.

> „Der praktische Zweck des Antrags [auf Einführung eines anormalen Pfandrechts] bestehe darin, denjenigen Personen, welche die Früchte eines Grundstückes mit deren Trennung erwerben, einen früheren Kredit zu verschaffen. Der Wunsch eines solchen Kredites könne indessen nur bei ärmeren Fruchtziehungsberechtigten, also weniger bei dem Eigenthümer des Grundstückes als bei den Pächtern angenommen werden. Hier aber erscheine es im volkswirthschaftlichen Interesse bedenklich, eine verfrühte Kreditgebung zu begünstigen und so das Schuldenmachen zu erleichtern."[510]

Im Ergebnis entspricht die Entscheidung der Kommissionsmitglieder den inhaltlichen Erwägungen der reichsgerichtlichen Rechtsprechung in den nachfolgenden Jahren. In der Entscheidung vom 18. März 1887[511] setzt sich das Reichsgericht ausdrücklich mit dem Verhältnis des § 714 CPO zum römisch-gemeinen Substantialprinzip auseinander. Das Gericht kommt dabei zu dem Ergebnis, dass diese prozessrechtliche Vorschrift ausnahmsweise und „auch nur insoweit" für den beschränkten Anwendungsbereich der zwangsweisen Fruchtpfändung die Früchte trotz ihrer körperlichen Verbindung als selbständige, bewegliche Sachen behandelt.

> „Im übrigen ist aber durch die gedachten Vorschriften der Civilprozeßordnung an den Bestimmungen des bürgerlichen Rechtes über die rechtliche Natur der von dem Boden nicht getrennten Früchte nichts geändert, es sind nicht die in dem bürgerlichen Rechte über die hängenden Früchte bestehenden Rechtsnormen generell geändert, in der Art, daß diese Früchte überall im Rechtsverkehre als selbständige, bewegliche Sachen gelten, und ist daher nicht richtig, wenn der Revisionskläger aus den Vorschriften der Civilprozeßordnung die Folgerung zieht, daß die hängenden Früchte als selbständige Sachen auch Gegenstand eines Rechtsgeschäfts, insbesondere eines Veräußerungsgeschäftes, sein können."[512]

Mit Ausnahme dieses Einzelfalles hält also auch das Reichsgericht an dem römischen Substantialprinzip fest.

b) Fruchterwerb kraft dinglichen und obligatorischen Rechts

Für den dinglichen Fruchterwerb folgt aus dem Festhalten am römischen Substantialprinzip, dass im Wesentlichen die Erwerbstatbestände des E I an denen des Vorentwurfs angelehnt werden konnten. Insbesondere billigte die Kommission die Begründung *Reinhold Johows* zu der Vorschrift des § 152 TE-SachR. Die Motive zum E I stellen daher im Abschnitt über den „Erwerb des Eigenthumes an Erzeugnissen und ähnlichen Bestandtheilen einer Sache" fest:

---

510 Prot.-E I, S. 5687 = *Jakobs/Schubert*, Beratung, Sachenrecht II, S. 1006.

511 RG, *Urt. v. 18.03.1887* , RGZ 18, S. 365-369.

512 RG, a.a.O., S. 367.

„Aus dem Begriff des dinglichen Rechtes ergiebt sich, daß eine körperliche Zertheilung der Sache an dem Rechtsbestande nichts ändert. An den von einander getrennten Theilen, welche fortan Gegenstände einer getrennten und selbständigen Inhabung bilden [...] besteht das bisherige Recht, Eigenthum, Nießbrauch, Pfandrecht usw. in der Regel fort [...]. Die Fruchteigenschaft des getrennten Bestandtheiles ändert nichts an dem hiernach sich ergebenden Resultate.“[513]

Dies hat zur Folge, dass insbesondere § 152 TE-SachR inhaltlich unangetastet bleibt. Lediglich sprachliche Anpassungen führen zu seiner neuen Fassung in § 898 E I.[514]

§ 898 E I Bestandtheile einer Sache, insbesondere deren Erzeugnisse, gehören auch nach der Trennung dem Eigenthümer der Sache, soweit nicht mit der Trennung ein Anderer in Gemäßheit der §§ 899-902 das Eigenthum an ihnen erwirbt.

Dennoch hat schon der Streit über das Fruchtrecht im 19. Jahrhundert gezeigt, dass trotz des gemeinsamen Ausgangspunkts im römischen Substantialprinzip verschiedene Ergebnisse bei Einzelfragen der dinglichen Fruchtverteilung denkbar sind. Dementsprechend verwundert es nicht, wenn vereinzelte dogmatische Schwierigkeiten nicht nur zu redaktionellen Anpassungen, sondern auch zu materiellen Änderungen in den §§ 899-901 E I im Vergleich zur Fassung des Vorentwurfs in §§ 153-155 TE-SachR geführt haben.

Schon die wissenschaftliche Diskussion zum römischen Fruchtrecht unterschied drei Formen des Fruchterwerbs– der Eigentumserwerb durch *separatio*, *perceptio* oder durch *traditio*.[515] Im Vorentwurf entsprach das jeweilige Maß der Fruchtberechtigung einer dieser drei Erwerbsformen. Der Inhaber eines „ausschließenden, vererblichen und veräußerlichen Nutzungsrechts“ sollte bereits mit der Trennung (*separatio*) Eigentum erwerben, §§ 153, 2 Abs. 2 TE-SachR. Der Inhaber eines sonstigen dinglichen Rechts, insbesondere der Nießbraucher, sollte erst mit der Inbesitznahme (*perceptio*) Eigentum erhalten. Bei einem lediglich obligatorischen Fruchtbezugsrecht wurde danach unterschieden, ob ein gegenüber Dritten wirksames Recht existierte oder nicht. Grundsätzlich erwerbe der Fruchtberechtigte nur aufgrund eines modifizierten Traditionsaktes (*traditio*) Eigentum, § 155 Abs. 1 TE-SachR. Eine Ausnahme sollte nur im Hinblick auf eine mögliche Einführung des aus dem preußischen Recht bekannten Grundsatzes ‚Kauf bricht nicht Miete' für den Pächter erfolgen. In diesem Fall sollte eine entsprechende Anwendung des Perzeptionserwerbs in § 154 TE-SachR erfolgen, § 155 Abs. 2 TE-SachR.

---

513 Mot. III, S. 363 = *Mugdan*, Materialien Bd. 3, S. 201 f.

514 Prot.-E I, S. 4069 f.; 11960 f.. = *Jakobs/Schubert*, Beratung, Sachenrecht I, S. 666 f.

515 Zu Letzterem vgl. insb. auch oben 2. Kapitel I. 3. c) aa) zu Savignys Konstruktion eines Traditionsvertrages.

Der erste Entwurf dagegen unterscheidet nicht mehr drei Varianten des Fruchterwerbs, sondern stellt dem Separationserwerb aufgrund eines dinglichen Fruchtrechts in § 899 E I nur noch den Erwerb durch Besitzergreifung mit dem Willen des Eigentümers als Erwerbsform des obligatorisch Fruchtberechtigten in den §§ 901, 902 E I[516] gegenüber.

> § 899 E I Wer vermöge eines Rechtes an einer fremden Sache befugt ist, alle oder gewisse Erzeugnisse oder gewisse andere Bestandtheile der Sache sich zuzueignen, erwirbt das Eigenthum an den seinem Rechte unterworfenen Gegenständen mit der Trennung von der Hauptsache. [...]

> § 901 E I Gestattet der Eigenthümer einer Sache einem Anderen, Erzeugnisse oder andere Bestandtheile derselben, welche nach ihrer Trennung dem Eigenthümer gehören, sich zuzueignen, so erwirbt der Andere das Eigenthum an diesen Gegenständen mit der Besitzergreifung. [...]

Materiell ergeben sich aus dieser Neufassung der Fruchterwerbstatbestände verschiedene Konsequenzen.

Zunächst war bereits die Unterscheidung der §§ 153, 154 TE-SachR nach ‚ausschließenden, vererblichen und veräußerlichen Nutzungsrechten und den „sonstigen Rechten an einer fremden Sache" spätestens mit dem Wegfall des § 2 Abs. 2 TE-SachR obsolet geworden. Anstelle der Regelungen des Vorentwurfs tritt § 899 E I, der bei allen Formen des dinglichen Fruchterwerbs die bloße Trennung für den Eigentumserwerb ausreichen lässt. Damit erfolgt im 1. Entwurf eine Gleichbehandlung aller Rechte ‚an einer fremden Sache'[517]; die Schaffung eines gesonderten Erwerbstatbestandes für die auch partikularrechtlich nur noch selten vorkommenden, besonderen Fruchterwerbsrechte, wie Emphyteuse, Meierrecht etc., sei der Mehrheit der Gesetzgebungskommission nach „nicht weiter angemessen"[518]. Aus Einfachheitsgründen wird der Fruchterwerb aller dinglichen Nutzungsberechtigten nur noch an die Trennung der Früchte angeknüpft.

> „Das Gesetz gewinne [...] an Einfachheit, wenn man den Eigenthumserwerb durch Trennung ausspreche."[519]

---

516 Diese beiden Vorschriften unterscheiden sich dahingehend, dass nach § 901 E I die Gestattungsbefugnis grundsätzlich beim Eigentümer der Muttersache angesiedelt, nach § 902 E I aber auch eine Gestattung durch einen sonstigen dinglich Fruchtziehungsberechtigten zugelassen wird und die Vorschrift des § 901 E I entsprechende Anwendung finden soll.

517 Prot.-E I, S. 4076 f. = *Jakobs/Schubert*, Beratung, Sachenrecht I, S. 668-669; Mot. III, S. 363 f. = *Mugdan*, Materialien Bd. 3, S. 202.

518 Prot.-E I, S. 4076 = *Jakobs/Schubert*, Beratung, Sachenrecht I, S. 668 f.

519 Prot.-E I, S. 4076 = *Jakobs/Schubert*, a.a.O.; ebenso Mot. III, S. 364 = *Mugdan*, Materialien Bd. 3, S. 202.

Die in den Protokollen zum E I angesprochene Vereinfachung der gesetzlichen Regeln wird durch weitere Erwägungen ergänzt. In der gemeinrechtlichen Literatur war die Diskussion über die konkrete Ausgestaltung des dinglichen Fruchterwerbs, durch *separatio* oder *perceptio*, durchaus kontrovers geführt worden. Insofern bedurfte es noch weiterer Gründe, den originären Fruchterwerb schon mit der Trennung zuzulassen und insbesondere auch den lediglich obligatorisch Berechtigten hiervon auszunehmen.

Grundlage sollte weiterhin die ursprüngliche Unterscheidung nach dem Maße der Fruchtberechtigung bleiben[520], was gerade durch die Unterscheidung der Erwerbstatbestände in § 899 E I und §§ 901, 902 E I zum Ausdruck kommt. Auch der E I konstruiert den Fruchterwerb nach §§ 901, 902 E I, wie schon § 154 TE-SachR, als Modifikation eines Eigentumserwerbs kraft dinglichen Vertrages und Übergabe (*traditio*), während der dingliche Berechtigte[521] – wie sich aus § 899 E I ergibt – allein durch die Fruchtseparation Eigentum erwerben soll.

> „Während die §§ 899-900 Rechtsnormen enthalten, welche mit der an der Sache eintretenden Aenderung durch Abtrennung von Früchten eine Aenderung der Rechte verbinden, beruhen die durch die Vorschriften §§ 901, 902 bestimmten Rechtsänderungen auf einem dinglichen Vertrage und lassen sich schon aus den allgemeinen Grundsätzen herleiten. In den §§ 901, 902 wird eine besondere Eigenthumserwerbsart nicht bestimmt und die Stellung dieser §§ beruht auf der praktischen Rücksicht, im Anschlusse an den Fruchterwerb des dinglich Berechtigten auch den Fruchterwerb des obligatorisch Berechtigten festzustellen."[522]

Welchen Zweck diese Differenzierung verfolgt, wird am deutlichsten, wenn man den Änderungsantrag von *Gustav von Mandry* zum Vergleich hinzuzieht.

> § 154 Wer vermöge Sachen- oder Forderungsrechts befugt ist, die Früchte einer nicht in seinem Eigenthume stehenden Sache sich anzueignen, erwirbt das Eigenthum an denselben.
>
> Der Erwerb erfolgt mit der Trennung von der fruchttragenden Sache, wenn der Fruchtziehungsberechtigte die letztere in der (mittelbaren oder unmittelbaren) Inhabung hat.
>
> Trifft diese Voraussetzung nicht zu, so erwirbt der Fruchtziehungsberechtigte das Eigenthum an der Frucht dadurch, daß er dieselbe in Besitz nimmt.[523]

---

520 Prot.-E I, S. 4079 = *Jakobs/Schubert*, Beratung, Sachenrecht I, S. 685.

521 Zu diesen zählen insbesondere der Nießbraucher gem. §§ 980 ff. E I und der ihm gleichgestellte Ehemann im Hinblick auf das eheliche Vermögen, § 1292 E I; trotz seiner formellen Eigentümersposition ist wohl auch die Rechtsstellung des Vorerben als eines dinglich Berechtigten in diesem Sinne ausgestaltet, vgl. § 1815 E I.

522 Mot. III, S. 367 = *Mugdan*, Materialien Bd. 3, S. 204.

523 Prot.-E I, S. 4076 = *Jakobs/Schubert*, Beratung, Sachenrecht I, S. 668.

Nach diesem Antrag sollte der Fruchterwerb also grundsätzlich mit der Trennung erfolgen, unabhängig von der jeweiligen Berechtigung. Entscheidendes Tatbestandsmerkmal sollte lediglich die nach außen hin erkennbare „mittelbare oder unmittelbare Inhabung“[524] sein. Durch diese Bezugnahme auf die Inhabung einerseits und die Gleichbehandlung sämtlicher Formen der Fruchtberechtigung andererseits stellt *Mandry*, anders als der Schlussentwurf, vor allen Dingen die Erkennbarkeit des Fruchterwerbs für den Rechtsverkehr in den Vordergrund.

Mit dem Ziel einer Vereinfachung der Gesetzesfassung verfolgt zwar auch der Tatbestand des § 899 Abs. 1 E I in gewisser Hinsicht den Verkehrsschutz. Diesem Zweck stehen aber andere Erwägungen zur Seite und zum Teil entgegen. Die Mehrheit der Kommission ließ sich nämlich primär durch das praktische Bedürfnis des Rechtsverkehrs lenken, dem dinglichen Fruchtberechtigten, ebenso wie einem Eigentümer, ein Verfolgungsrecht an den Früchten gegenüber Dritten zuzusprechen. Der Vorentwurf hatte im Falle der Vornahme der Fruchtseparation durch einen Dritten ohne zwischenzeitlichen Besitz des Fruchtberechtigten zur Konsequenz, dass lediglich dem Eigentümer der Muttersache bzw. dem ihm gleichgestellten Fruchtberechtigten nach §§ 153, 2 Abs. 2 TE-SachR ein solches Verfolgungsrecht durch Vindikation zugesprochen werden konnte. Den sonstigen dinglichen Berechtigten war ein Zugriff auf Dritte nicht möglich. Die Gesetzgebungskommission stellt sich aber auf den Standpunkt, dass eine solche Rechtsdurchsetzungsmöglichkeit dem Konzept des dinglichen Rechts zugrunde liegen müsse.

> „Werde ein dingliches Aneignungsrecht angenommen, welches auch an der abgetrennten Frucht verfolgt werden könne, so liegt ein genügender Grund nicht vor, falls der abgetrennte Gegenstand unter das Nutzungsrecht falle, den Eigenthumserwerb bis zur Besitznahme aufzuschieben.“[525]

Insbesondere könne auch ein Abstellen auf die tatsächliche Sachherrschaft über die fruchttragende Sache, die Inhabung, darüber hinweg helfen, denn

> „auch der Nichtinhaber habe ein dingliches Recht an der abgetrennten Frucht und, werde dasselbe als Eigenthum gedacht, so liege kein Grund vor, für den Fall der

---

[524] Dem Begriff der ‚Inhabung' (auch Detention) entspricht in der heutigen Terminologie die bloße tatsächliche Sachherrschaft in Abgrenzung zum Eigenbesitz; vgl. § 797 E I; begrifflich dazu auch *Ernst*, Eigenbesitz, S. 3; zur Geschichte auch *Schubert*, Entstehung, S. 57-95; für das römische Recht *Kaser*, Römisches Privatrecht Bd. 1, S. 389 f. Von entscheidender Bedeutung ist diese Terminologie indessen nicht mehr, da sie keinen Eingang in das BGB gefunden hat; zur Entwicklung während der Gesetzgebungsarbeiten vgl. u.a. *Wieling*, Sachenrecht Bd. 1, S. 132-134 m.w.N.

[525] Prot.-E I, S. 4077 = *Jakobs/Schubert*, Beratung, Sachenrecht I, S. 669.

Nichtinhabung der fruchttragenden Sache durch den Berechtigten hiervon eine Ausnahme zu machen."[526]

Aus Sicht der Fruchtberechtigung stellt der erste Entwurf also ein besonderes Bedürfnis fest, zumindest dem dinglich Berechtigten im Rahmen seiner Nutzungsbefugnis eine verstärkte Rechtsposition auch mit Wirkung gegenüber Dritten zuzusprechen. Durch die Möglichkeit des Eigentumserwerbs unmittelbar ohne Besitznahme schafft § 899 E I zugleich die Grundlage, die dinglichen Fruchtziehungsrechte in ihrer Wirkung auch auf die getrennten Erzeugnisse zu erstrecken und ermöglicht damit eine effektivere, dem Eigentumsrecht entsprechende Rechtsdurchsetzung. Noch vor dem Schutz des Rechtsverkehrs bezweckt diese Vorschrift damit eine Privilegierung des dinglichen Nutzungsberechtigten aufgrund seiner Rechtsposition. Auf diesem Wege kommt mittelbar wieder der Gedanke von *Bernhard Windscheid* zum Ausdruck, die dinglichen Fruchtrechte als einen abgetrennten Teil der umfassenden Eigentümerbefugnisse zu konstruieren.[527]

Den obligatorischen Fruchtrechten und im römisch-gemeinen Recht insbesondere auch der Pacht fehlt es jedoch an einer Dinglichkeit in diesem Sinne. Zwar hätte eine Ausgestaltung des Fruchterwerbs ausschließlich nach dem tatsächlichen Herrschaftsverhältnis, der Inhabung an der Sache, wie sie *von Mandry* vorschwebte, diesen Unterschied überwinden können. [528] Die Erwägungen bei der Schaffung des § 899 E I zeigen aber, dass dies nicht bezweckt war. Ein Separationserwerb komme nur als Abspaltung des Eigentumsrechts in Betracht, als Erwerbsform eines *ius in re*. Die Pacht und andere schuldrechtliche Verträge freilich begründeten lediglich ein *ius ad rem*, weswegen in dieser Hinsicht an dem Ergebnis des Vorentwurfs festgehalten wurde.[529] Entscheidendes Kriterium bei der inhaltlichen Ausgestaltung des Fruchterwerbsrechts war für die Kommission also nicht der Verkehrsschutz, sondern der Umfang der Aneignungsberechtigung. Und diese liege, wie die Vorschrift des § 531 E I zeigt, in der lediglich schuldrechtlichen Berechtigung des Pächters gegen den Verpächter auf Überlassung des Fruchtgenusses.

§ 531 E I Durch den Pachtvertrag wird der Verpächter verpflichtet, dem Pächter den Gebrauch und den Fruchtgenuß des verpachteten Gegenstandes während der Pachtzeit zu überlassen [...].

---

526 Prot.-E I, S. 4077 = *Jakobs/Schubert*, a.a.O.

527 *Windscheid*, ZCP 4 (1847), S. 74 ff.

528 Zur Einführung des Grundsatzes Kauf bricht nicht Miete, s. auch *Repgen*, S. 234-249, *Krenek*, S. 34-38.

529 Prot.-E I, S. 4079 = *Jakobs/Schubert*, Beratung, Sachenrecht I, S. 685.

Im Hinblick auf den Erwerbstatbestand des § 901 E I kommt dies dadurch zum Ausdruck, dass das Gesetz den Erwerb in Anlehnung an die römische Ausdrucksweise von der Gestattung[530] abhängig macht.[531]

Dennoch erkennt der Entwurf zugleich an, dass ein Bedürfnis bestehe auch den schuldrechtlich Berechtigten zu schützen. Dies sollte ursprünglich nach dem Konzept des TE-SachR durch eine zumindest teilweise Gleichbehandlung insbesondere des Pachtrechts mit den dinglichen Fruchtrechten nach dem Grundsatz ‚Kauf bricht nicht Miete bzw. Pacht' erfolgen.[532] Eine auf diesem Wege erreichte Verdinglichung der ansonsten nur schuldrechtlich wirkenden *locatio conductio rei* konnte auf das preußische Vorbild zurückgreifen.[533] Gleichwohl wurde die Übernahme dieses Prinzips von der Mehrheit der Kommission abgelehnt. *Reinhold Johow*, selbst preußischer Jurist, verwies in seiner Begründung zum Vorentwurf Sachenrecht auf die Kritik der preußischen Gesetzesrevision, wonach mit der Einführung dieses Grundsatzes

> „der Klarheit des Ganzen, der Schärfe der Begriffe und einem festen und übersichtlichen System und der Konsequenz desselben, wie dem Zusammenhange mit dem gemeinen Rechtssystem sehr geschadet worden [sei].“[534]

Den entscheidenden Grund gegen die Einführung des Grundsatzes ‚Kauf bricht nicht Miete' hat die Kommission aber in seiner vermeintlichen Unvereinbarkeit mit dem Grundbuchprinzip für unbewegliches Vermögen gesehen.[535] Denn mit der grundsätzlichen Entscheidung für die Registrierung der Rechte an einem Grundstück verfolgte die Gesetzgebungskommission das Ziel, Klarheit über die an einem Grundstück bestehenden Rechtsverhältnisse zu schaffen. Jedoch bedürfen weder Miete noch Pacht einer solchen Eintragung für ihre Begründung.

> „Der Schwerpunkt des den Anträgen [...] zum Grunde liegenden Prinzips liege nicht in der Ablehnung des Grundsatzes: Kauf bricht Miete, sondern in der mit den Re-

---

530 Vgl. D. 39, 5 6; D. 19, 5, 16; D. 4, 3, 34: *pati, permittere*; zu diesen Stellen vgl. auch oben 2. Kapitel I. 3. a) aa).

531 Dazu auch *Zitelmann*, JherJb 70 (1921), S. 29.

532 Vgl. § 155 Abs. 2 TE-SachR, oben 4. Kapitel I. 3. b) aa) a.E.

533 Zur dinglichen Wirkung des Grundsatzes ‚Kauf bricht nicht Miete' im preuß. Recht, vgl. Preuß. Obertribunal, *Entsch. v. 3.6.1853*, StrietA 9 (1854), S. 349-351; teilw. abweichend *Koch*, Allgemeines Landrecht Bd. 1, 2, S. 1025 Anm. 79, der die preuß. Regelungen mit dem Grundsatz *nemo plus iuris transferre potest quam ipse habet* erklärt. Vgl. auch die oben in Anm. 449 genannten Autoren.

534 *Johow*, Sachenrecht Bd. 1, S. 8.

535 Kritisch aus neuester Zeit *Wieling*, GS Sonnenschein, S. 207-209.

> geln des Grundbuchrechts nicht vereinbaren Bestimmung, daß der Erwerber ein Miethrecht anzuerkennen habe, worüber das Grundbuch keine Auskunft gebe.“ [536]

Nichtsdestotrotz lehnte es die Kommission zudem auch ab, dem Miet- oder Pachtverhältnis ausnahmsweise durch einen Eintrag ins Grundbuch einen dinglichen Charakter zu verleihen.[537] Diese anfangs noch erwogene Möglichkeit wurde im Laufe der Beratungen wieder gestrichen, um eine schon von *Johow* angesprochene Vermengung von dinglichem und obligatorischem Rechtsverhältnis zu verhindern.

Aber auch die konsequente Verfolgung des gegenteiligen Prinzips ‚Kauf bricht Miete', das vermittelt durch § 549 DresdE in die Debatte Einzug gefunden hat, wurde für das bürgerliche Recht abgelehnt.

> § 549 DresdE Geht ein den Gebrauch des Miethers ausschließendes Recht an der gemietheten Sache in Folge einer Veräußerung des Vermiethers oder vermöge eines anderen Rechtsgrundes während der Miethzeit auf einen Dritten über, so kann der Miether nicht von diesen die Fortsetzung des Miethverhältnisses, sondern nur von dem Vermiether Erfüllung des Vertrages oder Schadensersatz wegen Nichterfüllung verlangen.

Zwar stimmte man mit dem hier formulierten Gedanken aus dem römischen Recht[538] im Grundsatz überein. Jedoch wurde er in Anbetracht der verbreiteten Mietpraxis in den Städten nicht zu Unrecht als unsozial empfunden.

> „[Es] könne nicht zweifelhaft sein, daß in der Gegenwart die strenge Durchführung jenes Grundsatzes abzulehnen sei, weil sie unter den gegenwärtigen Verhältnissen – zumal in den größeren Städten, wo das Gros der Bevölkerung bis zu den höchsten und vornehmsten Ständen hinauf zur Miethe wohne – zu den größten Unzuträglichkeiten und Uebelständen der schwersten Art führen müsse.“[539]

Die Kommission sucht daher einen Mittelweg, der zwar im Wesentlichen an dem schuldrechtlichen Charakter der Miete festhält, aber ein Mindestmaß an sozialem Ausgleich gewährleisten soll. Die wesentlichen Impulse in diese Richtung kamen wiederum von preußischer Seite, von den beiden Kommissionsmitgliedern *Johow* und *Kurlbaum*.[540] Im Ergebnis beschloss man die Einführung

---

536 Prot.-E I, S. 2063 = *Jakobs/Schubert*, Beratung, Recht der Schuldverhältnisse II, S. 573; ebenso Mot. II, S. 384 = *Mugdan*, Materialien Bd. 2, S. 213.

537 Prot.-E I, S. 2075 f. = *Jakobs/Schubert*, Beratung, Recht der Schuldverhältnisse II, S. 80; dazu *Wieling*, GS Sonnenschein, S. 208; *Repgen*, S. 534 ff.

538 Vgl. *Gaius* D. 19, 2, 25, 1; C. 4, 65, 9; vgl. *Kaser*, Römisches Privatrecht Bd. 1, S. 567; *Krenek*, S. 7-15.

539 Prot.-E I, S. 2062 = *Jakobs/Schubert*, Beratung, Recht der Schuldverhältnisse II, S. 573; fast wortlautidentisch Mot. II, S. 383 f. = *Mugdan*, Materialien Bd. 2, S. 213.

540 Deren Anträge sind abgedruckt in Prot.-E I, S. 2053-2057 = *Jakobs/Schubert*, Beratung, Recht der Schuldverhältnisse II, S. 568 ff.

des § 509 E I im Mietrecht, der über die Verweisungskette in §§ 531, 537 Abs. 3 E I ebenfalls im Pachtrecht Anwendung findet.[541]

> § 509 E I Ist im Falle der Vermiethung eines Grundstückes nach der Ueberlassung desselben an den Miether das Eigenthum an dem Grundstücke von dem Vermiether aus einen Dritten übertragen worden, so ist der Dritte verpflichtet, den Gebrauch des Grundstückes durch den Miether [...] noch so lange zu gestatten, bis nach der von dem Dritten an den Miether gerichteten Aufforderung zur Räumung des Grundstückes die [...] gesetzliche Kündigungsfrist oder, wenn die vertragsmäßige Kündigungsfrist kürzer ist, diese kürzere Frist verstrichen ist.

Der Ausgleich zwischen Mieter bzw. Pächter einerseits und dem Erwerber andererseits erfolgt demnach durch einen automatischen Übergang des Schuldverhältnisses auf den Erwerber auf Zeit. Diesem wird aber zugleich ein kündigungsähnliches Lossagungsrecht zugesprochen. Im Rahmen der vertraglichen bzw. gesetzlichen Kündigungsfrist[542] soll er den Mieter zur Rückgewähr der Mietsache auffordern können. Lediglich für den Zeitraum der Kündigungsfrist sind beide Parteien vertraglich gebunden. Insoweit spricht § 194 E I dem Inhaber[543] ergänzend eine Einrede gegen die Eigentumsklage zu.

> § 194 E I Der Anspruch auf Herausgabe der Sache ist entkräftet, wenn der Inhaber vermöge eines Rechts an der Sache oder vermöge eines gegen den Kläger wirksamen Forderung befugt ist, die Sache zu behalten.

Damit ist auch der Pächter nicht nur auf einen schadensersatzrechtlichen Ausgleich verwiesen.[544]

Zudem ist dieser beschränkte Vertragsübergang nur für die Grundstücksmiete bzw. Grundstückspacht vorgesehen. Das praktische Bedürfnis bestehe, so die Motive, nur bei Immobilien.[545] Bei beweglichen Sachen sei der Fruchtziehungsberechtigte schon hinreichend dadurch geschützt, dass eine Eigentumsübertragung nach dem Entwurf ohne seine Beteiligung nicht möglich sei.[546] Insofern ist der Anwendungsbereich dieser Vorschrift von vorn herein nur auf das Grundstücksrecht begrenzt.

Schon im Zusammenhang mit den nur begrenzten, schuldrechtlichen Abwehrbefugnissen, die sich aus § 509 E I ableiten, bringen die Gesetzesmaterialien zum Ausdruck, dass zwar ein sozialer Mieter- und Pächterschutz bezweckt

---

541 Mot. II, S. 386 = *Mugdan*, Materialien Bd. 2, S. 215; pachtspezifische Erwägungen finden nicht statt.

542 Diese läuft zum Ende des nachfolgenden Quartals aus, vgl. § 522 E I.

543 Und gerade nicht bloß nur dem Besitzer, wie im Römischen Recht.

544 Hierzu *Mugdan*, Materialien Bd. 3, S. 947.

545 Mot. II, S. 386 = *Mugdan*, Materialien Bd. 2, S. 215.

546 Ebd.

war, aber stets die Schaffung eines dinglichen Rechts vermieden werden sollte.[547] Dieses Bestreben, dem Pachtrecht und damit letztlich allen obligatorischen Fruchtbezugsrechten die Dinglichkeit zu versagen, trägt sich in § 901 E I fort. Beide Vorschriften bezwecken einen gewissen Schutz des Pächters, versagen ihm aber dennoch einen vollen dinglichen Schutz aufgrund seiner Besitzposition. *Gustav von Mandry* hatte diesbezüglich noch vorgeschlagen, allein die Besitzerlangung, nicht das jeweilige Rechtsverhältnis, zum zentralen Tatbestandsmerkmal für einen Fruchterwerb zu erklären.[548] Die Mehrheit der Kommission entscheidet sich gegen einen dinglichen Fruchterwerb durch den Pächter. Stattdessen sucht sie den Schutz des obligatorisch Fruchtberechtigten durch die Schaffung des § 901 Abs. 2 E I zu erreichen.

> § 901 E I [...] Ist von dem Eigenthümer dem Anderen zum Zwecke einer solchen Zueignung die Inhabung der Sache überlassen, so erwirbt der Andere während der Dauer der Inhabung das Eigenthum an jenen Gegenständen mit der Trennung von der Hauptsache. Ein während der Dauer der Inhabung des Anderen von dem Eigenthümer erklärter Widerruf der Gestattung ist unwirksam für die Zeit, für welche der Eigenthümer zu der Gestattung verpflichtet ist.

An dieser Stelle normiert der Entwurf also die Möglichkeit eines Separationserwerbs auch durch den obligatorisch Fruchtberechtigten, wenn er die tatsächliche Sachherrschaft an der Muttersache innehat. Diese Vorschrift stimmt gleichwohl nur im Hinblick auf den äußeren Tatbestand mit dem Vorschlag von *Gustav von Mandry* überein. Denn der eigentliche Erwerbsgrund liegt in diesem Fall nicht in der Inhabung, sondern in dem vormaligen Überlassungsakt durch den Eigentümer. Diese Überlassung wird als eine antizipierte Vertragsofferte behandelt, so dass sich der eigentliche Eigentumserwerb dogmatisch weiterhin auf einen Traditionsakt im Sinne der Vorschriften über den Eigentumserwerb an beweglichen Sachen bezieht. Die Annahme dieses Übereignungsvertrages erfolgt daraufhin wenigstens konkludent durch die Inbesitznahme. Für die Kommission folgt aus diesem konstruktiven Ansatz, dass der Entwurfsfassung lediglich ein dispositiver Charakter zukommen soll. Eine etwaige ausdrückliche Vereinbarung zwischen den Parteien soll stets Vorrang haben.

> „Für den dinglichen Vertrag wird durch dispositiven Rechtssatz die Besonderheit bestimmt, daß die Ueberlassung der Inhabung der fruchttragenden Sache als eine Vertragsofferte zu behandeln ist, welche weder ausdrücklich noch durch eine stillschweigende nicht dem anderen Theile abzugebende Willenserklärung angenommen werden muss, sondern auch durch eine stillschweigende nicht dem anderen Theile gegenüber abgegebene Willenserklärung angenommen werden kann."[549]

---

547 Mot. II, S. 384 = *Mugdan*, Materialien Bd. 2, S. 213.

548 Prot.-E I, S. 4076 = *Jakobs/Schubert*, Beratung, Sachenrecht I, S. 668.

549 Mot. III, S. 368 = *Mugdan*, Materialien Bd. 3, S. 204 f.

Parallel zu der Vorschrift des § 509 E I wird zudem in § 901 Abs. 2 S. 2 E I bestimmt, dass auch eine Rücknahme der einmal erteilten Einwilligung durch den Eigentümer nicht möglich ist, solange der Fruchtberechtigter zur Fruchtziehung berechtigt ist. Damit ist es auch dem Erwerber eines verpachteten Grundstücks für die Dauer der Kündigungsfrist nicht möglich, den Fruchterwerb des besitzenden Pächters zu verhindern. In einem beschränkten Maße erfolgt also zumindest für die positive Befugnis zur Nutzung des Pächters eine gewisse, unvermeidbare Verdinglichung seines Rechts. Dennoch ist sein Erwerb zumindest der Form nach von dem Willen des Eigentümers abhängig.

c) Gutgläubiger Fruchterwerb

aa) Verkehrsschutz als Leitgedanke für den redlichen Fruchterwerb

Eine umfassende Neugestaltung hat der Fruchterwerb des gutgläubigen Besitzers erfahren. Der Vorentwurf hatte im Anschluss an die Lehren von *Savigny*, *Windscheid* und *Göppert* einen eigenständigen Erwerbstatbestand abgelehnt.[550] Der Schutz des *bonae fidei possessor* erfolgte lediglich auf schuldrechtlicher Ebene durch eine Haftungsbefreiung für nicht verbrauchte oder veräußerte Früchte, vgl. § 179 Abs. 2 TE-SachR. Die Beratungen in der Gesamtkommission sprechen sich indes dafür aus, im Anschluss an die herrschende Lehre in der gemeinrechtlichen Wissenschaft einen gutgläubigen Eigentumserwerb zuzulassen. Zu diesem Zweck wird der § 900 E I eingeführt, der inhaltlich an die Stelle des § 135 Nr. 3 TE-SachR tritt, systematisch jedoch nicht mehr im Abschnitt über den gutgläubigen Mobiliarerwerb verortet ist.

> § 900 E I Wer eine fremde Sache besitzt, erwirbt das Eigenthum an den in § 792 Nr. 1 bezeichneten Früchten der Sache mit der Trennung von der Hauptsache. Diese Vorschrift findet keine Anwendung:
>
> 1. Wenn der Besitzer zur Zeit der Trennung gewußt hat, daß er zum Besitze der Sache nicht berechtigt ist.
>
> 2. Wenn der Besitzer den Besitz der Sache durch eine strafbare, wenn auch nur auf Fahrlässigkeit beruhende Handlung erworben hat.
>
> 3. Wenn die Trennung von einem Anderen als dem Eigenthümer vermöge eines zur Beziehung der Früchte berechtigten Rechtes an der Sache ohne verbotene Eigenmacht bewirkt worden ist.

Mit der Einführung dieser Vorschrift entscheidet sich die Kommission bewusst, über die Einwände der Lehre gegen einen redlichen Eigentumserwerb an den

[550] S. oben 3. Kapitel I. 2. c).

Früchten hinwegzugehen.[551] Neben dem Schutz des redlichen Besitzers vor einer Haftung nach Bereicherungsrecht für die *fructus consumpti*, sprechen die Gesetzesmaterialien von dem praktischen Bedürfnis auch den Dritterwerber nicht verbrauchter Früchte vor einer Vindikation zu schützen.[552] Nur dieses Ergebnis entspreche der Billigkeit und sei aus Einfachheitsgründen am besten über einen unmittelbaren Eigentumserwerb bereits des redlichen Besitzers zu erreichen. Damit entspricht die gegebene Gesetzesbegründung der Lehre von *Rudolf von Jhering*[553], schon allein wegen des Dritterwerbs an Früchten den gutgläubigen Fruchterwerb zuzulassen. Zugleich ist man sich bei der Schaffung des § 900 E I durchaus darüber bewusst, dass die getroffene Bestimmung nicht zwingend aus der Natur der Sache resultiert. Man sieht sich aber zur Einführung dieser Norm umso mehr veranlasst, als dafür hinreichende Beispiele aus den anderen deutschen Privatrechtskodifikationen[554] bekannt seien. Wie allgemein beim gutgläubigen Eigentumserwerb, lehnt man sich zu diesem Zweck an den aus dem französischen Recht stammenden Verkehrsschutzgedanken an, dass stets von dem Besitz auf das Eigentum des Besitzers geschlossen werden müsse.[555]

> Art. 2279 Cc En fait de meubles, la possession vaut titre.

bb) Tatbestandsvoraussetzungen

Als Voraussetzungen setzt der § 900 E I daher voraus: (1) den Besitz an der Muttersache; (2) die Fruchteigenschaft des getrennten Bestandteils; sowie zuletzt als Ausschließungskriterium[556] (3) das Fehlen von Bösgläubigkeit beim Besitzer. Während das erste Tatbestandsmerkmal vollständig an den Verkehrsschutzgedanken anknüpft, sind die letzten beiden Voraussetzungen im Hinblick auf den Streitstand in der damaligen Literatur von besonderem Interesse.

Deutlich wird mit der Fruchteigenschaft der gezogenen Erträge wiederum die Abgrenzungsfunktion des Fruchtbegriffs gegenüber der Muttersubstanz angesprochen, was vollständig dem Ansatz der Bestimmungslehre entspricht. Dennoch ist zu beachten, dass der Fruchtbegriff im E I einen Funktionswandel durchgemacht und damit eine teilweise Objektivierung gegenüber dem Vorent-

---

551 Mot. III, S. 364 f. = *Mugdan*, Materialien Bd. 3, S. 202.

552 Mot. III, S. 365 = *Mugdan*, Materialien Bd. 3, S. 203.

553 *Jhering*, JherJb 12 (1873), S. 320.

554 Vgl. insb. ALR I 7 § 189; Art. 549 Cc; § 244 sächs. BGB; § 330 ABGB.

555 Mot. III, S. 365 = *Mugdan*, Materialien Bd. 3, S. 203.

556 Prot.-E I, S. 4071 = *Jakobs/Schubert*, Beratung, Sachenrecht I, S. 674: „Es bestehe kein Zweifel in der Richtung, daß nicht eine auf einer konkreten thatsächlichen Grundlage beruhende bona fides als Voraussetzung für den Eintritt der Rechtsnorm, sondern daß die mala fides als Voraussetzung für den Nichteintritt der Rechtsnorm aufzustellen sei.“

wurf und der herrschenden Lehre erfahren hat.[557] Gemeint ist die Erfassung von sogenannten Übermaßfrüchten als Frucht im technischen Sinne. Als zentrales Kriterium stellt § 792 Nr. 1 E I nur noch darauf ab, ob der gezogene körperliche Ertrag der objektiven Bestimmung der Muttersache entspricht. Auf die Wirtschaftlichkeit des Erwerbs kommt es nicht mehr an. Auf diesem Weg lässt der Gesetzesentwurf in beschränktem Maße auch die Beeinträchtigung der Substanz der Muttersache zu, ohne dass der redliche Besitzer zugleich der Haftung nach Bereicherungs- oder Deliktsrecht ausgesetzt wäre.[558] Da die Einhaltung einer Diligenzschranke entfällt, eröffnen die §§ 900, 792 Nr. 1 E I eine vereinfachte Möglichkeit zur Veräußerung der Früchte durch den redlichen Besitzer, was wiederum sein Auftreten im Rechtsverkehr erleichtert.

> „Der Entwurf wolle deshalb als Fruchtertrag gelten lassen, was der Besitzer als Fruchtertrag behandelt habe, damit dritten Erwerbern die Prüfung erspart bleibe, ob der Besitzer die Grenzen der Fruchtziehung überschritten habe.“[559]

Unterstrichen wird dieses Ziel, indem die doppelte Gutgläubigkeit des § 135 Nr. 3 TE-SachR entfällt. Da der Eigentumserwerb nunmehr schon beim Besitzer selbst erfolgt, kommt es nur noch auf seine Gutgläubigkeit an. Dritten gegenüber verfügt er damit als Berechtigter nach § 874 E I.

Der Grund für die Privilegierung des Besitzers hängt aber auch weiterhin von seiner eigenen Redlichkeit ab. Besonderes Augenmerk verdient dabei der Umstand, dass § 900 E I von den Vorschriften über den redlichen Erwerb an beweglichen Sachen abweicht und die fahrlässige Unkenntnis des fehlenden Besitzrechtes nicht ausreichen lässt (so § 877 E I), um den Fruchterwerb zu verhindern.[560] Die Entscheidung für diese Ungleichbehandlung der beiden Gutglaubensvorschriften ist wiederum mit der besonderen Situation der *bonae fidei possessio* zu erklären. Mit der Begrenzung des gutgläubigen Erwerbs an beweglichen Sachen auf den nicht fahrlässig erfolgten Erwerb verfolgt die Kommission die Einführung einer Nachforschungspflicht für den Erwerber, die an die Rechtsprechung des Reichsgerichts[561] zu der entsprechenden Vorschrift in Art. 306 ADHGB angelehnt ist.[562] Der Eigentumserwerb an der Sache selbst soll nur erfolgen, wenn der Besitzer in besonders begründeter Weise auf den äußeren Tatbestand vertrauen darf.

---

557 Prot.-E I, S. 4074 = *Jakobs/Schubert*, Beratung, Sachenrecht I, S. 675.

558 Mot. III, S. 366 = *Mugdan*, Materialien Bd. 3, S. 203.

559 Prot.-E I, S. 4073 = *Jakobs/Schubert*, Beratung, Sachenrecht I, S. 675.

560 Zur Gesetzgebungsgeschichte des § 932 BGB vgl. *Kunkel*, S. 68 ff., 118 ff.

561 RG, *Urt. v. 14.12.1881*, RGZ 6, S. 22; RG, *Urt. v. 22.2.1882*, RGZ 6, S. 87.

562 Hierzu *Kunkel*, S. 22 ff.

„Indem die Abwesenheit grober Fahrlässigkeit gefordert wird, wird dem Erwerber eine gewisse Nachforschungspflicht auferlegt.“[563]

Zugleich sieht die Gesetzgebungskommission aber keinen Grund, um eine derartige Nachforschungspflicht auch für den bloß fahrlässigen Besitzer im Hinblick auf die Früchte zu statuieren.[564] Eine besondere Rücksichtnahmepflicht für die Nutzbarmachung einer Sache könne lediglich bei positiver Kenntnis der Fremdheit der Sache angenommen werden.[565] Diese Erwägung wird mit der engen inhaltlichen Verbindung des § 900 E I mit den Vorschriften über die Fruchtrestitution aus dem Eigentümer-Besitzer-Verhältnis begründet.[566] Schon in der gemeinrechtlichen Literatur war die Tendenz anzutreffen, beide Rechtsfragen inhaltlich aufeinander abzustimmen und soweit wie möglich parallel laufen zu lassen – nicht zuletzt um ein dauerhaftes Auseinanderfallen von Besitz und Eigentum zu verhindern.

Interessanterweise weicht § 900 E I ausgerechnet in einem wesentlichen Punkt von der schuldrechtlichen Haftung im Eigentümer-Besitzer-Verhältnis ab. Grundsätzlich entspricht dieser Tatbestand dem des Herausgabeanspruchs nach § 931 Abs. 1 E I.

§ 931 E I Wenn der Besitzer weiß, daß er zum Besitze nicht berechtigt ist, so hat er die von ihm nach dem Zeitpunkte, in welchem er diese Kenntniß erlangt hat, gezogenen Nutzungen dem Eigenthümer herauszugeben, [...]

Jedoch statuiert das Vindikationsrecht auch einen Herausgabeanspruch für die nach Klageerhebung (*litis contestatio*) gezogenen Früchte in §§ 933, 931 E I.

§ 933 E I Die Vorschriften des § 931 Abs. 1 finden auch gegen denjenigen Besitzer [...] Anwendung in Ansehung der nach dem Zeitpunkte, in welchem der Eigentumsanspruch gegen ihn rechtshängig geworden ist, gezogenen Nutzungen [...].

Gleichwohl erwirbt der redliche Besitzer nach § 900 E I auch von dem Zeitpunkt der Klageerhebung an weiterhin Eigentum an den Früchten, obwohl ihn gleichzeitig die genannte Herausgabepflicht trifft. Mit der Prozesseröffnung habe der Besitzer nämlich damit zu rechnen, die fruchttragende Sache wieder herausgeben zu müssen und ihn treffe daher eine Prüfungspflicht, ob der gegen ihn geltend gemachte Anspruch begründet sei.[567] Jedoch lehnt es der Entwurf ab, aus dieser Prüfungspflicht auch Konsequenzen für den dinglichen Eigentumser-

563 Mot. III, S. 346 = *Mugdan*, Materialien Bd. 3, S. 192; dazu auch *Kunkel*, S. 90.
564 Prot.-E I, S. 4072 = *Jakobs/Schubert*, Beratung, Sachenrecht I, S. 674.
565 Mot. III, S. 403 = *Mugdan*, Materialien Bd. 3, S. 224; Prot.-E I, S. 4072 = *Jakobs/Schubert*, Beratung, Sachenrecht I, S. 674.
566 Mot. III, S. 366 = *Mugdan*, Materialien Bd. 3, S. 203.
567 Mot. III, S. 409 = *Mugdan*, Materialien Bd. 3, S. 228.

werb zu ziehen. Der Grund hierfür liegt wiederum im Verkehrsschutz. Eine solche Prüfungspflicht würde mit den Worten der Kommission

> „zu einer unerwünschten und Komplikationen veranlassenden Schwebe der Eigenthumsfrage führen."[568]

Es sei daher vorzuziehen, den Eigentümer der Muttersache lediglich auf einen schuldrechtlichen Ausgleichsanspruch gemäß § 933 E I zu verweisen. In gewisser Hinsicht begegnet man an dieser Stelle also wieder der gemeinrechtlichen Auffassung, dass die Früchte, auch wenn sie durch den redlichen Besitzer zu Eigentum erworben werden, als Akzession der Muttersache an deren Eigentümer herausgegeben werden müssen. Der Grund hierfür liegt in diesem Fall aber nur in dem Bemühen um einen weitest gehenden Verkehrsschutz.

Der einzige Fall, in dem die bloße Fahrlässigkeit einen Eigentumserwerb an den Früchten verhindere, sei der, dass der *bonae fidei possessor* den Besitz an der Sache durch eine Straftat erlangt habe, § 900 Nr. 2 E I. In diesen Fällen sei bereits durch die Wertungen des Strafrechts vorgegeben, dass ein Fruchterwerb nicht stattfinden solle.[569] Die Einführung dieser Ausnahme sei darum notwendig geworden, da zur Zeit der Gesetzgebungskommission noch Unklarheiten in Wissenschaft und Rechtsprechung darüber bestanden haben, ob der Straftatbestand der Hehlerei als Fahrlässigkeits- oder Vorsatzdelikt verstanden werden müsse.[570] Lediglich bei der fahrlässigen Unkenntnis des Besitzers habe der Verkehrsschutz hinter das Bestandsinteresse des Eigentümers zu treten.

Damit ist auch der wesentliche Unterschied zwischen dem Tatbestand des § 900 E I und dem Fruchterwerb des obligatorisch Berechtigten gekennzeichnet. Der redliche Besitzer erwirbt das Eigentum an den Früchten kraft Gesetzes aufgrund des Glaubens an das Bestehen seines Rechts. Er wird besonders geschützt, weil er davon ausgeht, Eigentum an den Früchten zu erwerben. Er denkt entweder, Eigentümer zu sein oder dass ihm wenigstens ein dingliches Recht zum Fruchtbezug zustehe. Nach dieser Rechtslage trifft er seine wirtschaftlichen Dispositionen, die nicht nur ihn betreffen, sondern gerade auch Dritte. Der obligatorisch Fruchtberechtigte dagegen geht von vornherein von einem tatsächlich bestehenden, freilich abgeleiteten Erwerbsrecht aus und kann entsprechend bei einem Scheitern die Rechte aus dem Schuldverhältnis gegen seinen Gläubiger geltend machen. Daraus erklärt sich einerseits, dass der redliche Besitzer nur an den Früchten im Sinne des § 792 Nr. 1 E I Eigentum erwerben kann, wohingegen der Erwerb des Pächters und anderer durchaus auch auf andere Bestandteile ei-

---

568 Mot. III, S. 366 f. = *Mugdan*, Materialien Bd. 3, S. 204.

569 Mot. III, S. 367 = *Mugdan*, Materialien Bd. 3, S. 204; Prot.-E I, S. 4203, 4179 = *Jakobs/Schubert*, Beratung, Sachenrecht I, S. 676, 787.

570 Prot.-E I, S. 4179 = *Jakobs/Schubert*, Beratung, Sachenrecht I, S. 787.

ner Sache gerichtet sein kann. Denn bei der *bonae fidei possessio* fehlt es gerade an einem begrenzenden Recht. Andererseits erklärt dies auch den Fruchterwerb des gutgläubigen Besitzers bereits durch Trennung und nicht erst durch Inbesitznahme. Er geht von einem bestehenden Nutzungsrecht an der Sache aus und wird dementsprechend so behandelt, als ob diese Rechtslage tatsächlich bestünde.

cc) Resümee

Im Ergebnis zeigt sich, dass § 900 E I zwar nicht alle in der bisherigen Literatur gemachten Bedenken gegen einen Fruchterwerb des *bonae fidei possessor* ausräumen kann. Dennoch rechtfertigt er den Fruchterwerb anhand von Verkehrsschutzinteressen. Anders als bei der Schaffung der anderen Erwerbstatbestände fehlt für diesen Fruchterwerb ein dingliches Recht oder ein Rechtsverhältnis, das begrenzend auf den Fruchtberechtigten wirken könnte. Aus diesem Grund kommt gerade im § 900 E I die Unterscheidung von Frucht und Muttersubstanz zur Geltung, während er an anderer Stelle weitgehend irrelevant ist. Mit der Neufassung der Legaldefinition in § 792 Nr. 1 E I zeigen sich aber einige Schwierigkeiten, die daraus resultieren, dass auch der Eigentumserwerb an den sogenannten Übermaßfrüchten zugelassen wird, was zu einer massiven Beeinträchtigung der ursprünglichen Eigentümerposition führen kann. Dennoch schließt der erste Entwurf aus dem mit dem Verkehrsschutz gerechtfertigten Eigentumserwerb weitgehend auch auf das obligatorische Innenverhältnis zwischen Eigentümer und Besitzer zurück. Der *bonae fidei possessor* ist dem Eigentümer der fruchttragenden Sache weder dinglich noch obligatorisch zum Ersatz einer etwaigen Beeinträchtigung derselben verpflichtet. Mit Ausnahme des kriminellen Besitzers schließt § 900 E I nur bei positiver Kenntnis einen Fruchterwerb aus.

d) Der Eigentumserwerb an Übermaßfrüchten und das schuldrechtliche Korrektiv

An die (zumindest partielle) Entgrenzung des Fruchtbegriffs knüpft überdies die grundsätzliche Frage an, wie in anderen Fällen ein Ausgleich zwischen dem Eigentümer und anderen fruchtberechtigten Personen bzw. dem Vertrauen des Rechtsverkehrs in die dingliche Eigentumsverteilung an den Erträgen erfolgen soll. Erwirbt der Fruchtziehungsberechtigte auch in den Fällen der §§ 899, 901, 902 E I Eigentum an den Übermaßfrüchten?

Der Vorentwurf hatte diese Frage zunächst noch offen gelassen.[571] Mit der Einführung des § 900 E I hat sich die 1. Kommission zumindest für den redlichen Fruchterwerb zulasten des Eigentümerschutzes entschieden. Überhaupt deuten die Vorschriften der §§ 899-902 E I dahin, die Maßgeblichkeit des Fruchtbegriffs insgesamt einzuschränken, indem in ihnen – anders als in § 900 E I – nur noch von den Erzeugnissen und den sonstigen Bestandteilen die Rede ist. Jedoch ist diese Formulierungsweise schon vom Vorentwurf her bekannt, ohne dass damit eine Abkehr von dem Fruchtbegriff gemeint war. Vielmehr kann angenommen werden, dass der Fruchtberechtigte, dem Gedankengang des Vorentwurfs entsprechend, auch hier das Eigentum nur „an den seinem Rechte unterworfenen Gegenständen" (vgl. § 899 Abs. 1 E I a.E.) erwirbt. Daraus folgt, dass wiederum das jeweilige Nutzungsrecht bzw. die rechtsgeschäftliche Vereinbarung den Umfang des Fruchterwerbs bestimmt. Resultiert der Umfang des Fruchterwerbs wie etwa bei den obligatorischen Fruchtziehungsvereinbarungen, insbesondere der Pacht, aus einer vertraglichen Vereinbarung der Parteien, ist der Erwerb nach diesem Verständnis von vornherein auf den vereinbarten Umfang begrenzt.

> „Der gesetzliche Fruchtbegriff werde für den Umfang der Eigenthumserwerbung nicht maßgebend, dieser Umfang wird vielmehr den rechtsgeschäftlichen Erklärungen zu entnehmen sein, wobei indessen Niemand mehr Gegenstände zu Eigenthum überlassen könne, als ihm selbst vermöge seines Rechtes an der Sache oder seines redlichen Besitzes zufallen würden."[572]

Dennoch bleibt zu klären, wie der E I damit umgeht, dass der gesetzliche Fruchtbegriff seine Begrenzungsfunktion zumindest zum Teil aufgegeben hat, indem an dieser Stelle das Tatbestandmerkmal einer wirtschaftlichen Ertragsgewinnung gestrichen wird. Dies gilt namentlich für die Tatbestände, die bei der Beschreibung des Rechtsumfangs ausschließlich auf die Legaldefinition in § 792 E I verweisen, insbesondere das Nießbrauchsrecht in § 980 E I, aber auch den gutgläubigen Fruchterwerb nach § 900 E I. Der Rückgriff auf eine vertragliche Vereinbarung ist insofern anders zu bewerten, als sich aus der Dinglichkeit der Berechtigung der Gesichtspunkt des Verkehrsschutzes stärker zum Tragen kommt. Dasselbe gilt aber auch für den gutgläubigen Erwerb, da es auch hier an einer vertraglichen Abrede fehlt.

Die Begrenzung auf den wirtschaftlichen Ertrag der Muttersache wurde im Vorentwurf einerseits durch die Vorschrift des § 20 Nr. 1 TE-SachR ausgesprochen, andererseits aber auch noch durch § 282 TE-SachR ergänzt. Erst der neu-

---

571 *Johow*, Sachenrecht Bd. 2, S. 828, dazu oben 4. Kapitel I 3 b) cc) a.E.

572 Prot.-E I, S. 4081 = *Jakobs/Schubert*, Beratung, Sachenrecht I, S. 686; ähnlich Mot. III. S. 368 = *Mugdan*, Materialien Bd. 3, S. 204; vgl. auch *Bullermann*, S. 40 f.

gestaltete Fruchtbegriff in § 792 E I machte es erforderlich, den Eigentumserwerb des Nießbrauchers neu zu überdenken und entsprechend auf die objektive Erweiterung der Legaldefinition zu reagieren.

> „Der Fruchtbegriff sei lediglich objektiv nach der organischen Qualität oder nach dem Merkmale bemessen, daß die Sache die Bestimmung habe, derartige Sachen als Ertrag zu liefern. Von diesen Früchten könne man aber nur diejenigen dem Nießbraucher als ihm gebührenden Ertrag der Sache zuweisen, deren Trennung den Regeln einer guten Wirthschaft entsprochen habe."[573]

Ein uneingeschränkter Eigentumserwerb an den Übermaßfrüchten wurde also auch von den Mitgliedern der 1. Kommission als problematisch angesehen. Dieser Umstand führte dazu, dass von verschiedener Seite Lösungsvorschläge unterbreitet worden sind.[574] Es bestand jedoch Einigkeit darüber, dass die Verneinung des Eigentumserwerbes an diesen Früchten nur sehr schwer eingeführt werden könne,

> „weil zur Lösung der wichtigen Eigenthumsfrage die dem Nießbraucher gebührenden von den ihm nicht gebührenden Früchten individuell zu scheiden wären, was in vielen Fällen unmöglich, in den übrigen Fällen meist ohne weitläufige Ermittelungen nicht angänglich ist."[575]

Aus „praktischen Gründen"[576] und damit also wieder aus Verkehrsschutzgesichtspunkten beschließt die 1. Kommission daher, einen Eigentumserwerb in diesem Fall, wie schon beim redlichen Besitz, uneingeschränkt zuzulassen.[577] Aufgrund der bestehenden Bedenken gegen dieses Ergebnis entscheidet sich die Kommission einen Ausgleich auf schuldrechtlicher Ebene einzuführen. Der Nießbraucher wird daher nach § 988 E I verschuldensunabhängig zur Erstattung des verursachten Wertverlustes verpflichtet.

> § 988 E I [...] Werden von der belasteten Sache solche Früchte getrennt, welche ein ordentlicher Hausvater nach den Regeln einer ordentlichen Wirthschaft nicht getrennt haben würde, oder solche Früchte, deren Ziehung obschon die Trennung durch einen besonderen Umstand nöthig geworden, das Maß der wirthschaftlichen Nutzung der Sache an sich übersteigt, so wird der Nießbraucher Eigenthümer auch dieser Früchte; er ist jedoch verpflichtet, den Werth, welchen dieselben zur Zeit der Trennung hatten, dem Eigenthümer der belasteten Sache bei Beendigung des Nießbrauchs zu zahlen [...]. Die Verpflichtung des Nießbrauchers zum Schadensersatze im Falle eines Verschuldens desselben bleibt unberührt.

---

573 Prot.-E I, S. 4517 = *Jakobs/Schubert*, Beratung, Sachenrecht II, S. 132 f.

574 Die Anträge von *Planck*, *Kurlbaum* und *von Mandry* sind abgedruckt in Prot.-E I, S. 4513-4515 = *Jakobs/Schubert*, Beratung, Sachenrecht II, S. 131 f.

575 Prot.-E I, S. 4518 = *Jakobs/Schubert*, Beratung, Sachenrecht II, S. 133.

576 Prot.-E I, S. 4518, 4519 = *Jakobs/Schubert*, Beratung, Sachenrecht II, S. 133, 134.

577 Prot.-E I, S. 4520 = *Jakobs/Schubert*, Beratung, Sachenrecht II, S. 134

Damit zieht der Entwurf nicht mehr nur die Konsequenz der neugeschaffenen Fassung der Legaldefinition, sondern spricht auch den grundsätzlichen Unterschied zwischen dinglichem und obligatorischem Fruchtrecht an. Auf dinglicher Ebene wird aufgrund des Verkehrsschutzes ein Eigentumserwerb auch an den im Übermaß gezogenen Früchten zugelassen. Gleichzeitig findet jedoch ein schuldrechtlicher Ausgleich zwischen den beiden Parteien statt. Auf diesem Wege kommt die Diligenzschranke, die gemeinrechtlich in den Fruchtbegriff mit einbezogen war, für den schuldrechtlichen Ausgleich zwischen den an dem Schuldverhältnis beteiligten Parteien zur Anwendung. Insbesondere gestaltet der Gesetzesentwurf die Haftung des Nießbrauchers für die Übermaßfrüchte nicht als Verschuldenstatbestand. Es kommt also nicht auf sein Verhalten im eigentlichen Sinne an. Er haftet auch, wenn die Ziehung der Übermaßfrüchte durch Naturereignis oder andere außerhalb seiner Person liegende Umstände, erforderlich ist.

Damit ist ein Regelungsmechanismus geschaffen, der auch für andere Teile des Bürgerlichen Gesetzbuches grundlegend werden soll. Zunächst aber wird dieser Lösungsweg nur für das Erb- und Familienrecht herangezogen. Einmal findet er Anwendung im Erbrecht, im Verhältnis zwischen Vor- und Nacherben. Trotz der grundsätzlich freieren Verfügungs- und Nutzungsmacht haftet der Vorerbe über die Verweisungskette in § 1815 E I wie der Nießbraucher auf Wertersatz für die Ziehung von Übermaßfrüchten.[578] Dasselbe gilt zudem auch für die Nutznießung an dem Ehegut durch den Ehemann, § 1292 E I[579] und die elterliche Nutznießung an dem Vermögen des Kindes nach §§ 1516-1520 E I[580].

Im Eigentümer-Besitzer-Verhältnis indessen bleibt selbst diese Haftung ausgeschlossen.[581] Der redliche Erwerber nach § 900 E I soll an allen Früchten nach § 792 Nr. 1 E I, also auch an den Übermaßfrüchten Eigentum erwerben und auch behalten dürfen. Auf die Gründe gegen einen obligatorischen Ausgleich geht die Kommission dabei nicht ein. Es liegt aber nahe anzunehmen, dass dies mit der besitzerfreundlichen Ausgestaltung der Erwerbs- und Restitutionstatbestände in §§ 900, 929 ff. E I zusammenhängt.

3. *Rückgewähransprüche*

In Anbetracht des Bedeutungszuwachses, den die schuldrechtlichen Ausgleichsmechanismen für das Fruchtrecht durch den 1. Entwurf erlangen, ist es

578 Dazu auch Mot. V, S. 93 = *Mugdan*, Materialien Bd. 5, S. 50.
579 Dazu Mot. IV, S. 180 ff. = *Mugdan*, Materialien Bd. 4, S. 99 ff.
580 Dazu Mot. IV, S. 775 ff. = *Mugdan*, Materialien Bd. 4, S. 411 ff.
581 Prot.-E I, S. 4074 = *Jakobs/Schubert*, Beratung, Sachenrecht I, S. 675.

interessant, auch die inhaltliche Ausgestaltung der bereits bekannten Restitutionsansprüche genauer zu betrachten. Im Vordergrund der Haftung auf Herausgabe für zu Unrecht gezogene Erträge stehen dabei die bereicherungsrechtliche Haftung nach §§ 737 ff. E I und der Eigentumsherausgabeanspruch in §§ 929 ff. E I. Daneben tritt insbesondere das Rücktrittsfolgenrecht, §§ 427 ff. E I, sowie der Erbschaftsanspruch, §§ 2080 ff. E I.

a) Die Ertragshaftung im Bereicherungsrecht, §§ 737 ff. E I

Den Ausgangspunkt für eine Haftung auf Herausgabe von Früchten, Nutzungen und sonstigen Erträgen bieten die bereicherungsrechtlichen Vorschriften, insbesondere in §§ 737, 740 E I.

> § 737 E I Wer zum Zwecke der Erfüllung einer Verbindlichkeit eine Leistung bewirkt hat, kann, wenn die Verbindlichkeit nicht bestanden hat, von dem Empfänger das Geleistete zurückfordern.
>
> § 740 E I Die Verbindlichkeit zur Herausgabe oder Werthvergütung erstreckt sich auch auf dasjenige, was der Empfänger aus dem Geleisteten erworben hat. [...][582]

Durch diese Vorschriften wird die Rückgewährpflicht des Schuldners einer Leistungskondiktion beschrieben, welche – vorbehaltlich einer möglichen Entreicherung – auf jede Vermögensvermehrung gerichtet ist. Dabei beschränkt sich diese Pflicht nicht nur auf das ‚Geleistete' selbst (§ 737 Abs. 1 E I), sondern auch auf ‚dasjenige, was aus dem Geleisteten erworben' wurde. Die Kommission weist in den Materialien darauf hin, dass die inhaltliche Bestimmung der konkreten Bereicherung und damit des Rückgewährgegenstandes durch die Betrachtung der „gesammten Vermögenslage des Empfängers"[583] zu erfolgen habe. Auch wenn der Tatbestand in dieser Hinsicht stark auslegungsbedürftig ist, so ist doch klar, dass es um die Abschöpfung jeder tatsächlichen Vermögensmehrung des Rückgewährschuldners geht. Zu dieser Vermögensmehrung gehört nach dem Willen der Gesetzgebungskommission auch die Herausgabe des Besitzes und der damit verbundenen tatsächlichen und rechtlichen Vorteile.[584] Oder um es mit den Worten von *Bernhard Windscheid* zu sagen, auf den die tatbestandliche Fassung des § 740 E I zurückgeht[585]:

> „Die Bereicherung ist eine Bereicherung aus fremdem Vermögen nicht bloß dann, wenn durch den Inhalt der Thatsache, welche die Bereicherung begründet, die Verminderung des fremden Vermögens von selbst gegeben ist, sondern auch dann.,

---

582 Hierzu auch *Schauhoff*, S. 111 f.

583 Mot. II, S. 837 = *Mugdan*, Materialien Bd. 2, S. 467.

584 Mot. II, S. 830 = *Mugdan*, Materialien Bd. 2, S. 464

585 Dazu auch *Jakobs*, Lucrum ex negotiatione, S. 112 f.

> wenn sie durch Mittel des fremden Vermögens, durch Gebrauch, Verbrauch, Hingabe, Belastung, Nichtvermehrung des fremden Vermögens, bewirkt worden ist."[586]

Die sonstigen Fälle einer rechtsgrundlosen Bereicherung werden – trotz einiger spezifischer Abweichungen in den Tatbestandsvoraussetzungen – in ihren Rechtsfolgen der Leistungskondiktion gleichgestellt, vgl. §§ 744, 745 Abs. 2, 747 Abs. 2, 748 Abs. 3 E I.

Obwohl der Begriff der Früchte oder Nutzungen nicht ausdrücklich fällt, behandelt sie der Gesetzesentwurf als die typische Form der Vermögensmehrung aus einem Gegenstand.[587] Der Begriff der Bereicherung geht aber darüber hinaus. Zur Bereicherung nach §§ 737 ff. E I zählen etwa auch die Vorteile, die aus dem Verbrauch der Sache gezogen werden. Insoweit eröffnet der Tatbestand die Möglichkeit zur Erfassung von Zinserträgen eines unrechtmäßig erlangten Geldbetrages unabhängig von den Legaldefinitionen der §§ 792, 793 E I. Über die Verweisungskette in §§ 897, 748 Abs. 3, 740 E I wird zudem zum Ausdruck gebracht, dass selbst die Verarbeitung einer Sache zu den gezogenen Vorteilen im Sinne des Bereicherungsrechts zählt.[588] Die Gesetzgebungsmaterialien fassen dieses sehr weite Verständnis der Bereicherungshaftung mit den Worten zusammen:

> „Was vom Empfangenen gilt, muß auch von demjenigen gelten, was aus diesem entstanden oder hervorgegangen ist. Es fehlt an jedem Grunde, das aus dem Geleisteten Erworbene anders zu beurtheilen als das Geleistete."[589]

Eine genaue Klärung der Grenzen des Bereicherungsbegriffs geben weder der Gesetzesentwurf noch die dazu erschienen Materialien. Die Kommission verweist diese Aufgabe an Wissenschaft und Praxis.[590]

b) Das Haftungsprivileg des redlichen Besitzers in §§ 929 ff. E I

In Abgrenzung zur bereicherungsrechtlichen Haftung steht die Rechtsposition des Besitzers gegenüber dem Eigentümer. Durch die grundsätzliche Anerkennung des Besitzes als erlangter Vermögensvorteil im Sinne der §§ 737 ff. E I wäre ein vollständiger Gleichlauf dieser beiden Haftungstatbestände grundsätzlich denkbar. Dem Vindikationsanspruch liegt jedoch das Verständnis einer Haf-

---

586 *Windscheid*, Pandekten Bd. 2, S. 623.

587 Mot. II, S. 839 = *Mugdan*, Materialien Bd. 2, S. 468.

588 Mot. III, S. 362 = *Mugdan*, Materialien Bd. 3, S. 201; ähnlich *Vangerow*, Leitfaden, S. 553.

589 Mot. II, S. 839 = *Mugdan*, Materialien Bd. 2, S. 468.

590 Mot. II, S. 839 = *Mugdan*, Materialien Bd. 2, S. 468.

tungsprivilegierung des redlichen Besitzes zu Grunde[591] und dieser ist daher grundsätzlich nach anderen Haftungsgrundsätzen ausgestaltet. Am deutlichsten ist dies an § 930 E I zu erkennen, wo eine grundsätzliche Haftungsfreistellung des Besitzers von der Herausgabe bzw. dem Ersatz für die gezogenen Nutzungen normiert wird.

> § 930 E I Der Besitzer einer fremden Sache und derjenige, welcher für denselben die Sache innehat, sind nicht verpflichtet, dem Eigenthümer auch die Nutzungen der Sache herauszugeben [...], soweit nicht aus den §§ 931-935 ein Anderes sich ergiebt.[592]

Während also das Bereicherungsrecht in dieser Hinsicht den Gläubiger bevorzugt und ihm vorbehaltlich einer Entreicherung des Schuldners auch sämtliche vermögensrechtlichen Erträge aus dem Kondiktionsgegenstand zugesteht, gehen die §§ 930 ff. E I grundsätzlich von einer weitgehenden Schutzbedürftigkeit des Schuldners aus, die insbesondere an seine Gutgläubigkeit anknüpft, vgl. § 931 E I. Ist dem Besitzer aber sein fehlendes Besitzrecht bekannt, § 931 E I, oder ist ein Vindikationsanspruch gegen ihn rechtshängig, § 933 E I, haftet er dem Eigentümer dafür verschärft, ohne den Einwand der Entreicherung. Insofern gelten auch weiterhin grundsätzlich die bereits von *Reinhold Johow* in seinem Vorentwurf zum Sachenrecht getroffenen Erwägungen.[593] Lediglich in einem Punkt weicht der E I von dem Vorentwurf ab, indem er den unbedingten Gleichlauf von Fruchtberechtigung und Fruchterwerb für den Fall der nach Klageerhebung gezogenen Früchte aufgibt. Ansonsten lässt sich die 1. Kommission bei der Schaffung der §§ 930 ff. E I ebenfalls durch Gesichtspunkte des Verkehrs- und Gutglaubensschutzes leiten.

Ausdrücklich regelt die Vorschrift des § 931 Abs. 1 E I a.E. auch eine Restitutionspflicht für schuldhaft nicht gezogene Nutzungen (*fructus percipiendi*). Das Bereicherungsrecht behandelt diesen Fall nicht selbständig, da es lediglich um die Abschöpfung einer tatsächlich erfolgten und gerade nicht um eine unterlassene Vermögensmehrung geht. Für den Fall der Kenntnis des fehlenden Rechtsgrundes durch den Rückgewährschuldner normiert § 741 E I nur eine Schadensersatzpflicht nach allgemeinen Grundsätzen. Das Vindikationsrecht dagegen zieht diese Rechtsfolge als Bestandteil des eigentlichen Anspruchs hinein. Anknüpfungspunkt ist ebenfalls die Kenntnis des Schuldners oder die Klageerhebung.

In Anbetracht dieser Privilegierungswirkung stellt sich jedoch die Frage, in welchem Verhältnis Bereicherungs- und Vindikationsrecht zueinander stehen.

---

591 Vgl. die Begründung zum Vorentwurf, wobei dieser dem Besitzer zunächst lediglich eine schuldrechtliche Privilegierung bezweckt hat, 4. Kapitel I 3 b) bb).

592 Daneben tritt der grundsätzliche Ausschluss der deliktischen Haftung, §§ 704 ff. E I.

593 Dazu oben 4. Kapitel I 3 b) bb).

Das Konkurrenzverhältnis wurde erneut aufgrund eines Vorschlags von *Gottlieb Planck* zum Eigentümer-Besitzer-Verhältnis erörtert. Demnach sollte die bisherige Haftung in § 180 TE-SachR, die den redlichen Besitzer für die verbrauchten und wirksam veräußerten Früchte (*fructus consumti*) von jeder Erstattungspflicht ausnahm, durch eine bereicherungsrechtliche Haftung auf den erlangten Vorteil auch bei Unkenntnis ersetzt werden.[594] Wie bereits gesagt, entscheidet sich die Mehrheit der Kommission in § 930 E I für eine erleichterte Haftung des Besitzers. Diese grundsätzliche Entscheidung kann im Einzelfall zu einem Missverhältnis im Bezug auf andere Rückgewährschuldner führen. Der bloße Besitzer ist durch die grundsätzliche Haftungsfreistellung in § 930 E I geschützt. Erwirbt er aber darüber hinaus auch noch ein tatsächliches Recht an der Sache, sei es als unberechtigter Eigentümer oder als sonstiger Fruchtberechtigter (Nießbraucher etc.), so haftet er für die gezogenen Nutzungen nach Bereicherungsrecht. Allerdings war man sich nicht zuletzt auch wegen des Änderungsantrags von *Planck* durchaus dieser Gefahr bewusst und entschied sich, für genau diese Fallkonstellation in § 740 Abs. 2 E I einen Sondertatbestand für das rechtsgrundlos erlangte Eigentum oder Nießbrauchsrecht einzuführen.

> § 740 E I [...] Hat der Empfänger eine zum Eigenthume empfangene Sache herauszugeben oder einen an ihn veräußerten, zur Zeit der Veräußerung bestehenden Nießbrauch zurückzugewähren, so bestimmen sich seine Verpflichtungen zur Herausgabe und Vergütung nach den Vorschriften des Besitzers gegenüber dem Eigenthümer.

Diese Vorschrift versucht damit einen Gleichlauf zwischen dem gutgläubigen Besitzer und dem rechtsgrundlos, aber gutgläubigen Besitzer oder Nießbraucher zu schaffen, indem sie eine Rechtsfolgenverweisung auf die §§ 930-933 E I festschreibt. Soweit also der Erwerber in guten Glauben ist, soll er nicht schlechter stehen müssen als der redliche Besitzer.

> „Wer eine Sache indebite zu Eigenthume übertragen erhält, kann nämlich im Falle seines guten Glaubens ohne schwere Inkonsequenz in Ansehung der Verpflichtung zur Herausgabe und Vergütung der Nutzungen nicht anders und ungünstiger behandelt werden, als der gutgläubige Besitzer gegenüber dem die Eigenthumsklage erhebenden Eigenthümer. Es folgt hieraus, daß der Empfänger, die vor der Rechtshängigkeit gezogenen Nutzungen (§ 793) dem Kondizenten nicht herauszugeben, auch deren Werth nicht zu vergüten hat (§ 930), dem Empfänger also auch die durch solche Nutzungen zugegangene und zur Zeit der Rechtshängigkeit des Anspruches an der § 933 verbunden mit § 931 Abs. 1 Anwendung findet.“[595]

---

[594] Prot.-E I, S. 4160 = *Jakobs/Schubert*, Beratung, Sachenrecht I, S. 778

[595] Mot. II, S. 839 = *Mugdan*, Materialien Bd. 2, S. 468 f.

Demnach haftet jeder unberechtigte, aber gutgläubige Fruchtberechtigte nur bei positiver Kenntnis seiner fehlenden Berechtigung oder frühestens von dem Moment der Prozesserhebung.

c) Der Erbschaftsanspruch zwischen Bereicherungs- und Vindikationsrecht

Eine besondere Ausgestaltung hat auch der Anspruch des tatsächlichen Erben gegen einen vermeintlichen Erben nach §§ 2080 ff. E I erfahren. Die Rechtsstellung des Erben ist materiell der des Eigentümers in Sinne des § 929 E I sehr ähnlich, da ihm regelmäßig ebenfalls das Eigentum an den Erbschaftsgegenständen zusteht und sich ihm der vermeintliche Erbe insofern lediglich als unberechtigter Besitzer darstellt.[596] Entsprechend hatte der Vorentwurf zum Erbrecht von *Gottfried von Schmitt* dieses Rechtsverhältnis primär nach den Regeln über den Eigentumsherausgabeanspruch ausgestaltet, § 332 TE-ErbR.[597]

> § 332 TE-ErbR Der Erbe hat den Anspruch auf Herausgabe der Erbschaft gegen Jeden, welche ihm dieselbe [...] unter dem Vorwand, selbst Erbe [...] zu sein [...] vorenthält. Auf den Erbschaftsanspruch finden, soweit nicht aus dem Gesetze ein Anderes sich ergiebt, die Vorschriften über den Eigenthumsanspruch entsprechende Anwendung."

An diesem Konzept hält auch die 1. Kommission im Grundsatz fest, führt jedoch verschiedene Differenzierungen ein, die sich aus den Besonderheiten des Erbrechts ergeben. Ein unmittelbarer Verweis auf die §§ 929 ff. E I findet sich nach § 2085 E I für den Erbschaftsbesitzer, der Kenntnis von seinem fehlenden Erbrecht erlangt oder gegen den der Erbschaftsanspruch rechtshängig gemacht wird.

Jedoch hat gerade der Charakter des Erbschaftsanspruchs als eine Art „Universalklage"[598] auf Herausgabe des Erbes in seiner Gesamtheit das Bedürfnis aufkommen lassen, dieses Rechtsverhältnis gesondert auszugestalten.

> „Die Vorschriften über den Eigenthumsanspruch können nur für entsprechend erklärt werden. Daß sie unmittelbar Anwendung leiden, soweit es sich um Sachen handelt, welche von Anfang an zur Erbschaft gehören und herauszugeben sind, ist selbstverständlich. Die herauszugebende Erbschaft besteht jedoch nicht ausschließlich aus solchen Sachen; zudem kommt nach § 2081 die Surrogation in Betracht."[599]

---

596 Zum Verhältnis des Erbschaftsanspruchs zum Vindikationsanspruch allg. vgl. *Lange/Kuchinke*, S. 1046 f.; zur Geschichte s. *Lübtow*, S. 1037 ff.; *Wieling*, JZ 1986, S. 5-11.

597 Vgl. Prot.-E I, S. 10679 f. = *Jakobs/Schubert*, Beratung, Erbrecht Tb. 1, S. 665 f.; ebenso schon §§ 823, 824 ABGB.

598 Hierzu Mot. V, S. 578, 592 = *Mugdan*, Materialien Bd. 5, S. 309, 317 f.

599 Mot. V, S. 591 = *Mugdan*, Materialien Bd. 5, S. 317

In diesem Sinne erkennt der Entwurf an, dass die Erbschaft nicht nur auf Einzelsachen beschränkt ist, sondern auch weitere Gegenstände wie Rechte, aber auch Sach- und Rechtsgesamtheiten erfassen kann. Tatbestandlich geht der Anspruch darüber hinaus und fasst schon die „Erbschaft als Ganzes" als einheitlichen Rechtsgegenstand auf, der durch die §§ 2080 ff. E I geschützt werden soll.[600] Sein wesentliches Gepräge erfährt der Erbschaftsanspruch daher durch die dingliche Surrogationsvorschrift in § 2081 E I, die zuvorderst die Aufrechterhaltung der Erbschaft in ihrer Gesamtheit bezweckt.

> § 2081 E I Als Erbschaftsgegenstände in Sinne des § 2080 gelten auch: 1. Die Sachen, welche zur Zeit des Todes des Erblassers in dessen Besitze oder Inhabung sich befunden haben. 2. Die Gegenstände, welche auf Grund eines zur Erbschaft gehörenden Rechtes oder als Ersatz für die Zerstörung, Beschädigung oder Entziehung eines Erbschaftsgegenstandes dem Erben erworben sind. 3. Die Gegenstände, welche der Erbschaftsbesitzer durch ein auf die Erbschaft oder einen Erbschaftsgegenstand sich beziehendes Rechtsgeschäft, insbesondere durch Annahme einer Leistung, erworben hat, sofern das Rechtsgeschäft gegenüber dem Erben wirksam ist oder von demselben genehmigt wird [...]. 4. Die Nutzungen aller Erbschaftsgegenstände, insbesondere die Nutzungen der Sachen, auch insoweit als sie nicht zu den unter Nr. 2 bezeichneten Gegenständen gehören.

Demnach wird die Zuordnung verschiedener Vermögensvorteile der Erbschaftsgegenstände als originärer Inhalt des Anspruchs nach § 2080 E I ausgestaltet. Dies umfasst, wie die enumerative Aufzählung zeigt, eine Vielzahl von Vermögensvorteilen, die aber weit über den eigentlichen Frucht- und Nutzungsbegriff hinausgehen kann. Dies erfasst sowohl die Surrogate für eine Beschädigung oder Zerstörung des Erbgegenstandes (Nr. 2), wie auch die Gegenleistungen bei einer wirksamen Verfügung über einzelne Gegenstände (Nr. 3).[601] Unter diese Variante fällt außerdem der Veräußerungserlös, der gerade nicht als Ertrag im Sinne der §§ 792, 793 E I gilt, da er ein Äquivalent für die Substanz der Muttersache und nicht bloß für die Nutzung ist.

Der Rechtsnatur des § 2081 E I als Surrogationsvorschrift entspricht es zudem, dass all diese Erträge nicht nur einfach herauszugeben sind, sondern *ipso iure* in das Vermögen des echten Erben fallen. Das bedeutet, dass der Erbschaftsbesitzer auch bei Redlichkeit kein Eigentum an den Früchten erwirbt. Die Gesetzesmaterialien machen deutlich, dass die Erwägungen für den redlichen Besitzer in diesem Fall keine Geltung beanspruchen können, insbesondere mache es der Schutz der Nachgläubiger erforderlich, sämtliche Erträge bei der

---

600 Mot. V, S. 577 = *Mugdan*, Materialien Bd. 5, S. 309

601 Insoweit fallen die Zinsen eines Geldbetrages wiederum unabhängig vom Frucht- und Nutzungsbegriff unter die Gegenstände des Erbschaftsanspruchs. Zum Bereicherungsrecht oben 4. Kapitel II 3 a).

Erbmasse zu belassen.[602] Zweck der Regelung ist also die Aufrechterhaltung der wirtschaftlichen Substanz der Erbschaft.

d) Rücktrittsrecht, § 427 E I

Als letzter praktisch sehr wichtiger Restitutionstatbestand tritt der neugeschaffene § 427 E I über die Rückgewährsmodalitäten nach erfolgter Rücktrittserklärung hinzu.

> § 427 E I Der Rücktritt bewirkt, daß die Vertragsschließenden unter einander so berechtigt sind, wie wenn der Vertrag nicht geschlossen worden wäre [...]
>
> Eine empfangene Geldsumme ist mit Zinsen von der Zeit des Empfanges an, andere Gegenstände mit Zuwachs und allen Nutzungen zurückzugewähren, auch ist wegen der nicht gezogenen Nutzungen [...] Ersatz zu leisten, soweit bei Anwendung der Sorgfalt eines ordentlichen Hausvaters die Nutzungen gezogen [...] sein würden.

Auch an dieser Stelle ist wieder die bereits aus den anderen Rückgewähransprüchen bekannte Erweiterung um die Früchte und Nutzungen des Restitutionsgegenstandes anzutreffen. Dies folgt nicht zuletzt daraus, dass zunächst eine eigenständige Regelung über die Rücktrittsrückabwicklung im TE-SchuldR nicht vorgesehen war[603] und stattdessen der Rücktrittfall von den Vorschriften über die Leistungskondiktion, §§ 737-748 E I, erfasst werden sollte. Erst die 1. Kommission sprach sich dafür aus, an den kaufrechtlichen Einzelvorschriften des TE-SchuldR orientiert ein eigenständiges Rücktrittsfolgenrecht zu schaffen[604], das aber bezogen auf die Nebenfolgen in § 427 E I einige Abweichungen gegenüber der bereicherungsrechtlichen Parallelvorschrift in § 745 E I beinhaltet.

Der eigentliche Grund für diese Abweichungen resultiert aus dem Grundgedanken der Rücktrittfolgen, wie sie in § 427 Abs. 1 E I beschrieben werden. Die Vertragsschließenden sollen so gestellt werden, als ob der Vertrag niemals zwischen ihnen zustande gekommen wäre. Ziel ist die Schaffung einer obligatorischen *restitutio in integrum*[605] nach dem Beispiel der gemeinrechtlichen Wandlungsklage.[606]

---

602 Mot. V, S. 585 f. = *Mugdan*, Materialien Bd. 5, S. 314

603 Vgl. *Jakobs/Schubert*, Beratung, Recht der Schuldverhältnisse I, S. 555.

604 Prot.-E I, S. 1910 = *Jakobs/Schubert*, Beratung, Recht der Schuldverhältnisse I, S. 579 f.

605 Mot. II, S. 281 = *Mugdan*, Materialien Bd. 2, S. 155; Prot.-E I, S. 1917, 1923 = *Jakobs/Schubert*, Beratung, Recht der Schuldverhältnisse I, S. 583, 587.

606 *Windscheid*, Pandekten Bd. 2, S. 515-517; *Glück*, Bd. 17,1, S. 111.

Paulus D. 21, 1, 60[607]

Facta redhibitione omnia in integrum restituuntur, perinde ac si neque emtio neque venditio intercessit [intercessisset].

Mit Vollzug der Wandlung wird alles so in den vorigen Stand wiedereingesetzt, wie wenn Kauf und Verkauf nicht vorgenommen worden wären.[608]

Das bedeutet, dass einerseits die Leistungspflicht der beiden Parteien unmittelbar entfällt. Andererseits folgt daraus aber auch eine umfassende Rückgewährpflicht bei bereits erfolgter Leistung, die entsprechend weitergehende Rechtsfolgen beinhalten kann. Vor diesem Hintergrund fasst § 427 Abs. 2 E I daher den Gegenstand der zu restituierenden Erträge präziser und beschränkt sich nicht mehr allein auf eine bloße Nutzungsherausgabe. Nicht nur die tatsächlich gezogenen Erträge (*fructus percepti*) sind von dem Rückgewährschuldner herauszugeben, sondern er ist auch stets zur Erstattung der schuldhaft nicht gezogenen Nutzungen (*fructus percipiendi*) verpflichtet.

„Der Abs. 2 enthält die nähere Ausführung dieses Prinzipes und stellt dessen Bedeutung dahin klar, daß die auf Grund des Vertrages erfolgten Leistungen nicht blos als ohne Grund erfolgt nach Kondiktionsgrundsätzen zurückgefordert werden können."[609]

Zunächst findet eine Erweiterung dadurch statt, dass der Herausgabeanspruch sowohl die unter die §§ 792, 793 E I fallenden Erträge, als auch den ‚Zuwachs' der Sache erfasst. Ausweislich der Gesetzgebungsmaterialien meint dies, die unter den §§ 782 ff. E I beschriebenen wesentlichen Bestandteile.[610] Gewissermaßen ergibt sich diese Folge schon unmittelbar aus dem Begriff des wesentlichen Bestandteils, der die Einheit des Rechts an der einheitlichen Sache einschließt. Im Hinblick auf den Fruchtbegriff erfasst diese Erweiterung zudem auch die Landanschwemmung, die Fälle der *alluvio* in den lateinischen Quellen, welche gerade nicht zu den Früchten, aber zu den Akzessionen einer Sache gezählt wurden[611], § 786 E I. Dessen ungeachtet ist dieses Beispiel von dem Begriff der wesentlichen Bestandteile mit erfasst und bedürfte, ebenso wenig wie im Bereicherungsrecht[612], keiner besonderen Erwähnung.[613]

607 Vgl. auch *Ulpian/Julian* D. 21, 1, 23, 7.

608 *Knütel/Kupisch/Seiler/Behrends*, CIC Bd. 4, S. 46.

609 Mot. II, S. 281 = *Mugdan*, Materialien Bd. 2, S. 156.

610 *Mugdan*, a.a.O.

611 *Savigny*, System Bd. 6, S. 105.

612 Mot. II, S. 839 = *Mugdan*, Materialien Bd. 2, S. 468.

613 Ebenso war in Anbetracht des § 25 TE-SchuldR (Nr. 32) erwogen worden, die Restitution nach § 427 E I (Prot.-E I, S. 1904) auch auf das Zubehör einer Sache zu erstrecken, vgl. auch noch § 424 Abs. 2 KE. Erst auf Antrag von *Gustav von Mandry* wurde der

Die eigentliche gesetzgeberische Neuerung liegt darin, dass der Rückgewährschuldner immer, nicht nur bei Kenntnis, für die schuldhaft nicht gezogenen Nutzungen ebenso wie für die Verzinsung des erlangten Geldes, einzustehen hat. Die Haftung nach Bereicherungs- oder Vindikationsrecht dagegen setzt für eine solche Haftung positive Kenntnis oder Rechtshängigkeit eines gegen den Rückgewährschuldner gerichteten Gerichtsverfahrens voraus, §§ 741 Abs. 2, 933 E I.[614] Die Kommission weist zur Begründung dieser umfassenden Pflicht zur Nutzbarmachung des Leistungsgegenstandes darauf hin, dass beim Rücktritt beide Seiten die Möglichkeit der Auflösung des Vertragsverhältnisses haben und entsprechend zur Rücksichtnahme auf die Interessen der Gegenseite verpflichtet werden können[615] – eine Pflicht, die für den gutgläubigen Besitzer ausdrücklich verneint worden ist. Den hierfür anzusetzenden Maßstab beschreibt das Gesetz mit dem römischen Recht nach der *diligentia*, die ein *bonus pater familias* anlegen würde. Die einzuhaltende Diligenz wird demnach also nach einem objektiven Maßstab berechnet. Diesem Gedanken entspricht es, den Geldschuldner zur Verzinsung nach dem allgemeinen Prozentsatz in Höhe von 5% nach § 217 E I[616] zu verpflichten. Aus heutiger Sicht bleiben Zweifel darüber bestehen, ob diese Verzinsungs- und Nutzungspflicht nicht nur für den vertraglich vorbehaltenen Rücktritt, sondern auch für die gesetzlichen Rücktrittsfälle gelten kann.[617]

e) Resümee

Bei einer Gesamtbetrachtung der Restitutionstatbestände, welche in die Materie des Fruchtrechts hineinspielen, ergeben sich einige grundlegende Unterschiede zum Konzept des Vorentwurfs. Zunächst einmal liegt dieser Umstand sicherlich daran, dass erst die 1. Kommission den Gesetzesentwurf umfassend im Hinblick auf alle sachen- und schuldrechtlichen Rechtsmaterien bearbeiten konnte. Davon abgesehen ist aber auch ein weiterer grundlegender Unterschied zu erkennen. Der Vorentwurf war gerade bei der Fruchtverteilung zwischen Eigentümer und Besitzer stets darum bemüht, den dinglichen Fruchterwerb und die obligatorische Fruchtverteilung gleich laufen zu lassen. In diesem Zusammenhang ist et-

---

Begriff der ‚Zubehörungen' mit der Begründung gestrichen, dass eine grundsätzliche Herausgabepflicht des Zubehörs nicht statuiert werden könne, soweit dieses nicht bereits mitgeleistet worden ist, vgl. Prot. E I, S. 1788 ff. = *Jakobs/Schubert*, Beratung, Recht der Schuldverhältnisse I, S. 592 f.

614 Dazu 4. Kapitel II 3 b).

615 Mot. II, S. 282 f. = *Mugdan*, Materialien Bd. 2, S. 156.

616 Später wurde dieser Satz niedriger auf 4% gesetzt, vgl. § 246 BGB a.F.; Zur Erfassung von Zinsen unter dem Fruchtbegriff vgl. oben 3. Kapitel II 1 c) bb).

617 Hierzu schon *Herold*, S. 177 f.

wa die Vorschrift des § 135 TE-SachR zu sehen, welche den Fall der Fruchtveräußerung durch den gutgläubigen Besitzer erfasst. Durch die Anerkennung eines gutgläubigen Fruchterwerbs, der insbesondere auch dem Schutz des Rechtsverkehrs dient, sah sich die Gesetzgebungskommission aber dazu gezwungen, den schuldrechtlichen Ausgleich und die dingliche Rechtslage schon für das Vindikationsrecht auseinandergehen zu lassen. Dies betrifft namentlich den Fall des redlichen Fruchterwerbs auch bei Rechtshängigkeit. Mit Blick auf die anderen Restitutionstatbestände hat sich die Tendenz verfestigt, die dingliche Eigentumssituation von der schuldrechtlichen, zwischen den Parteien bestehenden Rechtslage auseinander gehen zu lassen. Besonders deutlich wird dies im Falle des Rücktritts, wo der Erwerber als Eigentümer über die Sache verfügt, im Falle einer Rücktrittserklärung aber die Sache einschließlich der gezogenen Nutzungen zurückerstatten muss. Dasselbe gilt letztlich aber auch für die Fälle des Bereicherungsrechts.

Zugleich verkompliziert sich die Rechtslage dadurch, dass mit der Anerkennung unterschiedlicher Restitutionstatbestände, sich auch die Frage nach der obligatorischen Fruchtverteilung jeweils unterschiedlich stellt, zum Teil sogar so weit gehend, dass die Bestimmung des Ertragsbegriffs im Einzelfall unterschiedlich gefasst werden muss und insbesondere der Frucht- und Nutzungsbegriff in § 792, 793 E I nur noch bestimmte Fälle von Erträgen erfassen kann. Für den Erbschaftsanspruch in §§ 2080 ff. E I bedeutet dies etwa, dass die erfassten Erträge im Hinblick auf den umfassenden Charakter dieses Rechtsinstituts einzelfallbezogen bestimmt werden, § 2081 E I. Aber auch im Bereicherungsrecht wird nicht ausdrücklich auf die §§ 792, 793 E I Bezug genommen, da auch hier verschiedenste Konstellationen behandelt werden, die gelegentlich etwa auch den Verbrauch oder die Verarbeitung als zu erstattenden Ertrag mit umfassen müssen.

4. *Zeitliche Verteilung bei Wechsel der Fruchtberechtigung*

Eine letzte grundlegende Erweiterung im Vergleich zum Vorentwurf hat der E I durch die Einführung einer Regelung über die zeitliche Verteilung von Früchten gefunden. Der TE-SachR selbst enthielt keine diesbezügliche Regelung, was nicht zuletzt eine Konsequenz aus dem beschränkten Anwendungsbereich ist. In Anlehnung an das gemeine Recht orientiert sich die Fruchtverteilung dort ausschließlich nach sachenrechtlichen Kriterien, mit anderen Worten also nach dem Zeitpunkt des Eigentumserwerbs (*separatio* bzw. *perceptio*).[618] Erst im Laufe

618 Zum gemeinen Recht vgl. nur *Wächter*, Erörterungen Bd. 1, S. 72 f.; *Arndts von Arnesberg*, Pandekten, S. 316 f.

des Gesetzgebungsprozesses ist durch die Erweiterung des Anwendungsbereichs des Fruchtbegriffs das Bedürfnis entstanden, eine allgemeine Regelung über die zeitliche Berechtigung bei sukzessivem Rechtswechsels aufzustellen. Dies betrifft nicht den dinglichen Fruchterwerb, der durch die §§ 898-902 E I normiert wird, sondern die Frage nach einem schuldrechtlichen Ausgleich für zur Unzeit gezogenen Früchte.[619] Aktuell diskutiert hat die Kommission diese Frage erst für den Fall der Fruchtverteilung bei Verkauf einer fruchttragenden Sache.[620] Im Zusammenhang mit den Gefahrtragungsregeln beschäftigt sich die Gesetzgebungskommission unter anderem mit dem Vorschlag von *Anton von Weber*, der sich eng an Inst. 3, 23, 2 orientiert und die Nutzungsverteilung unmittelbar an die Gefahrtragung knüpfen will.[621]

> Inst. 3, 23, 3
>
> Nam et commodum eius esse debet, cuius periculum est.
>
> Denn die Vorteile solle dem zustehen, der die Gefahr trägt.

Vermittelt durch die Kritik von *Bernhard Windscheid* entscheidet sich die Mehrheit der Kommissionsmitglieder dagegen, die Verteilung der *commoda* an die Gefahr- und Lastentragung auszurichten. Sie spricht sich dafür aus, die Nutzungsverteilung vorrangig nach dem Parteiwillen auszurichten.[622] *Windscheid* macht nämlich geltend, dass

> „vielmehr der vermutliche Wille der Parteien darüber [entscheidet], wer die Nutzungen und Lasten haben soll."[623]

Der Wille zur Lasten- und Nutzungsüberlassung zwischen Käufer und Verkäufer komme erst durch den Realakt der Übergabe bzw. bei Grundstücken durch die Auflassung zum Ausdruck, so dass entsprechend hieran das entscheidende Verteilungskriterium anzuknüpfen sei. Die Gefahrtragung allein begründe noch kein Recht auf die Früchte und Nutzungen.[624] Mit der Einführung des § 463 E I entsprechen die Gesetzgeber insofern einer objektivierten Auslegung des Parteiwillens, wovon im Einzelfall jedoch abgewichen werden könne.

> § 463 E I Der Verkäufer trägt die Gefahr des zufälligen Unterganges und der zufälligen Verschlechterung sowie der Lasten der verkauften Sache bis zur Uebergabe

---

619 Mot. III, S. 72 = *Mugdan*, Materialien Bd. 3, S. 40; ebenso *Eck/Leonhard*, Vorträge Bd. 1, S. 114.

620 *Jakobs/Schubert*, Beratung, Recht der Schuldverhältnisse II, S. 85.

621 Prot.-E I, S. 1867 = *Jakobs/Schubert*, Beratung, Recht der Schuldverhältnisse II, S. 84.

622 Mot. II, S. 324 f. = *Mugdan*, Materialien Bd. 2, S. 180.

623 *Jakobs/Schubert*, Beratung, Recht der Schuldverhältnisse II, S. 84 Anm. 11.

624 Prot.-E I, S. 1867 = *Jakobs/Schubert*, Beratung, Recht der Schuldverhältnisse II, S. 84; Mot. II, S. 325 = *Mugdan*, Materialien Bd. 2, S. 180.

der letzteren an den Käufer. Bis zur Uebergabe gebühren dem Verkäufer die Nutzungen der Sache. [...]

Von dem Fall des Verkaufs einer fruchttragenden Sache abgesehen, sieht die Kommission bei der Beratung dieser Vorschrift ein allgemeines Bedürfnis, sich mit der zeitlichen Verteilung der Früchte zu beschäftigen.[625] Insbesondere bestehen Zweifel im Hinblick auf die Frage, ob es für die zur Unzeit gezogenen Früchte beim sachenrechtlichen Prinzip der Verteilung nach dem Trennungsmoment bleiben solle oder eine Verteilung nach der Zeit der Fruchtverteilung (*pro rata temporis*) angemessen erscheine. Daneben treten Bedenken über den Verteilungsmaßstab bei den bürgerlichen Früchten. Aufgrund ihrer allgemeinen, über das Kaufrecht hinausreichenden Bedeutung entscheidet man sich, diese Frage systematisch nach dem allgemeinen Fruchtbegriff zu behandeln.[626] Dies führt zur Einführung des § 794 E I, wo eine unterschiedliche Regelung der möglichen Fruchterträge normiert wird.

§ 794 E I Ist Jemand berechtigt, die Früchte einer Sache oder eines Rechtes bis zu einer bestimmten Zeit oder von einer bestimmten Zeit an zu beziehen, so gebühren ihm, wenn nicht durch Gesetz oder Rechtsgeschäft ein Anderes bestimmt ist: 1. Von den im § 792 Nr. 1 bezeichneten Früchten diejenigen, welche während der Zeit seiner Berechtigung von der Hauptsache getrennt werden. 2. Von den in § 792 Nr. 3 bezeichneten Früchten, sofern dieselben in der Vergütung für den einem Dritten überlassenen Gebrauch oder Fruchtgenuß oder in Zinsen oder Gewinnantheilen bestehen, ein der Zeitdauer seiner Berechtigung entsprechender Bruchtheil. 3. Von anderen Früchten diejenigen, welche während der Zeit seiner Berechtigung fällig geworden sind.

Als berechtigt zur Ziehung der Früchte gilt auch der Besitzer oder der Inhaber einer Sache, soweit er gegenüber dem Eigenthümer zur Herausgabe der von ihm gezogenen Nutzungen nicht verpflichtet ist.

§ 794 Nr. 1 E I beschäftigt sich zunächst mit den *fructus corporalis* nach § 792 Nr. 1 E I. Die Verteilung dieser Kategorie körperlicher Fruchterträge erfolgt demnach weiterhin nach sachenrechtlichen Kriterien. Das bedeutet, dass entsprechend den §§ 898-902 E I der Trennungszeitpunkt für die Fruchtverteilung entscheidend ist. Im Hinblick auf die Zweifel, die sich aus dem Fall der Ziehung

---

625 Dieses Bedürfnis besteht sowohl beim sukzessiven Wechsel einer Fruchtberechtigung durch Begründung oder Auflösung eines dinglichen oder obligatorischen Fruchtrechts, als auch im Rechtsverhältnis zwischen redlichen Besitzer und Eigentümer im Rahmen des Vindikationsprozesses. Dieser letzte Fall wurde erst nach den Arbeiten der Redaktionskommission berücksichtigt und als Abs. 2 dem § 794 E I angehängt; vgl. Prot.-E I, S. 4230 f. = *Jakobs/Schubert*, Beratung, Allgemeiner Teil Tb. 1, S. 476 f.

626 *Jakobs/Schubert*, Beratung, Allgemeiner Teil Tb. 1, S. 461; *Jakobs/Schubert*, Beratung, Recht der Schuldverhältnisse II, S. 85.

von Erzeugnissen zu Unzeiten ergeben, wurde zwar erwogen, die obligatorische Fruchtverteilung nach dem Beispiel des Sachsenspiegels[627] und des römischen Dotaljahres zu gestalten und eine Verteilung *pro rata temporis* für die Dauer der Fruchtberechtigung in einer Wirtschaftsperiode einzuführen. Dennoch entscheidet sich die Kommission, konstruktiv auf das für den Eigentumserwerb bestimmte Prinzip zurückzugreifen und dem besitzenden Fruchtberechtigten im Rahmen seines Rechtes die volle Gestaltungsfreiheit über die konkrete Fruchtziehung zu belassen, also auch die Fruchtziehung zur Unzeit zuzulassen.[628]

> „[Es] folgt aus dem Rechte zur Beziehung der Früchte, das der Inhalt desselben darin besteht, daß der Berechtigte befugt ist, die Früchte von der Sache zu trennen und die getrennten zu nehmen und zu behalten.“[629]

Insofern entspricht das BGB im Ergebnis den Naturrechtskodifikationen auf deutschem Gebiet, die zumindest im Grundsatz die Früchte nach dem Trennungsakt verteilen.[630] Schon nach preußischem Recht erfolgte die Fruchtverteilung zumindest für den Fall des Verkaufs einer fruchttragenden Sache, ebenso

---

627 Der Sachsenspiegel spricht insofern von dem verdenet Gut bzw. von der vrucht; gl. Ssp. II 58 § 1-3 und gibt hierfür in Ssp. II 58 § 2 genaue Daten an, wann ein Gut als verdient gilt:
Nu vernemet wan it verdenet si: In sante Wolburgen dage is de lemmer tegede verdenet. To wortmissen de gense tegede. In sante Johannis dage aller hande vleisch tegede, dar men mit penningen den tegede jarlekes loset; swar men aver ene nicht ne loset dar is he verdenet, wan it ve geworpen wert. In sante Margareten dage aller hande korn tegede; swat aver er gescocket is, dar an is de tegede verdenet. In sante Urbanues dage sint wingarden unde bomgarden verdenet. In sante Bartolomeus dag eis aller hande tins und plege verdenet. Des mannes sat, de he mit sineme pluge werket, de his verdenet alse de egede dar over geit; unde de garde, als he geseit unde geharket is. Gelt van molen unde van toln unde van der munte unde van wingarden is verdent, swen de tinsdach kumt, de eme to geldene besceden is.
Nun höret, wann es verdient sei: Am St. Walpurgistag ist das Lämmerzehnt verdient. An Tag der Krautweihe der Gänsezehnt. Am St. Johannistag eine Vielzahl Fleischzehnten, da man den Zehnten mit Pfennigen jährlich zahlt; wenn ihn aber einer nicht zahlen muss, da ist er verdient, wenn es [=das Tierjunges] geworfen wird. Am St. Margaretentag sind eine Vielzahl Kornzehnten [verdient]; was aber schon gesammelt ist, daran ist der Zehnt verdient. Am St. Urbanstag sind Weingärten und Obstgärten verdient. Am St. Bartholomäustag sind eine Vielzahl von Zins- und Pflegezehnte verdient. Des Mannes Saat, die er mit seinem Pfluge bestellt, die gilt als verdient, wenn die die Egge darüber geht; und der Garten, wenn er gesäht und geharkt ist. Geld von Mühlen und von Zöllen und von dem Münz[regal] und von Weingärten sind verdient, wenn der Zinstag kommt, an dem das Geld zu bezahlen ist.

628 In diesem Sinne auch *Paulus* D. 7, 1, 48, 1.

629 Mot. III, S. 72 = *Mugdan*, Materialien Bd. 3, S. 40.

630 Vgl. auch die Nachweise in Mot. III, S. 71 f. = *Mugdan*, Materialien Bd. 3, S. 39 f.

wie bei der Begründung eines Nießbrauchrechts, nach dem Trennungszeitpunkt. Lediglich bei Auflösung des Nießbrauchs an einem Grundstück und bei der Auseinandersetzung zwischen Eigentümer und Besitzer statuierte das ALR die Verteilung des erzielten Reinertrages des vergangenen Wirtschaftsjahres.[631] Der französische Code civil hingegen hält in allen Fällen an der Fruchtverteilung nach Trennung fest, vgl. Art. 549, 585, 1614 Cc. Eine grundlegendere Abweichung kennt lediglich das sächsische Recht, wenn es die körperlichen Erträge nach *fructus naturales* und *fructus industriales* differenziert, vgl. § 76 sächs. BGB. Aber auch für die erstgenannten Früchte wird an dem Prinzip der Trennung festgehalten. Lediglich die nicht ins BGB übernommene Kategorie der Industrialfrüchte wird anteilig nach dem Maße der aufgebrachten Arbeit zwischen den betroffenen Parteien verteilt. Neben dem Hinweis auf diese gesetzgeberische Kontinuität verweist die Kommission auf den Vereinfachungseffekt, der durch den Grundsatz in § 794 Nr. 1 E I erreicht werde.[632] Die Bestimmung der Dauer einer Wirtschaftsperiode sei im Einzelfall nur sehr schwer möglich und auch die Einführung eines einheitlichen Wirtschaftsjahres für das gesamte Deutsche Reich sei wirtschaftlich nicht sinnvoll. Zuletzt seien im Regelfall auch keine Unbilligkeiten zu erwarten, da in den einschlägigen Fällen durch privatautonome Bestimmung eine grundlegende Ungleichbehandlung verhindert werden kann.[633] Lediglich für das Nießbrauchsrecht wird eine Sondervorschrift eingeführt, die auf den Fall einer frühzeitigen Beendigung des Nießbrauchs Rücksicht nimmt, § 1009 E I.

> § 1009 E I Der Eigenthümer hat dem Nießbraucher die Kosten, welche derselbe auf die Hervorbringung der bei Beendigung des Nießbrauchs noch nicht getrennten Früchte innerhalb der Grenzen wirthschaftlichen Verfahrens verwendet hat, insoweit zu ersetzen, als die Trennung in dem laufenden Wirthschaftsjahre nach den Regeln einer ordentlichen Wirthschaft zu erfolgen hat, und die Kosten den Werth der dem Eigenthümer zufallenden Früchte nicht übersteigen.

An dem Grundsatz des in § 794 Nr. 1 E I statuierten Verteilungsmodus wird auch weiterhin nichts geändert[634], jedoch steht dem Nießbraucher nach dieser Vorschrift zumindest ein Ausgleichsanspruch für die aufgewendete Bestellungskosten „innerhalb der Grenzen wirthschaftlichen Verfahrens" zu. Damit entspricht diese Vorschrift ebenfalls im Grundsatz dem Substantialprinzip, indem die aufgewendeten Kosten, insbesondere auch die aufgewendete Arbeit des

---

631 Vgl. dazu preuß. ALR I 7 §§ 189-194; I 11 §§ 105-108; I 21 §§ 29, 143 ff.

632 Prot.-E I, S. 4231 = *Jakobs/Schubert*, Beratung, Allgemeiner Teil Tb. 1, S. 476 f.

633 Mot. III, S. 72 f. = *Mugdan*, Materialien Bd. 3, S.40; In diesem Sinne auch *Wieling*, Sachenrecht Bd. 1, S. 115 f.

634 Mot. III, S. 522 f. = *Mugdan*, Materialien Bd. 3, S. 291.

Nießbrauchers für die Fruchtverteilung außer Acht bleiben, ihm aber dennoch ein schuldrechtlicher Ausgleichsanspruch gegen den Eigentümer als tatsächlich durch den Fruchtertrag begünstigte Person zugesprochen wird.

Die unkörperlichen Erträge werden von § 794 Nr. 2, 3 E I beschrieben. Die Aufstellung von allgemeinen Grundsätzen für diese Erträge steht vor der Schwierigkeit, dass sie ihrer unkörperlichen Natur entsprechend nicht nach sachenrechtlichen Kriterien behandeln werden können. Dennoch verfolgt der Entwurf auch an dieser Stelle das Ziel möglichst einfache und klare Verteilungsregeln zu schaffen.[635] Daher werden die unkörperlichen Erträge nach § 794 Nr. 3 E I grundsätzlich nach der Fälligkeit ihrer Leistungserbringung verteilt.

Besondere Aufmerksamkeit erfahren indes die *fructus civiles* des gemeinen Rechts, die das Gesetz in § 792 Nr. 3 E I behandelt. Sie entsprechen dem Betrag, der aufgrund eines bestehenden Schuldverhältnisses für die Überlassung einer Sache oder eines Rechts zum Gebrauch und zur Fruchtziehung (Miet- und Pachtzinsen) gezahlt wird und betreffen daher regelmäßig das relative Schuldverhältnis zwischen zwei Parteien. Schließt beispielsweise der Nießbraucher einen Miet- oder Pachtvertrag über ein seinem Recht unterliegendes Grundstück, so ist er Vertragspartei und nicht der Eigentümer des Grundstücks.[636] Nach diesem Prinzip müsste die Verteilung stets ausschließlich zwischen den Vertragsparteien stattfinden.

> „Jener Vertrag kann blos zwischen dem alten Fruchtberechtigten und dem Dritten, mit dem er contrahirte, ein persönliches Rechtsverhältniß begründen, für den neuen Fruchtberechtigten aber weder eine Quelle von Rechten, noch eine Quelle von Verbindlichkeiten werden.“[637]

Diese Rechtslage sagt indes nichts über die schuldrechtliche Berechtigung zur Vermietung oder Verpachtung aus. An dem Auseinanderfallen von Fruchtberechtigung und -ziehung knüpft aber die Vorschrift des § 794 E I an.[638] Zudem machte schon ein Teil der gemeinrechtlichen Literatur[639] geltend, dass Konstellationen denkbar seien, in denen – anders als im klassischen römischen Recht – auch ein fruchtberechtigter Nachfolger verpflichtet sei, den ihm fremden Vertrag einzuhalten.

---

635 Mot. III, S. 74 f. = *Mugdan*, Materialien Bd. 3, S. 40 f.

636 Einen ähnlichen Fall behandelt das OAG Oldenburg, *v. 1859*, SeuffA. 14 (1861), Nr. 115 S. 651 f.

637 *Wächter*, Erörterungen Bd. 1, S. 74; vgl. auch *ders.*, Handbuch Bd. 2, S. 268 f.

638 Mot. III, S. 74 = *Mugdan*, Materialien Bd. 3, S. 41.

639 *Dernburg*, Pandekten[1] Bd. 1, S. 585 Anm. 11; einschränkend *Windscheid*, Pandekten Bd. 1, S. 697 Anm. 9; noch weitergehender *Petražycki*, Fruchtvertheilung, S. 222.

Deswegen entspreche es der Billigkeit, ihm die in der Zeit seiner Fruchtberechtigung aus diesem Vertrag gezahlten Miet- oder Pachtzinse zuzugestehen.[640]

Eben diese Situation schafft der Gesetzesentwurf, wenn er dem römischen Grundsatz ‚Kauf bricht Miete' zum Trotz den Erwerber eines vermieteten oder verpachteten Grundstücks dazu verpflichtet, die gesetzlich bestimmte Kündigungsfrist einzuhalten. Auch nach dem E I ist folglich ein Zeitraum denkbar, in dem ein Erwerber, der nicht Vertragspartei ist, sich den Pflichten aus dem fremden Vertrag ausgesetzt sieht. Letztlich entspricht eine Verteilung nach der Dauer der Fruchtberechtigung auch dem Gesetz zugrunde liegenden Verständnis der Rechtsverhältnisfrüchte in § 792 Nr. 3 E I. Sie bilden das wirtschaftliche Äquivalent für den Gebrauch oder die Fruchtziehung aus einer Sache oder einem Recht. Soweit dem Fruchtberechtigten also die unmittelbaren Erträge zugekommen wären, soll ihm auch das geldwerte Äquivalent zukommen.[641] Dem entspricht am besten eine Verteilung *pro rata temporis*.

III. Kritik am Gesetzesentwurf

Nach Veröffentlichung des E I haben in der Zeit nach 1888 ist eine Vielzahl von Autoren und Interessengruppen den Gesetzesentwurf einer kritischen Analyse unterworfen und verschiedentlich Alternativvorschläge unterbreitet. Dies erfolgte entsprechend auch für das Fruchtrecht. Bezogen hierauf haben dabei die Bedenken von *Konrad Cosack* und *Leo von Petražycki* die größte Aufmerksamkeit erfahren. Letzterer kann zeitlich eigentlich nicht mehr zu den Kritikern des 1. Entwurfs gezählt werden, da seine Publikationen zu diesem Thema in den Jahren 1892 bis 1895 erfolgt sind, also während der Abfassung des 2. Entwurfs. Dies erklärt vielleicht, warum zumindest innerhalb der Gesetzgebungsarbeiten seine Kritik nicht voll zum Tragen gekommen ist. Dennoch ist in Anbetracht der wissenschaftlichen Resonanz, die er gerade auch für seine Auseinandersetzung mit dem 1. Entwurf erfahren hat, anzunehmen, dass sie der Gesetzgebungskommission bekannt gewesen ist. Hinzu kommt, dass seine Kritik im Detail durchaus mit den Positionen anderer Autoren übereinstimmt. Von seinem Ge-

---

640 Zur Rechtslage vor Inkrafttreten des BGB, vgl. *Dernburg*, a.a.O.

641 Von diesem Standpunkt ergeben sich indessen Schwierigkeiten bei der Verteilung von Pachtzinsen (Mot. III, S. 74 = *Mugdan*, Materialien Bd. 3, S. 41). Während die Mieteinnahmen als Gegenleistung für den Gebrauch einer Sache ihren Gegenwert laufend realisieren, entspricht dem Pachtertrag die Gewinnung körperlicher Erträge, die sich damit auch erst durch ihre Trennung. Dennoch sprechen praktische Erwägungen gegen eine entsprechende Differenzierung. Das durch Vertrag feststehende Pachtjahr eröffnet die Möglichkeit einer problemlosen Verteilung *pro rata temporis* (Mot. III, a.a.O.).

genstand und von seiner Bedeutung her, ist es somit gerechtfertigt, *Petražyckis* Einwände gegen den ersten Gesetzesentwurf an dieser Stelle zu erörtern.

1. Begriffsbestimmung

a) Systematik und Sprache

Eine grundlegende Kritik am Fruchtrecht des 1. Entwurfs erfolgte schon im Hinblick auf die sprachliche Fassung, ebenso wie auf die systematische Verortung der Legaldefinitionen in §§ 792, 793 E I. Damit bietet das Fruchtrecht einen exemplarischen Fall für die allgemeine Kritik an dem Entwurf eines Bürgerlichen Gesetzbuches.

Gerade die von der 1. Kommission vorgenommenen Änderungen der Legaldefinition hatten zur Folge, dass der Anwendungsbereich des Fruchtrechts weit über die Fragen des dinglichen Fruchterwerbs hinausgeht. Dennoch hat die 1. Kommission die §§ 792, 793 E I systematisch an der Spitze des Sachenrechts im dritten Buch belassen. Obschon dies einer starken Strömung in der Pandektenwissenschaft[642] entspricht, setzen sich in der Folgezeit verschiedene Stimmen dafür ein, das Allgemeine Sachenrecht mitsamt der Frucht- und Nutzungsdefinition in den Allgemeinen Teil des BGB zu verschieben. Aus der älteren Gesetzgebung verweisen die Vertreter dieser Ansicht auf das sächs. BGB, wo der Frucht- und Nutzungsbegriff systematisch ebenfalls im Allgemeinen Teil verortet war.[643] Dennoch besteht darüber Uneinigkeit, ob der gesamte[644] Abschnitt über das allgemeine Sachenrecht oder nur ein Teil[645] desselben vorgezogen werden soll. Aufgrund der herausragenden Bedeutung des Fruchtbegriffs für alle Bereiche des bürgerlichen Rechts sprechen sich aber alle Seiten wenigstens für die Verschiebung der §§ 792 ff. E I in das erste Buch der neu zu schaffenden Kodifikation aus.[646]

Hinzu treten kritische Stimmen, die den Legaldefinitionen sprachliche Mängel vorwerfen. Schon ohne eine inhaltliche Kritik zu äußern, konstatiert *Otto*

---

642 Vgl. nur *Windscheid*, Pandekten Bd. 1, S. 355 ff.; andererseits verlagerte bereits *Thibaut*, System, S. 127-129, den Fruchtbegriff in den Allgemeinen Teil.

643 *Bekker*, in Bekker/Fischer, Beiträge 2 (1888), S. 8 f.; *Bingner*, SächsArch. 1 (1891), S. 81 f.

644 *Bekker*, a.a.O.

645 *Bingner*, SächsArch. 1 (1891), S. 98 f., der lediglich die §§ 778-781, 792, 793 E I in den Allgemeinen Teil versetzen will.

646 *Bekker*, in Bekker/Fischer, Beiträge 2 (1888), S. 9, 83 Anm. 5; *Bingner*, SächsArch. 1 (1891), S. 93.

von Gierke[647], der Entwurf habe für den tradierten Fruchtbegriff nur „sehr gewundene und schwer verständliche neue Ausdrucksformen“ gefunden.[648]

b) Schwierigkeiten bei der Abgrenzung von Ertrag und Kapital

Die eigentliche Kritik an der geschaffenen Fruchtdefinition richtet sich hingegen nicht allein gegen die gekünstelte sprachliche Fassung des § 792 E I, sondern zielt vielmehr auf seine inhaltliche Fassung. Zwei Aspekte stehen dabei im Vordergrund.

Zunächst werden vereinzelt Zweifel über die Entscheidung der Gesetzgeber geäußert, die organischen Erzeugnisse in § 792 Nr. 1 Var. 1 E I mit der sonstigen Ausbeute nach Var. 2 dieser Vorschrift gleich zu behandeln.[649] Nicht zuletzt aufgrund der begrifflichen Schwierigkeiten die letztgenannte Ertragsform unter den Fruchtbegriff zu subsumieren, waren bereits in der gemeinrechtlichen Rechtsprechung Entscheidungen anzutreffen, wonach die Veräußerung von Bodenbestandteilen nicht unter das Regime des Pachtrechts subsumiert, sondern dem Kaufvertragsrecht zugeordnet wurde.[650] Entsprechend sollte der Eigentumserwerb an den Bergwerkserzeugnissen nicht über das Fruchtrecht, sondern nach den allgemeinen kaufrechtlichen Regeln ausgestaltet sein. Im Hinblick auf die positive Aussage der römischen Rechtsquellen zur Fruchtqualität von Bergwerkserzeugnissen[651] hatte sich aber bereits das Reichsgericht gegen diesen Ansatz entschieden.[652] Zwar schließt seine Rechtsprechung die Anwendung des Kaufrechts im Einzelfall nicht grundsätzlich aus, betont aber, dass ein Überlassungsvertrag zur Gewinnung von Bodenbestandteilen eines Grundstücks im Regelfall als Pachtvertrag zu werten sei. Insoweit schafft das Zusammenspiel der §§ 531, 792 E I durch gesetzgeberische Entscheidung Abhilfe, die auch von Seiten der kritischen Stimmen anerkannt wird. Es wird dennoch darauf festgestellt, dass nicht zuletzt aufgrund der systematischen Verortung des Fruchtbegriffs im Sachenrecht weiterer Klärungsbedarf bestehe.[653]

Da sich aber auch die Kritiker letztlich mit dieser Gleichstellung einverstanden erklärten, kann diese Kritik im Weiteren außer Acht gelassen werden. Ungeachtet dessen richtet sich der Fokus anderer Autoren auf weitere Fragen, die

647 *Otto v. Gierke*, Entwurf, S. 292.

648 *Otto v. Gierke*, a.a.O.; weitergehender *Petrażycki*, Einkommen Bd. 1, S. 282.

649 *Bingner*, SächsArch. 1 (1891), S. 93; sprachliche Bedenken auch bei *Otto v. Gierke*, a.a.O.

650 Hierzu auch RG, *Urt. v. 19.11.1881*, RGZ 6, S. 5 f.

651 *Paulus* D. 50. 16, 77; D. 24, 3, 8; *Ulpian* D. 24, 3, 7, 14; D. 7, 1, 9, 2 f.; D. 7, 1, 13, 5.

652 RG, a.a.O., S. 4 ff.

653 *Bingner*, a.a.O.

sich mit der Schaffung der Legaldefinition in § 792 E I ergeben. Am deutlichsten spricht sich dabei *Leo von Petražycki* gegen das Konzept des Gesetzes aus. Im Ergebnis bezeichnet er die Legaldefinition sogar als ein

> „logisches und praktisches Missgebilde, ein in allen Beziehungen misslungenes Product der gesetzgeberischen Kunst."[654]

Mit diesem fatalen Urteil zielt *Petražycki* auf die Abkehr des Entwurfs von der Diligenzpflicht in § 792 E I. Während die Pflicht zur Erhaltung der Muttersubstanz auch von einem weiten Teil der Lehre als keine absolute Grenze des Fruchtbegriffs verstanden wird, geht der Gesetzesentwurf hierüber weit hinaus. Nach der tatbestandlichen Fassung des § 792 Nr. 1 E I zählen nämlich die Erzeugnisse stets und die sonstige Ausbeute einer Sache zumindest, soweit sie der objektiven Bestimmung der Sache entspricht, zu den Früchten. Ob ihre Gewinnung nach wirtschaftlichen Grundsätzen oder durch Raubbau erfolgt, ist dabei unerheblich. Die Einhaltung einer bestimmten Sorgfalt verweist der Entwurf ausschließlich auf das schuldrechtliche Rechtsverhältnis zwischen den betroffenen Parteien.[655] Die relative Fruchtlehre hingegen stellte gerade diesen Aspekt in den Vordergrund ihres Fruchtverständnisses und begründete auf dieser Grundlage das gesamte Fruchtrecht als ein Ausgleichssystem, in dem die dingliche und obligatorische Fruchtverteilung parallel verlaufen. Indem § 792 Nr. 1 E I die begriffliche Grundlage für den Fruchterwerb bildet und die Einhaltung wirtschaftlicher Grundsätze auf das obligatorische Rechtsverhältnis zwischen den betroffenen Parteien verweist, werde nicht nur die Möglichkeit zu einer Misswirtschaft eröffnet[656], sondern – wie *Petražycki* betont – auch gegen die Erwartungen und das Rechtsgefühl des Wirtschaftsverkehrs verstoßen.

> „Im social-wirthschaftlichen Leben richtet man sich [...] nicht nach der organischen Abstammung, sondern danach, ob eine Einnahme zum Einkommen oder zum Kapital gehört."[657]

In ihrer Rigorosität wurde die Kritik *Petražyckis* an dem bürgerlich-rechtlichen Fruchtbegriff von anderen Autoren nicht übernommen. *Heinrich Dernburg*, der sich ansonsten vollständig auf den Standpunkt von *Petražycki* stellt, gibt später selbst zu bedenken, dass ein Teil der durch die Weite des Fruchtbegriffs verursachten Unbilligkeiten durch die schuldrechtlichen Ausgleichsmechanismen aufgefangen werden.[658] Trotz alledem ergeben sich nach der gesetzlichen Legal-

---

[654] *Petražycki*, Einkommen Bd. 1, S. 273.

[655] Mot. III, S. 69 = *Mugdan*, Materialien Bd. 3, S. 38; dazu 4. Kapitel II 2 d), S. 117 ff.

[656] *Petražycki*, Einkommen Bd. 1, S. 276 f.; wohl auch *Cosack*, in Bekker/Fischer, Beiträge 13 (1889), S. 4.

[657] *Petražycki*, Einkommen Bd. 1, S. 276.

[658] *Dernburg*, Sachenrecht, S. 36.

definition Unzulänglichkeiten bei der Abgrenzung von Muttersache und Fruchtertrag, auf die auch von anderer Seite hingewiesen wird.[659] Dies geschieht namentlich bei *Konrad Cosack*, wenn er die Fruchtdefinition vor dem Hintergrund des Digestenfragments in D. 7, 4, 30[660] analysiert.

> *Gaius* D. 7, 4, 30
>
> Caro et corium mortui pecoris in fructu non est, quia mortuo eo usus fructus extinguitur.
>
> Fleisch und Häute von totem Vieh gehören nicht zu den Früchten, weil durch den Tod eines Tieres der Nießbrauch erlischt.[661]

Der römische Jurist *Gaius* berichtet, dass das Fleisch und die Haut von totem Vieh nicht zu den Früchten zählt, da mit dem Versterben des Tieres auch das (Nießbrauchs-)Recht an der Muttersache aufhöre zu existieren. Dieses Ergebnis, so nimmt *Cosack* an, sei an und für sich eine „selbstverständliche Bedingung des Fruchtbegriffs“[662], die er jedoch im Gesetzesentwurf vermisse. Am Beispiel eines Mastochsen weist der Autor darauf hin, dass nach der aktuellen Entwurfsfassung auch das Fleisch des Ochsen Frucht sein müsse, da es die Bestimmung eines Ochsen sei, geschlachtet und zu Fleisch verarbeitet zu werden. Dieses Ergebnis sei nicht nur durch den Wortlaut des § 792 E I gedeckt, sondern gehe zudem aus den publizierten Motiven der Gesetzgebungskommission hervor. Wie ausdrücklich in § 792 Nr. 1 E I festgestellt wird, sollen alle Bodenbestandteile als Frucht behandelt werden, auch wenn damit zumindest eine partielle Aufhebung der Muttersubstanz einhergeht. Die Motive erklären hierzu, dass die Substanzerhaltung keine absolute Grenze des Fruchtbegriffs darstelle.[663] *Cosack* folgert aus diesen beiden Aussagen wiederum, dass es der Intention der Gesetzgeber entspricht, stets alle Erträge, auch wenn sie auf Kosten der Muttersubstanz gezogen werden, als Früchte gelten. In diesem Sinne zählt also auch das Fleisch des Mastochsen zu den Früchten.[664] Ein Ergebnis, welches im Widerspruch zu der ausdrücklichen Aussage in den römischen Quellen steht.

Es ist der ehemalige Hilfsarbeiter beim Vorentwurf zum Sachenrecht, *Viktor von Liebe*, der auf die praktischen Folgen hinweist, die aus der Entscheidung gegen die Einbeziehung der Diligenzpflicht in die Fruchtdefinition resultieren.

---

659 *Cosack*, in Bekker/Fischer, Beiträge 13 (1889), S. 4; *Liebe*, S. 29.

660 Zu dieser Stelle und seiner Auswirkung auf die Schaffung des § 99 BGB, vgl. auch *Knütel*, JuS 2001, S. 210.

661 *Behrends/Knütel/Kupisch/Seiler*, CIC Bd. 2, S. 640.

662 *Cosack*, in Bekker/Fischer, Beiträge 13 (1889), S. 4.

663 Mot. III, S. 69 = *Mugdan*, Materialien Bd. 3, S. 38.

664 *Cosack*, a.a.O.; diese Ansicht nimmt nach Inkrafttreten des BGB auch *Kuhlenbeck*, Handkommentar, S. 75 an.

Auch wenn man nicht wie *Cosack* soweit gehen will und auch den Ertrag einer vollständigen Substanzzerstörung als Frucht bezeichnet, so muss das Gesetz durch die generelle Aufgabe der Diligenzpflicht bei der Fruchtdefinition an verschiedener Stelle obligatorische Ausgleichsmechanismen einführen. Dies wiederum führe aber, so macht *von Liebe* geltend, zu einer unnötigen Komplexität des Gesetzes. Obwohl auch er

> „[d]as Streben nach möglichst leicht erkennbaren Voraussetzungen für dingliche Rechtsänderungen“[665]

im Grundsatz billigt, wirft er die Frage auf, ob dieses Bestreben für sich genommen schon ausreichen könne, die Grenze der Wirtschaftlichkeit generell auf eine schuldrechtliche Haftung zu beschränken. Das Gesetz beschränke auch an anderer Stelle die Wirksamkeit dinglicher Verfügungen auf die Einhaltung einer ordnungsgemäßen Verwaltung.[666] Sei aber einmal dieser Weg beschritten, so spreche nichts dagegen

> „in hergebrachter Weise für den Fruchtbegriff das wirthschaftliche Maß als bestimmenden Regulator, inwieweit Erzeugnisse Frucht sind oder nicht“[667]

beizubehalten. Insofern würde die Einführung der Diligenzschranke in den Tatbestand des § 792 E I zur Vereinfachung der Rechtsbeziehungen führen und sei daher der Entwurfsfassung vorzuziehen.

Diese Gedanken über die Unmöglichkeit der Abgrenzung von Kapital und Ertrag bei körperlichen Sachen ergänzt zuletzt *Petražycki* durch seinen Hinweis auf dieselben Schwierigkeiten bei der Erfassung von Zinsen als Früchte im Sinne des § 792 E I. Die tatbestandliche Fassung des § 792 Nr. 3 E I erstreckt den Fruchtbegriff auf alle Fälle, in denen Erträge durch ein Rechtsverhältnis vermittelt werden. Diese pauschale Gleichstellung führe – so *Petražycki* – zu dem unhaltbaren Ergebnis, dass bei einem Darlehen auch die Ammortisationsquote, d.h. der Anteil, der dem geliehenen Anteil entspricht, als Frucht gelten müsse.[668] Damit scheitere der gesetzliche Fruchtbegriff in jeglicher Hinsicht, handhabbare Kriterien für die Abgrenzung von Kapital und Ertrag zu schaffen.

c) Auswirkungen des engen Sachbegriffs auf die §§ 792, 793 E I

Nachdem der Fruchtbegriff also hinsichtlich der Begrenzungsfunktion in die Kritik geraten ist, erheben sich auch kritische Stimmen, ob er aufgrund des en-

---

665 *Liebe*, S. 29.

666 So etwa im Falle der Nacherbschaft, § 1823 E I; vgl. *Liebe*, S. 28 f.

667 *Liebe*, S. 29.

668 *Petražycki*, Einkommen Bd. 2, S. 289; ähnlich, aber auf das Bereicherungsrecht begrenzt, wohl auch *Bingner*, in *Reichsjustizamt*, Zusammenstellung Bd. 2, S. 427.

gen Sachbegriffs in § 778 E I überhaupt im Stande ist, die unterschiedlichen Ertragsformen des modernen Rechts- und Wirtschaftsverkehrs zu beschreiben. Dem könne auch die Einführung der Kategorie der Rechtsfrüchte nicht abhelfen. *Gierke* etwa wundert sich, was es zu bedeuten habe, dass die gewonnenen Bodenbestandteile einmal als Sachfrucht im Sinne des § 792 Nr. 1 E I gelten, zugleich aber Rechtsfrüchte nach § 792 Nr. 2 E I seien. Er meint, die Begriffe würden „[i]n wunderlicher Weise" durcheinander schwirren.[669]

Das eigentliche Problem betrifft aber die Erfassung von Erträgen von Sach- und Vermögenseinheiten.[670] Wiederum verweist *Petrażycki* auf die Erfassung der Erträge einer Viehherde als Frucht. Als Sachgesamtheit, *universitas rerum*, ist die Viehherde als solche kein möglicher Gegenstand der Fruchtziehung. Nach dem Gesetzeskonzept sind lediglich die einzelnen Tiere im Stande Früchte abzuwerfen. Der Begriff der Gesamtsache wird als solcher von dem Gesetz verworfen.[671] Der Autor weist jedoch darauf hin, dass im Rechts- und Wirtschaftsverkehr zumeist Nutzungsrechte nicht an Einzeltieren, sondern an Tiergesamtheiten begründet werden.[672] Damit gehe § 792 E I an der Lebensrealität vorbei. Indem nur die organischen Erzeugnisse ohne Unterschied als Frucht des Einzeltieres gelten,

> „ignorirt [der Entwurf] die bei praktischen Wirthen anerkannten Regeln über die Einkünfte bei der Viehzucht."[673]

Auch die Einführung von vereinzelten Sondervorschriften, könne keine Abhilfe schaffen. Die §§ 535[674], 1000 E I, wo spezielle Austauschpflichten beim Pacht- und Nießbrauchsrecht am Sachgesamtheiten eingeführt werden, verwirft *Petrażycki* samt und sonders, da mit ihnen der in den §§ 778, 792 E I aufgestellte Grundsatz unberührt bleibe.

Hinzu treten Zweifel bei der Erfassung eines wirtschaftlichen Unternehmens als Rechtsgegenstand. Die Literatur[675] beschäftigt sich diesbezüglich aber zunächst nur mit der Frage, ob entgegen der Sachdefinition ein Unternehmen oder Gewerbebetrieb als einheitlicher Gegenstand eines Veräußerungsgeschäfts betrachtet werden kann. Inwieweit sich auch Bedenken für die angemessene Erfas-

---

669 *Otto v. Gierke*, Entwurf, S. 292.

670 Hierzu allgemein: *Otto v. Gierke*, Entwurf, S. 285, 286 f.; *Fuchs*, S. 79-89; *Klöppel*, GruchBeitr. 32 (1888), S. 650-654; speziell im Hinblick auf den Fruchtbegriff: *Petrażycki*, Einkommen Bd. 1, S. 270-274.

671 Mot. III, S. 28.

672 *Petrażycki*, Einkommen Bd. 1, S. 270 f.; zur Bedeutung von Herden im Wirtschaftsverkehr, vgl. auch schon *Klöppel*, GruchBeitr. 32 (1888), S. 651.

673 *Petrażycki*, Einkommen Bd. 1, S. 271.

674 Zur Kritik an § 535 E I selbst, vgl. *Petrażycki*, Einkommen Bd. 1, S. 272-274.

675 Dazu *Otto v. Gierke*, a.a.O.; *Fuchs*, a.a.O.; *Klöppel*, a.a.O.

sung von Unternehmenserträgen unter den Fruchtbegriff ergeben, wird zu diesem frühen Zeitpunkt nicht diskutiert. Eine Feststellung, die insoweit überrascht, als der Gesetzesentwurf an einer Stelle selbst eine Sonderregelung für die Verteilung von Unternehmenserträgen vorsieht. Die elterliche Nutznießung an einem zum Vermögen des Kindes gehörenden Unternehmen werden in § 1527 E I auf den jährlichen Reinertrag beschränkt.

> § 1527 E I Wird eine Erwerbsgeschäft von dem Inhaber der elterlichen Gewalt im Namen des Kindes betrieben, so stehen dem Inhaber der elterlichen Gewalt die durch die elterliche Nutznießung der begründeten Rechte an den einzelnen zu dem Erwerbsgeschäfte gehörenden Gegenständen nicht zu; dagegen gebührt ihm der jährliche Reingewinn, welcher durch den Betrieb des Geschäfts erlangt wird. Hat sich jedoch in einem Jahre Verlust ergeben, so verbleibt der Gewinn späterer Jahre bis zur Ausgleichung jenes Verlustes dem Kinde. [...]

Zum ersten Mal taucht der aus der relativen Fruchtlehre[676] bekannte Begriff des Reineinkommens im Gesetzgebungsprozess auf. Man ist sich bei der Schaffung dieser Vorschrift durchaus bewusst, dass an dieser Stelle eine von den anderen Fällen der Nutznießung abweichende Sonderregelung eingeführt wird.

> „Der Auffassung des Verkehres entspricht es, das Erwerbsgeschäft wirthschaftlich als Ganzes zu betrachten und demgemäß davon auszugehen, daß die Nutznießung nicht die einzelnen zu dem Erwerbsgeschäfte gehörenden Gegenstände als solche ergreift, wie dies nach § 1038 bei dem Nießbrauche an einem Vermögen allerdings der Fall ist, sondern daß die Nutznießung am Erwerbsgeschäfte als solchem besteht."[677]

Diese rechtfertige sich aber ausschließlich aus der besonderen Interessenlage bei der elterlichen Gewalt, die es unabdingbar mache, für das Kind die Einheit des Unternehmens aufrecht zu erhalten.[678]

2. *Substantial- und Produktionsprinzip als Grundsätze der Fruchtverteilung*

Noch stärker als bei der begrifflichen Erfassung werden bei der Kritik an der dinglichen Verteilung von Früchten deutschrechtliche Grundsätze geltend gemacht. In diesem Sinne wird bei der Kritik an dem BGB-Entwurf eine Abwägung zwischen dem römischen Substantial- und dem germanischen Produktionsprinzip gefordert. Bezeichnenderweise behandeln die wissenschaftlichen Gutachten des Deutschen Juristentages (DJT) die Frage, ob

---

676 S. oben 2. Kapitel IV. 3. c).

677 Mot. IV, S. 782 = *Mugdan*, Materialien Bd. 4, S. 415.

678 Mot. IV, S. 782 f. = *Mugdan*, Materialien Bd. 4, S. 415 f.

„die deutschrechtlichen oder die römischrechtlichen Grundsätze hinsichtlich des Fruchterwerbs im deutschen bürgerlichen Gesetzbuche aufzunehmen [sind].“[679]

Am vehementesten fordert jedoch *Otto von Gierke* eine Hinwendung zum germanischen Recht, der die Vorschriften über den Fruchterwerb als

„schlechthin römisch gedacht und darum einseitig kapitalistisch gehalten“[680]

brandmarkt. Der berühmte Germanist nutzt das Fruchterwerbsrecht, um nochmals auf die vermeintlich soziale Ausgestaltung der germanischen Rechtsprinzipien hinzuweisen und hält es für unumgänglich, vollständig zu dem deutschrechtlichen Produktionsprinzip zurückzukehren, wenn das Gesetzbuch „seinen socialen und ethischen Beruf“[681] erfüllen wolle. Nicht das Recht an der Muttersache dürfe demnach über die Fruchtverteilung entscheiden, sondern nur die aufgewendete Arbeit. Die Früchte seien stets auch Ertrag des Produktionsaufwandes – mit anderen Worten ‚verdientes Gut'. Es widerspreche daher dem Rechtsgefühl und der Billigkeit, wenn dem Eigentümer der Muttersache grundsätzlich das Eigentum an den Erträgen zugesprochen werde, obwohl er gegebenenfalls an dem Produktionsprozess nicht beteiligt gewesen ist.[682] Sei es nicht sogar widersinnig, wird von anderer Seite gefragt, demjenigen, der die Arbeit leistet, erst durch die Aussaat das Eigentum zu nehmen, um ihm später dasselbe Eigentum an den Erzeugnissen nach der Trennung zurückzugeben?[683]

Gleichwohl bildet diese grundsätzliche Opposition gegen das Entwurfskonzept nicht die herrschende Auffassung in Literatur. Gerade der DJT sucht die Lösung der sich stellenden Fragen nicht mehr allein in der Alternative zwischen römischem und germanischem Recht.[684] Die Referenten des DJT sind vielmehr darum bemüht, die dogmatischen Grundlagen der beiden Rechtssysteme zu erforschen, um aus ihnen eine praktikable für die neu zu schaffende Kodifikation taugliche Lösung herzuleiten.

„Wie verhalten wir uns nun zu diesen beiden Systemen? [...] Früher hätte man sich vielleicht damit begnügt, aus der Natur der Sache das Richtige zu deduciren und

---

679 *Thomsen*, Verhandlungen des 17. DJT (1884) Bd. 1, S. 288-333; *Mayer*, Verhandlungen des 16. DJT (1882) Bd. 1, S. 217-240.

680 *Otto v. Gierke*, Entwurf, S. 344; ähnlich *Klöppel*, GruchBeitr. 32 (1888), S. 654, der die §§ 898-902 E I als an den *„wirthschaftlich rohen römischen Anschauungen klebend"* bezeichnet.

681 *Otto v. Gierke*, Entwurf, S. 345.

682 *Otto v. Gierke*, Entwurf, S. 290, 344 f.; *Klöppel*, a.a.O.

683 *Klöppel*, a.a.O.

684 *Thomsen*, a.a.O. versucht darüber hinaus den Beweis zu führen, dass auch dem römischen Recht wenigstens zum Teil das Produktionsprinzip zugrunde liege; ausdrücklich dagegen *Eck*, Verhandlungen des 17. DJT (1884) Bd. 2, S. 35 ff.

> dann das eine oder das andere System zu empfehlen, als dem Begriff und Wesen der Frucht am meisten entsprechende. Wir haben jetzt mehr Achtung vor den Thatsachen. [...] Der dritte Weg, auf den wir dadurch hingewiesen sind [...], geht davon aus, daß man unserem modernen Rechte die ganze Ehre läßt, die ihm gebührt. Eigenthümliche volle Rechtsgebilde zu schaffen, ist kein Privilegium der römischen, noch der mittelalterlichen Zeiten gewesen. Unser modernes Recht ist kein bloßes mechanisches Gemisch aus beiderlei Bestandtheilen, sondern es hat seine eigene Lebenskraft, mit welcher es ein Drittes, Neues erzeugt."[685]

Daraus folgt, dass weder eine unkritische Übernahme der germanischen, noch der römischen Grundsätze stattfinden kann. Dies gilt insbesondere für das Produktionsprinzip, das in den modernen Rechtsordnungen nicht anzutreffen ist.

> „Das germanische Fruchterwerbsrecht, so wie es ist, kommt von vornherein nicht in Frage.[686]

Aber auch wenn man mit den römischen Quellen das Recht zum Fruchtbezuge als zentrales Element der Fruchtverteilung betont, so muss man sich doch vor einer „Uebermacht des Romanismus"[687] hüten. Verschiedene Abweichungen von dem klassischen römischen Recht seien sowohl in den geltenden Rechten als auch in der modernen Romanistik anzutreffen.

a) Eigentumserwerb an stehenden Erzeugnissen

Eine eingehende Betrachtung haben die Modalitäten über den originären Fruchterwerb erfahren. Mit dem Entwurf weiß man sich lediglich im Grundsatz einig, eine weitgehende Gleichgestaltung der Fruchterwerbstatbestände zu fordern. Die §§ 898-902 E I entsprechen diesem Gedanken insofern, als der Eigentumserwerb im Regelfall durch die Trennung (*separatio*) der Erzeugnisse oder sonstigen Bestandteile erfolgt.[688] Erkennt man aber den originären Erwerb aufgrund eines Nutzungsrechtes an, so stellt sich die Frage, zu welchem Zeitpunkt der Erwerb sich vollziehen soll. Das Beispiel des preuß. ALR I 9 § 221 vor Augen diskutiert der DJT erneut die Möglichkeit, die dingliche Wirkung bereits bei Entstehen der Erzeugnisse eintreten zu lassen.[689] Wie schon innerhalb der 1. Kommission und auch vorher bei der Schaffung des Vorentwurfs taucht an die-

---

685 *Mayer*, Verhandlungen des 16. DJT (1882) Bd. 1, S. 226 f., 236.

686 *Mayer*, Verhandlungen des 16. DJT (1882) Bd. 1, S. 227.

687 *Mayer*, a.a.O.

688 Zustimmend *Cosack*, in Bekker/Fischer, Beiträge 13 (1889), S. 33-36; insofern auch *Klöppel*, GruchBeitr. 32 (1888), S. 654.

689 *Thomsen*, Verhandlungen des 17. DJT (1884) Bd. 1, S. 332; *Mayer*, Verhandlungen des 16. DJT (1882) Bd. 1, S. 230-235; *Westfälischer Bauernverein*, Verhandlungen, S. 95 f.; *Otto v. Gierke*, Entwurf, S. 290, 344.

ser Stelle wieder die These der rechtlichen Selbständigkeit der Früchte auf. Zur Verteidigung dieser Ansicht wird wieder auf die Entscheidung des OAG Oldenburg[690], ebenso wie auf die neueste Gesetzgebungsgeschichte bei der Schaffung der Reichszivilprozessordnung[691] verwiesen. Die äußerliche Unterscheidbarkeit der Erzeugnisse von dem Grund und Boden reiche vollständig aus, um von dem römischen Grundsatz abzuweichen.[692] In diesem Sinne beschloss der DJT, die Einführung eines Erwerbs an stehenden Früchten für das neu zu schaffende Gesetzbuch zu fordern.[693]

Auch wenn diese Forderung später auch von anderen Praktikerverbänden aufgegriffen wurden und etwa dem Westfälischen Bauernverband[694] zur Grundlage ihrer eigenen Stellungnahme zum E I geworden ist, gab es aber auch Stimmen, die sich gegen einen Eigentumserwerb an stehenden Früchten aussprach und insoweit die Regelungen des Entwurfs unterstützten. Ausdrücklich gegen den Vorschlag des DJT stellt sich etwa das preußische Landes-Ökonomie-Kollegium.[695] Man weist zu diesem Zweck daraufhin, dass ein Abstellen auf die Entstehung der Frucht zu unbestimmt sei. Weder für organische Erzeugnisse des Grund und Bodens und noch weniger bei Tiererzeugnissen sei eine klare Bestimmung des Entstehungsmoments möglich.[696] Dieselben Bedenken hatten daher schon in der germanistischen Literatur dazu geführt, die rechtliche Selbständigkeit hängender Früchte abzulehnen.[697] Schon allein aufgrund dieser Schwierigkeiten sei der Vereinfachungseffekt, der im Entwurf durch das Festhalten an den römisch-rechtlichen Prinzipien erreicht wird, festzuhalten.[698]

b) Gutgläubiger Eigentumserwerb

Grundsätzliche Zustimmung hat der Entwurf der 1. Kommission bei der Behandlung des gutgläubigen Fruchterwerbs erfahren. Durch die Einführung des

---

690 *Eck*, Verhandlungen des 17. DJT (1882) Bd. 2, S. 43; zu dieser Entscheidung schon oben 4. Kapitel I 3 c), S. 112 f.

691 *Eck*, a.a.O.; *Mayer*, Verhandlungen des 16. DJT (1882) Bd. 1, S. 234.

692 *Petersen*, Verhandlungen des 17. DJT (1882) Bd. 2, S. 58 ff.; *Enneccerus*, Verhandlungen des 17. DJT (1882) Bd. 2, S. 66 ff.; a.A. *Bernhöst*, Verhandlungen des 17. DJT (1882) Bd. 2, S. 65 f.

693 Beschluss abgedr. in Verhandlungen des 17. DJT (1882) Bd. 2, S. 79.

694 *Westfälischer Bauernverein*, Verhandlungen, S. 89, 95 f.

695 *Preuß. Landes-Ökonomie-Kollegium*, Verhandlungen 1889, S. 299 f., 711-723.

696 *Preuß. Landes-Ökonomie-Kollegium*, Verhandlungen 1889, S. 718.

697 So etwa *Stobbe*, Handbuch, S. 679.

698 Ähnlich schon eine unbenannte Person in den Verhandlungen des 17. DJT (1882) Bd. 2, S. 73.

§ 900 E I sei ein „wichtiger Fortschritt gegen das römische Recht“[699] gemacht, indem die in den Naturrechtskodifikationen zu beobachtende Entwicklungstendenz weitergeführt worden ist.[700] Auch wenn gerade seitens des DJT Zustimmung zu dieser Vorschrift geäußert wird, finden sich in der Literatur dennoch auch Kritikpunkte im Detail.

Auf die größten Bedenken ist dabei die Frage gestoßen, ob es angemessen ist, die Gutgläubigkeit in § 900 E I anders zu definieren, als es beim redlichen Erwerb von beweglichen Sachen geschieht.[701] Ein Eigentumserwerb an der Sache selbst scheitert nach § 877 E I nämlich bereits bei grober Fahrlässigkeit, während ein Fruchterwerb auch bei Fahrlässigkeit bis zum Moment der positiven Kenntnis des fehlenden Nutzungsrechts möglich ist. Beide Fälle werden in ihrer grundsätzlichen Ausrichtung als sehr ähnlich aufgefasst, so dass, trotz des durchaus anerkannten Bedürfnisses zum Schutz der *bona fides*, eine unterschiedliche Behandlung nicht angebracht erscheine.

> „Ein unredlicher Erwerber darf nicht als redlicher Besitzer anerkannt werden.“[702]

Albert Bolze geht sogar noch einen Schritt weiter und fragt danach, inwiefern der gute Glaube im Falle eines unentgeltlichen Erwerbs überhaupt schützenswert ist.[703] Nicht nur die Schutzwürdigkeit des fahrlässig an sein Recht glaubenden Besitzers ist demnach fraglich, sondern auch desjenigen, der ohne Gegenleistung in den Besitz einer fruchttragenden Sache gekommen ist. Die Schutzwürdigkeit ergebe sich ausschließlich aus der Entgeltlichkeit des Erwerbs. Dies ergebe sich aus den Wertungen der handelsrechtlichen Vorschriften, denen der Gutglaubensschutz des BGB-Entwurfs entlehnt ist[704], und es sich an dieser Stelle ebenfalls stets um entgeltliche Verfügung handele.

Auch die Einfügung des Ausschlusstatbestandes in § 900 Nr. 2 E I wird allseits abgelehnt, da sie entweder überflüssig oder im Hinblick auf die Rechtsprechung zum Straftatbestand der Hehlerei von falschen Voraussetzungen ausgeht. Man weist darauf hin, dass § 230 StGB kein Fahrlässigkeitsdelikt ist, wie es die Gesetzgebungskommission angenommen hat, sondern der Besitzerwerb stets

---

699 *Cosack*, in Bekker/Fischer, Beiträge 13 (1889), S. 34; in diesem Sinne schon *Kräwel*, AcP 58 (1875), S. 261 ff.

700 Insb. zum Code civil, *Mayer*, Verhandlungen des 16. DJT (1882) Bd. 1, S. 229 f.

701 *Liebe*, S. 27 f.; *Bolze*, AcP 74 (1889), S. 105; *Cosack*, in Bekker/Fischer, Beiträge 13 (1889), S. 34, 44; *Krech*, in Bekker/Fischer, Beiträge 14 (1889), S. 79; *Otto v. Gierke*, Entwurf, S. 344 Anm. 1.

702 *Bolze*, a.a.O.

703 *Bolze*, AcP 74 (1889), S. 102, 106.

704 Dazu oben 3. Kapitel II 2 c) bb).

Vorsatz des Hehlers voraussetze.[705] Bereits im Jahre 1880 hatte das Reichsgericht entschieden, dass der Straftatbestand der Hehlerei kein Fahrlässigkeitsdelikt begründe.[706] Überhaupt werde die Vorschrift obsolet, wenn man wenigstens auch die grobe Fahrlässigkeit als Ausschlusskriterium für den redlichen Fruchterwerb anerkenne.[707]

Zuletzt weist *Konrad Cosack* am Beispiel des gutgläubigen Fruchterwerbs noch auf die praktischen Unzulänglichkeiten hin, die aus der Aufgabe der Diligenzschranke im Fruchtbegriff des § 792 E I resultieren.[708] Während das Gesetz für den Nießbraucher in § 988 E I einen verschuldensunabhängigen Haftungstatbestand für die Ziehung von Übermaßfrüchten vorsieht, ist eine entsprechende Regelung für den bloßen Besitzer nicht vorgesehen. Obwohl dieser gerade kein Recht an der Sache habe, stehe er dennoch besser dar, als der zum Fruchtbezug berechtigte Fruktuar. Hinreichende Gründe den Redlichkeitsschutz über den Umfang einer ordnungsgemäßen Fruchtziehung auszuweiten, gebe es aber nicht. Es biete sich daher an, eine dem Nießbrauchsrecht vergleichbare schuldrechtliche Haftung in die Vindikationsvorschriften einzuführen, um den „schlimmsten Raubbau" zu verhindern.[709]

c) Fruchterwerb des Nießbrauchers und des Pächters

Eine Fehlentscheidung des Entwurfs stellte aus Sicht einer preußisch geprägten Kritik die unterschiedliche Behandlung des Nießbrauchs- und Pachterwerbs in §§ 899, 901 E I dar. Wie schon während der Diskussion innerhalb der 1. Kommission werden Zweifel laut, ob mit der getroffenen Regelung der Pächter vor dem Zugriff Dritter auf das gepachtete Grundstück hinreichend geschützt sei. *Otto von Gierke*[710] sieht in den Erwerbsvorschriften des obligatorischen Nutzungsberechtigten ein herausragendes Beispiel dafür, dass es dem BGB-Gesetzgeber nicht gelungen sei, von dem gerade an dieser Stelle als sehr unsozial empfundenem römischem Recht abzuweichen. Zwar erwerbe der dinglich Berechtigte nunmehr schon durch Separation das Eigentum an den Früchten, gleichwohl bleibt die Position des Pächters durch die Konstruktion seines Fruchterwerbs als eine Art modifizierten Traditionserwerbs – anders als im preußischen Recht[711] – grundsätzlich sehr schwach ausgestaltet. Auch wenn ihn

705 *Bingner*, SächsArch. 1 (1891), S. 103; *Bolze*, AcP 74 (1889), S. 105; *Liebe*, S. 28.
706 RG, *v. 28.4.1880*, RGSt 2, S. 140-144.
707 *Bolze*, a.a.O.
708 *Cosack*, in Bekker/Fischer, Beiträge 13 (1889), S. 35.
709 *Cosack*, a.a.O.
710 *Otto v. Gierke*, Entwurf, S. 344.
711 Dazu oben 3. Kapitel I 3 b) aa).

der wirtschaftliche Schaden trifft, so ist er doch, wie im römischen Recht, auf eine Abtretung des etwaigen Schadensersatzanspruchs durch den Verpächter angewiesen. Man fordert daher von verschiedener Seite, dass von dem römischen Recht gerade in diesem Punkt abgewichen werden muss. Danach müsse nicht bloß den Grundsatz ‚Kauf bricht nicht Miete bzw. Pacht' in das Gesetz eingeführt, sondern auch der Pachterwerb wie der beim Nießbrauch und den anderen Fällen einer dinglichen Nutzungsberechtigung ausgestaltet werden.[712]

Gegen diesen Einwand weist *Gottlieb Planck* jedoch darauf hin, dass die Stellung des Pächters im Entwurf wesentlich besser ausgestaltet ist als noch im römischen Recht.[713] Auch wenn dem Pächter dem Grunde nach kein Besitz, sondern nur die Inhabung an der Muttersache zugesprochen wird, so erwirbt er, solange er die tatsächliche Zugriffsmöglichkeit hat, stets schon mit der Trennung das Eigentum an den Früchten, § 902 Abs. 2 E I. Zudem hat der Eigentümer bei Überlassung der Pachtsache auch keine Möglichkeit seine Einwilligung zur Aneignung der Früchte zurückzunehmen, solange das Recht zum Fruchtbezuge besteht. Aufgrund der tatsächlichen Einwirkungsmöglichkeit wird der Pächter im Rahmen seines Rechtes also einem dinglich Berechtigten nach § 899 E I weitgehend gleichgestellt.

Da man zumeist aber auch nicht allein auf das germanische Konzept des ‚verdienten Gutes' zurückgreifen möchte[714], bleibt dieser Punkt in den Äußerungen zum Entwurf kontrovers diskutiert. Am deutlichsten wird dieser Umstand am Beispiel der Stellungnahmen der Bundesregierungen zur Frage des Fruchterwerbs eines Pächters.[715] Während die Mehrheit der Länder sich dafür ausspricht, im Grundsatz an der Entwurfsfassung festzuhalten, fordert die Regierung von Elsaß-Lothringen, den Fruchterwerb nach den deutschrechtlichen Gedanken des Produktionsprinzips auszugestalten.[716] Auch Preußen spricht sich für die Beibehaltung des aktuellen Fruchterwerbs aus, schlägt aber vor, den Pächter durch die Einführung einer gesonderten Anspruchsgrundlage für Schadensersatz besonders zu schützen.[717]

---

712 *Otto v. Gierke*, a.a.O.; *Mayer*, Verhandlungen des 16. DJT (1882) Bd. 1, S. 237 f.; *Petersen*, Verhandlungen des 17. DJT (1882) Bd. 2, S. 50; *Westfälischer Bauernverein*, Verhandlungen, S. 95 f.

713 *Planck*, AcP 75 (1889), S. 399; hierauf macht auch *Cosack*, in Bekker/Fischer, Beiträge 13 (1889), S. 36 aufmerksam.

714 Dazu bereits in diesem Kapitel III. 2. a).

715 Hierzu *Reichsjustizamt*, Zusammenstellung Bundesregierungen Bd. 1, S. 117 f.

716 *Reichsjustizamt*, Zusammenstellung Bundesregierungen Bd. 1, S. 118.

717 *Reichsjustizamt*, a.a.O.

3. *Rückgewähransprüche*

a) Die *commoda ex negotiatione*

Die Diskussion über das Fruchtrecht konzentriert sich damit fast ausschließlich auf die dinglichen Verteilungsfragen. Lediglich am Rande wird darauf hingewiesen, dass damit auch die Grundsätze über eine schuldrechtliche Verteilung berührt werden und entsprechend anzupassen seien.[718] Eine generelle Diskussion über die Erstreckung der Restitutionspflicht auf die Früchte und Nutzungen findet dagegen nicht statt. Es gibt zustimmende und ablehnende Stimmen über die Ausgestaltung der jeweiligen Restitutionstatbestände. Mit der jeweiligen Auffassung steht und fällt auch das Urteil bezüglich der vorliegend interessierenden Erstreckung des Primäranspruchs auf die Erträge eines Gegenstandes.

Interessant sind in diesem Zusammenhang gleichwohl vereinzelte Kritikpunkte, die sich insbesondere gegen die weite Fassung des Ertragsbegriffs in § 740 E I richten. Dies betrifft das Problem, ob auch der Erlös aus einem Veräußerungsgeschäft, das *commodum ex negotiatione*, nach den bereicherungsrechtlichen Vorschriften herauszugeben sein soll. Man macht gegen die Entwurfsfassung geltend, dass die Vorschrift des § 740 Abs. 1 E I zu weit gefasst sei.[719] Richtigerweise intendiere die Gesetzgebungskommission, den Bereicherungsanspruch auch auf den An- und Zuwachs, also die Früchte, zu erweitern, im Entwurf sei dies aber nur sehr missverständlich zum Ausdruck gebracht. Durch den Verweis auf ‚das durch das Erlangte Erworbene' werden begrifflich auch die Veräußerungsgewinne erfasst, was jedoch zu großen Unzuträglichkeiten führe. Deutlich werde dies am Beispiel des Kaufes mit rechtsgrundlos erlangtem Geld. Auch der redliche Empfänger des Geldes werde nach der Fassung des § 740 Abs. 1 E I dazu verpflichtet, wie ein Geschäftsführer des Bereicherungsgläubigers alles herauszugeben, einschließlich des Kaufgegenstandes selbst.[720] Überhaupt ergeben sich Zweifel, ob der Kondiktionsschuldner verpflichtet sein soll, auch dasjenige herauszugeben, was er durch ein besonders vorteilhaftes Geschäft erlangt hat, selbst wenn dieses von dem Gläubiger selbst nicht erlangt worden wäre.[721]

Damit geht auch die sich auf alle Rückgewährfragen erstreckende Frage einher, ob nicht nur der Erlös für den Verkauf des Gegenstandes selbst zu erstatten ist, sondern ob und gegebenenfalls inwieweit der Ertrag für die Nutzungs-

---

718 So etwa *Westfälischer Bauernverein*, Verhandlungen, S. 96.

719 *Meischeider*, in Bekker/Fischer, Beiträge 3 (1889), S. 72 f.; wohl auch *Bingner*, in *Reichsjustizamt*, Zusammenstellung Bd. 2, S. 427; ähnlich in neuester Zeit *Larenz/Canaris*, Schuldrecht Bd. 2,2, S. 264 ff. 270 ff.

720 *Bingner*, a.a.O.

721 *Meischeider*, in Bekker/Fischer, Beiträge 3 (1889), S. 73.

überlassung dem Bereicherungsgläubiger zu erstatten ist. Diese Frage greift der Trierer Theologe und Jurist *Peter Josef Loenartz* auf und schlägt zu diesem Zweck vor, die Unterscheidung zwischen *fructus naturales* und *fructus industriales* zur Lösung heranzuziehen.[722] Die natürlichen, in der Sache selbst liegenden Vorteile sollen mit der Muttersache erstattet werden. Die durch die aufgewendete Mühe, *industria*, des Restitutionsschuldners entstandenen Erträge hingegen möchte er bei ihm lassen.[723] Demnach beschränkt sich der Restitutionsanspruch dem Umfang nach auf den Wert der *fructus naturales*. Die Erträge aus einem besonders lohnenden Zinsgeschäft, ebenso wie bei Investition eines Geldbetrages in einen Geschäftsbetrieb, resultieren dagegen aus den Entscheidungen und damit aus der *industria* des Schuldners und sollen nach *Loenartz* bei ihm verbleiben.

> „Diejenigen pecuniären Vortheile, die eine Sache im bürgerlichen Rechtsverkehr nur in Folge einer besonderen Behandlung und Thätigkeit, industria, des Besitzers, also auch nicht regelmäßig und in jeder Hand abwirft, kann man zwar auch als fructus civiles bezeichnen; aber sie sind, wenigstens so weit sie den regelmäßigen, für jeden Besitzer auch ohne besondere industria erreichbaren Gewinn übersteigen, nicht als fructus rei, sondern als industriales anzusehen und zu behandeln, wie z.B. der aus einer Geldsumme im Geschäftsbetrieb, durch Handels- und Börsenspeculation erzielte Gewinn."[724]

b) Berücksichtigung der Produktionskosten im Rückgewährverhältnis

Ein letzter grundsätzlicher Kritikpunkt gegen die schuldrechtliche Ausgestaltung des Fruchtrechts richtet sich gegen die Berücksichtigung von Produktionskosten bei der Fruchtverteilung. Aus Sicht einer deutsch-rechtlich geprägten Kritik wäre dieser Punkt bereits beim dinglichen Fruchterwerb zu berücksichtigen.[725] *Karl Bolze* hingegen nähert sich an diese Frage aus Sicht des römischen Rechts und damit grundsätzlich auch derselben Sichtweise, wie der Gesetzesentwurf.[726] Im Rahmen der Analyse des Eigentümerherausgabeanspruchs stellt er das Defizit

---

722 *Loenartz*, S. 157 ff.; in der Sache ähnlich *Hagmann*, S. 143 ff, wenn sie den bereicherungsrechtlichen Anspruch auf die ‚mit geleisteten Nutzungen' beschränken will und hierfür Kausalitätsgesichtspunkte heranzieht.

723 Diese Unterscheidung findet natürlich nicht nur bei Veräußerungserlösen Anwendung. Da sich aber *Loenartz* mit den Einwänden gegen diese Kategorisierung in der gemeinrechtlichen Wissenschaft nicht auseinandersetzt, soll dieser Aspekt zunächst außer Acht gelassen werden und nur seine Argumentation bezüglich der Veräußerungsgewinne betrachtet werden.

724 *Loenartz*, S. 159.

725 In diesem Sinne *Westfälischer Bauernverein*, Verhandlungen, S. 96.

726 *Bolze*, AcP 74 (1889), S. 97 ff.

fest, dass die Produktionskosten in den Restitutionsverhältnissen lediglich vereinzelt Berücksichtigung gefunden haben.

> „Merkwürdiger Weise redet der Entwurf in Beziehung auf den Eigenthumsanspruch nicht von den Kosten, welche der Besitzer auf die Hervorbringung der ihm nicht gebührenden Früchte aufgewendet hat.[727]

Er verweist auf die entsprechende Vorschrift bei einer vorzeitigen Auflösung eines Nießbrauchrechts, nach der der Eigentümer zur Erstattung der ordnungsgemäßen Gewinnungskosten bis zur Höhe des Fruchtwerts verpflichtet ist, § 1009 E I. Er gibt jedoch zu bedenken, dass der Entwurf die Berücksichtigung dieser Kosten scheinbar nur im Rahmen eines Verwendungsersatzanspruchs vorsieht.[728] Jedoch macht er darauf aufmerksam, dass dieser Lösungsansatz nur bei der Restitution von mit der Muttersache zusammenhängenden Früchten sinnvoll durchgeführt werden könne.

> „Hier zieht dann der Eigenthümer selbst die Früchte oder ein Theil der Früchte, zu deren Hervorbringung der Besitzer Kosten aufgewendet hat. Der Besitzer hat in diesem Fall seinen Erstattungsanspruch zu erheben, ohne daß ihm Gelegenheit gegeben ist, die Kosten abzurechnen."[729]

Muss der Schuldner aber bereits gezogene Früchte erstatten, so verwirklicht sich der Wert seiner Arbeit in den Früchten. In diesem Sinne verpflichten auch die römischen Quellen den Schuldner nur zur Erstattung des Reingewinns und nicht der gesamten Frucht.[730] Das Problem stellt sich in besonderem Maße bei körperlichen Erträgen, wo die Früchte stets Bruttoerträge sind. Folgt man dem im römischen Recht vorgegebenen Ansatz darf der Rückgewährschuldner gerade nicht auf den vollen Bruttoertrag der Früchte haften, sondern ihm muss, wie es der Entwurf beim Nießbrauchsrecht vorgibt, zumindest ein eigenständiger Gegenanspruch für die aufgewendete Fruchtgewinnungskosten zugestanden werden. Nur auf diesem Wege kann der Rückgewähranspruch sinnvoll auf den dem Gläubiger zustehenden Wert begrenzt werden.

---

727 *Bolze*, AcP 74 (1889), S. 116.

728 Er verweist zu diesem Zweck auf die Motive zu § 794 E I, Mot. III, S. 72 = *Mugdan*, Materialien Bd. 3, S. 39; *Bolze*, AcP 74 (1889), S. 117 f.

729 *Bolze*, AcP 74 (1889), S.118.

730 Vgl. u.a. *Ulpian* D. 22, 1, 46, abgedr. oben 3. Kapitel IV 3 c), S. 84 dort m.w.N.

„Soweit also Früchte herauszugeben oder ihr Werth zu erstatten ist, gilt als Frucht nur, was nach Abrechnung jener Kosten übrig bleibt.“[731]

IV. Die 2. BGB-Kommission

Bereits im Vorfeld der Arbeiten zum zweiten Entwurf äußert sich *Gottlieb Planck* 1889 zu den kritischen Stimmen an dem ersten Entwurf.[732] In seinem Aufsatz, der sich generell mit der geäußerten Kritik an Inhalt und Sprache des Entwurfs auseinandersetzt, erkennt er zwar die Berechtigung einer Vielzahl der Kritikpunkte an. Er weist zugleich darauf hin, dass diese oftmals keine Neuerungen gebracht haben, da es sich dabei oftmals um Punkte handelt, die bereits in der Kommission diskutiert worden sind.

„Die große Zahl der erhobenen Bedenken hat nichts Ueberraschendes. Die meisten der angegriffenen Bestimmungen sind bereits in der Commission selbst Gegenstand lebhafter Erörterung gewesen; viele hundert Anträge sind in derselben bereits gestellt und abgelehnt und es würde auffallend sein, wenn die in der Commission vertretenen, aber in der Minderheit gebliebenen Ansichten nicht auch außerhalb derselben Vertreter gefunden hätten.“[733]

Es überrascht daher nicht, wenn die Arbeit der zweiten Kommission, deren Generalreferent *Planck* war, sich zwar inhaltlich mit dem Widerspruch aus der Literatur auseinandergesetzt hat, sie aber gerade auch im Bereich des Fruchtrechts nur sehr verhalten aufnahm.

1. Übernahme der Legaldefinitionen

a) Systematische Verortung des Frucht- und Nutzungsbegriffs

Auch wenn von verschiedener Seite vehement die Verschiebung der §§ 778-792 E I in den Allgemeinen Teil des Gesetzbuches gefordert wurde, scheint die Frage nach der systematischen Verortung der Legaldefinitionen seitens der Kommission nicht weiter diskutiert worden zu sein. Man hatte sich unabhängig von der systematischen Frage bereits in der 1. Kommission dazu durchgerungen, den Anwendungsbereich der Legaldefinitionen über das Sachenrecht hinaus auszuweiten. Insoweit bestand offensichtlich kein grundlegendes Klärungsbedürfnis, so dass diese Frage lediglich an die Redaktionskommission verwiesen werden

---

731 *Bolze*, AcP 74 (1889), S.116.

732 *Planck*, AcP 75 (1889), S. 327-429; Zur Bedeutung des Reichsjustizamts während der Gesetzgebungsgeschichte vgl. insb. *Schulte-Nölke*, Reichsjustizamt.

733 *Planck*, AcP 75 (1889), S. 327 f.

konnte.[734] Zunächst wurden die allgemeinen Vorschriften daher an der Spitze des Sachenrechts belassen. Erst in der letzten Beschlussfassung des zweiten Entwurfs (E II) wurde der gesamte Abschnitt als §§ 77a-77n E II in den Allgemeinen Teil vorangestellt.[735]

b) Begriffsbestimmung und der Cosacksche Mastochse

Ebenso haben die kritischen Stimmen zur sprachlichen und inhaltlichen Fassung der Legaldefinitionen in §§ 792, 793 E I die 2. Kommission nur in geringem Maße dazu bewogen, die §§ 77k, 77l E II anzupassen. Sachlich wurde an den Definitionen des E I nichts beanstandet.[736] Entgegen dem von *Konrad Cosack* geäußerten Einwand, wonach die geschaffene Definition auch das Fleisch eines geschlachteten Mastochsen zu den Sachfrüchten zählen müsste, geht die Gesetzgebungskommission davon aus, dass die beschlossene Fassung in hinreichender Weise die Abgrenzung zwischen Fruchtertrag und Muttersubstanz gewährleiste. Zwar erkennen die Kommissionsmitglieder grundsätzlich an, dass die bisherige Fassung missverstanden werden könne. Man begegnet den Bedenken aber, indem man einschränkend darauf hinweist,

> „die Bestimmung [der Sachfruchtdefinition] passe, soweit sie sich auf die sonstige Ausbeute aus einer Sache beziehe, nicht auf bewegliche Sachen, sondern nur auf Grundstücke.“ [737]

Diese Aussage entspricht der ursprünglichen Intention, die schon im Vorentwurf geäußert wurde, durch den Verweis auf die Ausbeute einer Sache primär anorganische Erträge eines Grundstücks unter den Fruchtbegriff fassen zu können. Zu einer grundsätzlichen Änderung der Gesetzesfassung sah man sich nicht veranlasst. Die verbleibenden sprachlichen Bedenken wurden der späteren Redaktionskommission zur Revision übertragen, die schließlich folgende Fassung wählte:

> § 77k E II Früchte einer Sache sind die Erzeugnisse der Sache und die sonstige Ausbeute, welche aus der Sache ihrer Bestimmung gemäß gewonnen wird.
>
> Früchte eines Rechtes sind die Erträge, welche das Recht seiner Bestimmung gemäß gewährt, insbesondere bei einem Rechte auf Gewinnung von Bodenbestandtheilen die gewonnen Bestandtheile.

---

734 *Jakobs/Schubert*, Beratung, Allgemeiner Teil 1, S. 488.

735 Die genauen Sacherwägungen der Redaktionskommission für eine Verschiebung des allgemeinen Sachenrechts in den Allgemeinen Teil sind soweit ersichtlich nicht überliefert.

736 Prot. III, S. 3324 = *Mugdan*, Materialien Bd. 3, S. 498.

737 Ebd.; ebenso heute *Wieling*, Sachenrecht Bd. 1, S. 110 f.

Früchte sind auch die Erträge, welche eine Sache oder ein Recht vermöge eines Rechtsverhältnisses gewährt.

c) Entscheidung gegen die Erfassung von Sachgesamtheiten

Trotz der geäußerten Kritik hielt die 2. Kommission zudem an dem engen Sachbegriff des § 778 E I fest und entschied sich somit bewusst gegen eine tatbestandliche Erfassung von Sachgesamtheiten.[738] Dies hat für das Fruchtrecht insoweit Folgen, als insbesondere die Vorschläge der relativen Fruchtlehre über den Fruchterwerb bei Tiergesamtheiten verworfen werden. Es bleibt demnach also bei der einzelfallorientierten Einführung von schuldrechtlichen Ausgleichsansprüchen, wie sie in den §§ 535, 1000 E I anzutreffen waren und in §§ 526, 958 E II übernommen wurden.

Auf diesem Wege bestätigte die Gesetzgebungskommission ihren schon anderweitig eingeschlagenen Weg, den Sach- und damit auch den Fruchtbegriff möglichst an leicht erkennbaren, objektiven Kriterien auszurichten. An dieser Stelle spiegelt sich wiederum der Gedankengang zu den Übermaßfrüchten wider, da auch die Tierjungen als Ertrag einer Herde im Verhältnis zur Gesamtherde äußerlich nicht als wirtschaftlich bzw. unwirtschaftlich erkennbar sind. Ein eventuell erforderlicher Ausgleich soll lediglich innerhalb des bestehenden Schuldverhältnisses zwischen den Parteien stattfinden. Für die zentralen fruchtrechtlichen Bereiche folgt daraus, dass zwar schuldrechtlich ein Nutzungsrecht an Tier- und anderen Sachgesamtheiten mit den entsprechenden Rechten und Pflichten begründet werden kann, eine dingliche Verfügung aber aufgrund des sachenrechtlichen Spezialitätsprinzips stets nur an Einzeltieren stattfinden kann. Entsprechend orientieren sich die Vorschriften über Fruchtverteilung bzw. -erwerb im Grundsatz an der individuellen Sache.

2. *Anpassung der Vorschriften über die dingliche Fruchtverteilung*

a) Vereinfachung der dinglichen Erwerbsvorschriften

Obwohl die Kritik an den Fruchterwerbsvorschriften sowohl von romanistischer als auch germanistischer Seite erfolgte, sah sich die 2. Kommission nicht dazu veranlasst, grundsätzliche Änderungen im Vergleich zur Fassung des ersten Entwurfs einzuführen. Die Vorschriften über den Fruchterwerb des Eigentümers und eines dinglich Berechtigten bleiben daher weitgehend unverändert. Insbesondere bestand in der 2. Kommission darüber Einigkeit, dass an dem bisherigen Verständnis des römischen Substantialprinzips festzuhalten sei. Das bedeutet,

[738] Prot. III, S. 3276 = *Mugdan*, Materialien Bd. 3, S. 486.

dass insbesondere die Forderung nach der Einführung eines Fruchterwerbs bereits bei Entstehung der Frucht abgelehnt wurde, vgl. §§ 77d-77e E II.[739] Erzeugnisse und sonstige Bestandteile kommen daher allein im Sinne einer *res futura* als Gegenstand eines rein obligatorischen Rechtsverhältnisses in Betracht.[740] Die Bestellung eines dinglichen Rechts an den Teilen einer einheitlichen Sache ist hingegen nicht möglich.[741]

Ebenfalls hält das Gesetz daran fest, dass das Recht an der Muttersache grundsätzlich auf die Erzeugnisse und sonstigen Bestandteile einer Sache übergeht. Der Tatbestand des § 868 E II[742] bringt dies für den Eigentumserwerb zum Ausdruck. Entsprechend ist der einzige Antrag zu § 898 E I durch *Alexander Achilles* lediglich um eine tatbestandliche Vereinfachung dieser Vorschrift bemüht, inhaltlich wurde sie von keiner Seite beanstandet.[743] Sein Antrag wurde zunächst an die Redaktionskommission überwiesen, die ihn genehmigte. Dort hat die Vorschrift die letztlich Gesetz gewordene Fassung erhalten.

> §868 E II Erzeugnisse und sonstige Bestandteile einer Sache gehören auch nach der Trennung dem Eigenthümer der Sache, soweit sich nicht aus den §§ 870-872[744] ein Anderes ergiebt.

Darin liegt aber ein allgemeines Prinzip, dass auch bei anderen Rechten an einer fruchttragenden Sache Anwendung findet, wie am Beispiel der Erstreckung der Hypothekenhaftung auf die Bestandteile eines Grundstücks gesehen werden kann, § 1029 E II.

> § 1029 E II[745] Die Hypothek erstreckt sich auf die von dem Grundstücke getrennten Erzeugnisse und sonstigen Bestandtheile, soweit sie nicht mit der Trennung nach den §§ 870-872 in das Eigentum eines Anderen als des Eigenthümers oder des Eigenbesitzers des Grundstücks gelangt sind [...].

Ebenso bleibt die Vorschrift über den Fruchterwerb bei dinglicher Fruchtberechtigung inhaltlich unangetastet.[746] Dies betrifft namentlich die Entscheidung aus

---

739 Die §§ 77d-77e E II entsprechen inhaltsgleich den heutigen §§ 93, 94 BGB.

740 Dazu *Bunsen*, ArchBürgR 29 (1906), S. 12 f.

741 Die einzige Ausnahme bleibt die zivilprozessuale Vorschrift über die Pfändung und Versteigerung noch ungetrennter Bodenfrüchte, die heute in §§ 810, 824 ZPO normiert ist. Über das Verhältnis zu den Erwerbsvorschriften vgl. schon oben 3. Kapitel I 3. c).

742 Entspricht dem heutigen § 953 BGB.

743 Dazu Prot. III, S. 3774 = *Mugdan*, Materialien Bd. 3, S. 650; *Jakobs/Schubert*, Beratung, Sachenrecht I, S. 667.

744 In § 953 BGB findet sich an dieser Stelle der Verweis auf die §§ 954-957 BGB.

745 Der Tatbestand entspricht dem heutigen § 1120 BGB mit Anpassung des Verweises auf die §§ 954-957 BGB. Eine entsprechende Haftungserstreckung auf getrennte Erzeugnisse findet auch beim Pfandrecht an beweglichen Sachen statt, § 1212 BGB.

746 Prot. III, S. 3775 = *Mugdan*, Materialien Bd. 3, S. 650.

Einfachheitsgründen stets einen Separationserwerb an den Erzeugnissen und sonstigen Bestandteilen zuzulassen. Hierzu findet wiederum nur eine sprachliche Vereinfachung der Vorschrift statt.

> § 869 E II Wer vermöge eines Rechtes an einer fremden Sache befugt ist, sich Erzeugnisse oder sonstige Bestandtheile der Sache anzueignen, erwirbt das Eigenthum an ihnen, unbeschadet der Vorschriften der §§ 870-872, mit der Trennung.[747]

Diskutiert wurde lediglich der Inhalt des § 899 Abs. 2 E I, wo eine Sonderregelung für den Fall vorgesehen war, dass sich die Muttersache trotz des Vorhandenseins eines dinglichen Fruchtberechtigten noch bei dem Eigentümer befindet. Zunächst war der Kommission nicht klar, in welchen Fallkonstellationen diese Vorschrift überhaupt Relevanz erlangen sollte.[748] Letztlich entschied man sich den zweiten Absatz vollständig zu streichen und etwaige Problemfälle durch eine Gleichbehandlung des redlichen Eigentümers mit dem redlichen Besitzer nach § 900 E I = § 870 E II zu lösen.[749] Zu diesem Zweck wurde dort das Tatbestandsmerkmal einer ‚fremden Sache' gestrichen.[750]

b) Neugestaltung des gutgläubigen Fruchterwerb in § 870 E II

Zu einer teilweise grundlegenden Änderung kommt es erst bei der Neufassung der Vorschrift über den redlichen Fruchterwerb. Man hielt auch in der 2. Kommission an dem Grundsatz fest, dass der redliche Fruchterwerb als Separationserwerb ausgestaltet werden soll, unabhängig davon, wer die Trennung vornimmt.[751] Gleichwohl veranlasste das Ziel einer Vereinfachung die Gesetzgebungskommission dazu, den Tatbestand umzugestalten.

> § 870 E II (1) Wer eine Sache im Eigenbesitze hat, erwirbt das Eigenthum an den Erzeugnissen und sonstigen zu den Früchten der Sache gehörenden Bestandtheilen, unbeschadet der Vorschriften der §§ 871, 872, mit der Trennung. Der Erwerb ist ausgeschlossen, wenn der Eigenbesitzer nicht zum Eigenbesitze oder ein Anderer vermöge eines Rechtes an der Sache zum Fruchtbezuge berechtigt ist und der Eigenbesitzer bei dem Erwerbe des Eigenbesitzes nicht im guten Glauben war oder vor der Trennung den Rechtsmangel erfahren hat [erfährt].

---

747 Entspricht dem heutigen § 954 BGB mit dem entsprechenden Verweis auf die §§ 955-957 BGB.

748 Zur Diskussion vgl. Prot. III, S. 3776 = *Mugdan*, Materialien Bd. 3, S. 650.

749 Dazu auch *Jakobs/Schubert*, Beratung, Sachenrecht I, S. 670, 683.

750 *Jakobs/Schubert*, a.a.O.

751 Prot. III, S. 3779 f. = *Mugdan*, Materialien Bd. 3, S. 651.

> (2) Dem Eigenbesitzer steht derjenige gleich, welcher eine [die] Sache zum Zwecke der Ausübung eines Nutzungsrechtes an derselben [ihr] besitzt. [...][752]

Die Kommission streicht daher die auf große Ablehnung[753] gestoßene Vorschrift über den Ausschluss des Fruchterwerbs bei deliktischer Besitzerlangung. Unter Bezugnahme auf die reichsgerichtliche Rechtsprechung zum Straftatbestand der Hehlerei[754] konstatieren die Gesetzgebungsmaterialien das fehlende Interesse für eine entsprechende Regelung.[755]

Die Ausnahme für die deliktische Besitzerlangung ist im Ergebnis auch dadurch obsolet geworden, dass eine vollständige Neuausrichtung des Tatbestandsmerkmals der Gutgläubigkeit stattgefunden hat. Während die 1. Kommission davon ausgegangen war, dass der Redlichkeitsschutz im Hinblick auf die Ertragsgewinnung anders ausgestaltet werden könne als in den Vorschriften über den gutgläubigen Eigentumserwerb an der Sache selbst und nur die positive Kenntnis von der fehlenden Berechtigung schade, greift die 2. Kommission die zwischenzeitlich in der Literatur geäußerte Kritik auf und ändert den Tatbestand des § 870 E II.

Im Anschluss an den Vorschlag von *Alexander Achilles* entscheidet man sich, für den Zeitpunkt der Erlangung der Besitzposition auf dieselben Kriterien abzustellen, wie sie schon in § 877 E I angelegt waren und schließlich in der Form des § 849 E II Gesetz wurden.[756] Der zweite Entwurf spricht nur noch allgemein davon, dass der Eigenbesitzer in ‚gutem Glauben' sein müsse. Begrifflich lehnt sich § 870 E II damit an die Legaldefinition des § 849 Abs. 2 E II an. Danach führt nicht bloß die positive Unkenntnis der fehlenden Berechtigung zum Scheitern des dinglichen Fruchterwerbs, sondern bereits auch die grobfahrlässige Unkenntnis. Damit sanktioniert § 870 E II letztlich doch eine zunächst durch die 1. Kommission abgelehnte Nachforschungspflicht. Allerdings bezieht sich die *bona fides* an dieser Stelle nicht auf das Eigentum des Veräußerers, sondern auf die eigene Berechtigung. Erwerbsberechtigt nach § 870 Abs. 1 E II ist derjenige, der (1) bei Besitzerwerb entweder als Eigenbesitzer davon ausgeht, Eigentümer der fruchttragenden Sache zu sein; oder (2) selbst Eigentümer der Sache ist, aber in Unkenntnis eines fremden Fruchterwerbsrechts handelt; oder (3) nach § 870 Abs. 2 E II als Fremdbesitzer von einem dinglichen Nutzungsrecht ausgeht. Entsprechend dem Dauercharakter des Fruchterwerbs, der sich

752 Die Vorschrift entspricht dem heutigen § 955 BGB mit dem entsprechenden Verweis auf die §§ 956, 957 BGB.

753 Dazu oben 4. Kapitel III 2 c), S. 172.

754 Nachw. oben Anm. 706.

755 Prot. III, S. 3778 = *Mugdan*, Materialien Bd. 3, S. 651.

756 Später § 932 BGB.

regelmäßig nicht in einem einmaligen Akt erschöpft, geht § 870 Abs. 1 E II am Ende zu dem auf die Frage nach dem Wegfall der Gutgläubigkeit nach Besitzerlangung ein. In diesem Fall soll der Fruchterwerb nur bei Erlangung der positiven Kenntnis über die fehlende Berechtigung ausgeschlossen sein. Eine wenn auch grobfahrlässige Unkenntnis reicht nicht mehr aus. Insoweit nimmt die 2. Kommission wie schon im E I ein Auseinanderfallen des dinglichen Fruchterwerbs und der obligatorischen Fruchtberechtigung in Kauf. Nach der bisherigen Fassung der Vorschriften über den Eigentumsherausgabeanspruch betrifft dies vor allem den Fall einer gegen den Besitzer erhobenen Vindikationsklage. Allein die Klageerhebung reicht auch weiterhin nicht aus, um die positive Kenntnis des Besitzers zwingend anzunehmen. Es obliegt dem Kläger die Kenntniserlangung vor Gericht zu beweisen. Nach der erneuten Beratung des Vindikationsrechts in der 2. Kommission tritt daneben der Fall der unentgeltlichen Besitzerlangung.[757]

c) Fruchterwerb des obligatorisch Nutzungsberechtigten

aa) Einführung des Grundsatzes ‚Kauf bricht nicht Miete'

Die am weitesten gehende Abweichung von der Fassung des E I erfährt das Fruchtrecht bei der Neugestaltung der Pacht. Entgegen der Entscheidung der 1. Kommission spricht sich schon die Vorkommission im Reichsjustizamt dafür aus, den deutschrechtlichen Grundsatz ‚Kauf bricht nicht Miete bzw. Pacht' in Gänze einzuführen.[758] Diesem Gedanken folgend beschließt die 2. Kommission[759], das Miet- und Pachtrecht an Grundstücken gegenüber der Rechtslage im römisch-gemeinen Recht zu stärken.

> § 512 E II Wird das vermiethete Grundstück nach der Ueberlassung an den Miether von dem Vermiether an einen Dritten veräußert, so tritt der Erwerber an Stelle des Vermiethers in die während der Dauer seines Eigenthumes sich aus dem Rechtsverhältnisse ergebenden Rechte und Verpflichtungen ein.[760] […]

Nicht nur wird dem Pächter voller Besitz an der Pachtsache zuerkannt, weswegen er nach bürgerlichem Recht vollen Besitzschutz gegenüber irgendwelchen

---

757 Dazu sogleich 4. Kapitel IV 3 b).

758 Vgl. *Jakobs/Schubert*, Beratung, Recht der Schuldverhältnisse II, S. 586 ff., 590 ff.

759 Prot. III, S. 1872 = *Mugdan*, Materialien Bd. 2 S. 815.

760 Der vorliegend interessierende Abs. 1 ist in unveränderter Form in § 571 Abs. 1 BGB a.F. Gesetz geworden. Durch das MietrechtsmodernisierungsG vom 1.9.2001 findet sich eine lediglich sprachlich angepasste Vorschrift nunmehr in § 566 BGB; vgl. hierzu statt vieler Erman-*Jendrek*, § 566 Rdnr. 1.

Dritten genießt[761], sondern seine Ausschlussbefugnis richtet sich auch ohne den Umweg des § 194 E I[762] gegen einen möglichen Dritterwerber als Eigentümer selbst. Er ist somit nicht mehr allein auf die Geltendmachung seiner vertraglichen Ansprüche verwiesen, sondern er kann sich gegen den Alt- bzw. Neueigentümer aufgrund seiner Besitzposition vollumfänglich wehren. Ihm steht ein Recht zum Besitz zu, das er gegen den Vindikationsanspruch des Erwerbers der Pachtsache geltend machen kann.[763] Das Zusammenspiel von Pachtvertrag und Besitz an der Pachtsache[764] veranlasst die Gesetzgebung, die ursprünglich rein schuldrechtliche Ausgestaltung der Rechtsposition des Pächters im Hinblick auf eine Ausschlussbefugnis zu stärken. Insofern kommt die Gesetzgebungskommission der Forderung der Kritiker des ersten Entwurfs in einem ganz wesentlichen Punkt entgegen, ohne jedoch zugleich das preußische Modell der Verdinglichung des Pachtrechts aufgrund Besitzes vollständig zu übernehmen.

bb) Grundtatbestand des obligatorischen Fruchterwerbs, § 571 E II

Eine inhaltliche Veränderung der Modalitäten des Fruchterwerbs aufgrund einer schuldrechtlichen Berechtigung wurde von der 2. Kommission indes nicht bezweckt. Denkbar wäre es gewesen im Anschluss an die am ersten Entwurf geäußerte Kritik das preußische Modell[765] zu übernehmen und den Pächter als dinglich Berechtigten unter den Tatbestand des § 869 E II zu fassen. Dennoch hält der Gesetzesentwurf im Grundsatz weiter daran fest, dem Pächter lediglich einen schuldrechtlichen Anspruch gegen den Verpächter auf Nutzungsüberlassung der Pachtsache zuzuerkennen. Obwohl ihm zwar eine besitzrechtliche Ausschlussbefugnis auch gegenüber dem Eigentümer der Muttersache zugestanden wird[766], hält die Gesetzgebungskommission damit an dem derivativen Charakter des obligatorischen Fruchterwerbs fest. Dies zeigt sich insbesondere daran, dass die Vorschrift des § 871 E II, entgegen den Anpassungen in § 512 E II, weitgehend bei der sprachlichen Fassung der Vorgängernorm in § 901 E I verharrt.[767] Nach einem fast wortlautidentischen Vorschlag von *Alexander Achilles*[768] kommt es in der Redaktionskommission zu folgender Gesetzesfassung.

---

761 Heute in den §§ 858-864 BGB.

762 Dazu oben 3. Kapitel 2 II. 2. b).

763 Vgl. heute § 986 Abs. 1 S. 1 BGB; dazu MünchKom[5]-*Häblein*, § 566 Rdnr. 1.

764 *Blume*, JherJb 39 (1898), S. 430.

765 Dazu schon oben 3. Kapitel III 2 c).

766 Zu den Besonderheiten im E I s.o. 3. Kapitel II. 2. b).

767 Prot. III, S. 3784 = *Mugdan*, Materialien Bd. 3, S. 652; dazu auch Planck[5]-*Brodmann*, § 956 Anm. 2.

768 Vgl. *Jakobs/Schubert*, Beratung, Sachenrecht I, S. 689.

§ 871 E II (1) Hat der Eigenthümer einem Anderen gestattet, sich Erzeugnisse oder sonstige Bestandtheile der Sache anzueignen, so erwirbt dieser das Eigenthum an denselben, wenn ihm der Besitz an der Sache überlassen ist, mit der Trennung, anderenfalls mit der Besitzergreifung. So lange sich der Andere in dem ihm überlassenen Besitze der Sache befindet, kann der Eigenthümer die Gestattung nicht widerrufen, wenn er zu derselben verpflichtet ist.[769]

(2) Das Gleiche gilt, wenn die Gestattung nicht von dem Eigenthümer, sondern von einem Anderen ausgeht, welchem Erzeugnisse und sonstige Bestandtheile einer Sache nach der Trennung gehören.

In Anbetracht des vorangehenden Gesetzgebungsprozesses liegt also die Annahme nahe, den Fruchterwerb des obligatorisch Nutzungsberechtigten auch weiterhin als eine bloße Variation des derivativen Eigentumserwerbs nach § 842 E II zu verstehen.[770] Gleichwohl hatten schon der TE-SachR sowie der E I aufgrund des Besitzes an der Muttersache eine Verstärkung der Rechtsstellung des Fruchtberechtigten vorgesehen, indem er in diesem Fall ausnahmsweise auch schon mit Trennung der Frucht das Eigentum an dieser erwirbt.

cc) Gutgläubiger, obligatorischer Fruchterwerb, § 872 E II

Zuletzt führt die 2. Kommission mit § 872 E II[771] zudem eine Vorschrift über den gutgläubigen Fruchterwerb des lediglich obligatorisch Berechtigten ein.

§ 872 E II Die Vorschrift des § 871 finden auch dann Anwendung, wenn derjenige, welcher die Aneignung einem Anderen gestattet hat, hierzu nicht berechtigt war, es sei denn, daß der Andere, falls ihm der Besitz an der Sache überlassen war, bei der Ueberlassung, anderenfalls bei der Ergreifung des Besitzes der Erzeugnisse oder der sonstigen Bestandtheile nicht in gutem Glaube war oder vor der Trennung den Rechtsmangel erfahren hat.

In der Begründung[772] heißt es hierzu, dass sich dasselbe Ergebnis zwar grundsätzlich auch durch eine entsprechende Anwendung des Grundsatzes ‚Hand wahre Hand', wie er beim derivativen Eigentumserwerb an beweglichen Sachen normiert ist, erreicht werden könne. Es wird in den Fällen des Fruchterwerbs jedoch regelmäßig an der nach diesem Grundsatz erforderlichen Besitzübergabe

---

769 Seit dem Entwurf, der dem Bundesrat am 22.10.1895 vorgelegt wurde lautet die endgültige Fassung dieser Vorschrift: ist der Eigentümer zu der Gestattung verpflichtet, kann er sie nicht widerrufen, so lange sich der Andere in dem ihm überlassenen Besitze der Sache befindet. Vgl. *Mugdan*, Materialien Bd. 3, S. XXVI.

770 Vgl. auch *Barth*, GruchBeitr. 58 (1914), S. 595.

771 Die Vorschrift entspricht dem heutigen § 957 BGB mit dem Verweis auf § 956 BGB.

772 Prot. III, S. 3984 = *Mugdan*, Materialien Bd. 3, S. 652.

fehlen. Um gleichwohl einen redlichen Fruchterwerb zu ermöglichen, weicht der § 872 E II hiervon ab und lässt die bloße einseitige Besitzergreifung ausreichen.

3. *Früchte und Nutzungen im Rückgewährverhältnis*

a) Ausdifferenzierung und Parallelen in den Rückgewährverhältnissen

Die Debatte in der 2. Kommission über die unterschiedlichen Restitutionstatbestände ist zunächst durch eine weitgehende Ausdifferenzierung nach ihren Anwendungsbereichen geprägt. Bereicherungsrecht und Eigentümer-Besitzer-Verhältnis, ebenso wie Rücktritt, Vor- und Nacherbschaft und zuletzt die familienrechtlichen Nutzungsrechte werden weitgehend unterschiedlich ausgestaltet.[773]

Dessen ungeachtet bleiben die Erstattungspflicht für Nutzungen bei der Eigentumsherausgabe, sowie beim Bereicherungsrecht die zentralen Referenzrahmen für das bürgerliche Recht. Insbesondere der Vindikationsanspruch behält dabei die größte Kontinuität im Vergleich zum E I. Im Grundsatz halten die §§ 901 ff. E II[774] an einer Haftung erst ab Kenntnis von der fehlenden Besitzberechtigung bzw. ab Rechtshängigkeit fest.[775] Das Bereicherungsrecht dagegen wird im zweiten Gesetzesentwurf sprachlich vollständig neu ausgestaltet, worauf noch einzugehen sein wird.[776] Die hierin angelegten Grundsätze finden ihren Niederschlag aber auch bei den anderen Restitutionstatbeständen.

Diese auch weiterhin bestehenden Parallelen kommen etwa durch etliche Querverweise zum Ausdruck. Das Rücktrittsrecht etwa wird in § 298 Abs. 2 E II durch einen Verweis auf den Vindikationsanspruch bei Rechtshängigkeit ergänzt.

> § 298 E II [...] Die Ansprüche auf Herausgabe oder Vergütung von Nutzungen [...] bestimmen sich nach den Vorschriften, welche für das Verhältnis zwischen dem Eigenthümer und dem Besitzer vom Eintritte der Rechtshängigkeit des Eigenthumsanspruches an gelten.

Nahezu unverändert ist diese Vorschrift in den endgültigen § 347 BGB a.F. eingegangen. Lediglich wurde festgestellt, dass die Haftung bereits auf den Moment „von dem Empfange der Leistung an" zurückwirke, was damit gerechtfer-

---

773 Im Einzelnen hierauf einzugehen, würde den Rahmen dieser Arbeit bei Weitem sprengen. Im Folgenden soll daher lediglich auf die Grundprinzipien eingegangen werden, soweit diese das Frucht- und Nutzungsrecht berühren.

774 Inhaltlich gleichbleibend gehen diese Vorschriften in die späteren §§ 987 ff. BGB ein.

775 Einzige Haftung ist diesbezüglich die Haftung des redlichen, jedoch unentgeltlichen Besitzers in § 902 E II = § 988 BGB.

776 Dazu sogleich 4. Kapitel IV 3 c)-d).

tigt wurde, dass es den beiden Parteien möglich gewesen ist, einen möglichen Rücktritt zu erkennen.

> „Dieser Auffassung zu Folge muß der eine wie der andere Theil von Anfang an mit der Möglichkeit rechnen, daß er in Folge des Rücktrittes verpflichtet wird, die empfangenen Leistungen zurückzugewähren. Sie befinden sich mithin in einer ähnlichen Lage, wie der Besitzer einer fremden Sache gegenüber dem Eigenthümer während der Rechtshängigkeit des Eigenthumsanspruches."[777]

Mit dem Verweis auf das Eigentümer-Besitzer-Verhältnis verfolgten die Mitglieder der 2. Kommission eine Vereinfachung des Tatbestandes und zugleich das Rückgewährverhältnis im Rücktrittsrecht strenger auszugestalten als es nach bereicherungsrechtlichen Grundsätzen wegen des Einwandes der Entreicherung möglich wäre.[778] Der Querverweis selbst verfolgt lediglich den Zweck eine Straffung des Gesetzes zu gewährleisten[779]; die Gesetzgebungsmaterialien selbst sprechen lediglich von einer redaktionellen Anpassung.[780,781]

Auch wenn gleichwohl in anderen Bereichen die Querverweisung entfällt, sind die Parallelen zwischen dem Rückgewährverhältnis andererseits auch in der inhaltlichen Ausgestaltung unverkennbar. Deutlich wird dies besonders bei der Verteilung der Übermaßfrüchte. Während der erste Entwurf die familien- und erbrechtliche Nutznießung weitgehend durch den Verweis auf die Vorschriften über den Nießbrauch geschaffen hat[782], trifft das Gesetz diesbezüglich nunmehr jeweils eigene Regelungen. Insbesondere das elterliche Nutznießungsrecht ist auch weiterhin wesentlich durch den Verweis auf das Nießbrauchsrecht ge-

---

777 Denkschr., S. 52 = *Mugdan*, Materialien Bd. 2, S. 1240.

778 Vgl. zum Rücktrittsrecht auch oben 4. Kapitel II 3 d), S. 151 ff.; zur verschärften Haftung des unredlichen Besitzers oben 4. Kapitel II 3 b), S. 147 ff.

779 Dazu schon *Leser*, S. 57; krit. *Herold*, S. 179 ff.

780 Prot. II, S. 1579-1582, 8419 f. = *Mugdan*, Materialien Bd. 2, S. 725-727; *Jakobs/Schubert*, Beratung, Recht der Schuldverhältnisse I, S. 598 ff.

781 Aber auch die Neuerungen der §§ 346 ff. BGB durch das Schuldrechtsmodernisierungsgesetz von 2001 (‚Gesetz zur Modernisierung des Schuldrechts' vom 26. November 2001, BGBl. I (2001), S. 3138) führt im Grundsatz zu keiner wesentlichen Veränderung aus Sicht des Nutzungsrechts. Nach § 346 Abs. 1 BGB n.F. hat jede Partei die erlangte Leistung mit den gezogenen Nutzungen zu erstatten. Lediglich der Verweis auf das Eigentümer-Besitzer-Verhältnis wird in § 347 Abs. 1 BGB n.F. durch rücktrittsspezifische Erwägungen ersetzt. Bei einem gesetzlichen Rücktrittsrecht hat der Rückgewährschuldner nur noch „für diejenige Sorgfalt einzustehen, die er in eigenen Angelegenheit anzuwenden pflegt". Beim vertraglich verabredeten Rücktritt bleibt es bei einer Einstandspflicht nach „den Regeln einer ordnungsgemäßen Wirtschaft", § 347 Abs. 1 S. 1 BGB n.F., § 987 Abs. 2 BGB.

782 Vgl. §§ 1292, 1516 ff., 1815 E I; dazu oben 5. Kapitel, S. 144.

prägt.[783] Soweit Früchte einer ordnungsgemäßen Wirtschaft zuwider gezogen wurden, sind sie ihrem Kind zum Wertersatz verpflichtet. Ähnlich ist auch die neugestaltete Haftung des Vorerben gegenüber dem Nacherben aufgebaut[784], wobei er jedoch unter bestimmten engen Voraussetzungen einen Teil des derart gezogenen Ertrages behalten darf.

b) Fehlende Schutzbedürftigkeit bei unentgeltlicher Besitzerlangung

Das Gesetz hat bereits an verschiedener Stelle gezeigt, dass ein Auseinanderfallen von dinglichem Fruchterwerb und obligatorischer Fruchtverteilung gerade unter den Vorzeichen des Verkehrsschutzes und der Schutzwürdigkeit des Fruchtberechtigten notwendig ist. Als Ausnahme zu dem bereits im E I enthaltenen Grundsätzen des Vindikationsrechts und insbesondere in Abweichung zu der dinglichen Rechtslage nach § 870 E II führt die Kommission des zweiten Entwurfs nunmehr auch eine Pflicht zur Nutzungserstattung vor Rechtshängigkeit auch bei unentgeltlicher Besitzerlangung ein.

> § 902 E II Hat ein Besitzer, der die Sache als ihm gehörig oder zum Zwecke der Ausübung eines ihm in Wirklichkeit nicht zustehenden Nutzungsrechts an der Sache besitzt, den Besitz unentgeltlich erlangt, so ist er dem Eigenthümer zur Herausgabe der vor dem Eintritte der Rechtshängigkeit gezogenen Nutzungen[785], nach den Vorschriften über die Herausgabe einer ungerechtfertigten Bereicherung verpflichtet.

Diese Nutzungserstattung richtet sich parallel zu der bereicherungsrechtlichen Haftung, indem der unentgeltliche Besitzer stets die gezogenen Nutzungen herauszugeben hat.[786] Wenngleich dieser Vorschrift von einer Minderheit der Kommission entgegengehalten wurde, dass das Interesse des Eigentümers nur auf einen entgangenen Gewinn gerichtet sei und daher die Redlichkeit des Besitzers auch in diesem Punkt überwiege, entschied sich die Mehrheit der Kommissionsmitglieder für die Einführung dieser Vorschrift.[787] Da der Besitzererwerb ohne Gegenleistung erfolgt, sei die Zuordnung des „lukrativen Erwerbs“

---

783 Vgl. den späteren § 1652 BGB a.F., der jedoch durch das ‚Gesetz über die Gleichberechtigung von Mann und Frau auf dem Gebiete des bürgerlichen Rechts (GleichberG)' vom 18. Juni 1957 (BGBl. I (1957), S. 609) aufgehoben wurde.

784 Heute in § 2133 BGB; vgl. dazu auch *Bökelmann*, S. 67.

785 Dies entspricht dem heutigen § 988 BGB, mit Ausnahme des zweiten Teilsatz: „so ist er dem Eigenthümer gegenüber zur Herausgabe der Nutzungen, die er vor dem Eintritte der Rechtshängigkeit zieht“; vgl. *Mugdan*, Materialien Bd. 3, S. XXXIII.

786 Derselbe Rechtsgedanke findet sich im heutigen § 816 Abs. 1 S. 2 BGB, wo derjenige, der unentgeltlich ein fremdes Recht erlangt ebenfalls zur Herausgabe des Erlangten verpflichtet wird; vgl. Planck[5]-*Brodmann*, § 988 Anm. 1.

787 Dazu Prot. III, S. 3984 f. = *Mugdan*, Materialien Bd. 3, S. 679.

an einen unberechtigten Besitzer nicht erforderlich. Lediglich unter dem Gesichtspunkt des Verkehrsschutzes müsse es dennoch bei einem dinglichen Erwerb bleiben, der mit dieser Vorschrift obligatorisch korrigiert wird.[788]

c) Ersatz der Gewinnungskosten

Bei der Erörterung der Rückgewähransprüche stieß die zweite Kommission zuletzt auf das Problem, dass gerade die Restitution körperlicher Erträge eine „Lücke in dem Gesetzbuche" bezüglich der Berücksichtigung der Fruchtgewinnungskosten beinhalte.[789] Dieses Defizit wurde insbesondere vor dem Hintergrund der römischen Quellen deutlich, wo ausdrücklich ein Abzug für gemachte Aufwendungen angeordnet ist.

> *Ulpian* D. 22, 1, 46
>
> Quod in fructus redigendos impensum est, non ambigitur ipsos fructus deminuere debere.
>
> Es wird nicht bezweifelt, dass das, was aufgewendet worden ist, um Früchte zu gewinnen, von diesen Früchten abgezogen werden muss.[790]

Für das römische Recht ist diese Regelung unproblematisch, weil die Fruchtrestitution, wie auch andere Herausgabeverpflichtungen, grundsätzlich auf Wertersatz in Geld und nicht auf Herausgabe in Natur gerichtet ist. Das BGB dagegen geht vom Prinzip der Naturalrestitution aus, wo ein entsprechender Abzug für die gemachten Aufwendungen nicht unmittelbar Berücksichtigung finden kann. Gleichwohl sah es die Kommission als der Billigkeit entsprechend an[791], einen entsprechenden Aufwendungsersatz in § 901 Abs. 1 S. 2 E II für das Eigentümer-Besitzer-Verhältnis einzuführen.

> § 901 Abs. 1 E II [...] Die auf die Gewinnung der Nutzungen verwendeten Kosten sind von dem Eigenthümer insoweit zu ersetzen, als sie einer ordnungsmäßigen Wirthschaft entsprechen und den Werth der Nutzungen nicht übersteigen.

Dieselbe Regelung wurde auch für das Rechtsverhältnis zwischen Vor- und Nacherben in § 1878 Abs. 2 E II übernommen.

---

788 Prot. III, S. 3985 = *Mugdan*, a.a.O.

789 Prot. III, S. 4001 = *Mugdan*, Materialien Bd. 3, S. 685.

790 *Knütel/Kupisch/Seiler/Behrends*, CIC Bd. 4, S. 106.

791 So auch heute: MünchKom[5]-*Holch*, § 102 Rdnr. 1; Palandt-*Heinrichs*, § 102 Rdnr. 1.

d) Die ausdrückliche Erstreckung bereicherungsrechtlichen Haftung auf die Nutzungen

Zu einer sprachlich grundlegenden Änderung kommt es auch beim Bereicherungsrecht, wobei namentlich die Neufassung des § 742 Abs. 1 E II[792] für das Frucht- und Nutzungsrecht von besonderer Bedeutung ist.

> § 742 E II Die Verpflichtung zur Herausgabe des ohne rechtlichen Grund Erlangten erstreckt sich auf die gezogenen Nutzungen sowie auf dasjenige, was der Empfänger auf Grund eines Rechtes oder als Ersatz für die Zerstörung, Beschädigung oder Entziehung des erlangten Gegenstandes erworben hat. [...]

Diese Vorschrift tritt an die Stelle des § 740 E I und erstreckt die bereicherungsrechtliche Haftung über den eigentlich erlangten Gegenstand ausdrücklich auch auf die aus ihm gezogenen Nutzungen. Eine sachliche Veränderung zu der Vorgängervorschrift war jedoch nicht intendiert[793], wo dasselbe Ergebnis mit dem tatbestandlichen Verweis auf das, „was der Empfänger aus dem Geleisteten erworben hat", erreicht werden sollte.

e) Zur Berücksichtigung von Produktionskosten und -aufwendungen

Die zweite Kommission beschäftigte sich vor dem Hintergrund der in der Literatur geäußerten Kritik auch mit der Frage nach einem eventuellen Ausgleich für gemachte Aufwendungen auf den zurückzuerstattenden Fruchtertrag.

Unterscheidet man – was wirtschaftlich sinnvoll ist – den tatsächlichen Bruttoertrag der Sachfrüchte von dem Nettogewinn derselben, so ergibt sich hieraus eine Möglichkeit, einen schuldrechtlichen Ausgleich für die stark am Verkehrsschutz orientierten Verteilungsprinzipien des BGB einzuführen.[794] Gerade im Bereich der Landwirtschaft, deren Ertragserzielung ganz wesentlich durch eine arbeitsintensive Bewirtschaftung erfolgt, wurde dieser Punkt bereits am ersten Gesetzesentwurf moniert.[795] Um dem diesbezüglichen Ausgleichbedürfnis entgegenzukommen, beschloss die 2. Kommission schließlich die Einführung des

---

792 Dieser entspricht weitgehend dem heutigen § 818 Abs. 1 BGB.

793 Prot. II, S. 2993 = *Mugdan*, Materialien Bd. 2, S. 1185; dazu auch RG, v. *12.3.1924*, RGZ 108, S. 121.

794 An diesem Konzept des schuldrechtlichen Ausgleichs für die gemachten Produktionskosten hielt man auch entgegen vereinzelter Angriffe während der Sitzungen der XII. Kommission des Reichstages fest, wo mit dem germanischen Produktionsprinzip für die Einführung eines Wahlrechts des Rückgewährschuldners auf Früchte oder Kostenersatz plädiert wurde; vgl. KomBer., S. 13 = *Mugdan*, Materialien Bd. 3, S. 1001.

795 Oben 3. Kapitel III. 3. b).

§ 901 E II für das Vindikationsrecht, der in derselben Form als § 998 BGB in das heutige Recht übernommen wurde.

> § 901 E II = § 998 BGB Ist ein landwirthschaftliches Grundstück herauszugeben, so hat der Eigenthümer die Kosten, welche der Besitzer auf die noch nicht getrennten, jedoch nach den Regeln einer ordnungsmäßigen Wirthschaft vor dem Ende des Wirthschaftsjahres zu trennenden Früchte verwendet hat, insoweit zu ersetzen, als sie einer ordnungsmäßigen Wirthschaft entsprechen und den Werth der Nutzungen nicht übersteigen.

In diesem Sinne ist der § 998 BGB als Ausnahmevorschrift aus einem bestehenden Bedürfnis der landwirtschaftlichen Praxis erwachsen.[796]

Wie die Gesetzgebungskommission aber spätestens bei der Revision des zweiten Gesetzesentwurfs erkannte[797], ist der Grundgedanke des § 901 Abs. 1 S. 2 E II freilich nicht allein auf das Rechtsverhältnis zwischen Eigentümer und Besitzer beschränkt, sondern genereller Natur. Unabhängig von den Eigentums- und Besitzverhältnissen soll stets derjenige, dem der wirtschaftliche Wert der (gezogenen) Früchte zukommt, letztendlich auch deren Gewinnungskosten tragen und diese nicht auf seinen Gegenüber abwälzen können.[798] Auf Vorschlag von *Karl Heinrich Börner* entschied man sich daher zur Einführung des § 98 revE II in das allgemeine Sachenrecht, der dem heutigen § 102 BGB entspricht.

> § 98 revE II = § 102 BGB Wer zur Herausgabe von Früchten verpflichtet ist, kann Ersatz der auf die Gewinnung der Früchte verwendeten Kosten insoweit verlangen, als sie einer ordnungsmäßigen Wirthschaft entsprechen und den Werth der Früchte nicht übersteigen.

Wiederum lehnt sich das BGB an das römische Recht in einem Punkt an, welcher im 19. Jahrhundert besonders von der relativen Fruchtlehre betont wurde.[799] Das Fruchtrecht des BGB muss demgemäß auch auf der Ebene der Legaldefinition zwischen dem konkreten Ertrag (Bruttoertrag), der insbesondere für das Sachenrecht maßgebend ist, und dem daraus resultierenden Gewinn (Nettoertrag), an dem sich das Schuldrecht orientiert, unterscheiden.[800]

---

796 Hieran konnte der Gesetzgeber von 1985 anknüpfen, als er durch das LandpachtG dieselbe Ausnahmeregelung auch auf die Rechtsverhältnisse im Pacht-, Nießbrauchs- und Vorerbschaftsrechts ausweitete, vgl. §§ 596a, 1055 Abs. 2, 2130 Abs. 1 S. 2 BGB.

797 Hierzu *Endemann*, Lehrbuch Bd. 1, S. 242 Anm. 11.

798 *Jakobs/Schubert*, Beratung, Allgemeiner Teil 1, S. 494; Prot. III, S. 8350 f. = *Mugdan*, Materialien Bd. 3, S. 499.

799 Oben 4. Kapitel, S. 83 ff.

800 *Reichel*, JherJb 42 (1901), S. 225 unterscheidet daher begrifflich zwischen Erträgnis (brutto) und Ertrag (netto); *Cosack/Mitteis*, Lehrbuch Bd. 1, S. 142 und *Crome*, System Bd. 1, S. 308 sprechen vom Rohertrag im Vergleich zum Reinertrag.

V. Bundesrats- und Reichstagsberatungen

Mit Abschluss des zweiten Entwurfs waren auch die letzten Schwierigkeiten im Fruchtrecht aus Sicht der Gesetzgebung geklärt. Entsprechend gering fallen die Neuerungen in den anschließenden Beratungen in Bundesrat und Reichstag aus.

1. Änderungsanträge zum allgemeinen Fruchtrecht

Während der zweiten Lesung der XII. Reichstagskommission kam es zwar zu zwei Anträgen mit Bezug auf die allgemeinen Regelungen zum Fruchtrecht in §§ 77k-m E II. Beide sprechen aber lediglich bereits diskutierte Aspekte an und wurden von der Mehrheit der Reichstagskommission abgelehnt. Sie knüpfen erneut an die Verteilungsmodi für Früchte an und stellen dem im Gesetz verwirklichten römischen Substantialprinzip, deutschrechtliche Gedanken gegenüber.

In diesem Sinne forderte der erste Antrag, die Einführung des Produktionsprinzips für die Verteilung von „Erzeugnissen, welche durch Verwendungen auf deren Gewinnung hervorgebracht werden".[801] Freilich stellt die XII. Reichstagskommission erneut fest, dass

> „[g]anz ohne Verwendung kaum eine Frucht gewonnen [werde]."[802]

Damit müsse eine entsprechende Regelung für alle Früchte gelten und nicht auf die Erzeugnisse einer Sache beschränkt bleiben. Andererseits stehe einem solchen Ansatz die bereits erläuterten Bedenken entgegen, nach welchen Kriterien ein praktikabler Maßstab für die Berechnung der Produktionskosten und dem ihnen entsprechenden Anteil an dem Fruchtertrag erreicht werden könne. Dies würde zu einer Vielzahl von Unwägbarkeiten führen, die im Widerspruch zu dem Bemühen im bisherigen Gesetzgebungsprozess eine möglichst weitgehende Rechtssicherheit über die dingliche Eigentumslage an den körperlichen Fruchterträgen zu schaffen, stehen.

Seitens des preußischen Gutsbesitzers *Sigismund von Dziembowski-Pomian*[803] wurde zudem die Frage aufgeworfen, ob für landwirtschaftliche genutzte Grundstücke ein gesetzlich festgeschriebenes, einheitliches Fruchtjahr zu bestimmen sei. Da dieser Punkt bereits ausführlich in der ersten Kommission behandelt worden war[804], fiel die Debatte um diesen Vorschlag ebenfalls sehr knapp aus. Das Kommissionsmitglied *Albert Gebhard* erinnert lediglich daran,

---

[801] Vgl. *Mugdan*, Materialien Bd. 3, S. 994 sub. IV.

[802] *Mugdan*, a.a.O.

[803] Antrag vom 2.6.1896 abgedr. in *Jakobs/Schubert*, Beratung, Allgemeiner Teil 1, S. 495; dazu auch *Eck/Leonhard*, Vorträge Bd. 1, S. 114.

[804] Prot.-E I S. 3372 = *Jakobs/Schubert*, Beratungen Allgemeiner Teil 1, S. 462.

dass die Einführung eines einheitlichen Wirtschaftsjahres für ganz Deutschland nicht möglich sei.[805] Damit wurde der Antrag gegen die Stimme des Antragsstellers abgelehnt.

2. *Klarstellung über den Umfang des Pachterwerbs*

Vollständig unangetastet bleiben daneben auch die Vorschriften über den Eigentumserwerb an den Erzeugnissen und den sonstigen Bestandteilen. Sie gehen in der Fassung des E II unverändert in die §§ 953-957 BGB über. Dennoch kommt es im Hinblick auf den Fruchterwerb des Pächters zu einer gesetzgeberischen Klarstellung, indem der Gegenstand der Pachtberechtigung genauer gefasst wird. Bislang war in § 531 E I, § 521 E II lediglich allgemein von dem Recht zum Fruchtgenuss die Rede. Da man hierin aber die Gefahr von Missverständnissen sah, da ja gerade auch Übermaßfrüchte zu den Früchten im Sinne des § 99 Abs. 1 BGB gehören, entschied man sich, die gesetzliche Fassung des § 581 BGB enger zu fassen.

> § 581 BGB Durch den Pachtvertrag wird der Verpächter verpflichtet, dem Pächter den Gebrauch des verpachteten Gegenstandes und den Genuß der Früchte, soweit sie nach den Regeln einer ordnungsmäßigen Wirthschaft als Ertrag anzusehen sind, während der Pachtzeit zu gewähren.

In den Berichten der XII. Kommission des Reichstages heißt es hierzu, dass eine entsprechende Regelung nicht zuletzt auch wegen der verschuldensunabhängigen Haftung des Nießbrauchers für die Übermaßfrüchte erforderlich sei.

> „Nach der Fassung des Entw. des § 574 Abs. 1 [§ 581 BGB] würde dagegen der Pächter das Eigenthum an den nicht zum Ertrage gehörenden Früchte erwerben und diese, wenn wie z.B. bei Windbrüchen die Gewinnung derselben den Regeln ordnungsmäßiger Wirthschaft entspräche, dem Verpächter auch nicht zu ersetzen brauchen. Der Genuß der Früchte von Seiten des Pächters müsse daher, wie es auch der Absicht der Parteien bei der Verpachtung entspreche, auf diejenigen Früchte beschränkt werden, welche als Ertrag anzusehen seien; Früchte, die ein Theil des Kapitales seien, hätten dem Verpächter zu verbleiben.“[806]

Indem aber letztlich doch wieder auf den Willen der Parteien abgestellt wird, handelt es sich an dieser Stelle tatsächlich nur um eine klarstellende Textänderung, die dem bislang getroffenen Ergebnis vollständig entspricht.[807]

---

805 *Jakobs/Schubert*, a.a.O.

806 KomBer. S. 74 = *Mugdan*, Materialien Bd. 2, S. 1281 f.

807 Die Vorschriften über das Pachtrecht waren in späterer Zeit wiederholt Kritik ausgesetzt; vgl. *Hasel*, ForstC. 73 (1954), S. 18-28. Auf diese Kritik reagierte der Gesetzge-

3. Ausgleich für den gutgläubigen Eigentumserwerb an Übermaßfrüchten, § 993 Abs. 1 BGB

Nahezu unverändert bleiben auch die Vorschriften über die Restitutionstatbestände. Bis auf geringere sprachliche Anpassungen stimmt die Regelung des § 742 E II mit der Fassung des § 818 Abs. 1 BGB überein. Auch die Vorschriften zum Eigentümer-Besitzer-Verhältnis sind inhaltlich fast vollständig übernommen worden. Nur in einer Frage weicht das geltende Recht in § 993 BGB von dem Konzept des zweiten Entwurfs in § 907 E II ab. Bislang war das Eigentümer-Besitzer-Verhältnis nach §§ 899 ff. E II das einzige Schuldverhältnis, in dem kein schuldrechtlicher Ausgleichsanspruch für den weiten Fruchtbegriff, der auch Übermaßfrüchte erfasst (§ 95 E II, § 99 BGB), vorgesehen war. Wiederum reagiert man während der Sitzungen der XII. Reichstagskommission auf diesen Missstand. *Ludwig Enneccerus*[808] schlägt vor, den redlichen Besitzer für die durch Raubbau gezogenen Früchte – „soweit sie gegen die Regeln einer ordnungsmäßigen Wirthschaft nicht als Ertrag der Sache anzusehen sind" – nach Bereicherungsrecht haften zu lassen.[809] Das Mitglied der Reichstagskommission bezeichnet die Einführung dieser Regelung als „nur redaktioneller Natur"[810]. In Anbetracht der Erwägungen der 1. Kommission gegen eine solche Haftung, scheint dieser Standpunkt indessen als unrichtig. Dennoch handelt es sich letztlich nur um eine konsequente Fortführung der bereits an anderer Stelle beschriebenen Nutzungshaftung. *Enneccerus* und ihm folgend auch die Redaktionskommission, der dieser Antrag überwiesen wurde, erinnern an die bereits auf diese Weise beschränkte Haftung des Nießbrauchers und des Vorerben, §§ 949 Abs. 1, 2005 E II = §§ 1039, 2133 BGB. Zugleich wird durch den Verweis auf das Bereicherungsrecht derselbe Regelungs- und Schutzmechanismus wie für den redlichen, aber unentgeltlichen Besitzer nach § 902 E II[811] angewendet. Damit entspricht diese Neufassung des § 993 BGB lediglich einer Anpassung an das bestehende Haftungssystem.

ber mit dem ‚Gesetz zur Neuordnung des landwirtschaftlichen Pachtrechts' (LPachtG) vom 8. November 1985, vgl. insb. § 596a BGB.

808 Nachweis zur Person des Antragstellers bei *Jakobs/Schubert*, Sachenrecht 1, S. 810.

809 KomBer. S. 74 = *Mugdan*, Materialien Bd. 2, S. 1282.

810 *Mugdan*, Materialien Bd. 3, S. 1001.

811 Dieser entspricht dem heutigen § 988 BGB.

VI. Ergebnis 3. Kapitel

1. Die Entwicklung der unmittelbaren Gesetzgebungsgeschichte seit den Vorentwürfen hat gezeigt, dass sich die Gesetzgebungskommission durchaus über die Debatte des 19. Jahrhunderts zum Fruchtrecht bewusst war und aus ihr in nicht unwesentlichem Maße Konsequenzen gezogen hat. Dies gilt gerade und besonders für das Sachenrecht, in dessen Mittelpunkt der Fruchtbegriff bis dahin stand und auch weiterhin verharren sollte.

a) Allen voran hat dabei der Redaktionsentwurf von *Reinhold Johow* aus dem Jahre 1880 diese Linie verfolgt, indem er das Fruchtrecht zunächst ausschließlich auf den sachenrechtlichen Kontext beschränkt hat. Aus dieser Zeit stammt auch die systematische Verortung des Fruchtbegriffs im allgemeinen Sachenrecht, der zunächst noch am Anfang des dritten Buches stand und erst durch die 2. Kommission insgesamt in den Allgemeinen Teil verortet wurde. Gleichwohl war man sich von Anfang an auch über den anderen, schuldrechtlichen Charakter des Fruchtrechts bewusst und spätestens mit der Gesamtschau eines Gesetzesentwurfs (E I) wurde klar, dass der auf körperliche Erträge begrenzte Fruchtbegriff in *Johows* Vorentwurf nicht ausreichend war. Die erste Kommission führte daher, auch auf *Johows* Vorschlag hin, einen wesentlich weiter gefassten Fruchtbegriff in die §§ 792, 793 E I, die die wesentlichen Grundzüge auch für die heutigen §§ 99, 100 BGB beinhaltet haben. Nicht mehr allein körperliche Erträge sind von der Legaldefinition der Früchte und Nutzungen erfasst, sondern auch ideelle Erträge sowie auch allgemein der Gebrauchsvorteil, den eine Sache oder ein Recht abwerfen. Erst auf diesem Wege ist es dem BGB gelungen eine begriffliche Grundlage zu schaffen, welche dem praktischen Bedürfnis nach einer breit angelegten Definition der privatrechtlich erfassten Vermögenserträge entspricht. Zentrale Bedeutung kommt dabei der Definition der Rechtsfrüchte in § 99 Abs. 2 BGB zu. Denn gerade an dem Tatbestandsmerkmal der Bestimmungsmäßigkeit lassen sich etwa die in der Rechtswissenschaft des 19. Jahrhunderts so stark umstrittenen Zinserträge für das Fruchtrecht greifbar machen.

b) Indem das BGB dabei schon auf Ebene der Legaldefinition besondere Rücksicht auf den Schutz des Rechtsverkehrs setzen muss, ergibt sich, dass der Fruchtbegriff bei körperlichen Erträgen möglichst weit und ohne Rücksicht auf irgendeine Diligenzschranke verstanden werden muss. Entgegen der vorherrschenden Ansichten im 19. Jahrhundert zählen damit auch die Übermaßfrüchte, als wider „den Regeln ordnungsmäßiger Wirtschaft" gezogenen Erträgen, zu den Früchten im Sinne des § 99 Abs. 1 BGB.

2. Inhaltlich fußt das bürgerlich-rechtliche Fruchtrecht weitestgehend auf dem römisch-gemeinen Recht. Unmittelbarer Ausdruck dessen ist das Substan-

tialprinzip, welches insbesondere die sachenrechtlichen Verteilungsgrundsätze prägt, §§ 94, 953-957 BGB. Es stellt aber im Hinblick auf das Wesen der Dinglichkeit, das vor allen Dingen auch dem Zweck des Verkehrsschutzes dient, eine deutliche Weiterentwicklung dar. Dies gilt insbesondere für die Frage des redlichen Fruchterwerbs, sowie den Eigentumserwerb durch den obligatorischen Fruchtberechtigten.

a) Der grundlegende Streit der gemeinrechtlichen Rechtswissenschaft über den Umgang mit der *bonae fidei possessio*, ist nunmehr einer praktikablen Lösung zugeführt, welche für die dingliche Rechtslage einen möglichst weitgehenden Verkehrsschutz intendiert und damit den Erwerb an möglichst einfachen Tatbestandsmerkmalen festmacht. Hat der *Possessor* einmal ohne grobfahrlässige Unkenntnis Besitz an der Muttersache erlangt, schadet nur noch die positive Kenntnis von seiner fehlenden Berechtigung dem Fruchterwerb nach § 955 BGB. Daneben tritt aber der schuldrechtliche Ausgleich zwischen dem Eigentümer der Muttersache und dem Besitzer. Grundsätzlich geht zwar auch hier die Gutgläubigkeit des Besitzers dem Integritätsinteresse des Eigentümers vor. Dies resultiert nicht zuletzt aus dem Gedanken, dass die Früchte bei wirtschaftlicher Betrachtung grundsätzlich ohne Beeinträchtigung der Muttersubstanz gewonnen werden können. Gleichwohl führt das Gesetz an verschiedener Stelle Beispiele aus, in denen die Schutzwürdigkeit des Besitzers zurückstecken muss. Dazu gehört etwa der Fall, dass der Besitz unentgeltlich erlangt worden ist, § 988 BGB. Ebenso geht das Integritätsinteresse des Eigentümers stets vor, wenn und insoweit Übermaßfrüchte gezogen worden sind. Mit § 993 Abs. 1 BGB hat schließlich die XII. Reichstagskommission die schuldrechtliche Haftung für Übermaßfrüchte auch auf das Vindikationsrecht ausgeweitet. Beispielgebend war hierfür die schuldrechtliche Haftung des Nießbrauchers für Übermaßfrüchte nach § 1039 BGB. Zwar erwirbt der Nießbraucher kraft Gesetzes auch an dem nicht ordnungsgemäßen Ertrag Eigentum, jedoch ist er dem Eigentümer zugleich verschuldensunabhängig zum Ersatz für den hierdurch entstandenen Schaden verpflichtet.

b) Auf die größten Schwierigkeiten bei der Unterscheidung zwischen dinglicher und obligatorischer Rechtslage sind die Gesetzgeber beim Umgang mit dem lediglich obligatorisch Fruchtberechtigten, allen voran dem Pächter, gestoßen. Wie schon im römischen Recht gesteht das bürgerliche Recht diesem lediglich ein Recht gegenüber dem Verpächter auf die Sache, nicht wie in Preußen an der Sache selbst zu. Dennoch hat spätestens die 2. Kommission anerkannt, ihm insoweit wenigstens Besitz zuzubilligen. Damit findet aber eine gewisse Verdinglichung seiner Rechtsstellung statt, die ihn nicht nur gegenüber Dritten, sondern auch gegenüber dem Eigentümer der Sache selbst schützt.

4. Kapitel: Fragen des geltenden Frucht- und Nutzungsrechts

I. Allgemeine Begriffsbestimmung

1. Die Erfassung von körperlichen Erträgen und der Begriff der Bestimmungsmäßigkeit

Wie gerade die Änderungen der ersten Kommission gezeigt haben, bezweckt das Gesetz mit seiner Legaldefinition des Frucht- und Nutzungsbegriffs in §§ 99, 100 BGB zunächst einmal eine Ausweitung der gesetzlich erfassten Erträge gegenüber der Rechtlage im römisch-gemeinen Recht.[812] Zum Ausdruck kommt dies durch die Einführung einer allgemeinen Nutzungsdefinition einerseits und der Einführung des Begriffs der Rechtsfrüchte andererseits. Gleichzeitig dienen die §§ 99, 100 BGB aber auch weiterhin der Abgrenzung von Fruchtertrag und Substanz der Muttersache. Insofern erscheint es auf den ersten Blick als Widerspruch, wenn zu den Sachfrüchten[813] gemäß § 99 Abs. 1 BGB nach Auffassung der Gesetzgeber auch sog. Übermaßfrüchte zählen und damit gerade bei der Gewinnung von körperlichen Erträgen eine Beeinträchtigung der Muttersubstanz in Kauf nimmt. Im Folgenden ist zunächst darauf einzugehen, ob und wie das geltende Fruchtrecht trotz der tatbestandlichen Weite des § 99 Abs. 1 BGB gleichwohl die Abgrenzung von Ertrag und Substanz zu gewährleisten vermag. Die bisherige Untersuchung hat aber auch gezeigt, dass dies nur aus einem Blick auf die systematischen Zusammenhänge zu den Erwerbsvorschriften gelingen kann.

---

812 Vgl. dazu oben 3. Kapitel II 1.; einen historischen Vergleich zum preuß. ALR bietet auch BGH, *v. 27.9.1951*, BB 1951, S. 974.

813 Der Vollständigkeit halber sei auch auf die Schwierigkeiten hingewiesen, die sich mit der Einführung des § 90a BGB zu ergeben scheinen. Mit dieser Vorschrift, die durch Gesetz vom 20. August 1990 eingeführt wurde, bezweckte der Gesetzgeber eine Verbesserung des Tierschutzes im bürgerlichen Recht (BGBl. I (1990), S. 1762). Aus diesem Grund verneint § 90a S. 1 ausdrücklich die Sachqualität von Tieren. Es ließe sich also annehmen, dass damit Tiere auch aus dem Anwendungsbereich der §§ 99, 100 BGB ausgenommen seien. Jedoch bestimmt S. 3 dieser Vorschrift im Hinblick auf die Körperlichkeit von Tieren eine entsprechende Anwendung der Vorschriften über Sachen. Das bedeutet für den hiesigen Untersuchungsgegenstand, dass sich für den Frucht- und Nutzungsbegriff kein Unterschied zu der vorhergehenden Rechtslage ergibt (krit. dazu *Karsten Schmidt*, JZ 1998, S. 790, 791; *Baur/Stürner*, § 3 Rdnr. 4; *Wieling*, Sachenrecht Bd. 1, S. 56). Tiere sind wie andere, leblose Gegenstände auch einer wirtschaftlichen Nutzung zugänglich, oder mit den Worten des § 811c ZPO ausgedrückt: die Bestimmung von Tiere kann auch eine Haltung „zu Erwerbszwecken“ sein.

a) Wiederum der Cosacksche Mastochse

Ein weiter Teil der Lehre[814] versucht die Abgrenzung von Substanz und Ertrag durch eine teleologische Reduktion des Tatbestands in § 99 Abs. 1 BGB zu erreichen. Anknüpfungspunkt bei der Literatur des beginnenden 20. Jahrhunderts war hierfür der Begriff der Bestimmungsmäßigkeit, der teleologisch im Sinne einer objektiven Substanzerhaltungspflicht zu interpretieren sei.[815] Die heutige Literatur betrachtet dieses Problem unabhängig vom Begriff der Bestimmungsmäßigkeit, gelangt aber durch eine teleologische Auslegung zu einem vergleichbaren Ergebnis.[816]

Die Vertreter dieses Ansatzes argumentieren zu diesem Zweck wiederum am Beispiel des Mastochsen, wie es *Konrad Cosack* bereits in seiner Kritik an dem E I gewählt hatte.[817] Nach dem ausdrücklichen Willen der zweiten Gesetzgebungskommission soll die Schlachtung des Tieres gerade keinen Fruchtertrag erbringen, obwohl anzunehmen ist, dass es zur wirtschaftlichen Bestimmung des Masttieres gehört, geschlachtet zu werden. *Eduard Hölder* beschreibt diesen Ansatz als einer der ersten Autoren:

> „In der Bezeichnung der aus einer Sache gewonnen Ausbeute liegt nicht, was dem Begriffe der Frucht wesentlich ist, daß ihre Gewinnung erfolgt ohne Vernichtung der Sache, deren Frucht sie ist, sondern auch unbeschadet der Existenz jener entsteht. Das Fleisch eines geschlachteten Thieres ist eine aus diesem gewonnene Ausbeute, und zwar, wenn es sich um Schlachtvieh handelt, eine der Bestimmung des Thieres gemäß gewonnene. Sie ist aber gewonnen durch die Vernichtung des Thieres und daher keine Frucht desselben."[818]

Wenigstens implizit liegt dieser Ansicht der Gedanke zugrunde, die Pflicht zur Substanzerhaltung bilde eine absolute Grenze der Fruchtziehung. Dies steht aber nicht nur im Widerspruch zur ausdrücklichen Intention der 1. Kommission, die sich aus diesem Grunde gegen die Einführung einer Diligenzschranke entschieden hat[819], sondern birgt Abgrenzungsschwierigkeiten und damit die Gefahr von Missverständnissen. Gerade im Falle der sonstigen Ausbeute einer Sache ist eine tatsächliche Beeinträchtigung der Muttersubstanz unumgänglich, da mit der

---

814 *Hölder*, Kommentar § 99 sub. 3, S. 225; ähnlich jetzt auch Soergel-*Marly*, § 99 Rdnr. 9; Palandt-*Heinrichs*, § 99 Rdnr. 2; Bamberger/Roth-*Fritzsche*, § 99 Rdnr. 4; *Wieling*, Sachenrecht Bd. 1, S. 109; Würthwein, S. 97 f.; unklar MünchKom[5]-*Holch*, § 99 Rdnr. 3.

815 Insoweit finden sich Anklänge an *Windscheid*, Pandekten Bd. 1, S. 466, wonach ebenfalls die Erhaltung der Substanz im Vordergrund seiner Definition steht.

816 Soergel-*Marly*, § 99 Rdnr. 9; Palandt-*Heinrichs*, § 99 Rdnr. 2; Bamberger/Roth-*Fritzsche*, § 99 Rdnr. 4; *Wieling*, Sachenrecht Bd. 1, S. 109; Würthwein, S. 97 f.

817 Dazu oben 3. Kapitel III 1 b; IV 2.

818 *Hölder*, a.a.O.

819 Dazu oben 4. Kapitel II 1.

Fruchtziehung regelmäßig auch eine gewisse Abnutzung der Muttersache einhergeht.[820] Infolgedessen kann die vollständige Aufrechterhaltung der körperlichen Integrität nicht das entscheidende Merkmal des Fruchtbegriffs sein. Wenn von einer Substanzerhaltung die Rede ist, kann dies nur die wirtschaftliche Substanz der fruchttragenden Sache meinen.

Einen besseren Lösungsansatz bietet ein teleologisch-systematischer Blick auf die sachenrechtlichen Erwerbsvorschriften im BGB.[821] Der Unterschied zwischen den Früchten und den Bestandteilen einer Sache wird bereits in den Vorschriften über den redlichen Fruchterwerb in § 955 BGB angedeutet, wenn dort die Früchte einer Sache als gesonderte und damit zu unterscheidende Form der Bestandteile einer Sache bezeichnet werden.[822] Früchte im Sinne des Gesetzes sind demnach stets Bestandteile der Muttersache, jedoch sind nicht alle getrennten Bestandteile einer Sache zugleich auch deren Früchte. Berücksichtigt man zudem, dass die Einhaltung einer wirtschaftlichen Sorgfaltspflicht grundsätzlich nur auf das schuldrechtliche Verhältnis zwischen den betroffenen Parteien verwiesen ist, wird anhand dieses Ansatzes auch die rechtliche Erfassung der Übermaßfrüchte erklärlich.

Wie sich aus den Gesetzgebungsmaterialien ergeben hat, erfolgte die Erstreckung des Fruchtbegriffs auf die Übermaßfrüchte zuvorderst aufgrund ihrer äußeren Gleichartigkeit zum ordnungsgemäßen Ertrag.[823] Auch die Übermaßfrüchte gelten nur als Fruchtertrag, wenn sie neben die Muttersache treten. Der Unterschied zu den ordnungsgemäßen Früchten liegt darin, dass sich im Einzelfall nicht ohne weiteres bestimmen lässt, wo der ordnungsgemäße Ertrag endet und wo das Übermaß beginnt. Gedacht ist damit zuvorderst an den übermäßigen Holzschlag eines Waldgrundstücks und ähnliches. Gleichwohl bleibt der Fruchtbegriff das Gegenstück zur Muttersubstanz, an der allenfalls durch Veräußerung oder Verarbeitung (*specificatio*) Eigentum erworben werden kann. Unabhängig von der Frage nach welchen Kriterien genau die Neuheit des Verarbeitungsprodukts bestimmt wird[824], lassen sich die notwendigen Abgrenzungskriterien am Besten in Abgrenzung zum originären Eigentumserwerbstatbestand in § 950 BGB gewinnen. Es ist darauf zu schauen, ob die gewonnene Ausbeute das Ergebnis einer „Verarbeitung oder Umbildung" einer Sache ist oder als Ertrag neben die Substanz[825] derselben tritt. In diesem Sinne ist das aus Oliven gewonne-

[820] RG, *v. 10.12.1918*, RGZ 94, S. 261 f.

[821] Dazu als erster *Reichel*, JherJb 42 (1901), S. 277 ff.

[822] Dazu auch *Reichel*, JherJb 42 (1901), S. 278.

[823] So schon *Göppert*, Erzeugnisse, S. 289.

[824] Allgemein dazu auch *Hofmann*, NJW 1961, S. 1246 f.

[825] Dagegen begründet das Füttern eines Tieres oder die Kultivierung einer Pflanze noch nicht die Neuheit einer Sache, vgl. BGH, *v. 26.10.1977*, NJW 1978, S. 697 f.

ne Öl[826] zwar eine sonstige Ausbeute aus den Oliven und dennoch keine Frucht im Sinne des § 99 Abs. 1 BGB. Die Muttersubstanz wird vollständig aufgebraucht, um aus ihr eine neue Sache zu gewinnen, der nicht neben, sondern an Stelle der ursprünglichen Sache tritt. Dasselbe gilt für die Verarbeitung von Braugerste zu Malz[827], der Gewinnung von Weinbrand aus Wein[828], die aus Ton hergestellten Ziegelsteine[829] oder letztlich für den geschlachteten Mastochsen. Erst das Merkmal der Verarbeitung gibt einen Rückschluss darauf, ob die wirtschaftliche Substanz der Muttersache aufgehoben wurde. Ob dagegen die Schlagholz- oder Mineralgewinnung nachhaltig in forst- bzw. bergwirtschaftlicher Weise erfolgt, ist für den Sachfruchtbegriff unerheblich. Aus Sicht der Verkehrsanschauung handelt es sich bei den Übermaßfrüchten noch immer um ein neben die Muttersache tretenden Ertrag. Ein Ausgleich für die Verletzung der Grundsätze einer wirtschaftlichen Ertragserzielung wird auf den schuldrechtlichen Ausgleich verwiesen.

b) Körperliche Erträge als Rechtsfrüchte im Sinne des § 99 Abs. 2 BGB

In die Gesamtbetrachtung sind auch die durch § 99 Abs. 2 BGB erfassten körperlichen Erträge einzubeziehen. Ausweislich der Bezugnahme auf die Bodenbestandteile am Ende dieser Vorschrift sieht das Gesetz auch körperliche Erträge, die unstreitig bereits unter die Definition der Sachfrüchte fallen, als mögliche Rechtsfrüchte an.[830] Sie gelten ebenso als Rechtsfrüchte, wie es auch rein ideelle Erträge eines Rechts sind. Klassischer Weise werden zuvorderst diese unkörperliche Erträge hierunter subsumiert. Aufgrund des weiten Tatbestandes gehören hierzu neben Miet- und Pachterträgen sowie die Gegenleistung für die Bestellung eines Nießbrauchrechts[831] auch weitergehende Erträge zu den Rechtsfrüchten: Beispielsweise der Ertrag eines Leibrentenrechts[832], die Erträge eines Verlagsrecht oder einer Lizenz[833].

---

826 Vgl. D. 41, 1, 7, 7.

827 BGH, *v. 28.6.1954*, BGHZ 14, S. 117 f.

828 BGH, *v. 5.4.1971*, BGHZ 56, S. 88-91.

829 RG, *v. 14.12.1909*, RGZ 72, S. 285.

830 So sind die Erzeugnisse sowie die sonstigen Erträge einer Sache auch mögliche Rechtsfrüchte eines Nießbrauchs- oder Pachtrechts; ebenso zählt hierzu auch die einem Verbandsmitglied zugeteilte Holzmenge in einem Genossenschaftswald, vgl. BGH, *v. 9.5.1985*, BGHZ 94, S. 309 = NJW 1986, S. 1042 f.

831 KG, *v. 10.3.1964*, NJW 1964, S. 1808.

832 RG, *v. 12.12.1907*, RGZ 67, S. 204, 210.

833 Soergel-*Marly*, § 99 Rdnr. 11.

Gleichwohl bleibt die Frage zu klären, in welchem Zusammenhang die Regelungen der beiden ersten Absätze des § 99 BGB zueinander stehen, soweit sie körperliche Erträge erfassen. Im Gegensatz zu den Erzeugnissen, jedoch übereinstimmend mit der sonstigen Ausbeute des Absatz 1 zählen die körperlichen Erträge nach § 99 Abs. 2 BGB nur dann zu den Rechtsfrüchten, wenn sie bestimmungsgemäß gezogen wurden.[834]

Bereits 1911 veranlasst dieser Umstand *Friedrich Affolter* [835] zu folgender Feststellung:

> „Der Fruchtbegriff des § 99 [BGB] ist nicht nur unklar, sondern auch unlogisch. Wie kann man Früchte einer Sache, einer körperlichen Realität mit den Früchten eines Rechts, einer geistigen Realität, auf eine Linie stellen.[836]

Hieraus folgert *Affolter*, dass die gesetzliche Fassung unrichtig sei und in dem Sinne verstanden werden müsse, dass Früchte niemals körperliche Gegenstände, sondern stets nur das Eigentum an Sachen bzw. das Recht auf den Ertrag darstellten. Die Früchte einer Sache sind demnach also immer auch Früchte eines Rechts, nämlich des Eigentums.[837]

Gleichwohl entspricht dieser Sprachgebrauch einer an mehreren Stellen im Gesetz anzutreffenden Gleichbehandlung von Eigentumsobjekt und Eigentum an der Sache und ist zumindest im Ergebnis unschädlich.[838] In Anbetracht anderer möglicher Rechte zum Fruchtbezug bleibt dem Anwendungsbereich des § 99 Abs. 2 BGB auch eine eigenständige Bedeutung. Denn anders als das Vollrecht Eigentum, ist der Umfang dieser Rechte in ihrem Umfang beschränkt. Wie der gesetzliche Tatbestand richtig formuliert, werfen Rechte Früchte stets nur in dem Umfang der jeweiligen Bestimmung ab und § 99 Abs. 2 BGB ist insofern der speziellere Tatbestand zu dem in § 99 Abs. 1 BGB normierten Grundsatz.[839] Ein Fruchtbezugsrecht kann sich schon definitionsgemäß nicht auf mehr Erträge erstrecken, als sein Inhalt bestimmt. Die Vorschrift des § 99 Abs. 1 BGB wiederum behält ihre entscheidende Bedeutung für den Fruchterwerb des redlichen Besitzers. Denn dieser hat gerade kein eigenes Fruchtrecht im Sinne des § 99

---

834 Krit. zu dieser Unterscheidung *Wieacker*, AcP 148 (1943), S. 99 f.

835 Dazu *v. Tuhr*, DJZ 1911, Sp. 825 f.

836 *Affolter*, S. 15.

837 So ausdrücklich *Affolter*, S. 64; In letzter Konsequenz geht der Autor soweit, Früchte sogar als Ansprüche im Sinne des § 194 BGB zu definieren, vgl. *Affolter*, S. 66 f. Dieses Verständnis beruht jedoch auf ein Missverständnis des Anspruchsbegriffs, auf den an dieser Stelle nicht einzugehen ist, ablehnend auch schon *v. Tuhr*, DJZ 1911, Sp. 826.

838 So auch schon *Reichel*, JherJb 42 (1901), S. 292; *v. Tuhr*, DJZ 1911, Sp. 286.

839 Anders MünchKom[5]-*Holch*, § 99 Rdnr. 8; Planck[4]-*Strecker*, § 99 sub. 3; *Enneccerus/Nipperdey*, Allgemeiner Teil, S. 819 f., die beide Tatbestände als gleichrangig behandeln.

Abs. 2 BGB, so dass auf den Grundsatz in Abs. 1 dieser Vorschrift zu rekurrieren ist.

2. *Bleibende Schwierigkeiten bei der Erfassung von Zinserträgen*[840]

Obschon die Intention des Gesetzgebers deutlich dahin geht, Zinsen als Ertrag eines auf das Geldkapital gerichteten Rechts unter den Tatbestand des § 99 Abs. 2 BGB als Rechtsfrucht zu fassen[841], ergeben sich dennoch Auslegungsschwierigkeiten bei der Erfassung dieser Ertragskategorie. Die beschlossene, an *Gottlieb Plancks* Vorschlag angelehnte Legaldefinition orientiert sich primär an den dinglichen Rechten und erinnert daher stark an die ablehnende Fassung des Vorentwurfs. Dies allein steht einer Erfassung der Gelderträge als *fructus* indes nicht entgegen.

Betrachtet man indes die Fruchtgewinnung als einen in der fruchttragenden Sache selbst liegenden Produktionsakt[842], so fehlt es bei Geld an dieser Eigenschaft völlig. Verstärkt werden diese Bedenken zudem durch den inhaltlichen Zusammenhang mit der Legaldefinition der verbrauchbaren Sachen in § 92 BGB.[843] Eingeführt wurde diese Vorschrift als § 780 E I im Rahmen des 1. Entwurfs unter dem ausdrücklichen Hinweis auf die unterschiedlichen Nutzungsrechte.

> „Die Verbrauchbarkeit einer Sache ist wichtig für diejenigen Rechtsverhältnisse, die den Inhalt haben, daß die Befugniß, die Sache zu nutzen, einem Anderen als dem Eigenthümer zusteht [...]. Soweit es sich hierbei um Sachen handelt, deren übliche Nutzung mit ihrem Verbrauche zusammenfällt, kann das Gesetz an der sonst für die Verhältnisse geltenden Regel, daß die Sache in Natur zurückzugeben ist, nicht festhalten."[844]

Das Gesetz intendiert mit dieser Vorschrift dabei nicht nur eine Legaldefinition für Gegenstände zu liefern, deren Körperlichkeit durch den bestimmungsgemäßen Gebrauch unmittelbar aufgehoben bzw. zerstört wird, sondern erweitert den Tatbestand auch auf diejenigen Gegenstände, deren übliche Nutzung in einer Veräußerung besteht.[845] Vor dem Hintergrund der römischen Quellen erwähnen die Gesetzgebungsmaterialien ausdrücklich Geld als Beispiel einer verbrauchba-

---

840 Zu den Schwierigkeiten bei der rechtlichen Erfassung von Geld überhaupt, vgl. *Kaser*, AcP 143 (1937), S. 1-27.

841 Dazu oben 3. Kapitel, II. 1. c) bb); vgl. zudem auch den heutigen § 101 Nr. 2 BGB.

842 In diesem Sinne scheinbar Bamberger/Roth-*Fritzsche*, § 99 Rdnr. 3.

843 Hierauf macht in letzter Zeit *Schauhoff*, S. 93 f. aufmerksam.

844 Mot. III, S. 34 = *Mugdan*, Materialien Bd. 3, S. 18 f.

845 Mot. III, S. 35 = *Mugdan*, Materialien Bd. 3, S. 19; vgl. auch Prot.-E I, S. 4657 = *Jakobs/Schubert*, Beratung, Allgemeiner Teil 1, S. 465.

ren Sache, deren bestimmungsgemäßer Gebrauch in der Veräußerung besteht.[846] Demzufolge hat Geld bei einer rein gegenständlichen Betrachtung keinen in sich selbst liegenden Gebrauchswert[847] und gewährt Erträge ausschließlich durch eine rechtsgeschäftliche Verwertung. Ein hieraus gezogenen Ertrag ist somit *lucrum ex negotiatione* im Sinne eines Gegenwertes für die ‚Substanz' des Geldes und dürfte entsprechend nicht zu den Früchten zählen.[848]

In diesem Sinne scheint zum ersten Mal das OLG Braunschweig in einer Entscheidung aus dem Jahre 1907[849] zu urteilen. Im konkreten Fall ging es um die Restitution eines zu Unrecht gezahlten Geldbetrages als Gemeindeeinkommenssteuer an den Fiskus. Die betroffene Gemeinde wiederum hatte das Geld verliehen und insoweit unstreitig aus dem bestehenden Forderungsanspruch Zinszahlungen erhalten. Der Kläger machte die Herausgabe dieser Zinsen geltend.[850] Das Gericht spricht sich in einem ersten Schritt gegen diese Forderung mit dem Einwand aus, „[d]ie fraglichen Zinsen" seien „nicht unter den Fruchtbegriff des BGB zu subsumieren."[851]. Im Folgenden geht es davon aus, die Zinsen seien kein Ertrag des erlangten Gegenstandes, des zu Unrecht gezahlten Geldbetrages, sondern resultierten lediglich aus dem mit der Veräußerung verbundenen Rechtsgeschäft. Das Gericht nimmt an diesem Punkt Bezug auf die Eigenschaft des Geldes verbrauchbare Sache zu sein. Dennoch erkennt das Gericht zugleich an, dass Geldzinsen grundsätzlich auch als unmittelbare Früchte eines Rechts auf das Geld gelten können, wie es bei Darlehenszinsen der Fall ist[852] und bezieht sich insoweit auf eine vorangegangene Entscheidung des Reichsgerichts.[853]

Das OLG Braunschweig unterscheidet also bei der Kapitalnutzung den Fall eines an einem Geldbetrag bestehenden Nutzungsrechts (so bei einem Darlehensanspruch) von dem Fall, dass allein ein bestimmter Geldbetrag ohne ein damit verbundenes Recht erlangt wird. Lediglich für diese letzte Konstellation verneint das OLG die Fruchteigenschaft des Zinsertrages. Entgegen späterer

---

846 *Ulpian*, D. 12, 1, 13 pr., 1; *Paulus*, D. 4, 4, 32.

847 So auch LG Frankfurt/M., *v. 22.12.1987*, WuM 1988, S. 307; *Helfferich*, S. 291, 293; *Schauhoff*, S. 94 m.w.N.

848 So *Schauhoff*, S. 94 f.; zu diesem Verständnis vgl. auch Staudinger[13]-*Jickeli/Stieper*, § 100 Rdnr. 4, die jedoch die Zinsen an anderer Stelle zu den Früchten zählen, *Dies.*, § 99 Rdnr. 13

849 OLG Braunschweig, *v. 8.10.1907*, OLG-Rspr. 18 (1909), S. 53 f.

850 OLG Braunschweig, a.a.O.

851 OLG Braunschweig, a.a.O.

852 OLG Braunschweig, a.a.O., S. 54.

853 RG, *v. 28.1.1903*, RGZ 53, S. 363-373.

Stimmen[854] liegt hierin also gerade keine vollständige Abkehr von dem Grundsatz, dass Geldzinsen zu den Früchten zählen können. Dennoch ist es zweifelhaft, ob die vorgenommene Unterscheidung sinnvoll durchzuführen ist. Das Reichsgericht etwa spricht in der bezuggenommenen Entscheidung diese Unterscheidung nicht aus, es könne vielmehr

> „unbedenklich angenommen werden [...], daß die Beklagte von dem empfangenen Gelde Nutzungen gezogen hat, die nicht geringer sind als die zugesprochenen Zinsen."[855]

Hinzu kommt, dass das OLG in einem zweiten Schritt versucht, dem ersten Ergebnis durch bereicherungsrechtsspezifische Wertungen entgegenzuwirken[856] und auf diesem Wege eine vom Frucht- und Nutzungsbegriff unabhängige Herausgabepflicht für gezogene Zinsen zu statuieren.

> „Der Anspruch aus der Bereicherung soll den wirtschaftlichen Ausgleich, den Wertausgleich der beiderseitigen Vermögenslagen herbeiführen. Es unterliegen daher nach § 818 [BGB] der Restitutionspflicht nicht nur die Nutzungen, welche aus dem Erlangten selbst gezogen sind, sondern auch diejenigen, welche aus einem an Stelle des Erlangten getretenen Gegenstande gewonnen sind, überhaupt alle Nutzungen, die von einem Gegenstande herrühren [...]"[857]

Fraglich ist, ob es dieses Umweges bedurft hat oder ob die Erfassung von Geldzinsen nicht, wie es der Intention des Gesetzgebers entspricht, bereits in § 99 BGB angelegt ist. Die Ausweitung der Legaldefinition erfolgte gerade aufgrund der wirtschaftlichen Gleichwertigkeit von Zinserträgen zu Sacherträgen, die bereits nach gemeinrechtlicher Auffassung unstreitig zu den Früchten zählten.[858] Das bedeutet, dass der Fruchtdefinition in § 99 BGB die gegenständliche Betrachtung, die ihm das OLG Braunschweig zugrunde legt, fremd ist. Aus wirtschaftlicher Sicht bleibt trotz der Veräußerung des Geldes der in ihm verkörperte Verkehrswert erhalten und jeder hinzutretende Ertrag kann von daher als Frucht desselben betrachtet werden. In diesem Sinne entspricht der dem Gesetz immanente Ansatz der relativen Fruchtlehre, deren zentrales Element gerade in der wirtschaftlichen Betrachtung des fruchttragenden Kapitals liegt.[859] Richtigerweise sind die Zinsen also bereits dem Tatbestand der Fruchtdefinition zuzuordnen. Zwar zählt Geld somit bei gegenständlicher Betrachtung zu den verbrauchbaren Sachen, gleichwohl eröffnet nur eine Auslegung, die von der

---

854 So *Schauhoff*, a.a.O.

855 RG, a.a.O., S. 371.

856 Insoweit auch *Schauhoff*, S. 96

857 OLG Braunschweig, a.a.O., S. 53 f.

858 Dazu bereits oben 3. Kapitel, II. 1. c) bb).

859 Dazu oben 2. Kapitel, IV.

Gegenständlichkeit der konkreten Münzen und Scheine abstrahiert, die Möglichkeit Geld als Verkehrsobjekt und Gegenstand der Ertragserzielung zu betrachten. Mit anderen Worten lässt sich sagen, dass eine gewisse „Loslösung des eigentlichen Gegenstandes vom rein Stofflichen in Münzen und Geldschein“[860] stattfinden muss, um das Wesen des Geldes richtig erfassen zu können.

3. *Abgrenzung Rechtsfrüchte und mittelbare Früchte*

Unklar ist aber unter welchen Tatbestand des § 99 BGB Zinserträge zu subsumieren sind. Die 1. Kommission, auf die die heutige Definition zurückgeht, ordnete die Zinserträge noch pauschal den Rechtsfrüchten im Sinne des § 792 Nr. 2 E I zu, dem der heutige § 99 Abs. 2 BGB entspricht. Jedoch lässt diese Betrachtungsweise außer Acht, dass Zinsen zumeist aufgrund eines auf das Geld bezogenen Rechtsverhältnisses gezahlt werden und daher ebenso als mittelbare Früchte im Sinne des § 99 Abs. 3 BGB in Betracht kommen.

> „Die Verpflichtung zur Zinszahlung versteht sich nie von selbst. Sie muß besonderes begründet sein durch Rechtsgeschäft [...] oder durch eine positive Gesetzesvorschrift [...].“[861]

Erst die – freilich nicht immer leichte – Abgrenzung dieser beiden Tatbestände[862] erleichtert die Zuordnung der Zinsen zu den Früchten im Sinne des Gesetzes.

Im Grundsatz gilt, dass es sich bei den mittelbaren Früchten nach § 99 Abs. 3 BGB um den Ertrag handelt, der für die Überlassung einer Sache oder eines Rechts zur Fremdnutzung erzielt wird. In diesem Sinne können sie nicht primär als *lucrum ex negotiatione* aufgefasst werden, sondern sie sind zwar ein durch Rechtsverhältnis vermittelter Ertrag, der aber zugleich den Gegenwert für die eigentliche Nutzung darstellt.[863] Einleuchtend ist dies bei der Nutzungsüberlassung einer Sache zur Miete oder Pacht, den zugleich häufigsten und einfachsten Beispielen. Die Mietzahlung bildet das in Geld ausgedrückte Äquivalent für den bloßen Sachgebrauch[864], die Pachtzahlung ist das Wert entsprechende Gegenstück bei zusätzlicher Fruchtziehung[865].

---

860 *Reinhardt*, FS Boehmer, S. 61.

861 Mot. II, S. 16 = *Mugdan*, Materialien Bd. 2, S. 9.

862 Dazu auch *Reichel*, JherJb 42 (1901), S. 296 ff.

863 So auch Mot. III, S. 70 = *Mugdan*, Materialien Bd. 3, S. 38 f.

864 Bsp.: Die Miete bei Vermietung von Wohnungen RG, *v. 17.10.1932*, RGZ 138, S. 72 oder von Möbeln, RG, *v. 1.12.1922*, RGZ 105, S. 409.

865 Bsp.: Die Pacht bei Verpachtung eines Betriebes, BGH, v. 8.1.1975, BGHZ 63, S. 368 f. Mittelbare Sachfrüchte sind daneben auch das Entgelt für die Überlassung einer Sache zum Nießbrauch sowie eine Überbaurente; Nachw. bei *Wieling*, Sachenrecht Bd. 1, S.

Da Geld nach dem oben Gesagten keinen in sich liegenden Gebrauchswert besitzt, ist eine entsprechende Zuordnung der Zinserträge besonderen Schwierigkeiten ausgesetzt. Zur Erzielung von Zinserträgen bedarf es stets eines hinzutretenden Rechtsverhältnisses. Sie unterliegen auf den ersten Blick also dem Tatbestand der mittelbaren Früchte, § 99 Abs. 3 BGB. Ganz sicher gilt dies für die kraft Gesetzes erlangten Verzugszinsen.[866] Das Gesetz behandelt den Schuldner eines Geldbetrages unter bestimmten Voraussetzungen, unabhängig von einer tatsächlichen Nutzung, so als ob er Vorteile aus dem Kapital gezogen hat und verpflichtet ihn zur Verzinsung zu einem festgesetzten Zinsbetrag. Dieser Ertrag hängt entsprechend stets von zwei Elementen ab: erstens dem Bestehen eines Forderungsrechts und zweitens der gesetzlichen Anordnung, d.h. einem gesetzlich begründeten Rechtsverhältnis. Diese Zinsen sind also stets als mittelbare Erträge eines Rechts aufzufassen. Insofern ist die Auffassung der Gesetzgebungskommission folglich irrig.

Anderes gilt indessen bei der rechtsgeschäftlichen Geldüberlassung aufgrund eines Darlehensvertrages. Auch in diesem Fall besteht ein Rechtsverhältnis, aus dem die eine Seite Zinsen beanspruchen kann. Der wesentliche Unterschied liegt jedoch darin, dass diesem Forderungsrecht kein anderes Schuldverhältnis zugrunde liegt, mit anderen Worten also dieses Recht selbst den Anspruch auch auf die Zinsen begründet, indem ein bestimmter Geldbetrag übereignet wird.[867] Nach dem oben Gesagten handelt es sich bei einer gegenständlichen Betrachtung sogar um die rechtsgeschäftliche Veräußerung des Geldes. Konstituierendes Element der Ertragsziehung ist damit stets das Forderungsrecht. In diesem Sinne wird auch die Aussage der Kommission verständlich, dass Kapitalzinsen Rechtsfrüchte seien. Vom Standpunkt des Berechtigten sind die Zinsen unmittelbarer Ertrag seines Forderungsrechts. Da dem hingegebenen Geld kein eigener Gebrauchswert gegenübersteht, sind die Darlehenszinsen also

---

112. Die Enteignungsentschädigung dagegen ist Surrogat des enteigneten Gegenstandes, also der Substanz und zählt daher nicht zu den Früchten, vgl. Erman-*Michalski*, § 99 Rdnr. 10 indes aber die Enteignungsentschädigung für ein in Nießbrauch stehendes Grundstück, *Dernburg*, Sachenrecht, S. 38; *Wieling*, a.a.O.

866 *Reichel*, JherJb 42 (1901), S. 299; Planck[4]-*Strecker*, § 99 sub. 4; *Dernburg*, Sachenrecht, S. 38; *Bullermann*, S. 24 f. m.w.N. zur älteren Literatur.

867 Aus Gründen der Einfachheit soll der Fall von Buchgeld außer Acht bleiben. Schwierigkeiten bietet schon das Verhältnis von Geld und Kredit; dazu etwa *Duden*, S. 22 „Geld und Kredit sind eins"; anders *Mann*, S. 6 „Nor is the law of money identical with the law of credit." Dazu auch *Reinhardt*, FS Boehmer, S. 68 ff.; auf eine Darstellung dieser Rechtsmaterie würde weit über die vorliegend interessierende Frage hinausführen und muss daher unterbleiben. Es sei auf die gängige Literatur verwiesen; Nachw. u.A. bei Bamberger/Roth-*Czub*, § 675 vor Rdnr. 1.

nicht als mittelbarer Ertrag der Sache ‚Geld' zu betrachten, sondern als unmittelbarer Ertrag des Darlehensrechts.[868] Erst hierin realisiert sich die wirtschaftliche Gleichwertigkeit zu den Sachfrüchten.

4. Erträge von Sachgesamtheiten, insbesondere Unternehmenserträge

a) Auswirkungen der funktionalen Unterscheidung von dinglichem und relativen Fruchtrecht bei reinen Sachgesamtheiten

Wie schon einleitend[869] festgestellt, hat für das geltende Fruchtrecht auch die Frage nach der rechtlichen Erfassung von Unternehmenserträgen besonderes Augenmerk erlangt. Einen praktikablen Lösungsansatz für die hiermit verbundenen Schwierigkeiten findet man, wenn man zunächst noch einmal die Parallelen und Unterschiede zu allgemeinen Sachgesamtheiten betrachtet.

Anhand der römischen Rechtsquellen hatte bereits die relative Fruchtlehre[870] die These vertreten, dass eine wirtschaftliche Betrachtungsweise auch Sachgesamtheiten, insbesondere Viehherden, als einheitlichen Gegenstand zu betrachten habe und welche entsprechend auch als einheitlicher fruchttragender Gegenstand zu gelten habe. Vermittelt durch *Ludwig Kuhlenbeck*[871] fand diese These auch in die Debatte um das bürgerliche Recht Einzug. Wiederum wurde hierfür geltend gemacht, dass die Verkehrsanschauung[872] gerade für Masttiere von einem einheitlichen Gegenstand ausgehe, da erst der Gesamtbestand an Tieren ihren wirtschaftlichen Wert ausmache.[873]

Jedoch ist hiergegen einzuwenden, dass sich die Gesetzgebungskommissionen bei Schaffung des BGB gerade gegen die Berücksichtigung von Sachgesamtheiten entschieden haben und stattdessen für eine konsequente Umsetzung des Spezialitätsprinzips entschieden haben.[874] Entscheidend sollte auch hier der Schutz des Rechtverkehrs sein. In Anlehnung an die Argumentation bei den Übermaßfrüchten kommt es auch an dieser Stelle zuvorderst auf die objek-

---

868 Ebenso wie hier *Enneccerus/Nipperdey*, Allgemeiner Teil, S. 819 Anm. 14; *Warneyer*, Bd. 1, § 99 sub. III.; Soergel[13]-*Jickeli/Stieper*, § 99 Anm. 11, 15; Staudinger[13]-*Dilcher*, § 99 Rdnr. 17; Erman-*Michalski*, § 99 Rdnr. 7; a.A. MünchKom[5]-*Holch*, § 99 Rdnr. 6; *Larenz/Wolf*, § 20 Rdnr. 107. Ebenso wie die sog. Geldwertvindikation abzulehnen ist, sind entsprechend auch keine Darlehenszinsen gem. § 987 BGB herauszugeben. Zur Geldwertvindikation MünchKom[4]-*Medicus*, § 987 Rdnr. 17-19 m.w.N.

869 S. oben 1. Kapitel II.

870 Dazu oben 2. Kapitel IV. 3. b) aa); dort auch m.w.N.

871 *Kuhlenbeck*, Handkommentar, S. 75.

872 Angelehnt an *Petrażycki*, Einkommen Bd. 1, S. 97 f.

873 *Kuhlenbeck*, a.a.O.

874 Dazu oben 3. Kapitel IV. 1. c).

tive Unterscheidbarkeit von Ertrag und Muttersubstanz an. Diese Anforderung ist aber gerade nicht gewährleistet, wenn ein und derselbe Ertrag sowohl Frucht, als auch Nichtfrucht sein kann. Im römischen Ausgangsbeispiel der Viehherde hätte eine solche Betrachtungsweise nämlich zur Folge, dass für den Rechtsverkehr gerade nicht erkennbar wäre, wem das Eigentum an dem Kalb zusteht – dem Eigentümer der Herde oder dem Nießbraucher derselben? Aus Gründen des Verkehrsschutzes, wie sie dem geltenden Fruchtrecht immanent sind, erscheint es daher angebracht, für das Sachenrecht den Fruchtertrag durch eine individualistische Betrachtungsweise der Muttersache zu bestimmen und damit dem sachenrechtlichen Spezialitätsprinzip auch an dieser Stelle Vorrang einzuräumen. Einer etwaigen Benachteiligung des Sacheigentümers kann wie bei den Übermaßfrüchten durch einen obligatorischen Ausgleich insbesondere durch das Bereicherungsrecht oder Ansprüchen wegen Vertragsverletzung entgegengewirkt werden. Das Gesetz ordnet hierfür in § 582 Abs. 2 S. 2 BGB einen gesonderten Ausgleichsmechanismus für Pachtverhältnisse an, die sich auf Viehbestände erstrecken. Die Diligenzschranke der „ordnungsmäßigen Wirtschaft“ wird dem Pächter mit schuldrechtlicher Wirkung aufgegeben.[875]

b) Dogmatische Einordnung von Unternehmenserträgen in § 99 BGB

So nachvollziehbar die funktionale Verteilung zwischen dinglichem und relativem Fruchtrecht für reine Sachgesamtheiten ist, so schwierig ist ihre Übertragung auf die Erträge von gemischten Sach- und Rechtsgesamtheiten – allen voran die Erträge wirtschaftlicher Unternehmen und Erwerbsgeschäften. Eine derartige, streng individualistische Betrachtungsweise stößt nämlich an ihre Grenzen. Ebenso wie bei der Erfassung von Zinsen als reinen Kapitalerträgen gebietet die wirtschaftliche Betrachtung der Parteiinteressen bei der Nutzung eines Unternehmens eine gesonderte Behandlung. Dies gilt sowohl für die Begründung eines Nutzungsrechts, wie auch für die Rückabwicklung gescheiterter Unternehmensübertragungen. Stets stellt sich die Frage, nach welchen Kriterien eine Abgrenzung zwischen Unternehmenssubstanz und Unternehmensertrag erfolgen kann und wem dieser Ertrag zu kommen soll.

Gleichwohl ist ein ausdrücklicher Lösungsweg weder durch das Gesetz noch in den Gesetzgebungsmaterialien[876] angesprochen. Lediglich mittelbar ergibt

---

875 Entsprechend ist diese Vorschrift auch zwischen den Parteien abdingbar, vgl. MünchKomm^5-*Harke*, § 582 Rdnr. 5.

876 Die 2. Kommission lehnte etwa ausdrücklich die Aufnahme von Sondervorschriften für die Unternehmenspacht ab; vgl. Prot. II, S. 2058 ff. = *Mugdan*, Materialien Bd. 2, S. 876 ff.

sich die Notwendigkeit einer entsprechenden Lösung.[877] Hinsichtlich der Begründung eines Nutzungsrechts kommt dies in den bürgerlich-rechtlichen Vorschriften über den Nießbrauch an einem Vermögen zum Ausdruck. Noch deutlicher spricht dies die handelsrechtliche Vorschrift des § 22 Abs. 2 HGB an, wenn dort die Unternehmensübertragung durch Nießbrauch oder Pacht[878] ausdrücklich der Veräußerung eines Handelsgewerbes durch Verkauf gleichgestellt wird. In gleichem Maße stellt sich umgekehrt die Frage, wie im Falle des Scheiterns einer Unternehmensveräußerung mit den erzielten Erträgen im Rahmen der Rückabwicklung umzugehen ist. Ist die Veräußerung eines Unternehmens in schuldrechtlicher Hinsicht als einheitlicher Gegenstand zulässig, muss dies auch für die Rückabwicklung gescheiterter Vertragsverhältnisse gelten.[879]

In Rechtsprechung und Literatur besteht insoweit weitgehende Einigkeit, dass das Unternehmen in diesem Sinne als eine *res fructuaria* angesehen wird.[880] Als einer der ersten Autoren äußert sich zu dieser Frage wiederum *Konrad Cosack*, der in seinem Lehrbuch eine dritte Kategorie der „Betriebsfrüchte" neben die Sach- und Rechtsfrüchte im Sinne des § 99 Abs. 1, 2 BGB stellt.[881] Da diese Ansicht aber keinen Anknüpfungspunkt im Gesetz hat, hat sie keine weitere Zustimmung gefunden. Stattdessen versuchen Rechtsprechung und Literatur zumeist über eine teleologische Betrachtung der gesetzlichen Vorschriften das Problem zu lösen.

Obwohl der gesetzliche Fruchtbegriff nicht mehr allein auf die körperlichen Sacherträge beschränkt ist, erscheinen die Legaldefinitionen im Hinblick auf die Erträge eines Unternehmens als zu eng. Die Schwierigkeiten beginnen schon damit, eine umfassende Definition des Unternehmens als einheitlichen Rechtsgegenstand zu geben.[882] Zumeist begegnet man einer allgemein gehaltenen Umschreibung, die das Unternehmen als eine Gesamtheit von Sachen und Rechten, tatsächlichen Beziehungen und Erfahrungen sowie unternehmerischen Handlungen bezeichnet.[883] Trotz aller Kontroversen, die bereits auf dieser Ebene bestehen, ergibt sich hieraus, dass der Rechtsgegenstand ‚Unternehmen' nicht aus

---

877 Ähnlich auch schon *Godin*, S. 27 f.

878 Dazu *Karsten Schmidt*, Handelsrecht, § 6 III 2, 3.

879 BGH, *v. 5.7.2006*, MDR 2006, 1155; dazu u.A. auch *Karsten Schmidt*, BB 1988, S. 5; *Schwintowski*, JZ 1987, S. 592.

880 Missverständlich *Hagmann*, S. 132.

881 *Cosack/Mitteis*, Lehrbuch Bd. 1, S. 140; ähnlich OLG München, *v. 4.5.1918*, OLG-Rspr. 38 (1919), S. 146 f.

882 Statt vieler: BGH, *v. 26.10.1959*, BGHZ 31, 107 = NJW 1960, S. 146; weiterführende Nachw. bei HKK-*Rüfner*, §§ 90-103 Rdnr. 2 Anm. 4.

883 So etwa *Ballerstedt*, FS Schilling, S. 289.

einer einzelnen Sache oder einem einzigen Recht besteht, was aber im Widerspruch zu der Dichotomie von Sach- und Rechtsfrüchten zu stehen scheint.

Neuere Stimmen in der Literatur nehmen diesen Umstand daher zum Anlass, eine Anwendbarkeit der §§ 99, 100 BGB auf die Unternehmenserträge gänzlich abzulehnen.[884] Die Zweigliedrigkeit der §§ 99, 100 BGB sei nur auf die Nutzung von Einzelgegenständen zugeschnitten und passe schlichtweg nicht auf Unternehmenserträge.[885] Eine angemessene Lösung könne lediglich eine Betrachtung der jeweiligen Anwendungsbereiche geben.

Die herrschende Ansicht dagegen teilt mit *Cosack* die Erkenntnis, dass gleichwohl eine zumindest analoge Anwendung des Frucht- und Nutzungsrechts auf die Unternehmenserträge möglich ist.

> „Und dafür spricht die Eigenart des Unternehmens, das als Organisation ‚bestimmungsgemäß' Gewinne (oder Verluste) hervorbringt, nicht anders als der Apfelbaum Äpfel trägt."[886]

Der Einführung eines eigenständigen Begriffs der Betriebsfrüchte vermochte man sich indes nicht anzuschließen. Stattdessen werden verschiedene Erklärungsversuche vertreten. Unter dem Hinweis auf die Vergleichbarkeit der umfassenden Nutzungsbefugnis des Eigentümers einer Sache mit der Situation eines Unternehmers[887] wird zum Teil die Ansicht vertreten, die Unternehmenserträge seien analog zu den Sachfrüchten in § 99 Abs. 1 BGB zu behandeln.[888] Im Anschluss an eine Entscheidung des BGH vom 25. September 1952[889] betont ein weit überwiegender Teil der Literatur dagegen die Ähnlichkeit der Unternehmenserträge mit den Rechtsfrüchten in § 99 Abs. 2 BGB.[890] Vereinzelte Stimmen schlagen vor, die Unternehmenserträge den mittelbaren Früchten im Sinne des § 99 Abs. 3 BGB gleichzustellen.[891] Eine vierte Auffassung tendiert dagegen dahin, die Unternehmenserträge analog § 100 Var. 2 BGB zu behandeln[892] oder

884 So schon *Godin*, S. 16 ff., 29 f.; in neuerer Zeit wieder: Staudinger[13]-*Jickeli/Stieper*, § 99 Rdnr. 16; *Ernst Wolf*, S. 32; *Medicus*, Allgemeiner Teil, Rdnr. 1208; *Bökelmann*, S. 68 ff., 98; *Hagmann*, S. 132; ähnlich wohl auch *Baur*, JZ 1958, S. 465.

885 *Jickeli/Stieper*, a.a.O.; *Medicus*, a.a.O.; *Hagmann*, a.a.O.

886 *Reuter/Martinek*, S. 562; ebenso u.A. Soergel-*Marly*, § 99 Rdnr. 3 jew. m.w.N.

887 *Larenz/Wolf*, § 20 Rdnr. 108-110.

888 *Larenz/Wolf*, a.a.O.; Soergel-*Marly*, § 99 Rdnr. 3; MünchKomm[5]-*Schwab*, § 818 Rdnr. 33; wohl auch Palandt-*Heinrichs*, § 99 Rdnr. 3 „Analogie zu § 99 Abs. 1, 2 BGB".

889 BGH, *25.9.1952*, BGHZ 7, S. 218 = NJW 1952, S. 1410; krit. MünchKomm[5]-*Baldus*, § 987 Rdnr. 12 ff.

890 RGRK-*Kregel*, § 99 Rdnr. 4; MünchKom[5]-*Holch*, § 99 Rdnr. 11; *Enneccerus/Nipperdey*, Allgemeiner Teil, 820; *Hübner*, Rdnr. 342.

891 *Affolter*, S. 99 ff.

892 MünchKomm[4]-*Lieb*, § 818 Rdnr. 26; *Wieling*, Sachenrecht Bd. 1, S. 108, *Schön*, S. 213.

sogar nur pauschal den Nutzungen nach § 100 BGB[893] zuzuordnen. In ganz ähnlicher Weise liegen verschiedene höchstrichterliche Entscheidungen vor, die ebenfalls eine klare Einordnung zu den jeweiligen Tatbestandsvarianten der §§ 99, 100 BGB offen lassen.[894]

Diese Rechtsprechung ist jedoch darauf zurückzuführen, dass es sich bei den zu entscheidenden Fällen stets um Herausgabefälle handelte, deren Tatbestände allgemein auf eine Nutzungsherausgabe verweisen (vgl. etwa §§ 346, 812, 818 BGB), so dass eine genaue Zuordnung – zwar dogmatisch unsauber, aber praktisch unschädlich – dahinstehen konnte. Dessen ungeachtet ist die eindeutige Zuordnung der Unternehmenserträge nicht immer unerheblich. Bereits in der vorgenannten Leitentscheidung aus dem Jahr 1952[895], wo es um die Restitution eines Fleischereigeschäfts im Rahmen der §§ 1007, 985, 987 ff. BGB ging, bedurfte es einer Zuordnung zu den Sach- oder Rechtserträgen. Das Gericht entschied sich an dieser Stelle aber zu Gunsten einer Einordnung der Erträge zu den Rechtsfrüchten gemäß § 99 Abs. 2 BGB und damit gegen ihre Restitutionspflicht. Diesem Ergebnis ist insoweit[896] zuzustimmen, als eine Analogie zu den Sachfrüchten letztlich bereits an der Sonderstellung der ‚Erzeugnisse' und ‚sonstigen Ausbeute' im Vergleich zu den sonstigen Früchten scheitern muss. Die unmittelbaren Sachfrüchte in § 99 Abs. 1 BGB nehmen durch ihre Körperlichkeit eine Sonderstellung ein[897], weswegen zum Beispiel auch eine Hinzuziehung von Übermaßfrüchten in den allgemeinen Fruchtbegriff stattfindet. Der Gewinn eines Unternehmens wiederum lässt sich nicht an einem bestimmten körperlichen Ertrag festmachen, sondern ergibt sich aufgrund einer bilanzrechtlichen Berechnung, ist insofern also ideell und nicht realiter zu denken. Der BGH stellt dagegen auf einen anderen Punkt ab:

> „Der aus einem Gewerbebetrieb gezogene Gewinn steht den Rechtsfrüchten im Sinne des § 99 Abs. 2 BGB am nächsten. [...] Anders als bei den reinen Sachnutzungen beruht der aus einem Gewerbebetrieb gezogene Gewinn in wesentlich stärkerem Maße auf den persönlichen Fähigkeiten und Leistungen desjenigen, der die Nutzun-

---

893 Erman-*Michalski*, § 100 Rdnr. 4; Bamberger/Roth-*Fritzsche*, § 100 Rdnr. 11.

894 So geschehen in BGH, *v. 8.1.1975*, BGHZ 63, S. 368 = NJW 1975, S. 640; BGH, *v. 12.5.1978*, NJW 1978, S. 1578; BGH, v. 5.7.2006, NJW 2006, S. 2847 ff. = JuS 2006, S. 1488; KG, v. 9.10.1995, NJW-RR 1996, S. 431 ff.; ebenso *Degner*, S. 16.

895 BGH, *v. 25.9.1952*, BGHZ 7, S. 218 = NJW 1952, S. 1410.

896 Aufgrund der Komplexität des Sachverhalts kann an dieser Stelle keine abschließende Stellungnahme dazu genommen werden, ob die Entscheidung des Gerichts, die Nutzungsherausgabe zu verneinen, im Ergebnis richtig ist.

897 *Schön*, S. 212; ähnlich *Wieling*, Sachenrecht Bd. 1, S. 110.

> gen gezogen hat. Sie sind in der Regel mehr ein Ergebnis dieser persönlichen Leistungen als das rein gegenständliche Produkt des Betriebs."[898]

Dieses Argument ist insofern richtig, als zum Ausdruck kommt, dass Unternehmenserträge, anders als reine *fructus naturales*, nicht ohne menschliches Zutun gewonnen werden können. Die Frage ist aber, inwieweit die aufgewendete Arbeit im Sinne des gemeinrechtlichen Begriffs der *fructus industriales* für die Unternehmenserträge alleiniger oder der wesentliche Kausalfaktor ist. Im Falle einer störungsfreien Unternehmensübertragung durch Pachtvertrag oder Nießbrauch ist diese Frage unerheblich, da die aufgewendete Arbeit des Unternehmers lediglich als interner Rechnungsposten bei ihm verbleibt. Dem Unternehmenseigner dagegen kommt sein Anteil an dem Unternehmen in Form eines pauschalisierten Nutzungsentgelts als Miet- oder Pachtzins zu. Anderes ergibt sich allenfalls bei einer gescheiterten Unternehmensübertragung wegen Pacht, Nießbrauch oder eben auch des Verkaufs. In diesen Fällen kommt es zumindest zeitweise zu einer unternehmerischen Tätigkeit durch einen unberechtigten Dritten.

Wenn aber bereits festgestellt werden konnte, dass auch Rechtsfrüchte, ebenso wie die mittelbaren Früchte, nicht naturgegeben sind, sondern sich aus einer ideellen Bewertung von menschlichem Verhalten ergeben, so liegt hierin die Lösung des Problems. Denn auch der Gewinn aus einem Unternehmen besteht im Regelfall aus der Gegenleistung aus einem oder mehreren bestehenden Rechtsverhältnissen.

> „[U]nd zwar sind es Ansprüche auf Kaufpreise, Mietzinsen, Vergütung für Dienstleistungen, Werklieferungen oder für die Herbeiführung eines sonstigen Erfolges."[899]

Gleichwohl sind sie aber nicht das Äquivalent für die Nutzungsüberlassung eines Unternehmens als solchen und damit auch nicht mittelbare Frucht gemäß § 99 Abs. 3 BGB, wie zum Teil angenommen wird.[900] In diesem Sinne sind sie vergleichbar mit den Darlehenszinsen, die ebenfalls erst durch ein auf sie bezogenes Rechtsverhältnis gewonnen werden. Ähnlich wie dort führen erst eine Loslösung von einem zu engen gegenständlichen Verständnis der Legaldefinitionen, insbesondere des § 99 Abs. 2 BGB, und die wirtschaftliche Betrachtung des Lebenssachverhaltes zu einem angemessenen Ergebnis.[901] Während die Abgrenzung bei Kapitalzinserträgen noch verhältnismäßig leicht vonstattengeht, spielen beim Unternehmensrecht komplizierte bilanzrechtliche Rechnungsposi-

---

898 BGH, *25.9.1952*, BGHZ 7, S. 218 = NJW 1952, S. 1410.

899 *Affolter*, S. 100; ähnlich *Bökelmann*, S. 69.

900 *Affolter*, a.a.O.

901 In diesem Sinne HKK-*Rüfner*, §§ 90-103 Rdnr. 52.

tionen mit hinein.[902] Freilich ist aber auch auf diesem Wege ein konkret bezifferbarer Ertrag bestimmbar, der sich von der ursprünglichen Unternehmenssubstanz – mit anderen Worten der bilanzrechtliche Wert des Unternehmens – unterscheidet. Tatbestandlich bietet dafür der Begriff des ‚bestimmungsgemäßen Ertrages' in § 99 Abs. 2 BGB die Möglichkeit, diese Rechenoperationen zu berücksichtigen. Damit ist gerade ein weites Verständnis der Rechtsfrüchte die beste Möglichkeit Unternehmenserträge begrifflich zu erfassen.

c) Berücksichtigung der aufgewendeten Arbeitsleistung

Trotz der zum Teil in der Literatur geäußerten Gegenstimmen liegt man in der Sache zumeist nicht weit weg von der hier vorgeschlagenen Lösung. Denn auch diejenigen Autoren, die eine (analoge) Anwendung der §§ 99, 100 BGB auf Unternehmenserträge grundsätzlich ablehnen, gelangen anwendungsbereichsspezifisch zu einem ähnlichen Ergebnis.[903] Im Mittelpunkt der Debatte steht im Ergebnis daher die Frage nach der genauen Berechnungsmethode des Unternehmensertrags.

Einen Anhaltspunkt für die ältere Literatur[904] für die Klärung nach dem Umfang der Herausgabepflicht bot die familienrechtliche Vorschrift des § 1655 BGB a.F., die 1952 im Rahmen des GleichberG abgeschafft wurde.[905]

> § 1655 BGB a.F. Gehört zu dem der [elterlichen] Nutznießung unterliegenden Vermögen ein Erwerbsgeschäft, das von dem Vater im Namen des Kindes betrieben wird, so gebührt dem Vater nur der sich aus dem Betrieb ergebende Reingewinn. Ergiebt sich in einem Jahre ein Verlust, so verbleibt der Gewinn späterer Jahre bis zur Ausgleichung des Verlustes dem Kinde.

Die Nachfolgenorm zu § 1527 E I übernimmt für die dem Nießbrauch ähnliche Rechtsstellung des Vaters gegenüber seinem Kinde den bereits aus dem E I bekannten Begriff des Reingewinns. Dennoch bleibt der Begriff im bürgerlichen Recht einzigartig.

Sicherlich liegt dieser Vorschrift der Gedanke zu Grunde, dass bei der Bilanzierung des Unternehmensertrages der Bruttoertrag, im Sinne aller positiven Zahlungseingänge in das Unternehmen, von dem Reingewinn, als sich ergeben-

---

902 Dazu auch *Bökelmann*, S. 69 ff.

903 Für eine anwendungsbereichsspezifische Betrachtung schon *Godin*, S. 30 und zuletzt auch *Hagmann*, S. 135 m.w.N.

904 So etwa geschehen bei *Affolter*, S. 100; *Godin*, S. 28 f.; *Baur*, JZ 1958, S. 466.

905 Geändert durch das GleichberG; dazu *Dölle*, S. 682 f.; zur alten Rechtslage *Enneccerus/Kipp/Wolff*, §§ 45 ff.

des Netto nach Abzug der gemachten Aufwendungen, zu unterscheiden ist.[906] Jedoch ergibt sich schon aus einer Betrachtung der wirtschaftlichen Unternehmertätigkeit, dass lediglich der letztere Posten als ‚bestimmungsgemäßer Ertrag' und damit als Frucht des Unternehmens anzusehen ist. Wie insbesondere der zweite Satz dieser Vorschrift ausspricht, geht es dem Gesetz vor allen Dingen um eine Gewährleistung einer Erhaltungspflicht hinsichtlich der Unternehmenssubstanz. Schon die erste Kommission betonte[907], dass das Interesse an der Substanzerhaltung an dieser Stelle ähnlich zu dem Falle des Nießbrauchs gelagert ist. Dort gewährleistet die Vorschrift des § 1039 BGB dieses Prinzip, indem dem Nießbraucher eine schuldrechtliche Ausgleichspflicht für die im Übermaß gezogenen Erträge aufgegeben wird. Diese Sonderregelung bezüglich der Übermaßfrüchte ist aber lediglich den Besonderheiten, die aus der Körperlichkeit der Sachfrüchte nach § 99 Abs. 1 BGB resultieren, geschuldet.[908] Der Verkehrsschutz gebietet, die dingliche Rechtslage weiter auszugestalten, als es die schuldrechtliche Berechtigung zulassen würde. Die Besonderheiten des Verkehrsschutzes greifen bei Unternehmenserträgen indessen nicht. Der im obigen Sinne definierte Bruttoertrag tangiert stets die bilanzrechtliche Substanz des Unternehmens, ist also Übermaßfrucht. Der Rechtsverkehr dagegen berechnet den Unternehmensertrag nach Abzug aller gemachten Aufwendungen, also als Nettoertrag und nur dieser ist mithin als bestimmungsgemäß anzuerkennen.

Genau hierin liegt damit der Grundgedanke des § 1655 BGB a.F., der in seinen Grundsätzen nicht allein auf das Rechtsverhältnis des Kindes zu seinen Eltern beschränkt ist, sondern generell bei der Erfassung von Unternehmenserträgen Bedeutung erlangt. Die hier vertretene Einordnung der Unternehmenserträge zu den Rechtsfrüchten als „bestimmungsgemäßer Ertrag“ im Sinne des § 99 Abs.2 BGB eröffnet die dogmatische Möglichkeit diesen Grundgedanken allgemein umzusetzen und die Früchte eines Unternehmens stets als Nettoertrag zu bestimmen.

---

906 Allgemeine zu der Unterscheidung von Brutto- und Nettoertrag vgl. unten 4. Kapitel, III. 3.

907 S.o. 3. Kapitel, II. 2. d).

908 Zu der diesbezüglichen Klarstellung durch die XII. Kommission im Reichstag s. auch oben 3. Kapitel V. 2.

II. Die dingliche Fruchtverteilung nach §§ 953-957 BGB

1. Umfang der Fruchterwerbsberechtigung und Schutz des Rechtsverkehrs

Nach dem hiesigen Verständnis hat der Fruchtbegriff des § 99 BGB auch unmittelbare Wirkung auf die Erwerbstatbestände in den §§ 954 ff. BGB, auch wenn nur beim gutgläubigen Fruchterwerb nach § 955 BGB eine ausdrückliche Bezugnahme auf die Fruchtdefinition in § 99 BGB stattfindet. Im Sinne der Gesetzgebungskommissionen wirkt sich das Maß der Fruchtberechtigung in einem ersten Schritt auf die konkrete Ausgestaltung der Erwerbsmodalitäten aus. Das heißt, dass nach dem jeweiligen Fruchtbezugsrecht, der Erwerb schon bei der Trennung oder erst durch Inbesitznahme erfolgt. Im zweiten Schritt zeigt das Fruchtbezugsrecht aber auch Wirkungen beim Umfang des Fruchterwerbs, was in Parallele zum Rechtsfruchtbegriff in § 99 Abs. 2 BGB steht.

Gleichzeitig erlangt in den §§ 953 ff. BGB in besonderem Maße der Gedanke des Rechtsverkehrsschutzes an Bedeutung.[909] Folge hiervon ist, dass ein dinglicher Fruchterwerb zum Teil auch an der Substanz einer Muttersache möglich ist. Ganz wesentlich ist dabei darauf zu schauen, ob der Erwerb an etwas Neuem, zur Muttersache Hinzutretendes stattfindet, oder ob bei wirtschaftlicher Betrachtung ein Erwerb an der Substanz im Sinne einer Verarbeitung nach § 950 BGB stattfindet.[910]

Gleichwohl stehen zwei Problemfelder aus heutiger Sicht im besonderen Spannungsfeld dieser beiden Grundprinzipien: dies betrifft einerseits noch immer einzelne Aspekte des gutgläubigen Fruchterwerbs nach § 955 BGB und den Fruchterwerb des obligatorisch Fruchtberechtigten nach § 956 BGB. Auf diese beiden Aspekte ist im Folgenden einzugehen.

2. Gutgläubiger Fruchterwerb

a) Abgrenzung zwischen § 932 BGB und § 955 BGB

Die Bedeutung des Rechtsverkehrsschutzes kommt in besonderem Maße im Zusammenhang mit dem redlichen Fruchterwerb in § 955 BGB zum Ausdruck. Dem redlichen Besitzer steht in den hiervon erfassten Fallkonstellationen nämlich weder ein dingliches, noch ein schuldrechtliches Recht auf die Früchte zu. Gleichwohl überwindet seine Gutgläubigkeit – wie auch in § 932 BGB – die fehlende Berechtigung und der Besitzer erwirbt Eigentum an den Früchten.

Zentrales Tatbestandsmerkmal für den Fruchterwerb nach § 955 BGB ist also die Gutgläubigkeit des Besitzers. Nach den Vorgaben der 2. Gesetzgebungs-

---

909 Vgl. hierzu insb. die Ausführungen zu den Entwürfen: 3. Kapitel II. 2. b)-d) und IV. 2.

910 Hierzu 4. Kapitel I. a).

kommission[911] führt nur die wenigstens grobfahrlässige Unkenntnis von der eigenen Berechtigung bei Besitzerwerb der Muttersache zu einem Ausschluss des Eigentumserwerbs. Anknüpfungspunkt ist aber der gute Glaube an die eigene Berechtigung und gerade nicht, wie in § 932 BGB, der Glaube an die fremde Verfügungsberechtigung.[912] Noch weitergehend ist § 955 Abs. 1 BGB sogar, nachdem der Besitzer den Besitz an der fruchttragenden Sache erlangt hat. Ein späterer Wegfall der Gutgläubigkeit ist danach sogar erst bei positiver Kenntnis der fehlenden Berechtigung anzunehmen. Dies bedeutet einen grundlegenden Unterschied zwischen dem Gutglaubenserwerb an der Muttersache und dem Ertrag derselben, der sich nur aus der besonderen Interessenlage beim Fruchterwerb erklärt.[913]

Einerseits stellt sich natürlich auch an dieser Stelle das Problem eines angemessenen Ausgleichs zwischen den Interessen des *bonae fidei possessoris* und denen des Eigentümers der Muttersache. Jedoch gewährleistet die Beschränkung des Eigentumserwerbs nach § 955 BGB auf die Früchte, einen weitgehenden Substanzschutz und damit zugleich den Interessenschutz des Eigentümers. Hierin liegt der wesentliche Unterschied zur Regelung der §§ 932 ff. BGB, wo eine wirksame Veräußerung zugleich den vollständigen Verlust der Sache in dinglicher und schuldrechtlicher[914] Hinsicht bedeutet. Da das Interesse des Eigentümers an der Substanzerhaltung bereits durch den Fruchtbegriff sichergestellt ist, verlagert sich das Problem des Binnenausgleichs zwischen Eigentümer und Besitzer auf die schuldrechtlichen Ausgleichsmechanismen des Vindikationsrechts, § 993 BGB.

Andererseits ist die Einführung eines redlichen Eigentumserwerbs an Früchten im Rechtssinne ganz wesentlich durch den Gedanken des Verkehrs- und damit insbesondere Veräußerungsschutzes geprägt.[915] Die wirtschaftliche Bestimmung der Früchte, gerade der körperlichen Erträge im Sinne des § 99 Abs. 1 BGB, liegt darin, von der Muttersache getrennt zu werden und als eigenständige Vermögensobjekte veräußert zu werden. In diesem Sinne greift wiederum der schon von *Rudolph von Jhering* ausgesprochene Gedanke, dass schon allein der

911 Dazu oben 4. Kapitel IV 2 a).

912 Soergel-*Henssler*, § 955 Rdnr. 3. anderes gilt für den redlichen Erwerb nach § 957 BGB: RG, *v. 16.5.1924*, RGZ 108, S. 271.

913 Vgl. auch die Regelung zur Ersitzung in § 937 Abs. 2 BGB, wonach ebenfalls nur die positive Kenntnisse schadet.

914 Einzig der unentgeltliche Erwerber ist gegebenenfalls nach § 816 Abs. 1 S. 2 BGB zur Herausgabe verpflichtet; vgl. u.a. MünchKom^4-*Lieb*, § 816 Rdnr. 42.

915 Dazu *Jhering*, JherJb 12 (1873), S. 320; *Petrażycki*, Fruchtvertheilung, S. 161.

Verkehrsschutz die Zulassung eines redlichen Fruchterwerbs erforderlich mache.[916]

Damit ist aber nicht gesagt, dass der Eigentümer der Muttersache, dem im Grundsatz auch das Eigentum an den Früchten zusteht, schutzlos stünde. Seine Interessen werden wie auch bei den Übermaßfrüchten durch die schuldrechtlichen Ausgleichsmechanismen des Vindikationsrechts nach §§ 987 ff. BGB geschützt. Insofern ist der Tatbestand des § 955 BGB also Ausdruck des dualistischen Ansatzes bürgerlich-rechtlichen Fruchtrechts, die dinglichen Verteilungsmechanismen grundsätzlich von dem obligatorischen Ausgleich der Partei zu unterscheiden.

b) Gutgläubiger Fruchterwerb bei Abhandenkommen der Muttersache

Die teilweisen Parallelen des § 955 BGB zu den Vorschriften über den gutgläubigen, derivativen Eigentumserwerb in §§ 932 ff. BGB im Hinblick auf die Gutgläubigkeit haben seit Inkrafttreten des Bürgerlichen Gesetzbuches wiederholt zu der Zweifelsfrage geführt, ob ein Abhandenkommen der Muttersache nach § 935 BGB analog einen gutgläubigen Fruchterwerb ausschließen kann. Auf diesem Wege kehrt die bereits in den römischen Rechtsquellen erörterte Frage[917], ob sich die Furtivität der Muttersache sich auf die *fructus* und *partus* erstreckt, in das geltende Recht zurück.[918] Auch wenn die römischen Quellen, diese Frage grundsätzlich verneint haben, ist sie für das bürgerliche Recht noch immer weitgehend ungeklärt. Die Gesetzgebungsmaterialien selbst äußern sich hierzu nicht.[919]

Auf den ersten Blick scheint die analoge Anwendung des § 935 BGB nahezuliegen. Bis zu ihrer Trennung sind die Früchte nach §§ 93, 94 BGB Bestandteil der Muttersache, so dass sich die hierauf beziehenden Rechtsverhältnisse stets auch auf die Früchte erstrecken. Insofern wären sie wie andere Bestandteile auch von dem Makel des Abhandenkommens umfasst. Diesem Gedankengang folgend wäre die Interessenlage zumindest für die sonstige Ausbeute im Sinne des § 99 Abs. 1 Var. 2 BGB und die bereits beim Eigentümer entstandenen Erzeugnisse vergleichbar zu § 935 BGB, weswegen eine Analogie gerechtfertigt

---

[916] *Jhering*, a.a.O.

[917] Vgl. etwa *Ulpian* D. 41, 3, 10, 2; *Paulus* D. 41, 3, 4, 19.

[918] Oben 2. Kapitel II 3. a); vgl. auch *Kaser*, ZRG.RA 75 (1958), S. 167 ff.; *ders.*, ZRG.RA 65 (1947), S. 249 f.

[919] *Wieling*, Sachenrecht Bd. 1, S. 463 Anm. 45.

erscheint.[920] Das Kalb einer bereits trächtigen Kuh ist nach dieser Ansicht mit der Muttersache abhandengekommen, ein Eigentumserwerb nach § 955 BGB daher analog § 935 BGB abzulehnen. Wird das Kalb indes erst später gezeugt, ist ein Eigentumserwerb gleichwohl möglich.[921]

Vom Grundsatz der einheitlichen Behandlung aller Bestandteile einer einheitlichen Sache, ergeben sich aber schon erste Zweifel an dieser differenzierenden Betrachtungsweise. Ausdrücklich bestimmt § 94 Abs. 1 BGB gerade die Gleichbehandlung der organischen Erzeugnisse mit den sonstigen Bestandteilen einer Sache. Hinzu treten dieselben Einwände, die schon gegen den germanistischen Grundsatz des Fruchterwerbs an stehenden Früchten geltend gemacht wurden. Die Frage nach der genauen Bestimmung der Fruchtentstehung stellt sich an dieser Stelle nur unter umgekehrten Vorzeichen. – Der genaue Zeitpunkt wäre nicht mehr Voraussetzung für den positiven Fruchterwerb, sondern wesentlich für eine Verhinderung des Fruchterwerbs. Die Abgrenzungsschwierigkeiten bleiben die Gleichen.

> „Zu welchem Zeitpunkt ist das Ei im Huhn juristisch als vorhanden anzusehen?“[922]

In der Literatur wird daher die analoge Anwendung des § 935 BGB auf den redlichen Fruchterwerb weitgehend abgelehnt. Jedoch unterscheiden sich die hierfür angebotenen Begründungsansätze.

Zum Teil wird die Ansicht vertreten, eine Analogie verbiete sich schon allein aus dem Grund, dass die Regelung der §§ 932 ff. BGB einen derivativen, § 955 BGB dagegen einen originären Erwerbstatbestand beschreibe.[923] Ergänzend werden die Ausführungen von *Otto v. Gierke* aufgegriffen[924], wonach der redliche Fruchterwerb aufgrund der aufgewendeten Arbeit des *bonae fidei possessor*, also letztlich anhand des Produktionsprinzips zu konstruieren sei.[925] Der redliche Besitzer habe seine Arbeit für die Produktion aufgewendet, weswegen ihm auch das Eigentum daran zustehe. Diese beiden Erklärungsansätze können jedoch nicht überzeugen. Es stimmt, dass es sich bei § 955 BGB um einen originären Erwerbstatbestand handelt. Jedoch steht diese Feststellung nicht zwingend im

---

920 *Heck*, Sachenrecht, S. 264, 267; *Klaus Müller*, Rdnr. 2720; *Blume*, SeuffBl. 67 (1902), S. 117 f.; unklar Planck[5]-*Brodmann*, § 955 Anm. 3 einerseits, § 957 Anm. 3 andererseits.

921 Planck[5]-*Brodmann*, § 955 Anm. 3, *Klaus Müller*, Rdnr. 2721; *Wolff/Raiser*, S. 287.

922 *Wieling*, Sachenrecht Bd. 1, S. 463 Anm. 47; ebenso Staudinger[13]-*Gursky*, § 955 Rdnr. 9; *Westermann/Gursky/Eickmann*, S. 460.

923 MünchKom[4]-*Oechsler*, § 955 Rdnr. 7; Erman-*Ebbing*, § 955 Rdnr. 16; *Jung*, Das Recht 24 (1920), Sp. 57 ff.; *Wieling*, Sachenrecht Bd. 1, S. 463.

924 Dazu oben 5. Kapitel, S. 167 f.

925 So insb. *Jung*, Das Recht 24 (1920), Sp. 58 f.; denselben Gedanken greift auch *Schnorr v. Carolsfeld*, AcP 145 (1939), S. 36 f., 48 ff. *de lege ferenda* auf.

Widerspruch dazu, eine grundsätzliche Vergleichbarkeit der ihr zugrundeliegenden Interessenlage zu der der §§ 932 ff. BGB anzunehmen. Ein pauschaler Verweis allein auf die vermeintliche dogmatische Konstruktion des Fruchterwerbs kann daher nicht ausreichen. Vielmehr sind beide Regelungskomplexe einander insofern ähnlich, als beide einen angemessenen Ausgleich zwischen dem ursprünglichen Eigentümer und einem redlichen Erwerber bezwecken. Noch weniger kann der Verweis auf die aufgewendete Arbeit überzeugen. Diese Auffassung steht im klaren Widerspruch zur gesetzlichen Konzeption, die den Fruchterwerb bewusst nach dem Substantialprinzip ausgestaltet hat. Das heißt, dass es allein auf die rechtliche Beziehung des Fruchtberechtigten zu der Muttersache ankommt und gerade nicht auf die aufgewendete Arbeit. Das Produktionsinteresse ist lediglich beim Erwerb an einer neu hergestellten Sache nach § 950 BGB geschützt. Es ist dort aber unabhängig von der Redlichkeit oder Kenntnis des Verarbeitenden gewährleistet.[926] Nur so wird auch die gesetzliche Unterscheidung in § 955 BGB klar, wo drei verschiedene Formen der Redlichkeit anzutreffen sind. Käme es alleine auf das Produktionsinteresse an, so müsste man dem *bonae fidei possessor* unabhängig vom vorgestellten Recht an der Sache stets alle Früchte zusprechen. Das Gesetz gibt hier aber, wie auch in den anderen Fruchterwerbstatbeständen, lediglich den maximalen Umfang des Erwerbs an. Ebenso wie der Erwerb in den §§ 953, 954 BGB durch das ihm zugrundeliegende Recht determiniert ist, so ist der Fruchterwerb nach § 955 BGB im seinem Umfang von dem angenommenen Nutzungsrecht abhängig. Der unberechtigte, aber redliche Besitzer erwirbt danach also nicht mehr oder weniger als ihm bei tatsächlicher Berechtigung zustünde.[927] Eine Besserstellung gegenüber dem tatsächlich Nutzungsberechtigten ist nicht intendiert.

Bei einer Gesamtbetrachtung muss der Grund für die Zulassung eines gutgläubigen Fruchterwerbs trotz Abhandenkommen der Muttersache in einem anderen Umstand gesucht werden. Richtigerweise liegt dieser Grund in der Fruchteigenschaft des jeweiligen Ertrags.

Eine weit verbreitete Ansicht weist zu diesem Zweck darauf hin, dass es sich bei den Früchten von dem Moment ihrer Trennung an um neue Sachen handele[928], die „vom Makel der Furtivität frei sind“[929]. Diese Auffassung deutet in die richtige Richtung, ist gleichwohl aber mit einigen Schwierigkeiten ver-

---

926 BGH, *v. 15.6.1989*, NJW 1989, S. 3213.

927 Relevanz erlangt diese Einschränkung etwa im Falle der fehlgeschlagenen Bestellung einer Grunddienstbarkeit nach § 1018 BGB, die den Berechtigten zur Ziehung nur eines Teils der Früchte berechtigt hätte. Dazu auch *Wieling*, Sachenrecht Bd. 1, S. 464.

928 Staudinger[13]-*Gursky*, § 955 Rdnr. 9; *Cosack/Mitteis*, Lehrbuch Bd. 2, S. 186; *Jung*, Das Recht 24 (1920), Sp. 58.

929 Staudinger[13]-*Gursky*, a.a.O.

bunden. Schon bei der Betrachtung der Fruchtlehren in der Pandektistik des 19. Jahrhunderts[930] hat sich gezeigt, dass die *fructus* in ihrem Verhältnis zur Muttersache unterschiedlich betrachtet werden können: Auf der einen Seite lassen sie sich sicherlich als neue Sache erfassen, die erst mit der Separation Gegenstand eigener Rechte und des Besitzes sind; andererseits sind sie aber auch gewesene Bestandteile der Muttersache und demnach auch in ihrem Bestand von dieser abhängig. *A priori* ist keiner der beiden Betrachtungsweisen der Vorzug zu geben. Zwar ließe sich aus naturwissenschaftlicher Sicht zumindest für die organischen Erzeugnisse nach § 99 Abs. 1 Var. 1 BGB durchaus annehmen, es handele sich bei ihnen um vollständig neue Sachen. Schon aber bei der sonstigen Ausbeute im Sinne der zweiten Variante der Legaldefinition ist eine solche Annahme jedoch wesentlich schwerer einsichtig. Im Regelfall[931] sind sie bis zu ihrer Trennung identisch mit der Substanz der Muttersache. Letztlich erstrecken die §§ 93, 94 BGB diese körperliche Identität auch auf die Erzeugnisse einer anderen Sache. Insofern spräche einiges dafür, anhand der rechtlichen Wertung dieser Vorschriften Früchte als gewesene Teile der Muttersache zu behandeln und somit die Furtivität der Muttersache auch bei ihren Früchten zu bejahen.

Dessen ungeachtet ist der Tatbestand des redlichen Fruchterwerbs – wie schon mehrfach betont – insbesondere durch den Leitgedanken eines umfassenden Verkehrsschutzes geprägt. Damit treten wirtschaftliche Gesichtspunkte in den Vordergrund der Norm, in denen auch die wesentliche Abweichung der *ratio legis* in § 955 BGB von der in § 935 BGB liegt. Die Früchte treten bei wirtschaftlicher Betrachtung stets neben die Muttersache.[932]

> „Die Früchte einer dem Eigentümer abhanden gekommenen Sache, die nach dem Abhandenkommen von der Sache getrennt werden, gelten selbst nicht als abhandengekommen, weil ihre der Bestimmung der Sache zur Fruchtgewinnung entsprechende Trennung nicht als Minderung der Sache angesehen werden kann.“[933]

Die wirtschaftliche Substanz der Muttersache bleibt dem ursprünglichen Eigentümer erhalten. Eine relevante Beeinträchtigung der wirtschaftlichen Substanz der fruchttragenden Sache liegt mithin nicht vor. Diesem Zweck des Bestandschutzes ist aber § 935 BGB verpflichtet.[934] Kommt eine bewegliche Sache dem Eigentümer ohne seinen Willen abhanden, so tritt nach der Wertung dieser

---

930 Dazu oben 3. Kapitel.

931 Anderes mag aufgrund der organischen Entstehung für Torf oder Steinkohle gelten. Letztlich kann diese naturwissenschaftliche Frage aber für die juristische Bewertung dahinstehen.

932 Ähnlich *Jan Wilhelm*, Rdnr. 1039; *Westermann/Gursky/Eickmann*, S. 460.

933 *Jacubezky*, Das Recht 6 (1902), S. 5.

934 Hierzu ausführlich *Rebe*, AcP 173 (1973), S. 186 ff.

Norm der Verkehrsschutz hinter das begründete Interesse des Eigentümers. Aus Sicht des Verkehrsschutzes ist eine gleichzeitige Erstreckung dieses Schutzes auch auf die Früchte der Sache aber nicht erforderlich. Das Interesse an einem funktionierenden Rechtsverkehr geht dem Erhaltungsinteresse des Eigentümers an dieser Stelle vor.[935] Ein Binnenausgleich für den unrechtmäßigen Fruchterwerb schafft das Gesetz über die Vorschriften des Eigentümer-Besitzer-Verhältnisses in §§ 987 ff. BGB.

3. *Der derivative Charakter des Fruchterwerbs gem. § 956 BGB*

Wie die Betrachtung der Arbeiten der Gesetzgebungskommissionen gezeigt haben nimmt der § 956 BGB im Rahmen der Erwerbstatbestände in den §§ 953 ff. BGB eine besondere Stellung ein.[936] Einerseits grenzt sich das bürgerliche Recht von den Regeln des Gemeinen Rechts ab, indem es insbesondere dem Pächter Besitz an der fruchttragenden Sache zuerkennt und ihm entsprechend eine Ausschlussbefugnis nicht nur gegenüber Dritten, sondern auch gegenüber dem Eigentümer der Sache zusteht. Anderseits gehen die Gesetzgeber gleichwohl davon aus, dass die Modalitäten des Fruchterwerbs selbst einen derivativen Charakter ähnlich dem § 929 BGB haben. Insoweit erinnert diese Rechtslage stark an die Schwierigkeiten, vor denen die gemeinrechtliche Wissenschaft bei der Ausgestaltung des Fruchterwerbs eines dinglich Berechtigten, insbesondere des Nießbrauchers, stand.[937]

Und in gewisser Hinsicht bilden diese auch den historischen Hintergrund, vor dem sich die bis heute bestehenden Streitpunkte zum Fruchterwerb nach § 956 BGB abspielen.[938]

a) Meinungsstand

Im Anschluss an die Motive zum ersten Entwurf konstruiert die sogenannte Übertragungstheorie[939] den Fruchterwerb nach § 956 BGB als derivative Eigen-

---

935 Staudinger[13]-*Gursky*, § 955 Rdnr. 9; Bamberger/Roth-*Kindl*, § 955 Rdnr. 2, 8; a.A. *Klaus Müller*, S. 844 Anm. 16.

936 Vgl. insb. oben 3. Kapitel IV. 2. c).

937 Oben 3. Kapitel II. 3 a), III. 2. b) cc).

938 Vgl. dazu etwa MünchKom[4]-*Oechsler*, § 956 Rdnr. 2, 3; unentschieden *Baur/Stürner*, § 53 Rdnr. 57; offen gelassen auch bei BGH, *Urt. v. 30.5.1958*, BGHZ 27, S. 364 f. = NJW 1958, S. 1287; jew. m.w.N.

939 RG, *v. 4.12.1911*, RGZ 78, S. 35-37; Planck[5]-*Brodmann*, § 956 Anm. 2; Palandt-*Bassenge*, § 956 Rdnr. 2; RGRK-*Pikart*, § 956 Rdnr. 1; *Heck*, Sachenrecht, S. 265 f.; *Wieling*, Sachenrecht Bd. 1, S. 466 f.; *Bromberg*, S. 12 ff.; *Bullermann*, S. 55 ff.; *Bun-*

tumsübertragung an einer zukünftigen Sache[940], die ebenso wie die §§ 929 ff. BGB Einigung und Übergabe voraussetzt. Es handelt sich danach bei § 956 BGB um einen gestreckten Tatbestand, der – um in der Terminologie des 19. Jahrhunderts zu sprechen – am ehesten der *traditio* des römischen Rechts entspricht und seinen tatbestandlichen Anknüpfungspunkt beim Begriff der Gestattung findet. Je nach Situation werde der somit erforderliche Traditionsvertrag bereits konkludent beim Abschluss des schuldrechtlichen Verpflichtungsvertrages[941] oder spätestens bei der einverständlichen Besitzübertragung der Muttersache[942] abgegeben, wobei die willentliche Besitzannahme bzw. spätestens der fortgesetzte Besitz zum Zeitpunkt der Trennung die konkludente Annahme darstelle.[943] Da an den stehenden Früchten aufgrund der Übernahme des römischen Substantialprinzips kein eigenständiger Eigentums- oder Besitzerwerb möglich ist, entspricht dem Übergabeerfordernis die Besitznahme der getrennten Bestandteile durch den Fruchtberechtigten. Diese konstruktive Nähe zum Eigentumserwerb nach §§ 929 ff. BGB hat vereinzelte Stimmen sogar dazu geführt, dem Tatbestand des § 956 BGB jegliche Bedeutung abzusprechen; Der Eigentumserwerb könne niemals anders als nach den Vorschriften der §§ 929 ff. BGB erfolgen.[944]

Dieser Argumentation hält jedoch die sogenannte Aneignungstheorie[945] die Systematik der Fruchterwerbsvorschriften[946] entgegen. Da sich § 956 BGB im systematischen Zusammenhang mit den originären Erwerbsvorschriften zwischen ‚Verbindung, Vermischung, Verarbeitung' einerseits und ‚Aneignung'

---

sen, ArchBürgR 29 (1906), S. 14; *Zitelmann*, JherJb 70 (1921), S. 2; *Schulz*, FG Zitelmann, S. 84; *Kohler*, ArchBürgR 18 (1900), S. 107 f.; im Ergebnis wohl auch *Jores*, S. 53 f.; jew. m.w.N.

940 *Wieling*, Sachenrecht Bd. 1, S. 467.

941 So etwa RGRK-*Pikart*, § 956 Rdnr. 6; *Heck*, Sachenrecht, S. 266; *Wieling*, Sachenrecht Bd. 1, S. 466; dazu auch schon *Bromberg*, S. 28 ff.

942 *Wieling*, a.a.O. Anm. 65; *Kohler*, ArchBürgR 18 (1900), S. 108.

943 So bereits auch Planck[5]-*Brodmann*, § 956 Anm. 2.

944 *Heck*, Sachenrecht, S. 265 f.

945 Auch Anwartschafts- oder Erwerbstheorie genannt: Staudinger[13]-*Gursky*, § 956 Rdnr. 8, 13; Soergel-*Henssler*,§ 956 Rdnr. 8; Erman-*Ebbing*, § 956 Rdnr. 2-4; Bamberger/Roth-*Kindl*, § 956 Rdnr. 2; *Diederichsen*, Recht zum Besitz, S. 114; *Julius v. Gierke*, Sachenrecht, S. 104; *Klaus Müller*, Rdnr. 2735; *Schwab/Prütting*, Rdnr. 484; *Tuch*, S. 1 ff.; *Tuhr*, S. 213 Anm. 17; *Westermann/Gursky/Eickmann*, S. 462 f.; *Ernst Wolf*, S. 211; *Wolff/Raiser*, S. 285 f.; *Blume*, JherJb 39 (1898), S. 434; *Barth*, GruchBeitr. 58 (1914), S. 596 f.; *Martinek*, JuS 1988, L 4.

946 *Westermann/Gursky/Eickmann*, a.a.O.; *Klaus Müller*, a.a.O.; *Martinek*, a.a.O.

befindet[947], habe dies zur Folge, dass man nicht, wie es die Übertragungstheorie annimmt, das Eigentum an der zukünftigen Sache ‚Frucht' als Anknüpfungspunkt der Übertragung nehmen dürfe, sondern vielmehr der Verfügungsgegenstand ein eigenständiges Fruchtziehungsrecht sei.[948] Es handelt sich hiernach also gerade nicht um die antizipierte Übereignung einer *res futura*, welche erst mit deren Trennung wirksam werde. Mit der rechtsgeschäftlichen[949] Gestattung gehe auch das Fruchtziehungsrecht automatisch auf den obligatorisch Fruchtberechtigten über, der nunmehr ein von seiner tatsächlichen Stellung zur Muttersache abhängiges Fruchterwerbsrecht habe. Man ist der Meinung, nur auf diesem Wege den Separationserwerb des persönlich Fruchtberechtigten nach § 956 Abs. 1 S. 1 Var. 1 BGB erklären zu können.[950] Bei Besitzüberlassung an der Muttersache begründe die Gestattung unmittelbar ein Anfall bzw. Anwartschaftsrecht[951]; anderenfalls (Var. 2) begründe sie zumindest ein eigenständiges Aneignungsrecht.[952] Dieser Ansatz habe zudem den Vorteil, die Erwerbsmodalitäten des § 956 BGB auf einfachere Weise erklären zu können. Die Übertragungstheorie wirke „gekünstelt"[953], wenn sie in tatsächliche Begebenheiten Willenserklärungen interpretiere. Sie könne

> „schon deshalb keine befriedigende Erklärung des § 956 BGB liefern, weil sie rein tatsächliche Zustände oder Vorgänge als Willenserklärungen wertet, also zu Fiktionen Zuflucht nehmen muss."[954]

Dieser Fiktion stehe zudem entgegen, dass zum Zeitpunkt der vermeintlichen Einigung die Erzeugnisse zumeist noch nicht entstanden und somit der Verfügungsgegenstand nicht hinreichend bestimmt sei.[955]

---

947 Hierauf weisen schon hin: *Blume*, JherJb 39 (1898), S. 434; *Barth*, GruchBeitr. 58 (1914), S. 596; ebenso Staudinger[13]-*Gursky*, § 956 Rdnr. 9 m.w.N. zur neueren Lit.

948 Staudinger[13]-*Gursky*, § 956 Rdnr. 8; *Wolff/Raiser*, S. 286; *Diederichsen*, a.a.O.

949 Wobei umstritten ist, ob diese als einseitiges Rechtsgeschäft (so Erman-*Ebbing*, § 956 Rdnr. 3 m.w.N.) oder als Vertrag (so zu *Gursky*, a.a.O.; *Schwab/Prütting*, Rdnr. 484) zu werten ist. Jedoch kommt diesem Streit keine große Bedeutung zu, da auch von letztgenannter Ansicht eine Annahmeerklärung konkludent bei Abschluss des der Übereignung zugrundeliegenden Verpflichtungsgeschäfts angenommen wird (vgl. dazu *Gursky*, a.a.O.; Bamberger/Roth-*Kindl*, § 956 Rdnr. 2)

950 Dazu schon *Tuch*, S. 13.

951 In diese Richtung schon *Barth*, GruchBeitr. 58 (1914), S. 596 f.; ausdrücklich etwa *Julius v. Gierke*, S. 104.

952 *Julius v. Gierke*, a.a.O.

953 *Julius v. Gierke*, a.a.O.

954 Staudinger[13]-*Gursky*, § 956 Rdnr. 9; ähnlich *Diederichsen*, Recht zum Besitz, S. 114 f. *„Lebensfremdheit"*.

955 *Diederichsen*, Recht zum Besitz, S. 115.

b) Stellungnahme

Zumindest der Vorwurf eines Verstoßes gegen den Bestimmtheitsgrundsatz im Sachenrecht lässt sich aus Sicht der Übertragungstheorie einfach entkräften. Wäre diese Kritik gerechtfertigt, müsste man nicht nur beim Fruchterwerb nach § 956 BGB, sondern bei jeder antizipierten Eigentumsübertragung einer *res futura* einen solchen Verstoß annehmen; insbesondere gilt dies für ein antizipiertes Besitzkonstitut nach § 930 BGB.[956] Nicht zuletzt aufgrund des bestehenden wirtschaftlichen Bedürfnisses für solche vorweggenommenen dinglichen Einigungen besteht aber die einhellige Auffassung, dass die bloße Möglichkeit der Individualisierung der Übereignungsgegenstände ausreichend ist. Es kommt also in diesen Fällen auf die Bestimmbarkeit und Bestimmtheit an. Warum ausgerechnet beim Erwerb von Erzeugnissen und sonstigen Bestandteilen einer Sache anderes gelten solle, ist von der Gegenseite in keiner Weise dargetan.[957]

Zudem kann auch der Einwand der systematischen Stellung des § 956 BGB entkräftet werden. Einerseits ist an die Begründung zum Vorentwurf von *Reinhold Johow*[958] zu erinnern. Schon aufgrund des zu dieser Zeit noch allseits bekannten preußischen Rechts, das zumindest den Fruchterwerb des besitzenden Fruchtberechtigten aus sozialen Gründen stets als dingliches Erwerbsrecht ausgestaltet hatte, rechtfertigte sich diese systematische Einordnung des Fruchterwerbs aufgrund einer obligatorischen Berechtigung. Da aus der Ausschlussbefugnis des fruchtberechtigten Besitzers nicht auch auf seine Nutzungsbefugnis geschlossen werden kann, wurde das preußische Recht in seiner vollen Konsequenz gerade nicht übernommen.[959] Gleichwohl spricht auch § 956 Abs. 1 BGB dem besitzenden Fruchtberechtigten eine privilegierte Stellung zu, da er nach dem Gesetzeswortlaut bereits mit der Trennung und nicht erst mit Besitznahme Eigentum an den Früchten erwirbt. Insofern hat § 956 BGB nur eine klarstellende Funktion.

Andererseits tritt neben dieses im Wesentlichen auf die Rechtsgeschichte abstellende Argument eine weitere teleologische Erwägung. Die Vertreter der Aneignungstheorie weisen nicht zu Unrecht darauf hin, dass dem Fruchterwerb im Vergleich zu dem sonstigen derivativen Eigentumserwerb wirtschaftlich einige Besonderheiten zukommen.[960] Während die §§ 929 ff. BGB auf Konstella-

---

956 Dazu etwa *Zitelmann*, JherJb 70 (1921), S. 30 ff.; allg. zur antizipierten Einigung: RG, *v. 1.10.1907*, RGZ 67, S. 167; Staudinger-*Wiegand*, § 930 Rdnr. 30-32 m.w.N.

957 Ähnlich wie hier *Wieling*, Sachenrecht Bd. 1, S. 469.

958 *Johow*, Sachenrecht Bd. 1, S. 263.

959 Dazu bereits 3. Kapitel II. 2. b).

960 Hierzu aus Sicht der Aneignungstheorie: *Schwab/Prütting*, Rdnr. 484; Staudinger[13]-*Gursky*, § 956 Rdnr. 8; *Westermann/Gursky/ Eickmann*, S. 462.

tionen zugeschnitten sind, die sich zumeist in der einmaligen Übertragung einer Sache erschöpfen, betrifft das Fruchtrecht – wie schon die gemeinrechtliche Rechtswissenschaft herausgearbeitet hat – zumeist die Verteilung von wiederkehrenden Erträgen. Auch wenn gerade das Beispiel der übermäßigen Waldnutzung deutlich macht, dass die Periodizität bei der technischen Begriffsbestimmung in den Hintergrund treten muss, so ist es jedenfalls doch richtig, diesen Gedanken für die Regelungen über die Eigentumsverteilung an Früchten für das geltende Recht fruchtbar zu machen. Das Gesetz trifft in § 956 Abs. 1 BGB die zweckmäßige Unterscheidung für die Fälle, dass dem Fruchterwerber die Muttersache zwecks Fruchtgewinnung überlassen wurde (Var. 1), bzw. ihm lediglich ein Recht zur Besitzergreifung an den getrennten Erträgen zuerkannt wird (Var. 2).

Wenigstens in der zweiten Form vollzieht sich der Fruchterwerb lediglich in denselben Bahnen, wie die Übereignung einer beweglichen Sache nach § 929 BGB, wenn hier wie dort der Erwerb zunächst von einem rechtsgeschäftlichen Akt und zudem von dem Publizitätsakt einer Inbesitznahme durch den Erwerber abhängig ist.[961] Dieser rechtsgeschäftliche Akt ist dabei nichts anderes als eine Einigung, wie sie auch als Tatbestandsmerkmal in § 929 BGB anzutreffen ist. Obwohl dies von Anhängern der Aneignungstheorie bestritten wird, sprechen doch wesentliche Gründe dafür, hierin eine aus Angebot und Annahme bestehende Einigung zu sehen. Auch wenn der Tatbestand des § 956 BGB von Gestattung spricht, so ist dies lediglich der sprachlichen Anlehnung an das Verständnis der römischen Rechtsquellen im 19. Jahrhundert und dem dort anzutreffenden Begriff des *permittere*[962] geschuldet, die unter dem entsprechenden lateinischen Begriff eine vertragliche Übertragung (*traditio*) dachte.[963] Freilich kennt das bürgerliche Recht auch ansonsten keine Begründung von Rechten aufgrund einer einseitigen Willenserklärung, so dass nach dieser Ansicht § 956 BGB einmalig und befremdlich wirken müsste.[964]

> „Diese Konstruktion hat den Nachteil, daß sie nicht auf anerkannte Rechtsfiguren und Regeln zurückgreifen kann, sondern diese selbst schaffen muss."[965]

Wenigstens müssten die Vertreter der Ansicht, bei der Gestattung in § 956 BGB handele es sich um ein einseitiges Rechtsgeschäft, dennoch eine antizipierte Veräußerung nach den Grundsätzen der §§ 929 ff. BGB zulassen[966], so dass

---

961 Dazu ausführlich *Zitelmann*, JherJb 70 (1921), S. 33-36.

962 Dazu oben 2. Kapitel, III. 2. b) cc).

963 A.A. Staudinger[13]-*Gursky*, § 956 Rdnr. 9.

964 Dazu *Tuhr*, S. 213 Anm. 17; *Schwab/Prütting*, Rdnr. 484; Staudinger[13]-*Gursky*, a.a.O.

965 *Wieling*, Sachenrecht Bd. 1, S. 469.

966 Hierauf weist mit Recht schon *Schulz*, FG Zitelmann, S. 84 hin.

trotz des äußerlich gleichbleibenden Geschehens schwierige Abgrenzungsfragen in die ansonsten weitgehend klare gesetzliche Regelung hineingetragen würden. Insofern spricht sogar die Einfachheit dafür, den Perzeptionserwerb nach § 956 Abs. 1 S. 1 Var. 2 BGB nach den Regeln eines derivativen Eigentumserwerbs zu konstruieren.

Nun ergibt sich ein wesentlicher Kritikpunkt an der Übertragungstheorie aber gerade nicht bezüglich des Perzeptionserwerbs nach § 956 Abs. 1 S. 1 Var. 2 BGB, sondern beim gesetzlich angeordneten Separationserwerb nach Var. 1 dieser Vorschrift. Die Richtigkeit dieses Einwandes setzt jedoch voraus, dass ein Trennungserwerb, wie er auch in den anderen Erwerbsvorschriften der §§ 953-955 BGB vorgesehen ist, zwingend gegen einen derivativen Eigentumserwerb spricht. Bei einer genauen Betrachtung erweist sich diese These jedoch als falsch.

Die Anordnung eines Fruchterwerbs bereits bei Trennung leitet sich nicht schon aus der schuldrechtlichen Berechtigung her, sondern erst aus der Besitzüberlassung durch den Eigentümer oder den ansonsten dinglich Berechtigten. Sein Recht ist und bleibt stets ein Recht auf die Früchte und nicht schon an der Muttersache.[967] Erst durch diese freiwillige Besitzüberlassung erlangt der obligatorische Fruchterwerber eine Rechtsstellung, die eine Gleichbehandlung mit den anderen Fällen des Fruchterwerbs nach §§ 953-955 BGB rechtfertigt. Entscheidend ist also gerade darauf abzustellen, dass ein Fruchterwerb ohne Besitzüberlassung nach § 956 Abs. 1 S. 1 Var. 2 BGB erst mit der Besitznahme der Früchte erfolgt. Wieder kommt an dieser Stelle der Gedanke des Verkehrsschutzes zum Tragen. Mit der Besitzposition an der Muttersache, auch wenn diese lediglich als unmittelbarer Fremdbesitz einzustufen ist, knüpft der Rechtsverkehr regelmäßig die Erwartung, dass der Fruchtberechtigte auch den Willen hat, Eigentum an den getrennten, nunmehr eigenständigen Früchten zu erwerben. In diesem Sinne verwandelt sich sein Besitz schon aus Sicht des Rechtsverkehrs durch die Trennung in unmittelbaren Eigenbesitz. Zusätzlich eine Inbesitznahme der Früchte zu fordern, widerspräche der Verkehrsauffassung und würde den Eigentumserwerb durch einen unnötigen Formalismus erschweren.

Hinzu kommt zuletzt die Vergleichbarkeit der Schutzwürdigkeit eines besitzenden Pächters mit der eines Nießbrauchers. Gerade im Paradebeispiel, dass die Früchte von einem Dieb getrennt werden, ist kein Grund ersichtlich, weshalb der Pächter ausschließlich auf die Besitzschutzvorschriften verwiesen werden und nicht auch einen stärkeren und leichter zu beweisenden Vindikationsanspruch für sich beanspruchen sollte. Auch diesen Schutzinteressen wird das Gesetz durch die Einführung des Separationserwerbs in § 956 Abs. 1 S. 1 Var. 1

[967] Dazu auch *Bromberg*, S. 15.

BGB gerecht. Vor der Überlassung des Besitzes an der Muttersache ist der obligatorische Fruchtberechtigte aber zu behandeln wie jeder andere Dritte auch. Dies gilt letztlich ebenso wie für den dinglich Berechtigten, der ebenfalls erst nach einem Publizitätsakt (Übergabe beim Pfandrecht bzw. Eintragung beim Nießbrauch an einem Grundstück) Rechteinhaber wird.

Es ist daher falsch, wenn vereinzelt behauptet wird, § 956 BGB habe im Vergleich zu den §§ 929 ff. BGB keine eigenständige Bedeutung. Denn diese Vorschrift führt gerade wegen der besitzrechtlichen Besonderheiten, die regelmäßig mit den Fruchtbezugsrechten einhergehen, zu einer grundlegenden Modifikation der Vorschriften über den derivativen Eigentumserwerb an einer künftigen Sache. Auch wenn der persönliche Fruchterwerb also nach den Grundsätzen der Übertragungstheorie zu konstruieren ist, resultiert aus § 956 BGB eine Modifikation der allgemeinen Regeln über den derivativen Eigentumserwerb, die gerade auf den regelmäßig anzutreffenden Dauerschuldcharakter der Fruchterwerbsrechte Rücksicht nimmt und die besitzrechtlichen Besonderheiten einbezieht.

Die Richtigkeit einer solchen modifizierten Übertragungstheorie zeigt sich an den folgenden zwei Fallkonstellationen.

aa) Widerruf der Gestattung, § 956 Abs. 1 S. 2 BGB

Erst vor dem soeben erarbeiteten Hintergrund wird die gesetzlich nur eingeschränkte Widerrufsmöglichkeit des Eigentumserwerbs durch den Eigentümer der Muttersache verständlich. Indem das bürgerliche Recht dem Nießbraucher und anderen dinglich Nutzungsberechtigten mit der Einführung des § 954 BGB einen unmittelbaren Fruchterwerb gestattet, hat es zwar diesen Streit zugunsten des Fruchtberechtigten gelöst. Zugleich verlagert es mit der Vorschrift des § 956 Abs. 1 S. 2 BGB dieselbe grundsätzliche Frage in den Tatbestand des obligatorischen Fruchterwerbs. Dort heißt es, dass ein einseitiger Widerruf[968] nicht möglich ist, solange sich der Gestattungsempfänger in dem ihm überlassenen Besitz der Sache befindet und der andere Teil zur Gestattung verpflichtet ist.

Wieder tauchen an dieser Stelle die beiden prägenden Elemente für den Fruchterwerb nach § 956 BGB auf. Erstens die rechtsgeschäftliche Gestattung und zweitens die Besitzüberlassung. Erst wenn beide Elemente verwirklicht sind, ist ein wirksamer Vertrauenstatbestand geschaffen, der auch den Separati-

---

[968] Die einverständliche Aufhebung des Fruchtbezugsrechts ist dagegen möglich, vgl. RG, *v. 11.11.1932*, RGZ 138, S. 237, 241 = JW 1933, S. 694 mit Anm. v. *Bernhöft*; ebenso Staudinger[13]-*Gursky*, § 956 Rdnr. 40; andererseits wirkt sich der Widerruf auf das einmal begründete Kausalverhältnis nicht mehr aus; vgl. zum Formerfordernis im Schenkungsrecht BGH, *v. 19.7.2005*, NJW-RR 2005, S. 1718 f.

onserwerb, wie er bereits in § 956 Abs. 1 S. 1 Var. 1 BGB normiert ist, zulässt. Danach ist ein gegen den Willen des Eigentümers, insbesondere durch verbotene Eigenmacht erlangter Besitzerwerb nicht ausreichend, um ein schutzwürdiges Vertrauen des Erwerbers zu begründen. Erst das Zusammenspiel von tatsächlichem Element des Besitzes und dem derivativen Charakter des Erwerbes rechtfertigen die inhaltliche Ausgestaltung des § 956 BGB. Umgekehrt kann aber auch das auf diesem Wege begründete Vertrauen nicht mehr einseitig aufgehoben werden. Solange sich der Nutzungsberechtigte in Besitz der Muttersache befindet, soll er grundsätzlich auch die Früchte erwerben können. Aufgrund der vergleichbaren Schutzwürdigkeit ist daher eine entsprechende Anwendung der §§ 955 Abs. 3, 940 Abs. 2 BGB ebenfalls geboten[969]; der vorübergehende Besitzverlust steht dem Erwerb nicht entgegen. Erst wenn das der Erwerbsberechtigung zugrundeliegende Rechtsverhältnis – zumeist wohl ein Pachtvertrag – gekündigt und damit endgültig aufgehoben wird, ist dem Eigentümer der Muttersache der einseitige Widerruf gestattet.[970]

Dagegen hilft ein vergleichender Blick auf den in der Literatur bestehenden Streit über die Widerruflichkeit der Einigungserklärung nach §§ 929 ff. BGB[971] für das Verständnis des obligatorischen Fruchterwerbs in § 956 BGB nicht weiter. Je nach eingenommenem Standpunkt handelt es sich bei § 956 Abs. 1 S. 2 BGB je nachdem um eine Bestätigung bzw. Ausnahme der eigenen Ansicht. Im Ergebnis steht aber fest, dass ein Widerruf der Erwerbsgestattung für § 956 Abs. 1 S. 2 BGB grundsätzlich, auch wenn nur unter engen Voraussetzungen, zulässig ist.

bb) Fruchterwerb bei Wegfall der Verfügungsbefugnis

Da der Fruchterwerb nach § 956 BGB als gestreckter Erwerbstatbestand ausgestaltet ist, ergeben sich besondere Schwierigkeiten für die Fälle eines späteren Wegfalls der Verfügungsbefugnis auf Seiten des Gestattenden. Praktisch relevant wurde dieses Problem im Jahre 1958, als sich der Bundesgerichtshof[972] mit

---

969 RGRK-*Pikart*, § 956 Rdnr. 20; Staudinger[13]-*Gursky*, § 956 Rdnr. 38

970 Ein solcher Widerruf wird im Ergebnis zumeist schon konkludent mit der Kündigungserklärung angenommen werden müssen.

971 Bejahend: RG, *v. 15.3.1932*, RGZ 135, S. 366 f.; BGH, *v. 25.10.1978*, NJW 1979, S. 213 ff; Palandt-*Bassenge*, § 929 Rdnr. 6; *Baur/Stürner*, § 5 Rdnr. 36 f.; *Martinek/Röhrborn*, JuS 1994, S. 477 f. Verneinend: *Heck*, Sachenrecht, S. 233 f.; *Wieling*, Sachenrecht Bd. 1, S. 37 ff.; *Schödermeier/Woopen*, JA 1985, S. 622; jew. m.w.N.

972 BGH, *v. 30.5.1958*, BGHZ 27, S. 360 ff. = NJW 1958, S. 1286 ff.; der vom Reichsgericht entschiedene Fall, RG, *v. 4.12.1911*, RGZ 78, S. 35 ff., behandelte dagegen die Frage, ob die Verfügungsbefugnis durch eine Veräußerung der Muttersache entfällt.

der Frage auseinanderzusetzen hatte, inwieweit sich die zwischenzeitliche Insolvenz[973] des Gestattenden auf den Fruchterwerb nach § 956 BGB auswirkt.[974]

Einem landwirtschaftlichen Pächter war ein Kredit von Seiten der Klägerin gegeben worden. Als Kreditsicherheit erhielt diese wiederum das Recht zur Aberntung des Pachtlandes. Nachdem der Pächter in Insolvenz fiel, kam es zur Veräußerung der Ernte durch den Insolvenzverwalter des Pächters. Der beklagte Insolvenzverwalter und die Klägerin stritten über den Ernteerlös. Das Gericht subsumiert diesen Fall unter den Tatbestand des Perzeptionserwerbs nach § 956 Abs. 1 S. 1 Var. 2 BGB. Da eine Besitzergreifung an den Früchten seitens der Klägerin nicht bzw. allenfalls erst nach Insolvenzeröffnung stattgefunden hat und bis dahin gemäß § 956 Abs. 1 S. 2 BGB jederzeit ein freier Widerruf der Gestattung möglich war, entschied der BGH gegen die Klägerin. Im Anschluss an seine vorangehende Rechtsprechung zur Auswirkung von Verfügungsbeschränkungen auf das Insolvenzverfahren stellte das Gericht wesentlich darauf ab, dass der Klägerin in Anbetracht der bestehenden Widerrufsmöglichkeit kein dingliches Anwartschaftsrecht an den stehenden Früchten zukam.

> „Für den zweiten Fall (Nichtbesitz der Muttersache) ist ein Anwartschaftsrecht schon deshalb zu verneinen, weil sich durch Umkehrschluß aus § 956 Abs. 1 S. 2 BGB ergibt, daß der Gestattende in diesem Falle die Gestattung bis zur Besitzerlangung des Gestattungsempfängers widerrufen kann."[975]

Umgekehrt lässt der Bundesgerichtshof wegen der ihm vorliegenden Konstellation die Frage nach der Insolvenzbeständigkeit des Separationserwerbs nach § 956 Abs. 1 S. 1 Var. 1 BGB offen.

Diese Entscheidung hat in der Literatur eine weitgehende Zustimmung von Autoren beider Theorieansätze erfahren.[976] Nach der Übertragungstheorie ist dieses Ergebnis auch zwingend, da vor der Inbesitznahme wenigstens der Muttersache es stets einer gefestigten Erwerbsposition des ansonsten nur schuldrechtlich Berechtigten ermangelt. Umgekehrt gilt aber, dass der besitzende Fruchtberechtigte grundsätzlich eine gegenüber dem Gestattenden ebenso wie gegenüber Dritten gefestigte Erwerbsposition hat. Hat er also einmal Besitz an der Muttersache erlangt, steht der spätere Wegfall der Verfügungsbefugnis seinem Fruchtbezugsrecht nicht entgegen. Dieses Ergebnis entspricht der ausdrück-

---

973 Die Entscheidung erfolgte freilich unter der bis Ende 1998 geltenden KonkursO.

974 Im Einzelnen hierzu *Medicus*, JuS 1967, S. 386, 389 ff.; *Denck*, JZ 1981, S. 331 ff.

975 BGH, *v. 30.5.1958*, NJW 1958, S. 1288.

976 Vgl. neben den oben genannten Autoren: Soergel-*Henssler*, § 956 Rdnr. 6; Staudinger[13]-*Gursky*, § 956 Rdnr. 26; *Wieling*, Sachenrecht Bd. 1, S. 472; *Baur/Stürner*, S. 652 f.; jew. m.w.N.

lichen Intention der 2. Kommission, wenn diese in den Gesetzgebungsmaterialien konstatiert,

> „die in § 901 Abs. 2 [= § 956 Abs. 1 S. 1 Var. 1 BGB] behandelte Traditionsofferte werde in ihrer Wirksamkeit auch durch die Eröffnung des Konkurses über das Vermögen des Eigenthümers nicht berührt."[977]

Es ergibt sich aber auch aus insolvenzrechtlicher Sicht, dass mit der Besitzüberlassung an der Muttersache – wie § 956 Abs. 1 S. 2 BGB feststellt – die Erwerbsgestattung für die Dauer der obligatorischen Fruchtberechtigung bindend ist. In diesem Sinne kann es also als insolvenzbeständiges Anwartschaftsrecht qualifiziert werden.[978]

Weitaus größere Schwierigkeiten ergeben sich jedoch bei der Behandlung dieser Fallkonstellation aus Sicht der Aneignungstheorie. Eine konsequente Anwendung ihrer Grundsätze müsste zu dem Ergebnis kommen, dass stets bereits die Aneignungsgestattung, unabhängig von der Besitzposition, das sogenannte Aneignungs- oder Anwartschaftsrecht begründet.[979] Diese weitgehende Konsequenz, die auch der Entscheidung des BGH entgegenstünde, ist jedoch von den meisten Vertretern dieser Ansicht nicht gewollt. Sie betonen, dass das Fruchtziehungsrecht keine „konstante Größe"[980] darstelle und daher zum Zeitpunkt der Gestattungserklärung noch nicht hinreichend bestimmt sei. Dies hat aber umgekehrt zur Folge, dass eine Beständigkeit des Fruchterwerbsrechts wiederum erst zum Zeitpunkt der körperlichen Realisierung des Fruchterwerbs, also bei Trennung der Früchte nach Var. 1 bzw. Besitzergreifung nach Var. 2 des § 956 Abs. 1 S. 1 BGB, anerkannt wird.[981] Während dies für den Perzeptionserwerb zuzugeben ist, geht dieses Argument für den Separationserwerb des besitzenden Fruchtberechtigten fehl. Mit der Besitzerlangung an der Muttersache soll ihm gerade eine gesicherte Rechtsstellung zukommen, die insoweit den anderen dinglichen Erwerbsrechten in §§ 953 ff. BGB angenähert ist. Entscheidend ist aber die Besitzergreifung an der Muttersache. Käme es dagegen auf den tatsächlichen Trennungszeitpunkt an, würde er in keiner Weise besser stehen als der nichtbesitzende Fruchtberechtigte.[982]

---

977 Prot. III, S. 3984 = *Mugdan*, Materialien Bd. 3, S. 652.

978 Ausführlich dazu *Medicus*, JuS 1967, S. 391 f.

979 So nur Westermann bis zur 5. Aufl., (dazu *Westermann/Gursky/Eickmann*, S. 464); und *Martinek*, JuS 1988, L 4.

980 *Westermann/Gursky/Eickmann*, a.a.O.; *Baur/Stürner*, § 53 Rdnr. 60.

981 Soergel-*Henssler*, § 956 Rdnr. 2; Staudinger[13]-*Gursky*, § 956 Rdnr. 20; *Baur/Stürner*, § 53 Rdnr. 60; *Schwab/Prütting*, Rdnr. 483; *Ernst Wolf*, S. 212, ähnlich auch RG, *v. 4.12.1911*, RGZ 78, S. 36; Palandt-Bassenge, § 956 Rdnr. 5.

982 Ebenso *Wieling*, Sachenrecht Bd. 1 S. 472 f.

c) Gutgläubiger Fruchterwerb gemäß § 957 BGB

Anhand der bis hierin gewonnenen Erkenntnisse über die Rechtsnatur des § 956 BGB erklärt sich auch die Einführung des Tatbestandes eines redlichen Fruchterwerbs nach § 957 BGB. Auch ihm kommt eine Zwitterstellung zu, die sich teils anhand des derivativen Charakters dieser Vorschrift, teils aus den Besonderheiten des Fruchtrechts erklärt.

> § 872 E II = § 957 BGB Die Vorschriften des § 871 [§ 956] finden auch dann Anwendung, wenn derjenige, welcher die Aneignung einem Anderen gestattet hat, hierzu nicht berechtigt war [ist], es sei denn, daß der Andere, falls ihm der Besitz der Sache überlassen war, bei der Ueberlassung, anderenfalls bei der Ergreifung des Besitzes nicht in gutem Glauben war oder vor der Trennung den Rechtsmangel erfahren hat [erfährt].

Dem ersten Entwurf war eine entsprechende Vorschrift noch unbekannt. Da die §§ 901, 902 E I nach Ansicht der 1. Kommission lediglich eine Abwandlung der allgemeinen Tatbestände über den Fahrniserwerb darstellen.[983] Dies beinhaltete auch die entsprechende Möglichkeit des gutgläubigen Erwerbs. Dieser Auffassung schließt sich die 2. Kommission im Grundsatz an, wobei sie jedoch zur „Verdeutlichung“[984] des § 901 E I den Tatbestand des § 872 E II = § 957 BGB schafft.

Ganz in diesem Sinne erfasst die neugeschaffene Norm auch eine Interessenlage, die den Gutglaubensschutz gerade nicht an der Innehabung eines dinglichen Rechts knüpft, wie es § 955 BGB tut, sondern ähnlich wie in den §§ 932 ff. BGB von dem abgeleiteten Erwerb von einem Nichtberechtigten ausgeht.[985] Hier wie dort hängt der Eigentumserwerb vom Publizitätsakt des Besitzerwerbes ab. An diesem Publizitätserfordernis knüpft – wiederum anders als bei § 955 BGB – auch das Bezugsmoment des guten Glaubens in § 957 BGB an.[986] Der Erwerber muss also den Gestattenden aufgrund seiner Besitzposition für berechtigt im Sinne der §§ 953 ff. BGB halten. Der bloße gute Glaube an die eigene Berechtigung reicht nicht aus.[987]

> „Wie stets ist auch hier der gute Glaube nur dann zu schützen, wenn er eine objektive Grundlage in einem äußeren Tatbestand findet, und für das Fahrnisrecht ist dies der Besitz.“[988]

---

983 Dazu bereits oben 3. Kapitel II. 2. b).

984 Prot. III, S. 3984 = *Mugdan*, Materialien Bd. 3, S. 652.

985 Ähnlich *Witt*, AcP 201 (2001), S. 186 f.

986 RG, *v. 16.5.1924*, RGZ 108, S. 271.

987 Staudinger[13]-*Gursky*, § 957 Rdnr. 5; Erman-*Ebbing*, § 957 Rdnr. 2; MünchKom[4]-*Oechsler*, $ 957 Rdnr. 2; *Heck*, Sachenrecht, S. 267.

988 *Wolff/Raiser*, S. 287.

Der bloße Wortlaut bringt dies nur unzureichend zum Ausdruck, wenn dort von der ‚Besitzüberlassung' oder ‚Besitznahme' die Rede ist. Aus dem Verweis auf § 956 BGB erweist sich aber letztendlich der derivative Charakter auch dieser Vorschrift. Denn eine Besitzüberlassung setzt stets auch den Besitz des Überlassenden voraus.[989]

Im Anschluss an die Aneignungstheorie hat indes ein früher Teil der Literatur angenommen, bei der Erwerbsgestattung nach § 957 BGB käme es gerade nicht auf die Besitzposition an.[990] Illustrativ behandelt eine entsprechende Fallkonstellation der von *Konrad Cosack*[991] entworfene Weinbergfall. In diesem Lehrbuchfall geht es um einen auf der Mauer eines fremden Weinbergs sitzenden Witzbold, der die vorbeikommenden Passanten auffordert, nach Belieben Trauben zu pflücken. Die Gegner einer beschränkten Gestattungsbefugnis weisen darauf hin, dass diese Begrenzung im Gesetz nicht angelegt sei. Sowohl diejenigen Personen, denen ein dingliches Recht an dem fruchttragenden Grundstück zustünde, wie auch die lediglich obligatorischen Fruchtberechtigten sind nach den §§ 953 ff. BGB als gestattungsberechtigte Person anerkannt und damit eine taugliche Begrenzung nicht gegeben.[992] Sicherlich kann es in dem Weinbergsfall nicht bedeuten, dass der Erwerb nur durch den im Grundbuch eingetragenen Rechteinhaber erfolgen kann. Dies ist aber auch nicht entscheidend. Auch beim Fruchterwerb nach den §§ 953-957 BGB handelt es sich um einen Fall des Fahrniserwerb, für den nach §§ 932 ff. BGB als objektiver Anknüpfungspunkt der *bona fides* der Besitz des Gestattenden ausreicht. Erst das derivative Moment der Besitzüberlassung rechtfertigt einen redlichen Fruchterwerb, indem es einen objektiven Gutglaubenstatbestand schafft. Auch wenn hierin zuvorderst ein Gedanke der Übertragungstheorie liegt, wird dieser Punkt auch von der überwiegenden Mehrheit der Vertreter der Aneignungstheorie zugegeben.[993] Gleichwohl ist erst in jedem Einzelfall festzustellen, ob aus Sicht des Rechtsverkehrs auch Besitz des Gestattenden angenommen werden kann. Das bloße Sitzen auf einer fremden Mauer wird im Zweifel nicht ausreichend sein. Anderes ließe sich aber überlegen, wenn etwa ein Unberechtigter sich durch einen Torschlüssel oder durch andere Weise als Berechtigter geriert.

Sehr eng mit dieser Frage hängt auch die zweite große Streitfrage bei § 957 BGB zusammen: Ist ein Fruchterwerb nach dieser Vorschrift auch möglich,

---

989 So im Ergebnis auch *Jacubezky*, Das Recht 6 (1902), S. 5.

990 *Wendt*, AcP 89 (1899), S. 66; *Blume*, SeuffBl. 67 (1902), S. 117; dazu auch *Cosack/Mitteis*, Lehrbuch Bd. 2, S. 147 f.; unklar *Spyridakis*, S. 152.

991 *Cosack/Mitteis*, a.a.O.

992 *Blume*, a.a.O.

993 Statt vieler Staudinger[13]-*Gursky*, § 957 Rdnr. 5 mit umfangreichen Nachw.

wenn die Muttersache dem eigentlich Berechtigten abhandengekommen ist? Oder steht dem Erwerb der § 935 BGB entgegen?

Während beim § 955 BGB argumentiert werden konnte, dass eine Beeinträchtigung der Muttersubstanz schon kraft der tatbestandlichen Beschränkung dieser Vorschrift nicht erfolgt, so gilt dies nicht für den redlichen, aber obligatorischen Fruchterwerb. Die Gesetzgebungsredaktion hat den Tatbestand bewusst weit gefasst, um gegebenenfalls auch den Erwerb von Gegenständen zuzulassen, die nicht zu den Früchten im Sinne des § 99 BGB zählen.[994] Damit stellt sich aber in anderer Weise als in § 955 BGB die Frage nach der analogen Anwendung des § 935 BGB. Wenigstens für die nicht zu den Früchten im Sinne des § 99 Abs. 1 BGB zählenden Bestandteilen, herrscht Einigkeit, dass der Erwerb nach § 935 BGB ausgeschlossen ist, wenn die Muttersache abhandengekommen ist.[995] Dies ergibt sich unmittelbar aus dem oben zu § 955 BGB Gesagten, da in diesem Fall das Substanzerhaltungsinteresse des Eigentümers unmittelbar tangiert ist.[996] Darin liegt aber zugleich auch die Grenze der Analogie. Nach den Wertungen der §§ 935, 955 BGB liegt eine Substanzverletzung nämlich stets dann nicht vor, wenn sich der Erwerb in den Grenzen des § 99 Abs. 1 BGB hält. Erst ein darüber hinaus gehender Ertrag fällt nicht dem Erwerber, sondern dem Eigentümer der Muttersache zu. Damit ist also der Fruchtbegriff das alleinige Kriterium für einen Erwerb unabhängig von der Furtivität der Muttersache. Der in der älteren Literatur anzutreffende Vorschlag, nach Erzeugnissen oder sonstigen Bestandteilen zu unterscheiden[997], widerspricht der Wertung des § 99 Abs. 1 BGB. Aber auch ein Abstellen auf den Zeitpunkt der Entstehung der Frucht[998] kann nicht überzeugen. Der genaue Zeitpunkt der physiologischen Fruchtentstehung ist nicht oder nur unter sehr großen Schwierigkeiten bestimmbar und daher zu Recht nicht als maßgebliches Kriterium in das Gesetz aufgenommen worden.[999]

d) Resümee

Im Ergebnis nehmen die Fruchterwerbstatbestände der §§ 956, 957 BGB bei einer genaueren Betrachtung also eine gewisse Zwitterstellung im Gefüge der gesetzlich vorgesehenen Eigentumserwerbstatbestände ein. Trotz ihrer systematischen Stellung normieren sie gerade keinen originären Eigentumserwerb, son-

---

994 Darauf weist zutreffend schon *Jacubezky*, Das Recht 6 (1902), S. 5 hin.

995 Vgl. dazu etwa RGRK-*Pikart*, § 957 Rdnr. 4; Soergel-*Henssler*, § 957 Rdnr. 4.

996 S. oben 4. Kapitel II. 3. b).

997 So *Blume*, SeuffBl. 67 (1902), S. 117 f.; *Cosack/Mitteis*, Lehrbuch Bd. 2, S. 147 f.

998 So *Wolff/Raiser*, S. 287.

999 So auch *Wieling*, Sachenrecht Bd. 1, S. 463.

dern beschreiben eine Sonderform des derivativen Mobiliarerwerbs. Gleichwohl ist ihre systematische Stellung gerechtfertigt, da sie auf diesem Wege im unmittelbaren Sachzusammenhang auf die Besonderheiten des obligatorischen Fruchterwerbs aufmerksam machen. Gerade im Zusammenhang mit dem redlichen Fruchterwerb nach § 957 BGB wird dabei deutlich, dass erst die Hinzuziehung derivativer Kriterien eine sachgerechte Interpretation dieser Vorschrift erlaubt.

III. Obligatorische Fruchtverteilung

Eine konsequente Anwendung des oben erarbeiteten Fruchtverständnisses liefert weiterhin auch einen einfachen Rahmen für die Lösung verschiedener Streitigkeiten, wie sie für den Umfang der Restitutionspflicht im Bereicherungsrecht, aber auch darüber hinaus bekannt sind. Im Folgenden ist insbesondere auf die Restitutionspflicht von mittelbaren Früchten im Bereicherungsrecht (1.), die Frage nach einer Bereicherung bei ersparten Kreditaufwendungen (2.) und auf eine mögliche Berücksichtigung von Produktionsaufwendungen bei der Begrenzung der Rückgewährpflicht einzugehen (3.).

1. Die Herausgabe von mittelbaren Früchten im Bereicherungsrecht

Zu einer sehr umstrittenen Frage des Bereicherungsrechts gehört das Problem, ob auch mittelbare Erträge im Wege des Bereicherungsausgleichs nach §§ 812, 818 Abs. 1 BGB zu erstatten sind. Auf den ersten Blick scheint diese Frage durch die allgemeine Definition der mittelbaren Früchte einer Sache oder eines Rechts in § 99 Abs. 3 BGB beantwortet zu sein. Gleichwohl sehen sich verschiedene Autoren in neuester Zeit dazu veranlasst, den Tatbestand des § 818 Abs. 1 BGB teleologisch zu reduzieren und die mittelbaren Früchte im Sinne des § 99 Abs. 3 BGB als *lucrum ex negotiatione* grundsätzlich von der Bereicherungshaftung auszunehmen.[1000] Dies wird namentlich für zwei Formen der Ertragserzielung diskutiert: einerseits für die Zinserträge von unrechtmäßig erlangtem Geld und andererseits für die Erträge eines Unternehmens. Nur vereinzelt geht man so weit, auch die erzielten Miet- und Pachterträge aus der Bereicherungshaftung auszunehmen.[1001]

[1000] So insbesondere *Larenz/Canaris*, Schuldrecht Bd. 2,2, S. 271 f.; ebenso *Wendehorst*, S. 242 ff.; *Hagmann*, S. 145 ff.; krit. *Jakobs*, Lucrum ex negotiatione, S. 110 ff.

[1001] *Larenz/Canaris*, a.a.O.

Diese Auffassung erinnert stark an die von *Peter Josef Loenartz*[1002] vertretene Ansicht, wonach die Erträge, welche auf eine menschliche Tätigkeit (*industria*) zurückzuführen sind, stets aus einer Restitutionsverpflichtung auszunehmen seien. Soweit dies der Fall ist, seien sie nämlich nicht auf den Bereicherungsgegenstand, sondern auf die Arbeitsleistung des Schuldners zurückzuführen. Die aktuelle Lehre ergänzt diesen Gedanken um den Hinweis darauf, dass nach dem bereicherungsrechtlichen Haftungssystem nur solche Nutzungen zu erstatten seien, die als mitgeleistet gelten können.[1003]

Um Missverständnissen vorzubeugen, muss zunächst betont werden, dass es hierbei nicht um die Frage geht, ob generell ein *commodum ex negotiatione*, d.h. etwa ein besonders günstiger über den Wert der Sache erzielter Veräußerungsgewinn, von dem Bereicherungsschuldner zu erstatten ist.[1004] Diese Frage muss und kann letztlich für die Zwecke dieser Untersuchung außer Acht bleiben, da dieser Gewinn jedenfalls nicht unter den Tatbestand des § 99 Abs. 3 fällt.[1005] Der Wortlaut des § 818 Abs. 1 BGB zumindest scheint in seiner zweiten Variante auf die zum E I geäußerte Kritik zu reagieren und die Kondiktion lediglich auf den „Ersatz für die Zerstörung, Beschädigung oder Entziehung" des erlangten Gegenstandes zu beschränken.[1006] Die durch willkürliche Verfügung erzielten Gewinne sind insofern ausgenommen.[1007]

Zumindest aber für die mittelbaren Früchte nach § 99 Abs. 3 BGB, sowie für die Unternehmenserträge, soweit man diese denn den mittelbaren Früchten nach § 99 Abs. 3 BGB gleichbehandeln möchte[1008], gilt diese Einschränkung nicht. Vielmehr streitet der ausdrückliche Verweis in § 818 Abs. 1 BGB auf den Nutzungsbegriff schon von seinem Wortlaut her für eine solche Erstreckung der Bereicherungshaftung.[1009]

Letztlich spricht aber auch der Sinn und Zweck der Fruchtrechtdefinition gegen dieses enge Verständnis. In dem bestehenden Streit geht es letztlich um die Frage, wie in den Fällen der Gewinnhaftung die unternehmerische Tätigkeit

---

1002 *Loenartz*, S. 157 ff.

1003 *Larenz/Canaris*, a.a.O.; *Hagmann*, S. 148 f.

1004 Dazu statt vieler MünchKom^{4}-*Lieb*, § 818 Rdnr. 18-24; *Reuter/Martinek*, S. 313 ff.

1005 BGH, *Urt. v. 19.7.1991*, BGHZ 115, S. 159 = VersR 1991, S. 1151 f.; ebenso u.A. Palandt-*Heinrichs*, § 99 Rdnr. 4; allg. dazu *Jakobs*, Lucrum ex negotiatione, S. 110 ff.

1006 So schon *Dernburg*, Schuldverhältnisse Bd. 2, S. 740 Anm. 7; zur Kritik *Bingner*, in *Reichsjustizamt*, Zusammenstellung Bd. 2, S. 427.

1007 Prot. II, S. 2994 = *Mugdan*, Materialien Bd. 2, S. 1185.

1008 Nach der hier vertretenen Ansicht handelt es sich bei ihnen jedoch um unmittelbare Früchte eines Rechts im Sinne des § 99 Abs. 2 BGB, vgl. oben 4. Kapitel I 4. b)-c).

1009 So schon *Schulz*, AcP 105 (1909), S. 358 f.

des Rückgewährschuldners ausreichend berücksichtigt werden kann.[1010] Es ist den Vertretern dieser Ansicht durchaus zuzugeben, dass die unter dem Stichwort der Gewinnherausgabe diskutierten Fallgruppen stets ein Tätigwerden oder einer unternehmerischen Entscheidung des Schuldners für die konkrete Ertragserzielung voraussetzen. Insofern unterscheiden sie sich aber nicht grundlegend von den anderen Ertragsformen der §§ 99 Abs. 1, 2, 100 BGB. Denn soweit es um die mittelbaren Früchte geht, handelt es sich bei ihnen dem Grundsatz nach lediglich um das wertmäßige Äquivalent für eine unmittelbare (Eigen-)Nutzung des Gegenstandes. Auch die Gewinnung von Sachfrüchten, die so gerne als Vergleich herangezogen wird[1011], ist stets von einem Tätigwerden des Fruchtberechtigten abhängig. Die Frucht eines Obstbaumes oder einer Weinrebe kann nur durch Kultivierung der Pflanze und schließlich durch die Ernte gewonnen werden. An dieser Stelle eine Abgrenzung nach der aufgewendeten Arbeit einzuführen, entspräche einer Wiedereinführung der von der späten Pandektenwissenschaft[1012] und der Gesetzgebungskommissionen[1013] zu Recht abgelehnten *fructus industriales* durch die Hintertür. Neben die schon für das römisch-gemeine Recht bestehenden Zweifel an der Zweckmäßigkeit dieser Unterscheidung[1014], treten weitere Abgrenzungsschwierigkeiten. Wie schon das genannte Beispiel des Obstertrages zeigt, ist eine klare Abgrenzung zwischen dem Ertrag, der aufgrund des erlangten Gegenstandes und dem, welcher durch die Eigenleistung erzielt wurde, nur sehr schwer möglich. Aber auch bei den mittelbaren Früchten bleibt stets die Muttersache Ursprung des Gewinns. Augenscheinlich wird dies insbesondere am Beispiel eines landwirtschaftlichen Unternehmens, dessen Kapital im Wesentlichen aus Ackerboden besteht. Wo hört in diesem Fall der auf die Fruchtbarkeit des Grundstücks zurückzuführende Ertrag auf und fängt der aus der unternehmerischen Entscheidung resultierende Gewinn an? Stets sind es natürliche Früchte im Sinne des § 99 Abs. 1 BGB, die nach jeder Ansicht mit dem Grundstück zu erstatten sind.

Erst recht gilt das Gesagte, wenn man nach der hiesigen Auffassung die Unternehmenserträge, sowie die meisten Zinserträge nicht zu den mittelbaren, sondern zu den unmittelbaren Rechtsfrüchten zählt. Denn bei einer wirtschaftlichen Betrachtung ist diese Gewinnerzielung bereits wirtschaftlich in dem Gegenstand

---

1010 So ganz richtig MünchKom^4-*Lieb*, § 818 Rdnr. 23.

1011 *Jagmann*, S. 276.

1012 Statt vieler: *Petražycki*, Einkommen Bd. 1, S. 265 f. für die relative Fruchtlehre; *Windscheid*, Pandekten Bd. 1, S. 646 Anm. 17 für die Lehre vom bestimmungsgemäßen Ertrag; und *Heimbach*, S. 41 für die Erzeugnistheorien.

1013 *Johow*, Sachenrecht Bd. 1, S. 88; Mot. III, S. 68 f. = *Mugdan*, Materialien Bd. 3, S. 37 f.

1014 S. auch *Heimbach*, S. 40 f.

der Fruchtziehung angelegt. In diesem Sinne sind sie also stets ‚mitgeleistete Nutzung' und wären konsequenterweise auch stets zu erstatten.

Dasselbe Ergebnis entspricht auch der Rechtslage in den anderen Rückgewährverhältnissen. Für die §§ 987 ff. BGB wird dies auf den Verwaltergedanken, der diesen Vorschriften zugrunde liege, zurückgeführt.[1015] Der Erbschaftsanspruch dagegen lasse sich durch das Wesen der dinglichen Surrogation erklären.[1016] Für das Rücktrittsrecht wird eine Einschränkung regelmäßig gar nicht erst diskutiert, sondern allenfalls pauschal auf das Bereicherungsrecht verwiesen.[1017] Die Gemeinsamkeiten hinsichtlich des Rückgewährumfangs ergeben sich aber insbesondere aus den Grundprinzipien des Fruchtrechts, wie sie in den Legaldefinition der §§ 99, 100 BGB angelegt sind.

2. *Bereicherung durch ersparte Kreditaufwendungen*

Besonderen Schwierigkeiten begegnet die Erstreckung der Restitutionsverpflichtung auf die gezogenen Nutzungen, wenn es sich um einen Geldbetrag handelt, der zwar nicht zinsbringend investiert, stattdessen aber zur Tilgung bestehender Kreditverbindlichkeiten bzw. zur Abwehr einer Kreditaufnahme verwendet wurde.[1018] Die Restitution von tatsächlich erzielten Zinserträgen bietet nach dem bisher Gesagten kein Hindernis, da sie als konkret bestimmbarer Vorteil nach dem hiesigen Verständnis der §§ 99, 100 BGB den Rechtsfrüchten im Sinne des § 99 Abs. 2 BGB zugeordnet werden können.[1019] Anders sieht jedoch die Situation in der zweiten Fallkonstellation aus, da sich der hier erzielte Vorteil gerade nicht in einem konkreten Ertrag darstellt, sondern lediglich in ersparten Aufwendungen, also dem Fernbleiben eines Nachteils äußert.

> „Sicherlich stellt das Ersparen von Zinsen einen Vorteil dar – allerdings nicht in dem Sinne, daß sich der Vorteil in einem tatsächlich erzielten Gewinn realisiert."[1020]

In Rechtsprechung und Literatur sind daher zu dieser Frage unterschiedliche Lösungsansätze anzutreffen.

1015 *Hagmann*, S. 172.

1016 So die heute einhellige Auffassung, vgl. nur MünchKom⁴-*Helms*, § 2020 Rdnr. 4; krit. schon *Schulz*, AcP 105 (1909), S. 359 Anm. 960.

1017 Vgl. MünchKom⁵-*Gaier*, § 346 Rdnr. 29; Bamberger/Roth-*Grothe*, § 346 Rdnr. 33.

1018 Rechtsvergleichend zu dieser Fallkonstellation *Schlechtriehm*, JZ 1998, S. 957 f.; zu der Frage inwieweit dies auch für die Bereicherungshaftung der öffentlichen Hand gilt, vgl. *Schön*, NJW 1993, S. 3289 ff.

1019 So schon oben 4. Kapitel I. 2.-3.

1020 *Gretter*, DB 1995, S. 516 f.; ähnlich *Hagmann*, S. 69.

Eine Erstattungspflicht für ersparte Zinsaufwendungen wurde bereits in zwei Entscheidungen des Reichsgerichts aus den Jahren 1931 und 1932 abgelehnt[1021], dem sich verschiedene Stimmen in Rechtsprechung und Literatur angeschlossen haben.[1022] Zwei Gesichtspunkte seien danach ausschlaggebend: Einmal resultiere dieses Ergebnis daraus, dass die Abwendung einer Vermögensminderung niemals eine Nutzung darstellen könne und daher nicht dem Tatbestand der §§ 99, 100 BGB zugeordnet werden könne.

> „Die Ersparnis von Zinsen dagegen ist nur die Verhinderung einer Vermögensminderung, eines Minus, und lässt sich daher nicht als Frucht im Sinne eines Zuwachses begreifen.“[1023]

Zudem liege in der Verwendung des Geldes für die Ablösung eines Kredites gerade kein ‚Gebrauch', sondern eine Veräußerung und in diesem Sinne ein ‚Verbrauch' des Geldes vor.[1024]

> „Diesen Vorteil erzielte er jedoch nicht durch den Gebrauch des Bereicherungsgegenstandes, sondern durch dessen Verbrauch.“[1025]

Dieser generelle Standpunkt wird jedoch schon von dem Reichsgericht für die Geldüberlassung aufgrund eines gescheiterten Darlehensvertrages aufgegeben.[1026] Vor dem Hintergrund der bereicherungsrechtlichen Vorschriften ist diese Entscheidung konsequent, da der Bereicherungsgegenstand in diesem Fall – ähnlich wie auch bei einem gescheiterten Miet- oder Pachtverhältnis über eine körperliche Sache – in der Möglichkeit zur Verwendung des Geldes liegt, demnach also bereits die Nutzungsmöglichkeit die Bereicherung im Sinne des Gesetzes darstellt.[1027]

> „Denn nach §§ 812, 818 BGB ist jeder auf Kosten eines anderen ohne rechtlichen Grund erlangte Vorteil, gleichviel, welcher Art er ist, herauszugeben oder dafür Wertersatz zu leisten; es muß darum der Vorteil vorübergehender Verwertung von

---

[1021] RG, *Urt. v. 24.9.1931*, RGZ 133, S. 287; *v. 21.4.1932*, RGZ 136, S. 136 f.

[1022] Dem schließen sich an: BGH, *Urt. v. 28.6.1961*, WM 1961, S. 1149; LG München I, *v. 23.11.1988*, BauR 1989, S. 486; RGRK-*Kregel*, § 100 Rdnr. 5; Erman-*Michalski*, § 100 Rdnr. 3; *Gretter*, a.a.O.; *Hagmann*, S. 129 f.; *Windhorst*, JuS 1996, S. 898.

[1023] *Hagmann*, S. 130.

[1024] *Gretter*, a.a.O.; *Hagmann*, a.a.O.; so auch die Vorinstanz zu BGH, *Urt. v. 6.3.1998*, JZ 1998, S. 955 = NJW 1998, S. 2355.

[1025] *Gretter*, DB 1995, S. 517.

[1026] RG, *Urt. v. 27.4.1936*, RGZ 151, S. 123; ebenso BGH, *Urt. v. 30.11.1960*, NJW 1961, S. 452.

[1027] Dazu MünchKom^4-*Lieb*, § 812 Rdnr. 364 f., § 818 Rdnr. 145 f.; *Reuter/Martinek*, S. 532; *Flume*, GS Knobbe-Keuk, S. 126, *Gretter*, DB 1995, S. 517.

> Geld oder verbrauchbaren Sachen insoweit dasselbe gelten, wie für den zeitweiligen Benutzung von [nicht][1028] verbrauchbaren Sachen."[1029]

Trotz des ersten Anscheins handelt es sich aber gerade nicht um einen Fall des § 818 Abs. 1 BGB, sondern ist originär in § 812 Abs. 1 BGB anzusiedeln, so dass die Ersetzungspflicht unabhängig von einer tatsächlichen Ertragserzielung eintritt.[1030]

Diesen sich abzeichnenden Ansatz greift der BGH schließlich in einer Entscheidung aus dem Jahre 1998[1031] auf, um – im Ergebnis zu Recht – die Restitutionsverpflichtung stets auf ersparte Zinsen zu erstrecken.[1032] Im Anschluss an *Werner Flume*[1033] stellt das Gericht nämlich fest, dass es bei der Lösung des hiermit verbundenen Problems entscheidend auf eine „wirtschaftliche Betrachtung" ankomme. Danach

> „kann jedoch kein entscheidender Unterschied darin liegen, ob er [=der Schuldner] das erlangte Geld zinsbringend anlegt und damit sein Vermögen vermehrt oder er eine Verminderung seines Vermögens vermeidet, indem er eine eigene (hochverzinsliche) Schuld ablöst."[1034]

Es ‚erscheint' demnach nicht bloß[1035], als ob ein wirtschaftlicher Vorteil gezogen würde, sondern es ‚ist' ein solcher Vorteil von dem Rückgewährschuldner erzielt worden.

Dieser Gedankengang beruht aber gerade nicht auf rein bereicherungsrechtlichen Erwägungen, wie es insbesondere *Werner Flume*[1036] konstatiert, sondern ist durchaus dem bürgerlich-rechtlichen Frucht- und Nutzungsbegriff immanent. Die allenthalben geforderte ‚wirtschaftliche Betrachtungsweise', liegt nämlich nach richtigem Verständnis gerade auch den §§ 99, 100 BGB zu Grunde, was sich bereits bei der Erfassung von Zinserträgen durch die Legaldefinitionen zeigt. Hier wie dort liegt der Gebrauchsvorteil von Geld stets in seiner Veräuße-

---

[1028] Das Wort ‚nicht' fehlt in der Entscheidung, was jedoch ausschließlich auf einen Rechtschreibfehler zurückzuführen ist. Anders macht der Satz inhaltlich keinen Sinn.

[1029] RG, a.a.O., S. 127.

[1030] *Lieb*, a.a.O., m.w.N.

[1031] BGH, *Urt. v. 6.3.1998*, JZ 1998, S. 955 = NJW 1998, S. 2355; BGH, *Urt. v. 16.7.1999*, NJW 1999, S. 2891; ebenso OLG Hamm, *v. 19.10.2000*, NJW-RR 2001, S. 1440; OLG Düsseldorf, *v. 21.1.2008*, NJW-RR 2008, S. 1202.

[1032] Zust. Bamberger/Roth-*Fritzsche*, § 100 Rdnr. 7; Palandt-*Heinrichs*, § 100 Rdnr. 1; MünchKom⁴-*Lieb*, § 818 Rdnr. 8.

[1033] *Flume*, GS Knobbe-Keuk, S. 128 f.

[1034] BGH, *Urt. v. 6.3.1998*, JZ 1998, S. 956.

[1035] Entgegen *Gretter*, DB 1995, S. 517.

[1036] *Flume*, a.a.O.

rung und damit gegenständlich betrachtet in seinem Verbrauch.[1037] Gleichwohl entspricht es dem Sinn des Gesetzes, sie als Früchte anzuerkennen. Zwar ist der Gegenansicht zuzugeben, dass die Subsumtion der ersparten Zinsen unter den Tatbestand des § 99 Abs. 2, 3 BGB nicht möglich ist, da es insoweit einem Vermögenszuwachs fehlt. Jedoch greift insoweit die Auffangfunktion des § 100 BGB, auch die nicht gegenständlich erfassbaren Gebrauchsvorteile insbesondere für die Restitutionstatbestände gesetzlich zu erfassen. Die Zuordnung der ersparten Zinsen hat aber auch den darüber hinaus gehenden Vorteil, dass damit das Problem der ersparten Zinsen nicht nur, wie teils gefordert, für das Bereicherungsrecht, sondern entsprechend auch für die anderen Restitutionstatbestände beantwortet ist.[1038]

3. Frucht- und Nutzungsrestitution nach dem sog. Nettoprinzip, § 102 BGB

Zuletzt stellt sich aus heutiger Sicht das Problem, ob bei einer Verpflichtung zur Fruchtrestitution die gemachten Arbeits- und Kostenaufwand gegen den Nutzungsherausgabegläubiger geltend machen werden können oder nicht. Eine Antwort hierauf bietet die mit dem E II eingeführte Vorschrift des § 102 BGB.[1039] Demnach unterscheidet das Gesetz zumindest im Grundsatz den konkreten Bruttofruchtertrag von dem netto erzielten Gewinn.

Dieser Unterschied zeigt sich jedoch erst bei einer wertmäßigen Betrachtung. Denn ohne die Aufwendung von Bestellungskosten, sowie auch der Kosten für die Erhaltung oder der Aberntung der Früchte, ist eine Ertragserzielung in keiner Form denkbar.[1040] Dies ist insoweit anders als bei den Erhaltungskosten für die Muttersache, deren Pflicht zur Ersetzung insofern grundsätzlich anders ausgestaltet ist.[1041] Zu den ersetzbaren Fruchtgewinnungskosten gehören demnach alle

---

1037 Ähnlich *Schlechtriehm*, JZ 1998, S. 959.

1038 Vgl. den Sachverhalt von OLG Düsseldorf, *Urt. v. 21.1.2008*, NJW-RR 2008, S. 1202, wo sich die parallele Frage für das Rücktrittsrecht stellte.

1039 Hierzu 3. Kapitel III. 3. e).

1040 In diesem Sinne zählen auch die Kosten für den Abbau eines Bergwerks zu den Bestellungskosten, vgl. RG, *Urt. v. 8.9.1938*, JW 1938, S. 3040, 3042; hierzu aus steuerrechtlicher Sich auch BFH, *Urt. v. 23.11.1978*, BB 1979, S. 249 f.

1041 Vgl. dazu etwa die Unterscheidung von ‚notwendigen' und ‚nützlichen' Verwendungen in §§ 994, 996 BGB, die für das Fruchtrecht unerheblich ist, solange die auf die Früchte gemachten Verwendungen „einer ordnungsgemäßen Wirtschaft" entsprechen. Zur Abgrenzung auch Bamberger/Roth-*Fritzsche*, § 102 Rdnr. 2.

> „Aufwendungen von unmittelbaren Vermögenswert, welche der Bestellung, Gewinnung, Erhaltung und Ernte der Früchte dienen.“[1042]

Hierzu gehört auch immer die aufgewendete Arbeitskraft und zwar unabhängig davon, ob sie anderweitig aufgewendet worden wäre.[1043] Denn der Wert der Arbeit realisiert sich stets in dem konkret erzielten Ertrag, damit also in den Früchten.[1044] Da die Arbeitskraft nach Auffassung des Gesetzes aber niemals der einzige Kausalfaktor für die Fruchtgewinnung darstellt und sich deswegen eine Fruchtverteilung nach den germanischen Grundsätzen des Produktionsprinzips ausschließt[1045], besteht ein praktisches Bedürfnis den gleichwohl hiermit verbunden Aufwand im Restitutionsverhältnis auszugleichen. Danach liegt die Funktion des § 102 BGB also gerade auch in der Berücksichtigung des Arbeitsaufwandes bei der Fruchtgewinnung. Die zu ersetzenden Kosten nach § 102 BGB sind jedoch einerseits der Höhe nach auf den Wert der gezogenen Früchte und andererseits der Sache nach auf die Kosten „einer ordnungsgemäßen Wirtschaft“ begrenzt.[1046]

Unklarheiten bestehen dahingehend, wie diese Ausgleichsfunktion rechtlich zu konstruieren ist. Entgegen einer früher anzutreffenden Literaturansicht[1047] kann wohl davon ausgegangen werden, dass es sich bei § 102 BGB nicht bloß um eine Einrede gegen den Herausgabeanspruch handelt, sondern diese Vorschrift einen unmittelbaren Gegenanspruch des Rückgewährschuldners begründet, der seinerseits als Zurückbehaltungsrecht nach § 273 BGB geltend gemacht werden kann.

Dieses Ergebnis ist bei der Restitution von natürlichen Früchten zwingend. Ebenso wenig wie die Übermaßfrüchte von dem ordnungsgemäßen Fruchtertrag unterscheidbar sind, ist auch der ideelle Anteil der Früchte, der wertmäßig auf die Aufwendungen des Rückgewährschuldners zurück geht, von den restlichen Früchten zu trennen. Es ist nicht von ungefähr, dass der Ausgleichtatbestand des

---

1042 Erman-*Michalski*, § 102 Rdnr. 2.

1043 So schon *Hölder*, Kommentar, § 102 sub 2; ebenso Erman-*Michalski*, § 102 Rdnr. 2; RGRK-*Kregel*, § 102 Rdnr. 2; ähnlich zum Verwendungsersatz auf die Muttersache BGH, *Urt.* v. 24.11.1995, NJW 1996, S. 921 unter teilw. Aufgabe der bisherigen Rspr.

1044 Offen gelassen aus tatsächlichen Gründen BGH, *Urt. v. 4.4.1962*, MDR 1962, S. 556 = BB 1962, S. 535; ebenso MünchKomm^5-*Holch*, § 102 Rdnr. 4; Staudinger-*Jickeli/Stieper*, § 102 Rdnr. 4; Soergel-*Marly*, § 102 Rdnr. 4.

1045 Anders wohl zuletzt nur noch *Thielemann*, ZRG.RA 94 (1977). S. 76.

1046 Lediglich das Bereicherungsrecht kennt mit dem Entreicherungseinwand nach § 818 Abs. 3 BGB einen weitergehenden Ausgleichsmechanismus, der sämtliche Kosten berücksichtigt, vgl. Palandt-*Sprau*, § 818 Rdnr. 12 f.

1047 *Hölder*, Kommentar, § 102 sub 3; Planck^4-*Strecker*, § 102 sub 3; auch noch Staudinger^{11}-*Coing*, § 102 Rdnr. 7.

§ 102 BGB ursprünglich aus dem Vindikationsrecht, also aus dem Rückgewährverhältnis von körperlichen Sachen, stammt. Dessen ungeachtet überträgt die herrschende Meinung diese Konstruktion aber auch auf ideelle Erträge nach § 99 Abs. 2, 3 BGB, indem sie die gemachten Aufwendungen als Gegenanspruch konstruiert, der aufgrund der Gleichartigkeit der Ansprüche nur zu einer Aufrechnung berechtige.[1048] Sie begründet dies mit dem pauschalen Verweis auf ein vermeintliches Bruttoprinzip, dass mit der Einführung des § 102 BGB Gesetz geworden sei.[1049]

Dies ist so nicht richtig. Denn die Prämisse vom Bruttoprinzip ist nur für die körperlichen Erträge und auch nur auf der objektiven Ebene des Sachenrechts richtig. Der schuldrechtliche Ausgleich zwischen den Parteien ist dagegen relativ und damit dem Wert der Früchte nach zu bestimmen. Soweit nun unkörperliche Erträge, d.h. Zinsen oder auch Unternehmenserträge, Gegenstand eines Rechtsstreites sind, sind sie freilich schon *de iure* als Reinertrag zu denken.[1050] Einen eigentlichen Ertrag bilden sie nämlich erst nach Abzug der gemachten Aufwendungen.[1051] An dieser Stelle ist der Restitutionsanspruch mithin schon von Anfang an auf den Reinertrag begrenzt und muss nicht erst als Zurückbehaltungsrecht oder im Wege einer Aufrechnung geltend gemacht werden. Nach diesem Verständnis sind ideelle Erträge also stets nach dem Nettoprinzip abzuwickeln, indem die gemachten Aufwendungen unmittelbar abgezogen werden.[1052]

Die Vorschrift des § 102 BGB steht diesem Ergebnis gerade nicht entgegen, wie insbesondere bei der Restitution von Unternehmenserträgen behauptet wird.[1053] Sondern sie ist unmittelbarer Ausdruck des Nettoprinzips bei der Fruchtrestitution. Der Schuldner soll nämlich auch bezogen auf die körperlichen Erträge nicht für den Bruttoertrag, sondern für den Reinertrag haftbar gemacht werden. Weil aber gerade bei ihnen eine solche ideelle Wertbestimmung nicht unmittelbar erfolgen kann und die körperlichen Früchte daher immer als Bruttoertrag zu erstatten sind, bestimmt § 102 BGB zum Ausgleich einen Gegenan-

---

1048 RGRK-*Kregel*, § 102 Rdnr. 5; MünchKom^5-*Holch*, § 102 Rdnr. 6; Soergel-*Marly*, § 102 Rdnr. 2; Erman-*Michalski*, § 102 Rdnr. 3; *Enneccerus/Nipperdey*, Allgemeiner Teil, 821 Anm. 24; *Wieling*, Sachenrecht Bd. 1, S. 117; nunmehr auch Staudinger-*Jickeli/Stieper*, § 102 Rdnr. 2, offen gelassen bei BGH, Urt. *v. 4.4.1962*, a.a.O.

1049 In letzter insbesondere *Hagmann*, S. 106 m.w.N.

1050 Vgl. schon oben 4. Kapitel I. 4 c).

1051 Ähnlich schon *Crome*, System Bd. 1, S. 308; lies dazu auch § 1214 BGB, wo ebenfalls nur der Reinertrag abzüglich aller Kosten auf den Leistungsanspruch des nutzungsberechtigten Pfandgläubigers anzurechnen ist.

1052 Ähnlich für Miet- und Pachterträge beim Nutzungsersatz gem. § 987 BGB, MünchKom^4-*Medicus*, § 987 Rdnr. 17; anders aber MünchKomm^5-*Schwab*, § 818 Rdnr. 34.

1053 Dazu schon oben 4. Kapitel I. 4. c).

spruch. Dass der Fruchtbegriff aber stets als Bruttoertrag zu bestimmen sei, folgt hieraus nicht. Diese Vorschrift vollzieht für die körperlichen Erträge lediglich ein Gebot der Billigkeit nach, um einen ungerechtfertigten Nachteil für den Restitutionsschuldner abzuwehren.

IV. Ergebnis 4. Kapitel

Die angemessene Betrachtung des bürgerlich-rechtlichen Frucht- und Nutzungsbegriffs bietet den Lösungsansatz für eine Vielzahl von aktuellen Streitfragen. Vieles basiert auf Grundentscheidungen, die bereits die Gesetzgebungskommissionen getroffen haben. Anderes beruht wiederum auf der konsequenten Weiterführung derselben Ideen.

1. So ist zunächst zu konstatieren, dass der Fruchtbegriff im Grundsatz stets objektiv zu bestimmen ist. Das heißt, dass gleichartige Erträge auch stets gleich zu behandeln sind. Auch die sogenannten Übermaßfrüchte sind somit Früchte in diesem Sinne. Umgekehrt kann der Schuldner einer Fruchtrestitution auch nicht von vornherein seine eigenen Aufwendungen auf die Fruchtgewinnung beanspruchen. Für diesen Fall ist er auf einen Gegenanspruch gem. § 102 BGB verwiesen, der ihm sämtliche Gewinnungskosten einschließlich der erbrachten Arbeit ersetzt.

Anderes gilt jedoch für unkörperliche Früchte einer Sache oder eines Rechts. Da sie lediglich auf einer ideellen Rechnung beruhen, sind an ihnen Übermaßfrüchte nicht denkbar. Andersherum sind sie von vornherein auch nur als Nettoertrag zu verstehen, der insbesondere die Gewinnungskosten bereits mit berücksichtigt. Soweit ein weiter Teil der Lehre namentlich für die Unternehmenserträge anderes konstatiert, ist dies auf ein falsches Verständnis der Legaldefinitionen in §§ 99, 100 BGB in Verbindung mit § 102 BGB zurückzuführen. Die Funktion des § 102 BGB liegt nämlich gerade darin, die Restitutionspflicht des unberechtigten Besitzers möglichst auch auf einen Nettobetrag zu begrenzen. Dies geht aufgrund der Körperlichkeit der Sachfrüchte insbesondere nach § 99 Abs. 1 BGB aber nur durch die Statuierung eines Gegenanspruchs.

2. Die umstrittene Frage nach der Zuordnung von Zinserträgen zu den Früchten ist dadurch zu entscheiden, dass sie sich im Regelfall als Rechtsfrüchte im Sinne des § 99 Abs. 2 BGB darstellen. Lediglich für den Fall der gesetzlich angeordneten Verzugszinsen gilt, dass sie mittelbare Früchte nach § 99 Abs. 3 BGB darstellen, da erst das gesetzliche Schuldverhältnis hinzutreten muss, um die Gewährung dieser Art von Zinsen zu begründen.

3. Das objektive Verständnis des Fruchtbegriffs und der damit verbundene Verkehrsschutz findet seine Entsprechung auch in den konkreten Modalitäten des Fruchterwerbs nach §§ 953 ff. BGB. Die unterschiedlichen Erwerbsmodali-

täten wurden bereits im 3. Kapitel erörtert. Anhand der dort gewonnen Grundsätze konnten aber auch die Tatbestände der §§ 955 und 956 f. BGB genauer erörtert und einer angemessenen Lösung zugeführt werden. Insbesondere führen die Gesichtspunkte des Rechtsverkehrsschutzes nämlich dazu, dass auch dem nur schuldrechtlich Fruchtberechtigten unter gewissen Umständen eine gefestigte Fruchterwerbsposition zukommen kann. Soweit der Fruchtberechtigte im Besitz der Muttersache ist, kann sein Eigentumserwerb nach § 956 BGB weder durch einseitigen Widerruf des Gestattenden, noch durch den Wegfall seiner Verfügungsbefugnis aufgehoben werden. Entsprechend hängt auch der eigentliche Erwerb nach Übergabe der Muttersache, trotz seines derivativen Charakters nur noch von der Trennung der Frucht von dem Mutterkörper ab.

4. Im Einzelfall ergibt die Weite des Wortlauts der §§ 954 ff. BGB sowie der derivative Charakter des §§ 956 f. BGB auch die Möglichkeit, den Eigentumserwerb an Übermaßfrüchten ausnahmsweise auszuschließen. Praktisch relevant wird dies nur für den Erwerb des Pächters oder eines anderen schuldrechtlich Berechtigten, §§ 956 f. BGB, da hier das zwischen den Parteien statuierte Fruchtbezugsrecht und damit der Wille des Eigentümers von vornherein auf eine bestimmte Menge beschränkt ist. Der Umfang der Berechtigung des dinglich Fruchtberechtigten hingegen ist im Regelfall dem des Eigentümers gleichgestellt und damit in dinglicher Hinsicht unbeschränkt, vgl. § 1039 BGB.

Literaturverzeichnis

Es wird grundsätzlich die neueste Auflage zitiert; frühere Auflagen sind besonders gekennzeichnet. Autoren mit gleichem Namen werden durch Angabe ihres Vornamens unterschieden, verschiedene Werke eines Autors durch Hinzufügung des abgekürzten Werktitels.

Achenbach, Heinrich von: Das französische Bergrecht und die Fortbildung desselben durch das preußische Allgemeine Berggesetz, 1869.

Achilles, Alexander/Spahn, Peter/Gebhard, Albert: Protokolle der Kommission für die zweite Lesung des Entwurfs des Bürgerlichen Gesetzbuches, 1897.

Affolter, Friedrich: Das Fruchtrecht, 1911.

Aristoteles: Politica, in: Olof Gigon (Hrsg., Übers.), Politik, 8. Aufl. 1998.

Arndts von Arnesberg, Ludwig: Lehrbuch der Pandekten, 11. Aufl. 1883.

Arndts von Arnesberg, Ludwig: Zur Lehre von der Emphyteuse, ZCP 3 (1847), S. 245-276, 367-423.

Backe, Friedrich, Wilhelm Eduard: Bonae fidei possessoris, 1825.

Baden, Eberhard: Zum Regelungsgehalt von Gesetzgebungsmaterialien, in: Jürgen Rödig (Hrsg.), Studien zu einer Theorie der Gesetzgebung, 1976, S. 369-420.

Ballerstedt, Kurt: Kapital, Gewinn und Ausschüttung bei Kapitalgesellschaften – Eine gesellschaftsrechtliche Betrachtung, 1949.

Bamberger, Heinz Georg/Roth, Herbert (Hrsg.): Beck'scher Online-Kommentar BGB, Stand: 01.02.2009.

Baron, Julius: Pandekten, 9. Aufl. 1896.

Barth, A.: Verfügungen über zukünftige Rechte, GruchBeitr. 58 (1914), S. 577-615.

Baur, Fritz: ‚Nutzungen' eines Unternehmens bei Anordnung von Vorerbschaft und Testamentsvollstreckung, JZ 1958, S. 465-468.

Baur, Fritz: Möglichkeiten und Grenzen des Zivilrechts bei der Gewährleistung öffentlicher und sozialer Erfordernisse im Bodenrecht, AcP 176 (1976), S. 97-118.

Baur, Fritz: Die gegenseitige Durchdringung von privatem und öffentlichem Recht im Bereich des Bodeneigentums, in: Fritz Baur/Karl Larenz/Franz Wieacker (Hrsg.), Beiträge zur europäischen Rechtsgeschichte und zum geltenden Zivilrecht, Festgabe für Johannes Sontis, 1977, S. 181-202.

Baur, Jürgen Friedrich/Stürner, Rolf: Sachenrecht. 17. Aufl., München – 1999.

Bechmann, August von: Über den Rechtsgrund des Eigenthumserwerbes durch Specification, AcP 47 (1864), S. 25-50.

Bechmann, August von: Zur Lehre vom Eigenthumserwerb durch Accession und von den Sachgesammtheiten, 1867.

Behrends, Okko/Knütel, Rolf/Kupisch, Berthold: Die Institutionen: Text und Übersetzung, 2. Aufl. 1999.

Behrends, Okko/Knütel, Rolf/Kupisch, Berthold/Seiler, Hans-Hermann: Corpus Iuris Civilis,
- Bd. 2: Digesten 1-10, 1995.
- Bd. 3: Digesten 11-20, 1999.

Bekker, Ernst Immanuel: Die Aktionen des Römischen Privatrechts, Bd. I – Ius Commune, 2. Aufl. 1871 (Neudr. 1970).

Bekker, Ernst Immanuel: System und Sprache des Entwurfs eines Bürgerlichen Gesetzbuches für das Deutsche Reich, in: Ders./Otto Fischer (Hrsg.), Beiträge zur Erläuterung und Beurteilung des Entwurfes eines Bürgerlichen Gesetzbuches für das Deutsche Reich, 2 (1888, Neudr. 1974).

Bergfeld, Christoph: Franciscus Connanus (1508-1551), Ein Systematiker des römischen Rechts, 1968.

Bernhöft, Franz: Rechtsprechungsanmerkung, JW 1932, S. 694.

Beughem, Ludwig von: Das allgemeine Berggesetz für die Preußischen Staaten vom 24. Juni 1865, 1865.

Bingner, Adrian: Bemerkungen zu dem Entwurfe eines Bürgerlichen Gesetzbuches für das Deutsche Reich, SächsArch. 1 (1891), S. 81-112.

Bismarck, Fritz: Der Fruchterwerb des redlichen Besitzers, 1895.

Blume, Wilhelm von: Beiträge zur Auslegung des deutschen BGB, JherJb 39 (1898), S. 390-462.

Blume, Wilhelm von: Die Aneignung von abgetrennten Sachbestandtheilen nach den Bestimmungen der §§ 956, 957 BGB, SeuffBl. 67 (1902), S. 113-118.

Böcking, Eduard: Pandekten des römischen Privatrechts aus dem Standpuncte unseres heutigen Rechtssystems oder Institutionen des gemeinen deutschen Civilrechts,
- Bd. 1 Die Einleitung und die Lehre von den Voraussetzungen der Privatrechte, 2. Aufl. 1853.
- Bd. 2,1 Die Lehre vom Eigenthum und den größten Teil der von den Servituten enthaltend, 1855.

Böcking, Eduard: Römisches Privatrecht, Institutionen des römischen Privatrechts, 2. Aufl. 1862.

Böcking, Eduard: Pandekten – Grundriß eines Lehrbuches des gemeinen auf das römische Recht gegründeten Civilrechts, 5. Aufl. 1861.

Bökelmann, Dieter: Nutzungen und Gewinn beim Unternehmensnießbrauch, 1971.

Bolze, Albert: Die Bestimmungen des Entwurfes eines bürgerlichen Gesetzbuches für das deutsche Reich über die Steigerung des vindikatorischen Eigenthumsanspruchs, AcP 74 (1889), S. 97-134.

Bremer, F. P.: Zur civilistischen Literatur, Specification und Accession, KritVJ 10 (1868), S. 1-67.

Brinz, Alois von: Lehrbuch der Pandekten, 1. Aufl. 1857.

Brinz, Alois von: Lehrbuch der Pandekten, 2. Aufl. 1873-1895,
- Bd. 1, 1873.

Bromberg, Henry: Der Fruchterwerb des Pächters nach gemeinem Recht und bürgerlichem Gesetzbuch, 1901.

Bucher, Karl: System der Pandekten oder Versuch einer wissenschaftlichen Darstellung des Justinianeischen Privatrechts, 3. Aufl. 1882.

Buchholtz, Alexander August von: Versuche über einzelne Theile der Theorie des heutigen Römischen Rechtes, 1831.

Buchholtz, Alexander August von: Rezension, KritJbDR 15 (1844), S. 501-524.

Bullermann, Friedrich: Die Lehre vom Fruchterwerb, 1914.

Bungart, Frederik: Dingliche Lizenzen an Persönlichkeitsrechten, 2005.

Bunsen: Zur Lehre von den nicht getrennten Erzeugnissen, ArchBürgR 29 (1906), S. 11-45.

Bydlinski, Franz: Juristische Methodenlehre und Rechtsbegriff, 2. Aufl. 1991.

Cardilli, Riccardo: La nozione giuridica di fructus, 2000.

Cosack, Konrad: Das Sachenrecht mit Ausschluß des besonderen Rechts der unbeweglichen Sachen im Entwurf eines Bürgerlichen Gesetzbuches für das Deutsche Reich, in: Ernst Immanuel Bekker/Otto Fischer (Hrsg.), Beiträge zur Erläuterung und Beurteilung des Entwurfes eines Bürgerlichen Gesetzbuches für das Deutsche Reich, 13 (1889, Neudr. 1974).

Cosack, Konrad: Lehrbuch des bürgerlichen Rechts auf der Grundlage des Bürgerlichen Gesetzbuchs, 4. Aufl. 1904.
- Bd. 2: Das Sachenrecht, das Recht der Wertpapiere, das Gemeinschaftsrecht,, das Familienrecht, das Erbrecht.

Crome, Carl: System des deutschen bürgerlichen Rechts,
- Bd. 1, Einleitung und Allgemeiner Teil, 1900.

Crome, Carl: Zur Fruchtlehre, in: Juristische Fakultät der Universität Bonn (Hrsg.), Festschrift für Karl Bergbohm, 1919 (Nachdr. 1987), S. 99-115.

Czylharz, Karl Ritter von: Lehrbuch der Institutionen des Römischen Rechts, 12. Aufl. 1911.

Denck, Johannes: Gestattung des Fruchterwerbs und Konkurs des Gestattenden, JZ 1981, S. 331-336.

Degner, Jens: Ermittlung und Zuordnung der Nutzungen bei Vorerbschaft unter besonderer Berücksichtigung des Unternehmensgewinns, 1996.

Dernburg, Heinrich: Pandekten, 1. Aufl. 1884-1887; 6. Aufl. 1900-1901,
- Bd. 1, 1. Aufl. 1880.
- Bd. 1,1, Allgemeiner Theil, 6. Aufl. 1900.

Dernburg, Heinrich: Das Sachenrecht des Deutschen Reichs und Preußens, 3. Aufl. 1904.

Dernburg, Heinrich: Die Schuldverhältnisse nach dem Rechte des Deutschen Reichs und Preußens, 4. Aufl.
- Bd. 1, Allgemeine Lehren, 1909.

Deutscher Juristentag (DJT): Protokoll, Erste Sitzung der ersten Abtheilung am 11. September 1884, In: Verhandlungen des 17. DJT (1884), S. 34-79.

Diederichsen, Uwe: Das Recht zum Besitz aus Schuldverhältnissen, 1965.

Dölle, Hans: Familienrecht, Darstellung des Deutschen Familienrechts mit rechtsvergleichenden Hinweisen, Bd. 1, 1964.

D'Ors, Alvaro/Hernandez-Tejero, Francisco/Fuenteseca, Pablo/Garcia-Garrido, Manuel/Burillo, Jesús: El digesto de Justiniano, Bd. 3, Libros 37-50, 1970.

Dreyer: Rezension, GruchBeitr. 43 (1899), S. 279-280.

Duden, Konrad: Der Gestaltwandel des Geldes und seine rechtlichen Folgen, 1968.

Eck, Ernst/Leonhard, Rudolf: Vorträge über das Recht des Bürgerlichen Gesetzbuchs, Bd. 1, 1903.

Eck, Ernst: Rezension, ZGRPr 5 (1871), S. 419-431, 756-767; ZGRPr 6 (1872), S. 373-379.

Endemann, Friedrich: Lehrbuch des Bürgerlichen Rechts, 6. Aufl.
- Bd. 1 Einleitung, Allgemeiner Theil, Recht der Schuldverhältnisse, 1899.

Enneccerus, Ludwig/Nipperdey, Hans Carl: Allgemeiner Teil des Bürgerlichen Rechts, 15. Aufl. 1959.

Enneccerus, Ludwig/Kipp, Theodor/Wolff, Martin: Das Familienrecht, 7. Aufl. 1931.

Erman, Walter (Begr.): Bürgerliches Gesetzbuch, Handkommentar, 2 Bde., 11. Aufl. 2004

Ernst, Wolfgang: Eigenbesitz und Mobiliarerwerb, 1992.

Exner, Adolf: Die Lehre vom Rechtserwerb durch Tradition nach österreichischem und gemeinem Recht, 1867.

Finkenauer, Thomas: Eigentum und Zeitablauf – das dominium sine re im Grundstücksrecht, 2000.

Fikentscher, Wolfgang: Methoden des Rechts in vergleichender Darstellung, Bd. 3, Mitteleuropäischer Kreis, 1976.

Fitting, Herrmann: Die Specification, AcP 48 (1865), S. 1-25.

Flume, Werner: Aufwendung und Erträge bei der Rückabwicklung nichtiger gegenseitiger Verträge, in: Wolfgang Schön (Hrsg.), Gedächtnisschrift für Brigitte Knobbe-Keuk, 1997, S. 111-134 = Werner Flume, Studien zur Lehre von der ungerechtfertigten Bereicherung, hrsg. v. Wolfgang Ernst, 2003, S. 138-161.

Förster, Franz: Theorie und Praxis des heutigen gemeinen preussischen Privatrechts auf der Grundlage des gemeinen deutschen Rechts Bd. 3, 3. Aufl. 1874.

Fuchs, Eugen: Das Wesen der Dinglichkeit, 1889.

Georgiades, Apostolos: Eigentumsbegriff und Eigentumsverhältnis, in: Fritz Baur/Karl Larenz/Franz Wieacker (Hrsg.), Beiträge zur europäischen Rechtsgeschichte und zum geltenden Zivilrecht, Festgabe für Johannes Sontis, 1977, S. 149-166.

Gierke, Julius von: Das Sachenrecht des bürgerlichen Rechts, 4. Aufl. 1959.

Gierke, Otto von: Die soziale Aufgabe des Privatrechts – Vortrag gehalten am 5. April 1889 in Wien, in: Erik Wolf (Hrsg.), Deutsches Rechtsdenken 1 (1943).

Gierke, Otto von: Der Entwurf eines bürgerlichen Gesetzbuchs und das deutsche Recht, 1889.

Gierke, Otto von: Deutsches Privatrecht, Bd. 2, 1905.

Girtanner, Wilhelm: Die Rechtsstellung der Sache und der Eigenthumsbegriff mit besonderer Rücksicht auf Sachgesammtheiten (universitates rerum), Accession und Miteigenthum, JherJb 3 (1859), S. 58-298.

Glück, Christian Friedrich von: Ausführliche Erläuterungen der Pandecten nach Hellfeld, ein Commentar, 1796-1830; fortg. v. Christian Friedrich Mühlenbruch (et al.), 1832-1896,
- Bd. 8,1, 1807.
- Bd. 17,1, 1815.
- Serie der Bücher 41/42, 1. Theil, 1887.

Godin, Reinhard Freiherr von: Nutzungsrecht an Unternehmen und Unternehmensbeteiligungen, 1949.

Göppert, Heinrich Robert: Über die organischen Erzeugnisse. Eine Untersuchung aus dem Römischen Sachenrecht, 1869.

Göppert, Heinrich Robert: Über Einheitliche, zusammengesetzte und Gesammtsachen nach Römischen Recht, 1871 (Neudr. 1970).

Gretter, Bettina: Bereicherungsansprüche bei Rückabwicklung eines nichtigen Kaufvertrages: Ersparte Schuldzinsen als herauszugebende Nutzungen i.S. von § 818 Abs. 1 BGB?, DB 1995, S. 516-517.

Gruchot, Julius Albert: Rezension, BeitrPrR 6 (1862), S. 462-465.

Hagmann, Birke: Gewinnherausgabe im Rahmen des Nutzungsherausgabeanspruchs gemäß § 818 I 1. Alt. BGB, 2007.

Hahn, Carl: Die gesamten Materialien zur Zivilprozessordnung und dem Einfuehrungsgesetz zu demselben vom 30.1.1877, 1880.

Handwörterbuch zur Deutschen Rechtsgeschichte (HRG): hrsg. v. Adalbert Erler/Ekkehard Kaufmann, 1971-1998,
- Bd. 1, Aachen-Haussuchung, 1971.
- Bd. 2, Haustür-Lippe, 1978.

Hartmann, Gustav: Rezension, KritVJ 11 (1869), S. 503-526.

Hasel, Karl: Der Nießbrauch an Waldungen als forstwirtschaftliches Problem, ForstC 73 (1954), S. 18-28.

Hasse, Johann Christian: Das Güterrecht der Ehegatten nach Römischen Recht, Bd. 1, Aelteres Ehe- und Scheidungsrecht, Charakter der Dos, Bestellung der Dos, 1824.

Heck, Philipp: Grundriß des Sachenrechts, 2. Aufl. 1930 (Neudr. 1970).

Heilfron, Eduard: Lehrbuch des bürgerlichen Rechts auf der Grundlage des Bürgerlichen Gesetzbuchs, 3. Aufl. 1904.

Heimbach, Gustav Ernst: Die Lehre von der Frucht nach den gemeinen, in Deutschland geltenden Rechten, 1843.

Helfferich, Karl: Das Geld, 5. Aufl. 1921.

Hellebrand, Walter: Die juristische Funktion der Rechtsgeschichte, in: Juristische Fakultät der Universität Freiburg/Schweiz (Hrsg.), Ius et lex, Festgabe zum 70. Geburtstag von Max Gutzwiller, 1959, S. 135-147.

Hellmann, Friedrich: Rezension, KritVJ 17 (1894), S. 75-96.

Herold, Kathrin: Das Rückabwicklungsschuldverhältnis aufgrund vertraglichen oder gesetzlichen Rücktritts, 2001.

Historisch-kritischer Kommentar (HKK): hrsg. v. Mathias Schmoeckel/Joachim Rückert/Reinhard Zimmermann, 2001 ff.
- Bd. 1, Allgemeiner Teil, §§ 1-240, 2001.

Hofmann, Paul: Zum Begriff der Neuheit in § 950 BGB, NJW 1961, S. 1246-1247.

Hölder, Eduard: Pandekten, Allgemeine Lehren, mit Rücksicht auf den Civilgesetzentwurf, 1891.

Hölder, Eduard: Kommentar zum Allgemeinen Theil des Bürgerlichen Gesetzbuches – nebst Einleitung, 1900.

Holthöfer, Ernst: Sachteil und Sachzubehör im Römischen und im Gemeinen Recht, 1972.

Hübner, Heinz: Allgemeiner Teil des Bürgerlichen Gesetzbuches, 2. Aufl. 1996.

Jagmann, Rainer: Wertersatz oder Gewinnhaftung? – Der Gegenstand des Bereicherungsanspruchs bei der Rückabwicklung rechtsgrundloser Leistungen im deutschen und im amerikanischen Recht, 1979.

Jakobs, Horst Heinrich/Schubert, Werner: Die Beratungen des Bürgerlichen Gesetzbuches in systematischer Zusammenstellung der unveröffentlichten Quellen, 1978 ff.
- Recht der Schuldverhältnisse I,§§ 241-462, 1978.
- Recht der Schuldverhältnisse II, §§ 433-651, 1980.
- Sachenrecht I, §§ 854-1017, 1985.
- Sachenrecht II, §§ 1018-1296, 1991.

Jakobs, Horst Heinrich: Lucrum ex negotiatione – Kondiktionsrechtliche Gewinnhaftung in geschichtlicher Sicht, 1993.

Jacubezky, von Karl August: Zum § 957 BGB, Das Recht 6 (1902), S. 4-6.

Janke, Heinrich: Das Fruchtrecht des redlichen Besitzers und des Pfandgläubigers, 1862.

Jauernig, Othmar (Hrsg.): BGB, Bürgerliches Gesetzbuch, Kommentar, 12. Aufl. 2007.

Jhering, Rudolph von: Unsere Aufgabe, JherJb 1 (1857), S. 1-58.

Jhering, Rudolph von: Kritisches und exegetisches Allerlei, JherJb 12 (1873), S. 313-398.

Jhering, Rudolph von: Scherz und Ernst in der Jurisprudenz, 1884.

Jhering, Rudolph von: Geist des römischen Rechts auf den verschiedenen Stufen seiner Entwicklung, Bd. 2,2, 9. Aufl. 1898 (Neudr. 1968).

Johow, Reinhold: Zur Lehre von den Rechten des Pfandgläubigers an den Früchten der verpfändeten Sache, ZGRPr 5 (1871), S. 313-340.

Johow, Reinhold: Sachenrecht Bd. 1, Allgemeine Bestimmungen, Besitz und Eigentum, in: Werner Schubert (Hrsg.), Die Vorlagen der Redaktoren für die erste Kommission zur Ausarbeitung des Entwurfs eines Bürgerlichen Gesetzbuches, 1982.

Johow, Reinhold: Sachenrecht Bd. 2, Beschränkt dingliche Rechte und materielles Zwangsversteigerungsrecht, in: Werner Schubert (Hrsg.), Die Vorlagen der Redaktoren für die erste Kommission zur Ausarbeitung des Entwurfs eines Bürgerlichen Gesetzbuches, 1982.

Jores, Rolf: Die rechtliche Natur des Eigentumserwerbes nach § 956 BGB, 1929.

Jung, Erich: Fruchterwerb des scheinberechtigten Besitzers, Das Recht 24 (1920), Sp. 57-62.

Kaser, Max: Das Geld im Sachenrecht, AcP 143 (1937), S. 1- 27.

Kaser, Max: Die natürlichen Eigentumserwerbsarten im altrömischen Recht, ZRG.RA 65 (1947), S. 219-260.

Kaser, Max: Partus ancillae, ZRG.RA 75 (1958), S. 156-200.

Kaser, Max: Restituere als Prozessgegenstand, 2. Aufl. 1968.

Kaser, Max: Das Römische Privatrecht, 2. Aufl. 1971-1975.

- Erster Abschnitt: Das altrömische, das vorklassische und klassische Recht, 2. Aufl. 1971.
- Zweiter Abschnitt: Die nachklassischen Entwicklungen, 2. Aufl. 1975.

Kaser, Max/Hackl, Karl: Das römische Zivilprozessrecht, 2. Aufl. 1996.

Kaser, Max/Knütel, Rolf: Römisches Privatrecht, 17. Aufl. 2003.

Klöppel, Edmund: Der Entwurf eines bürgerlichen Gesetzbuches für das Deutsche Reich, GruchBeitr. 32 (1888), S. 611-656.

Klostermann, Rudolf: Bemerkungen, über den Entwurf eines allgemeinen Berggesetzes für die Preußischen Staaten, 1863.

Knütel, Rolf: Von Landanschwemmungen und Schätzen (Die commoda ex re vendita und § 446 BGB), in: Gottfried Baumgärtel/Hans Jürgen Becker/ et al. (Hrsg.), Festschrift für Heinz Hübner zum 70. Geburtstag am 7. November 1984, 1984, S. 551-573.

Knütel, Rolf/Kupisch, Berthold/Seiler, Hans-Hermann/Behrends, Okko: Corpus Iuris Civilis, Bd. 4: Digesten 21-27, 2005.

Koch, Christian Friedrich: Lehrbuch des preußischen gemeinen Privatrechts, Bd. 1, 3. Aufl. 1857.

Koch, Christian Friedrich: Allgemeines Landrecht für die preußischen Staaten, 4. Aufl. 1862 ff.

- Bd. 1, 1, 4. Aufl. 1862.
- Bd. 1, 2, 4. Aufl. 1862.

Koch, Christian Friedrich: Allgemeines Berggesetz für die Preussischen Staaten, 1870.

Koeppen, Albert: Der Fruchterwerb des bonae fidei possessor. Zur Lehre von der Pendenz der Rechtsverhältnisse, Festschrift für Carl Georg Wächter, 1872.

Kohler, Josef: Zwölf Studien zum Bürgerlichen Gesetzbuch, ArchBürgR 18 (1900), S. 1-124.

Kräwel, Rudolf v.: Ueber den redlichen Besitz und dessen Folgen in Beziehung auf den Fruchterwerb nach deutschem Rechte, AcP 58 (1875), S. 261-276.

Krech, Johannes: Die Rechte an Grundstücken nach dem Entwurfe eines Bürgerlichen Gesetzbuches für das Deutsche Reich, in: Ernst Immanuel Bekker/Otto Fischer (Hrsg.), Beiträge zur Erläuterung und Beurteilung des Entwurfes eines Bürgerlichen Gesetzbuches für das Deutsche Reich, 14 (1889, Neudr. 1974).

Krenek, Helmut: Die Problematik des § 571 BGB in direkter und analoger Anwendung, 1989.

Kübel, Franz von: Schuldrecht Bd. 2, Besonderer Teil, in: Werner Schubert (Hrsg.), Die Vorlagen der Redaktoren für die erste Kommission zur Ausarbeitung des Entwurfs eines Bürgerlichen Gesetzbuches, 1980.

Kubuschok, Egon: Der Fruchterwerb des Nichteigentümers nach bürgerlichem Recht, 1930.

Kuhlenbeck, Ludwig: Handkommentar zum bürgerlichen Gesetzbuch, Bd. 1, 2. Aufl. 1903.

Kunkel, Felix: Bloßer Verkehrsschutz statt widerspruchsfreier Dogmatik? 2009.

Lange, Heinrich/Kuchinke, Kurt: Erbrecht, Ein Lehrbuch, 5. Aufl. 2001.

Larenz, Karl: Methodenlehre der Rechtswissenschaft, 6. Aufl. 1991.

Larenz, Karl/Canaris, Claus-Wilhelm: Lehrbuch des Schuldrechts, Bd. 2 Besonderer Teil, 2. Hb., 13. Aufl. 1994.

Larenz, Karl/Wolf, Manfred: Allgemeiner Teil des Bürgerlichen Rechts, 9. Aufl. 2004.

Lasok, D.: Rezension, ICLQ 22 (1973), S. 396-397.

Leist, Burkard Wilhelm: Ueber die Natur des Eigenthums, 1859.

Leonhard: Rezension, ZRG.RA 14 (1893), S. 275-285.

Leser, Hans G.: Der Rücktritt vom Vertrag, Abwicklungsverhältnis und Gestaltungsbefugnisse bei Leistungsstörungen, 1975.

Liebe, Viktor Friedrich August von: Sachenrechtliche Erörterung zu dem Entwurfe eines bürgerlichen Gesetzbuches für das Deutsche Reich, 1891.

Loenartz, Peter Josef: Die Restitutionspflicht des Besitzers fremden Gutes, 1885.

Lübtow, Ulrich von: Erbrecht, Eine systematische Darstellung, Hb. 2, 1971.

Mann, Frederick A.: The Legal Aspects of Money, 5. Aufl. 1992.

Marezoll, Gustav Ludwig Theodor: Lehrbuch der Institutionen des römischen Rechts, 11. Aufl. 1881.

Martinek, Michael: Bürgerliches Recht: Witwe Boltes Fallobst, JuS 1988, L 3-6

Martinek, Michael/Röhrborn, Stefan: Der legendäre Bonifatius-Fall – Nachlese zu einer reichsgerichtlichen Fehlentscheidung, JuS 1994, S. 473-479.

Mayer, Otto: Gutachten über die Frage: Sind die deutschrechtlichen oder die römischrechtlichen Grundsätze hinsichtlich des Fruchterwerbs im deutschen bürgerlichen Gesetzbuche aufzunehmen? In: Verhandlungen des 16. DJT (1882), S. 217-240.

Mayer-Maly, Theo: Römisches Recht, 2. Aufl. 1999.

Medicus, Dieter: Allgemeiner Teil des BGB, 9. Aufl. 2006.

Medicus, Dieter: Bürgerliches Recht – Eine nach Anspruchsgrundlagen geordnete Darstellung zur Examensvorbereitung, 21. Aufl. 2007.

Meischeider, Emil: Die alten Streitfragen gegenüber dem Entwurfe eines Bürgerlichen Gesetzbuches für das Deutsche Reich, in: Ernst Immanuel Bekker/Otto Fischer (Hrsg.), Beiträge zur Erläuterung und Beurteilung des Entwurfes eines Bürgerlichen Gesetzbuches für das Deutsche Reich, 3 (1889, Neudr. 1974).

Meyer, Robert: Rezension, JbfNS 64 (1895), S. 441-444.

Möhler, Franz: Pandektenrepetitorium nach den Lehrbüchern von Puchta, von Vangerow und Arndts, 2. Aufl. 1860.

Mugdan, Benno (Hrsg.): Die Gesamten Materialien zum Bürgerlichen Gesetzbuch für das Deutsche Reich, 1899 (Neudr. 1979).
- Bd. 2, Recht der Schuldverhältnisse.
- Bd. 3, Sachenrecht.
- Bd. 4, Familienrecht.
- Bd. 5, Erbrecht.

Mühlenbruch, Christian Friedrich: Lehrbuch des Pandekten-Rechts, Bd. 2, 1836.

Müller, Karl Otto: Lehrbuch der Institutionen, 1858.

Müller, Klaus: Sachenrecht, 4. Aufl. 1997.

Münchener Kommentar zum Bürgerlichen Gesetzbuch (MünchKom): hrsg. v. Kurt Rebhahn/Franz Jürgen Säcker/Roland Rixecker, 4. Aufl., 2000 ff.; 5. Aufl. 2006 ff.
- Bd. 1, Allgemeiner Teil, Tb. 1, §§ 1-240, ProstG, 5. Aufl. 2006.
- Bd. 3, Schuldrecht, Besonderer Teil, §§ 433-610, 5. Aufl. 2008.
- Bd. 5, Recht der Schuldverhältnisse, §§ 705-853 BGB, 4. Aufl. 2004.
- Bd. 5, Schuldrecht, Besonderer Teil III, §§ 705-853, 5. Aufl. 2009.
- Bd. 6, Sachenrecht, §§ 854-1296, 4. Aufl. 2004.
- Bd. 6, Sachenrecht, §§ 854-1296, 5. Aufl. 2009.
- Bd. 7, Familienrecht I, 4. Aufl. 2000.
- Bd. 8, Familienrecht II, §§ 1589-1921, SBG VII, 5. Aufl. 2008.
- Bd. 9, Erbrecht, §§ 1922-2385, §§ 27-35 BeurkG, 4. Aufl. 2004.

N.N.: Rezension, LRepDALit 2 (1844), S. 247-250.

Oertmann, Paul: Rezension, GrünhutsZ 22 (1895), S. 301-314.

Oppenhoff, Theodor Franz: Das Allgemeine Berggesetz für die preußischen Staaten, 1870.

Palandt, Otto (Begr.): Bürgerliches Gesetzbuch, 67. Aufl. 2008.

Petražycki, Leo von: Die Fruchtvertheilung beim Wechsel der Nutzungsberechtigten. Vom Standpunkt des positiven Rechts und der Gesetzgebung – Drei civilrechtliche Abhandlungen, 1892.

Petražycki, Leo von: Die Lehre vom Einkommen. Vom Standpunkte des gemeinen Civilrechts unter Berücksichtigung des Entwurfs eines bürgerlichen Gesetzbuches für das deutsche Reich, 2 Bde.
- Bd. 1, Grundbegriffe, 1893.
- Bd. 2, Einkommensersatz, 1895.

Petražycki, Leo von: Zur Lehre von der Vertheilung der Dotalfrüchte nach Auflösung der Ehe, JherJb 33 (1894), S. 448-459.

Pfeifer, Guido Christian: Ius Regale Montanorum, ein Beitrag zur spätmittelalterlichen Rezeptionsgeschichte des römischen Rechts in Mitteleuropa, 2002.

Planck, Gottlieb: Zur Kritik des Entwurfes eines bürgerlichen Gesetzbuches für das deutsche Reich, AcP 75 (1889), S. 327-429.

Planck Gottlieb [Begr.]: Planck's Kommentar zum Bürgerlichen Gesetzbuch nebst Einführungsgesetz, 4. Aufl. 1913 ff.,
- Bd. 1, Allgemeiner Teil, 1913 (Neudr. 1976).
- Bd. 3,1, Sachenrecht, Erste Hälfte (§§ 854-1112), 1913 (Neudr. 1976).

Preuß. Landes-Ökonomie-Kollegium: Verhandlungen des Königlichen Landesoekonomie-Kollegiums über den Entwurf eines bürgerlichen Gesetzbuches für das Deutsche Reich und andere Gegenstände vom 11. bis 22. November 1889, 1890.

Platschek, Johannes: Eigentum - Früchte - Nutzungen: Das unverbrüchliche Substantialprinzip des BGB, JA 2009, 846-849.

Puchta, Georg Friedrich: Vorlesungen über das heutige römische Recht, hrsg. v. Adolf August Friedrich Rudorff, Bd. 1, 4. Aufl. 1854.

Puchta, Georg Friedrich: Lehrbuch der Pandekten, 9. Aufl. 1863.

Rebe, Bernd: zur Ausgleichsfunktion von § 935 BGB zwischen Vertrauensschutz und Eigentümerinteressen beim gutgläubigen Mobiliarerwerb, AcP 173 (1973), S. 186-202.

Regelsberger, Ferdinand: Pandekten Bd. 1, 1893.

Reichel, Hans: Der Begriff der Frucht im römischen Recht und im deutschen BGB, JherJb 42 (1901), S. 205-308.

Reichsgerichtsrätekommentar (RGRK): 12. Aufl. 1974 ff.
- Bd. 1 §§ 1-240, 1982.

Reichsjustizamt: Zusammenstellung der gutachterlichen Aeußerungen zum dem Entwurf eines Bürgerlichen Gesetzbuchs, 6 Bde., 1890 (Neudr. 1967).
- Bd. 2, Aeußerungen zum Recht der Schuldverhältnisse.
- Bd. 3, Aeußerungen zum Sachenrecht.

Reichsjustizamt: Zusammenstellung der gutachterlichen Aeußerungen der Bundesregierungen zu dem Entwurf eines Bürgerlichen Gesetzbuches, 2 Bde, 1891 (Neudr. 1967).

Reinhardt, Rudolf: Vom Wesen des Geldes und seiner Einfügung in die Güterordnung des Privatrechts, in: Festschrift für Gustav Boehmer, 1954.

Repgen, Tilman: Die soziale Aufgabe des Privatrechts, Eine Grundfrage in Wissenschaft und Kodifikation am Ende des 19. Jahrhunderts, 2001.

Reuter, Dieter/Martinek, Michael: Ungerechtfertigte Bereicherung, 1983.

Ribbentropp, Friedrich: Begriff der Frucht nach römischem Recht und nach dem bürgerlichen Gesetzbuch, 1899.

Rudhart, Ignaz: Ueber die Eintheilung und Unterscheidung der Früchte in natürliche und bürgerliche nach ihren praktischen Folgen in Bezug auf Legislation, AGR 4 (1811), S. 314-364.

Salkowski, Karl: Lehrbuch der Institutionen und der Geschichte des römischen Privatrechts für den akademischen Gebrauch, 3. Aufl. 1880.

Savigny, Friedrich Carl von: Das Recht des Besitzes. Eine civilistische Abhandlung, 2. Aufl. 1806; 7. Aufl. 1865.

Savigny, Friedrich Carl von, System des heutigen römischen Rechts, 8 Bde., 1840-1851,
- Bd. 1, 1840 (Neudr. 1974).
- Bd. 4, 1841 (Neudr. 1974).
- Bd. 5, 1841 (Neudr. 1974).
- Bd. 6, 1847 (Neudr. 1974).

Schauhoff, Stephan: Die Bereicherungshaftung wegen der Nutzung rechtsgrundlos erlangten Geldes – Zur Auslegung des § 818 Abs. 1 und Abs. 2 BGB, 1992.

Scheurl, Christoph Gottlieb Adolf von: Beiträge zur Bearbeitung des römischen Rechts, Bd. 1, 1852.

Scheurl, Christoph Gottlieb Adolf von: Rezension, KritVJ 11 (1869), S. 266-288.

Scheurl, Christoph Gottlieb Adolf von: Lehrbuch der Institutionen, 7. Aufl. 1878.

Schlechtriehm, Peter: Anmerkung zu BGH v. 6.3.1998, JZ 1998, S. 957-959.

Schmidt, Karsten: Das Unternehmen als Gegenstand eines Konkursanfechtungsanspruchs, BB 1988, S. 5-7.

Schmidt, Karsten: Sind Hunde Plastiktüten?, JZ 1998, S. 790-792.
Schmidt, Karsten: Handelsrecht, 5. Aufl. 1999.
Schmidt, Kurt: Der Fruchterwerb des Pächters, 1908.
Schnorr von Carolsfeld, Ludwig: Soziale Ausgestaltung des Erwerbs von Erzeugnissen, AcP 145 (1939), S. 27-68.
Schödermeier, Martin/Woopen, Herbert: Die diskriminierte Einigung, Ein Beitrag zu Konzeption und Bindungswirkung der Einigung nach § 929 Satz 1 BGB, JA 1985, S. 622-628.
Schön, Wolfgang: Der Nießbrauch an Sachen, Gesetzliche Struktur und rechtsgeschäftliche Gestaltung, 1992.
Schön, Wolfgang: Bereicherungszinsen der öffentlichen Hand, NJW 1993, S. 3289-3293.
Schröder, Otto: Ueber das Recht des Nießbrauchers an mineralischen Produkten, insbesondere Bergwerkserzeugnissen, AcP 49 (1866), S. 246-264, 360-399.
Schubert, Werner: Die Entstehung der Vorschriften des BGB über Besitz und Eigentumsübertragung – Ein Beitrag zur Entstehungsgeschichte des BGB, 1966.
Schulte-Nölke, Hans: Das Reichsjustizamt und die Entstehung des Bürgerlichen Gesetzbuchs, 1995.
Schulz, Fritz: Fr. 63, D. 41, 1, ZRG.RA 35 (1914), S. 94-112.
Schulz, Fritz: Zwischenverfügungen bei Veräußerung und Verpfändung wesentlicher Sachtbestandteile, in: Paul Krüger (Hrsg.), Bonner Festgabe für Ernst Zitelmann zum 50. Doktorjubiläum, 1923, S. 83-165.
Schwab, Karl Heinz/Prütting, Hanns: Sachenrecht, Ein Studienbuch, 33. Aufl. 2008.
Schwabenspiegel: Karl August Eckhardt, Schwabenspiegel, Kurzform, 3. Bde., 1960.
Schwintowski, Hans-Peter: Das Unternehmen im Bereicherungsausgleich, JZ 1987, S. 588-593.
Seiler, Wolfgang: Höchstrichterliche Entscheidungsbegründungen und Methode im Zivilrecht, 1992.
Seuffert, Johann Adam: Praktisches Pandektenrecht, Bd. 1, 3. Aufl. 1852.
Sintenis, Carl Friedrich Ferdinand: Das practische gemeine Civilrecht Bd. 1, Die allgemeinen Lehren und das Sachenrecht, 1844.
Soergel, Hans Theodor (Begr.): Bürgerliches Gesetzbuch mit Einführungsgesetz und Nebengesetzen, 13. Aufl. 2000 ff.
- Bd. 1, Allgemeiner Teil 1, §§ 1-103, 2000.
- Bd. 14, Sachenrecht 1, §§ 854-984, 2002.
- Bd. 15,1, Sachenrecht 2,1, §§ 987-1017, ErbbauVO, 2006.

Sohm, Rudolf: Ueber Vertragsschluß unter Abwesenden und Vertragsschluß mit einer persona incerta, ZHR 17 (1873), S. 16-107.

Sokolowski, Paul: Sachbegriff und Körper in der klassischen Jurisprudenz und der modernen Gesetzgebung, 1907 (Neudr. 1959).

Sontis, Johannes M.: Strukturelle Betrachtungen zum Eigentumsbegriff, in: Gotthard Paulus/Uwe Diederichsen/Claus-Wilhelm Canaris (Hrsg.), Festschrift für Karl Larenz zum 70. Geburtstag, 1973, S. 981-1002.

Spyridakis, Johannes: Zur Problematik der Sachbestandteile, 1966.

Staudinger, Julius von (Begr.): Kommentar zum Bürgerlichen Gesetzbuch mit Einführungsgesetz und Nebengesetzen, 13. Aufl. 1993 ff.,
- Erstes Buch, Allgemeiner Teil, §§ 21-103, 1995.
- Buch 1, §§ 90-133; §§ 1-54, 63 BeurkG (Allgemeiner Teil 3 und Beurkundungsverfahren), 2004.
- Sachenrecht §§ 903-924, 2002.

Staudinger, Julius von (Begr.): Kommentar zum Bürgerlichen Gesetzbuch mit Einführungsgesetz und Nebengesetzen, 11. Aufl. 1954 ff.
- Bd. 1, Allgemeiner Teil, 1957.

Staudinger, Julius von [Begr.]: Kommentar zum Bürgerlichen Gesetzbuch mit Einführungsgesetz und Nebengesetzen, Eckpfeiler des Zivilrechts, 2005.

Stobbe, Otto: Handbuch des Deutschen Privatrechts, Bd. 2, 2. Aufl., 1883.

Teichmann, A.: Heimbach, Gustav Ernst, in: Allgemeine Deutsche Biographie 11 (1880), S. 327.

Teichmann, A.: Göppert, Heinrich Robert, in: Allgemeine Deutsche Biographie 49 (1904), S. 454-455.

Thomsen, Theodor Ludwig: Gutachten über die Frage: Sind die deutschrechtlichen oder die römischrechtlichen Grundsätze hinsichtlich des Fruchterwerbs im deutschen bürgerlichen Gesetzbuche aufzunehmen? In: Verhandlungen des 17. DJT (1884), Bd. 1, S. 289-333.

Thibaut, Anton Friedrich Justus: System des Pandektenrechts, 9. Aufl. 1846.

Thielemann, Georg: Produktion als Grundlage des Fruchterwerbs, ZRG.RA 94 (1977). S. 76-100.

Tigerström, Friedrich Wilhelm von: Die bonae fidei possessio oder Das Recht des Besitzes, 1836.

Tuch, Hans: Die Konstruktionsversuche am § 956 BGB, 1913.

Tuhr, Andreas von: Der Allgemeine Teil des Deutschen Bürgerlichen Rechts, Bd. 2,2, 1918 (Nachdr. 1957).

Tuhr, Andreas von: Rezension, DJZ 1911, Sp. 825-826.

Unger, Joseph: System des österreichischen allgemeinen Privatrechts, Bd. 1, 5. Aufl. 1892.

Unger, Joseph: Eigenthum an der Gesammtsache, JherJb 12 (1873), S: 273-276.
Unterholzner, Dominik: Von der Erwerbung des Eigenthums an den Erzeugnissen, AcP 8 (1825), S. 309-361.

Vangerow, Karl Adolph von: Lehrbuch der Pandekten, 2 Bde., 7. Aufl. 1863.
Vangerow, Karl Adolph von: Leitfaden für Pandekten-Vorlesungen, 3. Aufl. 1843, 1849.
- Bd. 1,2 2. Buch, Familienrecht, 3. Buch, Dingliche Rechte, 1843.

Vering, Friedrich H.: Geschichte und Pandekten des römischen und heutigen gemeinen Privatrechts, 5. Aufl. 1887.
Vierhaus, Felix: Die Entstehungsgeschichte des Entwurfes eines Bürgerlichen Gesetzbuches für das Deutsche Reich. In Verbindung mit einer Uebersicht der privatrechtlichen Kodifikationsbestrebungen in Deutschland, in: Ernst Immanuel Bekker/Otto Fischer (Hrsg.), Beiträge zur Erläuterung und Beurteilung des Entwurfes eines Bürgerlichen Gesetzbuches für das Deutsche Reich, 1 (1888, Neudr. 1974).
Vogenauer, Stefan: Die Auslegung von Gesetzen in England und auf dem Kontinent – Eine vergleichende Untersuchung der Rechtsprechung und ihrer historischen Grundlagen, Bd. 1, 2001.

Wächter, Karl Georg von: Pandekten, 2 Bde.,
- Bd. 1, Allgemeiner Theil, 1880.
- Bd. 2, Besonderer Theil, 1. Sachenrecht, 2. Obligationenrecht, 3. Familien Recht, 4. Erbrecht, 1880.

Wächter, Karl Georg von: Erörterungen aus dem römischen, deutschen und württembergischen Privatrechte, Bd. 1, 1845
Wächter, Karl Georg von: Handbuch des im Königreiche Württemberg geltenden Privatrechts, 2 Bde., 1839, 1842,
- Bd. 2, Allgemeine Lehren, 1842 (Nachdr. 1985).

Warneyer, Otto: Kommentar zum Bürgerlichen Gesetzbuch für das Deutsche Reich, 2. Bde., 1923.
Waldeck, R.: Die Pfändung ungeerndteter Früchte, AcP 55 (1872), S. 482-510
Warnkönig, Leopold August: Ueber den Begriff und die juristische Wichtigkeit der sogenannten Universitas rerum, AcP 11 (1828), S. 169-204.
Weiske, Julius (Hrsg.): Rechtslexikon für Juristen aller teutschen Staaten enthaltend die gesammte Rechtswissenschaft, 15 Bde., 1939-1862,
- Bd. 4, Erbvertrag-Güteversuch, 1843.

Wendt, Otto Heinrich: Lehrbuch der Pandekten, 1888.
Wendt, Otto Heinrich: Erwerb von einem Nichtberechtigten, AcP 89 (1899), S. 1-84.

Wendehorst, Christiane: Anspruch und Ausgleich, Theorie einer Vorteils- und Nachteilsausgleichung im Schuldrecht, 1999.

Wening-Ingelheim, Johann Nepomuk von: Lehrbuch des Gemeinen Civilrechts, Bd. 1, 4. Aufl. 1831.

Westermann, Harry: Rechtsprinzipien des Preußischen Allgemeinen Berggesetzes, ZfB 106 (1965), S. 122-133.

Westermann, Harm Peter/Gursky, Karl-Heinz/Eickmann, Dieter: Sachenrecht, Ein Lehrbuch, 7. Aufl. 1998.

Westfälischer Bauernverein: Verhandlungen des Westfälischen Bauernvereins über den Entwurf eines bürgerlichen Gesetzbuches für das Deutsche Reich, 1890.

Wieacker, Franz: Sachbegriff, Sacheinheit und Sachzuordnung, AcP 148 (1943), S. 57-104.

Wieling, Hans Josef: Die Nutzungen des gutgläubigen Besitzers, insbesondere in fehlgeschlagenen Vertragsverhältnissen, AcP 169 (1969), S. 137-170.

Wieling, Hans Josef: Hereditas petitio und res iudicata, JZ 1986, S. 5-11.

Wieling, Hans Josef: Die Verdinglichung der Miete vom römischen Recht bis zu den modernen Kodifikationen, in: Silvio Romano (Hrsg.), Nozione Formazione e Interpretazione del Diritto dall'Età Romana alle Esperienze Moderne, Ricerche Dedicate al Professor Filippo Gallo, Bd. 3, 1997, S. 667-689.

Wieling, Hans Josef: Die Grundstücksmiete als dingliches Recht, in: Joachim Jickeli/Peter Kreutz/Dieter Reuter, Gedächtnisschrift für Jürgen Sonnenschein, 22. Januar 1938 bis 6. Dezember 2000, 2003, S. 201-220.

Wieling, Hans Josef: Sachenrecht, Bd. 1 Sachenrecht, Sachen, Besitz und Rechte an beweglichen Sachen, 2. Aufl. 2006.

Wilhelm, Jan: Sachenrecht, 3. Aufl. 2007.

Wilhelm, Walter: Bergbaurecht und Grundeigentum, in: Franz Wieacker (Hrsg.), Jherings Erbe – Göttinger Symposion zur 150. Wiederkehr des Geburtstags von Rudolph von Jhering, 1970, S. 222-239.

Wilhelm, Walter: Private Freiheit und gesellschaftliche Grenzen des Eigentums in der Theorie der Pandektenwissenschaft, in: Helmut Coing/Walter Wilhelm (Hrsg.), Wissenschaft und Kodifikation des Privatrechts im 19. Jahrhundert, Bd. 4, Eigentum und industrielle Entwicklung, Wettbewerbsordnung und Wettbewerbsordnung, 1979, S. 19-39.

Willoweit, Dietmar: Historische Grundlagen des Privatrechts, JuS 1977, S. 292-297.

Windhorst, Kay: Staatshaftungsrecht, JuS 1996, S. 894-900.

Windscheid, Bernhard: Über das Recht des redlichen Besitzers an den Früchten, ZCP 4 (1847), S. 55-137.

Windscheid, Bernhard: Lehrbuch des Pandektenrechts, 5. Aufl., 1880; 6. Aufl., 1887.
- Bd. 1, 5. Aufl. 1880.
- Bd. 1, 6. Aufl. 1887.
- Bd. 2, 6. Aufl. 1887.
- Bd. 3, 6. Aufl. 1887.

Winkler, Wolfgang: Bergbaurecht und Grundeigentum, in: Helmut Coing/Walter Wilhelm (Hrsg.), Wissenschaft und Kodifikation des Privatrechts im 19. Jahrhundert, Bd. 4, Eigentum und industrielle Entwicklung, Wettbewerbsordnung und Wettbewerbsordnung, 1979, S. 79-120.

Witt, Carl-Heinz: Die Rechtsfigur des Besitzdieners im Widerstreit zwischen Bestands- und Verkehrsschutz, AcP 201 (2001), S. 165-201.

Wolf, Ernst: Lehrbuch des Sachenrechts, 2. Aufl. 1979.

Wolff, Martin: Sachenrecht, 6. Aufl. 1926.

Wolff, Martin/Raiser, Ludwig: Sachenrecht, Ein Lehrbuch, 10. Aufl. 1957.

Würthwein, Susanne: Schadensersatz für den Verlust der Nutzungsmöglichkeit, 2001.

Zitelmann, Ernst: Uebereignungsgeschäft und Eigenthumserwerb an Bestandtheilen, JherJb 70 (1921), S. 1-69.

Zöpfl, Heinrich Matthias: Ueber das Verhältniß des rationalen und nationalen Rechtes, mit Rücksicht auf die neuen Gesetzbücher, ZdR 4 (1840), S. 91-123.

English Summary

I. The doctrine of fructus in the 19th century

The discussion regarding the distribution of yields in the 19th century led to three essential theories.

1. Despite all disagreements among their representatives, the predominant *Bestimmungslehre* established a first serious attempt to develop a common terminology for the doctrine of *fructus*. Two elements constitute the common ground of this theory. On the one hand, the representatives agree in the point that only those yields gained in conserving the substance of the fruit-producing object (*salva rerum substantia*) can be considered as *fructus*. Thus, the roman principle of substantiality as it is described in D. 7, 1, 1 becomes the fundamental point of this doctrine. On the other hand, the representatives of this doctrine accentuate that the yields have to be obtained according to the purpose (*Bestimmung*) of the fruit-producing object. This second requisite is deduced, pursuant to *Puchta*, from the ancient dispute on whether the child of a slave, *partus ancillae*, or the excessive lumbering, *silva caedua*, can be considered to be *in fructu*. According to this idea, the *Bestimmungslehre* succeeds in finding at least a terminological solution for most types of yields on assets in Roman law.

2. Anyhow, it has to be admitted that the predominant doctrine's approach leads to a multitude of complications that are discussed not only by its adherents, but also massively criticized by its opponents. The two most significant of the opponents are *Heinrich Robert Göppert* and *Leo von Petražycki*. Both authors, departing from quite distinct dogmatic foundations, refer to the debated questions of the predominant doctrine. Particularly regarding the actual distribution of *fructus*, the *Bestimmungslehre* has failed to create a terminology that would allow the deduction of general principles that include the distribution of *in rem* and *in personam* fruits. This is demonstrated most notably by the dispute on the acquisition of *fructus* by the *bona fide possessor*. Yet it is evident in all cases of fruit acquisition.

a) From this point of view namely *Göppert* was the first author to restrict the doctrine of *fructus* only to rights *in rem* (*Erzeugnistheorie*). More than the *Bestimmungslehre Göppert* emphasizes the relationship between the fruit-producing object and the yielded fruits. As a result, he asserts that fruits, which he considers only to be natural products, remain, as 'former parts', in the same legal situation as before, even after their separation. In order to explain the acquisition of property by a non-proprietor, *Göppert* develops a sophisticated system of fruit entitlements that he – especially in concurrence with *Bernhard Windscheid* – construes to be fragments of the comprehensive right of property. Specifically, the author tries to explain the three modes of acquisition of property known in

Roman law: separation, perception and tradition. Only the *bona fide possessor*, he completely denies such an entitlement to fruit acquisition. To him the *bona fides* does not entitle the beneficiary to the acquisition of any property. It can only limit the proprietor's claims for restitution. As a second noteworthy aspect of his approach, *Göppert* deems the problem of fruits gathered by excessive use of the object to be solely a question of monetary compensation between the parties (and not of the property of the fruits). Coming from an objective point of view, he denies a difference between those fruits gained by efficient, sustainable use and those obtained excessively. According to him, legal certainty therefore demands that if the person obtaining the fruits is entitled to a corresponding part of the right of property both types of usage must be treated equally. Compensation can only be claimed by an *in personam* claim between proprietor and the person entitled to the fruits.

b) The doctrine of *fructus* was approached from entirely different perspective by the so called relative fruit theory (*relative Fruchtlehre*). Most radically, this view was advanced by *Leo von Petražycki* who outright denies any relevance of the objective relationship between the yielded fruits and the fruit-producing object. He only wants to consider the subjective right regarding the fruit-producing object of the person entitled to *fructus*. This doctrine, hence, concentrates on the relationship between two legal persons with respect to a fruit-producing object. *Petražycki* develops this aspect much further than *Göppert* did in his doctrine of real fruit acquisition. In terms of *in rem* law, this means that the extent of the respective entitlement to fruits does not only determine whether yields can be acquired at all, but also the extent of their acquisition. In addition to the question concerning the *in rem* rights, the *in personam* relationship between the parties entitled to fruits becomes more and more important to this theory. As a consequence, the term of *fructus* can no longer be limited to material yields of an object, but also has to include immaterial gains such as interests, as actual prime examples of *fructus* to this theory. The distinction between *fructus naturales* and *fructus civiles*, formerly known in Roman law, therefore entirely loses its relevance to *Petražycki*'s concept. The sole criterion of distinction is whether the respective yields are to be distributed in their entirety (gross yield) or less the expenses of production (net yield). In order to ensure that both types of yields are distributed as analogously as possible, *Petražycki* concludes that the acquisition of the property of material fruits should only be admitted up to the amount of a sustainable production. The so-called excess fruits, hence, remain within the property of the owner of the fruit-producing object. By emphasising the bilateral relationship between the parties and the detachment from property law moreover devises a criterion for the distribution of immaterial yields.

c) Having a closer look at the two latter approaches, one can note that they refer to two different aspects of the doctrine of *fructus*. As they give up the unity of the doctrine of *fructus* they face the problems resulting from the predominant *Bestimmungslehre*. Stating this point, it is hardly surprising that both theories entered the scientific debate later on. Even though, none of them was defended in the same radical way.

II. The legislation from 1874 to 1896

1. The works on legislation in the late 19th century were quite aware of this scientific debate to the Roman law and drew several conclusions from the doctrine of *fructus*.

a) Before all, the first editorial draft code made by *Reinhold Johow* in 1880 pursued the scientific debate, by initially restricting the doctrine to a material context. It was also *Johow* who inspired the legislation to its current system by positioning the legal term of *fructus* in the general *in rem* law – initially, situated at the beginning of the third book of the draft code (*Sachenrecht*), later shifted to the general part in the first book (*Allgemeiner Teil*). Nevertheless, the additional obligatory character of the doctrine of *fructus* was not ignored by the legislators. Especially the first official draft (*Entwurf I*) was aware of this point and broadened the legal definition because the restriction to only material yields was insufficient to include all forms modern economy. The definition of the §§ 792, 793 E I, which are essentially identical with today's §§ 99, 100 BGB, does no longer restrain itself to material yields, but also includes ideal profits as interests, as well as the general benefit from the utilization of an object or a right. Namely the definition of fruits of a right in § 99 (2) BGB opens the door to end the controversial debate on the legal character of interests as *fructus*.

b) At the same time, the legal definition in the BGB gives priority to legal certainty. According to the theory of the latter *Göppert*, the legal terms do not differentiate between the excess fruits and the yields gained according to the rules of sustainability.

2. Nevertheless, the *fructus* doctrine of the BGB is based in a broad side on the Roman law. Especially the Roman concept of substantiality influences the legislation, but is also further developed by the idea of protecting the public commerce in several ways. This applies especially to the question of the acquisition of fruits in good faith and the acquisition of property by the holder of an obligatory entitlement.

a) The main dispute on the treatment of the *bonae fidei possessio* was presented with a practical solution that attempts to protect public commerce as comprehensively as possible by making the requisites of acquiring property as simple and obvious as possible. According to the definition of § 955 BGB only positive knowledge can prevent the acquisition of fruits, once the possessor obtained the possession without gross negligence. The real proprietor of the fruit-producing object is remitted to an *in personam* compensation. Referring to similar ideas of the author *Göppert*, the good faith is given priority over the owner's interest in retaining the substance of the property. But as you can see in § 988 BGB there are, nonetheless, several cases where the *bona fides* does not take precedence, namely, when the possession was gained without remuneration. Regarding the excess fruits the proprietor can only ask for a monetary compensation *in personam* according to § 993 BGB. This rule was introduced by the XII. Commission of the *Reichstag* according to the example of the responsibility of the usufructuary in § 1039 BGB.

b) Great efforts have also been made regarding the distinction between *in rem* and *in personam* rights in treatment of those who have solely an obligatory entitlement to the fruits, most importantly the lease. Roman law only granted a claim against the lessor, whereas the Prussian law recognized a right to the object itself. Nevertheless, in the second Commission the legislation at least recognized real possession to the lessee which finally leads to a certain materialization of his rights and a better protection of the lessee against third parties, but also against the proprietor himself.

III. Contemporary law

Starting with the basic decisions in the legal definition of fruits in §§ 99, 100 BGB, one can solve various problems which concerned not only the scientific debate of the 19th century, but also contemporary controversies.

1. First of all, it can be stated that the legal term of *fructus* has to be defined objectively. This means that all material yields of comparable character have to be treated analogously, including the excess fruits. On the other hand, the person, bound to restitute the gained fruits, cannot immediately claim his own expenses for the production of these fruits. In this case § 102 BGB allows only a monetary compensation.

Nevertheless, analyzing the immaterial fruits of an object or a right (cf. § 99 (2) BGB) leads to a different result. Since they are based solely on an imaginary calculation, they cannot produce excess fruits. At the same time, they can automatically be considered as net yields. The costs for their production are yet considered within the calculation. Insofar as the legal literature differs in this point, namely in respect to the yields of an enterprise, this is due to an incorrect interpretation of the legal definition in relation to § 102 BGB. The only function of § 102 BGB is to restrict the non-entitled possessor's obligation to restitution, if possible, to a net sum. Difficulties can, however, only exist with material gains according to § 99 (1) BGB, not to ideal yields as mentioned above.

2. In this regard, also the still controversial debate on the legal character of interests as fruits should be decided by generally considering them as fruits of a right, § 99 (2) BGB. Only interests for arrears must be considered as indirect fruits of a right, because of their origin in a legal obligation, e.g. § 288 BGB.

3. As mentioned above, also the interpretation of acquisition of property of fruits according to §§ 953 pp. BGB must be seen in regard to the objective character of the legal definition and the aim to facilitate the public commerce. The conclusions that have been drawn in the debate of the legislation in the late 19th century still help us understand the current law. Against the opinion of some contemporary authors even the acquisition of property by the sole lessee has to be considered solidified and materialized under certain circumstances. Once the lessee legally gained the possession neither a unilateral revocation, nor the loss of his obligatory right can prevent the acquisition of property. The only criterion for the acquisition so far is the actual separation of the fruit from its object during the time of possession.

4. The broad formulation of the §§ 954 pp. BGB and the, nonetheless, derivative character of § 956 BGB lead to the exceptional possibility of preventing the acquisition of excess fruits. Practically, this is only relevant for the lessee and others that have an obligatory entitlement, since in these cases the right to obtain fruits depends in principle from the agreement between the parties and thus the owner's consent. In other cases the amount of acquisition is legally defined and depends, hence, only on the legal determination. Regularly, the legitimate possessor will gain ownership of all fruits, even the excess fruits, but has in turn to compensate the loss of the owner, cf. § 1039 BGB.

Sumário em Português

I. A doutrina dos fructus no século XIX

A disputa científica sôbre a distribuição dos bens da produção (*fructus*) no século dezenove, teve como foco da atenção as fontes jurídicas romanas e chegou á três pontos de vista.

1. No centro dominava a doutrina chamada *Bestimmungslehre* (doutrina da finalidade dos frutos), que mesmo com várias diferênças nos detalhes, demonstrou ser uma primeira tentativa séria que envolve os direitos dos *fructus* em um conceito homogênico. Dois elementos formam assim o fundamento desta doutrina. Por um lado os seus representantes estão de acordo que só podem se contar como frutos os taís produtos que se conseguem com a preservação da substância maternal das causas (*salva rerum substantia*). Por este meio o princípio romano da substancialidade descrito em D. 7, 1, 1 (*Substantialprinzip*) resulta a ser um princípio básico da *Bestimmungslehre*. Alías, os representantes desta doutrina acentuam que o fruto terá que ser ganho com o propósito da causa maternal. Esta segunda presunção resulta seguindo *Puchta* das antigas controversas sôbre as características do *partus ancillae*, a criança escrava, e da *silva caedua*, da madeira excessiva, como fruto. Com a acentuação do propósito da causa maternal esta doutrina regente conseguiu uma solução practicavel para as formas mais comuns de rendimentos ou frutos no direito romano.

2. Mesmo assim pode-se observar que a teoria da *Bestimmungslehre* chega a vários números de problemas que foram ambos debatados dentro da própia doutrina ambos de fora. Os adversários mais consequentes da doutrina regente eram *Heinrich Robert Göppert* e *Leo von Petražycki*. Vindo de diferentes ângulos dogmáticos os dois autores desenvolvem própias doutrinas salientando as debates dentro da doutrina regente. Pois principalmente em relação a da distribuição concreta dos frutos, a doutrina regente não conseguiu um conceito único tanto para a distribuição real como para a distribuição obrigatória. Este problema é óbvio na disputa sobre a compra de frutos com boa fé. Além disso, este problema atravessa toda a matéria de aquisição dos frutos.

a) Deste ponto de vista *Göppert* se limita como primeiro autor somente as questões do direito de aquisação reais (*Erzeugnistheorie*, doutrina de produção). Isto significa que ele acentua ainda mais que a *Bestimmungslehre* a relação entre o produto e a causa maternal. Consequência para *Göppert* é que os frutos como produtos orgánicos continuam sempre a ser 'partes que eram' da causa maternal mesmo sendo separados, assim que os frutos continuam em mesma relação diante ao frutuário como a causa maternal. Por esta razão, *Göppert* apresenta um sistema diferenciado para poder explicar a aquisação dos frutos por outrem que o proprietário. Nomeadamente na sua construção de aquisação de propriedade de frutos como direito segregado do direito de propriedade o autor alinha-se com os trabalhos de *Bernhard Windscheid*. Por estes meios *Göppert* tenta esclarecer os diferentes termos que se encontram no direito romano: *separatio*, *perceptio* e *traditio* como diferente dimensão de direito de aquisação. Apenas no caso do possuidor de boa fé ele nega um tal direito de aquisação. Segundo *Göppert*, a sua fidelidade não basta para a aquisação dos bens, más ainda da-lhe um privilégio contra o proprietário e o seu direito de restituição. Como segunda particularidade da sua doutrina *Göppert* trabalha uma nova concepção sobre a distribuição dos frutos exessivos. Em vez de buscar a solução no direito real, ele tenta resolver este problema no direito das obrigações entre as partes. Desde de um ponto de vista objectivo não existe diferença entre os frutos adquiridos exessivos ou adquiridos com o compromisso de critérios econômicos. Desde este ponto de vista a segurança jurídica exige que o direito de um frutuário não difere em termos de objectivamente iguais produtos. O erro cometido pelo frutuário tera que ser equilibrado em termos do direito obrigatório entre as partes, nomeadamente com a vindicação do proprietário.

b) Desde uma outra posição chega então a doutrina de *Leo von Petražycki*, a doutrina dos frutos relativos (*relative Fruchtlehre*). Em sua radicalidade o autor e os seus adeptos negam toda relevância da relação entre o produto de uma coisa e a causa maternal. Sómente aceita esta doutrina o subjetivo direito do frutuário no objecto maternal. A única determinante desta doutrina seria a relação de dois donos de direitos referentes a uma só causa frutífera. No seu conceito *Petražycki* vai mais á diante que *Göppert* o fez em sua doutrina sobre a aquisação dos frutos. Isto significa em relação a uma aquisação real que o direito de cada frutuário não só determina quais frutos em geral, mas tambem sim em qual extensão os frutos são adquiridos. O foco muda neste sentido cada vez mais fora das questões reais em direção da relação entre as partes. Assim mesmo este conceito tem como consequencia que o termo jurídico dos *fructus* não é somente usado para rendimentos físicos, mas também para rendimentos não físicos, como por exemplo os juros de dinheiro. Desde do ponto de vista da *relative Fruchtlehre* também a antigua diferenciação entre *fructus naturales* e *fructus civiles* perde o seu valor, porque nomeadamente os juros como *fructus civiles* resultam a ser um exemplo significativo de frutos. O único critério relevante para *Petražycki* resulta na diferença entre os frutos na sua totalidade (rendimento em bruto, *Bruttoertrag*) ou os frutos tirando os custos feitos para a produção (rendimento em neto, *Nettoertrag*). Ao mesmo tempo ele tenta procurar um caminho paralelo para estas duas formas de rendimentos. Assim que na discussão sobre os frutos exessivos o autor se posiciona contra *Göppert*. Do seu ponto de vista a aquisação dos frutos somente é possivel atravez do compromisso de critérios econômicos. Isto são os mesmos critérios que facilitam também a elaboração de critérios para a distribuição de frutos não físicos.

c) Olhando bem a estas duas últimas doutrinas vemos que eles em princípio acentuam diferentes aspectos na doutrina romana dos *fructus*, mas ao mesmo tempo indicam as fraquezas da doutrina regente de diferente ponto de vista. Até aí não é surpresa que os seus pontos críticos de cada doutrina entraram no debate scientífico mais tardio. Em sua radicalidade nenhuma das duas posicões foi defendida no posterior, mas sim se encontram formas mistas.

II. A legislação desde 1874 até 1896

1. A legislação do código civil alemão (*Bürgerliches Gesetzbuch*, BGB) foi por uma grande parte influenciada pelo debate do século XIX e também tirou consequencias centrais das diferentes doutrinas sobre os *fructus*.

a) Nomeadamente os trabalhos de *Reinhold Johow* para uma proposta legislativa sobre o direito real dos anos 1874 até 1880 assumem o conceito real da doutrina regente. É deste tempo que se também deriva a sistemática dos frutos numa parte geral sobre o direito das coisas. Mesmo assim os legisladores estavam todo tempo conscientes deste outro aspecto do direito dos frutos que incide o direito das obrigações e mais tardar com o início dos trabalhos para a segunda proposta legislativa ficou óbvio que era necessário de extinguir o termo dos frutos também a rendimentos não físicos.

A proposta da primeira comissão desde aí conselhou uma definição dos frutos ampla, que já indica as decisões princípais para os §§ 99, 100 BGB de hoje. A definição legal dos frutos compreende junto com a produção física também toda produção não física e mesmo ainda cada proveito dado por uma causa ou um simples direito. É este conceito amplo do BGB que consegue como primeira legislação uma base conceitual que corresponde com as necessidades prácticas. Grande importância pertence a definição dos frutos dum direito segundo a § 99 (2) BGB. Referindo neste artigo a da determinação da coisa materna a nova lei consegue também concluír as rendas e os interesses que foi parte da polémica do século XIX.

b) Ao mesmo tempo a definição legal tenta já facilitar as relações júridicas considerando todos os frutos e rendimentos duma coisa ou dum direito de maneira ampla sem obrigar o frutuário de obter qualquer diligência. Junto com a opinião de *Göppert* também os frutos exessivos resultam a ser fruto segundo a § 99 (1) BGB.

2. Em princípio o conceito de aquisação de frutos alinha com o direito romano como ele foi elaborado no século XIX. Especialmente vemos este alinhamento nos §§ 94, 953-957 BGB aonde se visualiza o conceito romano da substancialidade. Ao mesmo tempo o código civil alemão com o seu conceito de

segurança das relações jurídicas desenvolve a ideia romana da substancialidade em relação a aquisação de frutos com boa fé ou pelo frutuário com direito obrigatório (como exemplo o locatário).

a) Em frente de tudo o BGB da uma solução bem practival para o problema da aquisação de bens no caso da *bonae fidei possessio*. A lei leva a segurança das relações jurídicas mais ampla possivel adaptando a própia aquisação dos bens a requisitos mais simples possíveis. Tendo o possuidor adquirido a posse sobre a causa maternal sem dolo, seguindo ao § 955 BGB somente o conhecimento positivo tardar prejúdica a sua aquisação. Este facto é compensado pelo direito obrigatório entre o possuidor e o propietário. Por princípio também aqui a boa fé toma prioridade em frente do interesse de integridade do propietário. Um conceito que resulta dos mesmos aspectos que já acentuou *Göppert* na sua doutrina. Mesmo assim a lei difere em vários lugares deste conceito. Um exemplo é o caso do § 988 BGB. Aqui a legislação decidiu dar prioridade ao propietário quando o possuidor adquiriu a posse sem remuneração. Também em relação aos frutos exessivos o propetário recebe um direito de compensação contra o mero possuidor. Uma regra que foi afinal introduzida com o § 993 (1) BGB nos últimos ajustes da commissão do *Reichstag* sobre o direito da vindicação. Mesmo o possuidor de boa fé aquirir a propiedade dos frutos, ele mesmo assim tem que compensar o prejuizo feito sem levar em conta a sua culpabilidade.

b) Uma grande debate entre os legisladores do BGB também resultou em relação ao frutuário que deriva o seu direito de aquisação de um direito somente obrigatório, em especial o locatário. Ao contrário do direito da Prússia o direito romano que estava no focos dos legisladores não reconhecia verdadeira posse ao locatário e outros. Mesmo assim as exigências económicas trazeram os legisladores a reconhecer pelo menos um partial direito real a esta forma de possuidor e deram-lhe verdadeira posse. De esta maneira o possuidor obrigatório não só podia defender os seus direitos contra outrem más também contra o própio propietário.

III. O direito em vigor

Resumindo a interpretação das definição legal dos frutos nos §§ 99 e 100 BGB vê-se que ela representa uma boa base para resolver vários problemas no debate actual. Muitas das soluções encontradas já se manifestaram nos trabalhos das commissões legislativas. Outras resultam desde duma continuação destas própias idéias.

1. No início vê-se que o termo jurídico dos frutos terá que ser determinado por um ângulo objectivo. Isto significa que produtos de uma coisa objectivamente iguais teram que ser tratados juridicamente de mesma maneira.

Nomeadamente os ditos frutos excessivos são frutos num senso jurídico. Ao contrário o possuidor culposo tem que retornar junto com a coisa materna também todos os frutos adquiridos sem poder retirar as suas despensas. Ele apenas tem um direito de compensação segundo § 102 BGB.

Mesmo assim chega-se a um outro resultado em relação aos frutos incorporais como os interesses. Como eles somente existem numa forma não física, não é possível a extração de frutos excessivos. Ao mesmo tempo eles resultam a ser sempre um rendimento em neto. É esta a interpretação adequada dos §§ 99, 100 e 102 BGB tambem em conjunto com os rendimentos de uma empresa. Os ganhos duma empresa teram que sempre ser definidos como rendimento em neto que já considera as despesas para a sua aquisação.

2. O debate polémico sobre a qualificação de juros e outros interesses tem a sua solução no § 99 (2) BGB. Somente os juros de atraso como eles são definidos em § 288 BGB devem ser subsumidos no § 99 (3) BGB, pois só resultam desde uma adicional relação jurídica entre os partidos.

3. Também as regras sobre a aquisação da propiedade dos frutos nos §§ 953 pp. BGB tenhem que ser lidas tendo sempre em vista o objectivo da lei de facilitar as relações jurídicas entre as partes. Em conjunto com os resultados ganhos no capítulo sobre a legislação desde 1874 poderá-se também esclaracer o debate sobre os §§ 955 e 956 p. BGB. Ao contrário da opinião de alguns autores é este mesmo objectivo de facilitar as relações jurídicas que tem como resultado, que assim mesmo o própio locatário somente obter um direito derivativo a aquisação dos frutos, mesmo assim em certos casos o seu direito de aquisação já se ter seguramente manifestado. Nomeadamente é este o caso se o frutuário se encontrar em posse da causa maternal. Isto significa no caso do § 956 BGB que mesmo a revogação do propietário já não consegue retirar-lhe o seu direito aos frutos. Mesmo a aquisação ter por início um carácter derivativo, depois de obter a posse o simples frutuário terá um direito seguro a aquisação dos frutos.

4. A redação dos §§ 954 pp. BGB e o carácter derivativo dos §§ 956 p. BGB também são capazes de incluir respectivamente de excluir os frutos execessivos. Nomeadamente no último caso a própia aquisação dos bens depende da vontade do propietário assim que as partes podem de esta maneira sempre definir a quantidade de aquisação. Nos outros casos a própia lei define que em relação da propiedade todos os ganhos serão adquiridos pelo frutuário com direito real, cf. § 1039 BGB, mesmo assim ele ter que pagar uma indemnização ao propietário.

Quellen- und Gesetzesregister

Personenregister

Schriften zur Entwicklung des Privatrechtssystems

Herausgegeben von Christian Baldus und Christian Pohl

Band 1 Susanne Kaiser: Rückwirkender Vermögensübergang? Partage de l'indivision successorale und Erbteilung. 2005.

Band 2 Magnus Dorweiler: Vermögensvorteil und Geldwert beim Vermächtnis. 2005.

Band 3 Stefan Schneider: Rückgriffskondiktion. Die Legitimation der Rückgriffskondiktion in Drittleistungsfällen. 2008.

Band 4 Bruno Rodríguez-Rosado: Abstraktionsprinzip und redlicher Erwerb als Mittel zum Schutze des Rechtsverkehrs. 2009.

Band 5 Benedikt Kühle: Der Dualismus von ausdrücklicher und stillschweigender Willenserklärung. 2009.

Band 6 Melanie Schenk: Die Verkehrsauffassung in BGB und UWG. Am Beispiel des Sachenrechts und der Irreführungsgefahr. 2010.

Band 7 Michael Giebel: Der Erbschaftskauf – ein überflüssigerweise normiertes Rechtsinstitut. 2010.

Band 8 Jacek Lehmann: Vindikation und richterlicher Wertungsspielraum. Der Rechtsmissbrauch in der deutschen und polnischen Rechtserfahrung. 2011.

Band 9 Sérgio Fernandes Fortunato: Früchte und Nutzungen. Eine dogmenhistorische Untersuchung zur privatrechtlichen Erfassung von Vermögenserträgen. 2012.

www.peterlang.de

Peter Lang · Internationaler Verlag der Wissenschaften

Sandie Calme

Der Eigentumsvorbehalt des deutschen und französischen Rechts im europäischen Kontext

Zugleich ein Beitrag zum internationalen Insolvenzrecht

Frankfurt am Main, Berlin, Bern, Bruxelles, New York, Oxford, Wien, 2011.
216 S.
Europäische Hochschulschriften. Reihe 2: Rechtswissenschaft. Bd. 5208
ISBN 978-3-631-61627-7 · br. € 45,80*

Dieses Buch analysiert den Eigentumsvorbehalt mit seiner grenzüberschreitenden Bedeutung anhand der deutsch-französischen Rechtsvergleichung. Es trägt dem deutschen und französischen internationalen Privatrecht sowie den jüngsten Reformen in beiden Rechtsordnungen Rechnung, und zwar einschließlich der Einführung der fiducie im französischen Recht. Ausgehend von der Rechtsvergleichung und der Analyse der grenzüberschreitenden Herausforderungen sowie unter Betrachtung der Frage einer internationalen und europäischen Rechtsvereinheitlichung untersucht das Buch den Eigentumsvorbehalt im internationalen Insolvenzrecht, für welches dieses Rechtsinstitut ein bedeutsames Finanzinstrument ist.

Aus dem Inhalt: Deutsches und französisches Eigentumsvorbehaltsrecht · Europäische Union · Grenzüberschreitende Harmonisierungsvorschläge

*inklusive der in Deutschland gültigen Mehrwertsteuer. Preisänderungen vorbehalten

Frankfurt am Main · Berlin · Bern · Bruxelles · New York · Oxford · Wien
Auslieferung: Verlag Peter Lang AG
Moosstr. 1, CH-2542 Pieterlen
Telefax 0041(0)32/3761727
E-Mail info@peterlang.com

Seit 40 Jahren Ihr Partner für die Wissenschaft
Homepage http://www.peterlang.de

For the avoidance of doubt, input of the whole or any part of this publication into any generative artificial intelligence model, chatbot, program, software or technology is expressly prohibited without the prior written consent of the publisher.